U0829941

数字经济概论

宋爽　编著

天津大学出版社
TIANJIN UNIVERSITY PRESS

内容简介

本书以主流经济理论为基础，从理论、实践和应用 3 个层面对数字经济的基本原理和发展情况进行分析。本书侧重于从理论层面揭示数字经济的运行规律，并辅以大量的案例和实践。

全书分为 11 章。第 1 章概述了数字经济的定义、特点、发展历程与重要意义；第 2~4 章是理论部分，详细阐述了数字经济的供求原理、产业组织特征和技术创新规律；第 5 章介绍了数字基础设施和数字技术基础；第 6~8 章是实践部分，其中第 6 章介绍了数字服务业，第 7 章介绍了工业互联网和数字农业，第 8 章介绍了中国数字经济发展概况；第 9~11 章是应用部分，其中第 9 章从企业角度分析了企业的数字化转型，第 10 章从政府角度分析了数字经济时代的政府治理，第 11 章从要素角度分析了大数据及数字化决策。

本书可以作为数字经济专业的数字经济概论课程的教材，也可以作为其他相关领域研究的参考书。

图书在版编目(CIP)数据

数字经济概论 / 宋爽编著. —天津 ： 天津大学出版社，2021.1（2022.8重印）
ISBN 978-7-5618-6850-8

Ⅰ.①数… Ⅱ.①宋… Ⅲ.①信息经济－教材 Ⅳ.①F49

中国版本图书馆CIP数据核字(2020)第267443号

出版发行 天津大学出版社
地　　址 天津市卫津路92号天津大学内(邮编:300072)
电　　话 发行部:022-27403647
网　　址 www.tjupress.com.cn
印　　刷 北京盛通商印快线网络科技有限公司
经　　销 全国各地新华书店
开　　本 185mm×260mm
印　　张 20.5
字　　数 512千
版　　次 2021年1月第1版
印　　次 2022年8月第4次
定　　价 48.00元

前　言

不管是从全球还是从国内来看，数字经济已经成为拉动经济增长的新引擎。2018 年中国数字经济规模为 31.3 万亿元，占 GDP 比重达到 34.8%，是全球第二大数字经济体。数字经济的繁荣，吸引了政府、企业和公众的广泛关注，数字经济人才的稀缺成为共识。2017 年以来许多高校开始开设数字经济专业（或方向），数字经济概论是其专业基础课之一。但由于数字经济实践的发展远远快于理论的发展，目前学术界尚未形成一套完整的数字经济理论体系，而现有的数字经济书籍大多集中于实践或案例的描述，并不适合作为高校教材。本书以主流经济理论为基础，从理论、实践和应用三个层面对数字经济的基本原理和发展情况进行分析，侧重于从理论层面揭示数字经济的运行规律，并辅以大量的案例和实践，适合作为数字经济专业的数字经济概论课程教材，也可以作为其他相关领域研究的参考书。

全书共分为 11 章。第 1 章概述了数字经济的定义、特点、发展历程、重要意义以及数字素养的含义与数字经济的学科支撑体系。第 2~4 章是理论部分，其中第 2 章详细阐述了数字经济的基本原理，包括数字经济的供给侧特征、需求侧特征以及供求互动机制；第 3 章在揭示数字化企业的本质和边界的基础上，使用经典的 SCP 框架阐述了数字经济的产业组织理论；第 4 章以技术创新理论为基础详细论述了数字经济创新的规律、特征以及代表性的商业创新模式。第 5 章介绍了数字基础设施和数字技术基础，其中数字基础设施主要包括互联网、物联网和大数据中心；数字技术基础包括云计算、区块链和人工智能。第 6~8 章是实践部分，其中第 6 章介绍了数字服务业，第 7 章介绍了工业互联网和数字农业，第 8 章介绍了中国数字经济发展概况。第 9~11 章是应用部分，其中第 9 章从企业角度分析了企业的数字化转型，第 10 章从政府角度分析了数字经济时代的政府治理，第 11 章从要素角度分析了大数据及数字化决策。

本书的特点包括以下几方面。

第一，将经典的经济学理论与数字经济的发展规律相结合，尝试构建数字经济的理论体系。例如，将数据要素纳入生产要素体系，将网络外部性纳入需求理论，将供求互动纳入竞争优势理论，以科斯的企业理论解释数字化企业的本质和边界问题，使用 SCP 框架论述数字经济的产业组织理论，深入分析数字化企业的策略性行为，基于技术创新理论阐述数字经济创新的规律以及典型的商业模式创新等。

第二，将课程思政元素有机融入教育教学过程中，推动立德树人、协同育人。主要表现在详细阐述了中国发展数字经济是贯彻五大发展理念的集中体现，中国共产党领导下的制度优势为数字经济发展提供了强有力的保障，基于马克思经典理论阐述了数字经济时代生产与消费的同一性，从数字基础设施、数字产业发展、数字技术创新等多个角度强调了中国数字经济在国际上的重要地位，彰显了大国风采，将富强、和谐、爱国等社会主义核心价值观融入课程设计之中。

第三，通过大量案例来巩固和加深对数字经济基本原理的学习和应用。本书在重要内容的节点处都加入了案例分析或补充资料，通过实际生活中发生的新事实、新实践引导读者进行学习，既可以激发读者学习的兴趣，又可以将复杂的事物简单化、具体化，帮助读者更好地理解和学习数字经济的基本原理和规律。

本书由宋爽担任主编，负责全书编写大纲的设计和教材编写的组织管理工作。撰写本书的具体分工如下：苏婕负责第 1 章、宋爽负责第 2~4 章和第 9~10 章、侯淑静负责第 5 章、李玲负责第 6~7 章、刘颖负责第 8 章、汪朋负责第 11 章。最后，宋爽对全书进行了最后的修改和总纂，并提供了每章的学习要点、案例思考题、本章小结和课后思考题。西藏民族大学财经学院 2018 级学生文静辅助完成了文字校对和部分图表的制作。

本书在编写过程中，参考了大量的国内外相关文献，大部分已于参考文献或脚注中列出。在此，向这些文献的原作者们表示真诚的谢意！

本书是西藏民族大学 2020 年统计学（数字经济方向）“一流专业”建设项目和统计学教学团队项目的阶段性成果。

最后，由于作者水平有限，加之时间紧迫，书中不足之处在所难免。请使用本书的读者朋友批评指正。

编者

2020 年 9 月

目　　录

第 1 章　导论

本章学习要点：

- 掌握数字经济的定义和特点
- 理解中国发展数字经济的重要意义
- 理解数字经济的学科支撑体系
- 了解人才数字素养的能力要求

数字经济的蓬勃发展，给经济社会带来了颠覆性影响。数字经济（Digital Economy）是继农业经济、工业经济之后的一种新的经济社会发展形态。无论是从生产组织形式，还是从生产要素等方面来看，数字经济都是一种与农业经济、工业经济截然不同的经济形态①。

1.1　数字经济的概念

1.1.1　数字经济的定义

早在 20 世纪 90 年代，数字经济的提法就已经出现。被称为"数字经济之父"的美国经济学家唐·塔普斯科特（Don Tapscott）在 1996 年出版了一本名为《数字经济：智力互联时代的希望与风险》的著作，该书详细论述了互联网对社会经济的影响，数字经济的概念进入理论界和学术界的研究视野。继而，曼纽尔·卡斯特尔的《信息时代：经济、社会与文化》、尼古拉斯·尼葛洛庞帝（Nicholas Negroponte）的《数字化生存》等著作相继出版，数字经济的提法在全世界流行开来。从国家、政府和政府组织层面来说，数字经济的概念也是在 20 世纪 90 年代，最早由经济合作与发展组织提出的。此后，各国政府便采取措施将数字经济作为推动经济增长的新动能。1997 年，日本通产省开始使用"数字经济"一词。从 1998 年起，美国商务部以"数字经济"为主题发布了多项年度研究成果。2008 年金融危机以来，各国为了尽快走出经济衰退的泥潭，纷纷制定数字经济战略。

近年来，我国也高度重视数字经济在引领经济增长、产业结构升级方面的巨大推动作用。2015 年 3 月，《政府工作报告》提出"互联网 +"行动计划。2016 年在 G20 峰会上，我国倡导签署了《二十国集团数字经济发展与合作倡议》，这是我国官方文件中第一次使用"数字经济"的提法。2017 年《政府工作报告》中指出："推动'互联网 +'深入发展、促进数字经济加快成长，让企业广泛受益、群众普遍受惠。"同年 10 月，数字经济被写入十九大报告。我国政府在"十三五"规划中提出了一个重要的国家战略——网络强国战略。未来，我国要从"网络大国"向"网络强国"转变，从工业经济向数字经济、信息经济转型。目前，全球排名

① 中国信息通信研究院：《数字经济治理白皮书》，2019。

前十的互联网企业中有 4 家是中国企业。目前，对于数字经济尚没有明确的定义。2013 年澳大利亚政府提出数字经济是通过互联网、移动电话等数字技术实现经济社会的全球网络化。2015 年欧洲议会将数字经济描述为通过无数个且不断增长的节点连接起来的多层级或层次的复杂结构。2018 年 3 月美国商务部经济分析局首次发布报告，对美国的数字经济进行了定义和测度，将数字经济定义为包括信息与通信技术（Information and Communications Technology，ICT）行业、计算机网络存在和运行所需的数字使能基础设施、通过计算机系统产生的数字交易（电子商务）以及数字经济用户创造和访问的数字内容（数字媒体）。尽管美国商务部经济分析局对数字经济的定义包括所有的数字产品和服务，但并不包括那些只有部分数字内容的产品和服务①。

下面列举一些国内学者对数字经济有代表性的定义。

徐晨（2017）认为，数字经济的具体内涵可界定为以知识为基础，在数字技术（特别是在计算机和因特网）催化作用下，在制造领域、管理领域和流通领域以数字化形式表现的新经济形态。这一内涵的界定包括三个方面：在形式上表现为商业经济行为的不断数字化、网络化和电子化，即电子商务的蓬勃发展；在内容上体现为传统产业的不断数字化以及新兴数字化产业的蓬勃发展；实质是在以创新为特征的知识社会中，当以 1 和 0 为基础的数字化技术发展到一定阶段，信息数字化扩展到整个经济社会的必然趋势。

朱建良等（2017）认为，数字经济就是在数字技术的基础上形成的经济，是数据信息在网络中流行而产生的一种经济活动，其基本特征主要有三点：第一，数字技术在大范围内被推广使用，使得经济环境与经济活动发生了根本性改变；第二，经济活动在现代信息网络中发生的频率增多；第三，信息技术使经济结构得以优化，并有效地推动了经济增长。

虽然以上定义各有侧重，且范围不同，但都认为数字经济是一种基于数字技术的经济。目前，较为权威的定义是 2016 年 G20 峰会发布的《二十国集团数字经济发展与合作倡议》中提出的，数字经济是指以使用数字化的知识和信息作为关键生产要素，以现代信息网络作为重要载体，以信息通信技术的有效使用作为效率提升的经济结构优化的重要推动力的一系列经济活动。

一般认为，数字经济分为狭义和广义。狭义的数字经济是指完全或者主要由基于数字产品或服务的商业模式的数字技术所引起的那部分产出，即核心部门或者数字部门，包括软件制造、信息服务等行业；广义的数字经济——数字化经济（Digitalized Economy），包括一切基于数字技术的经济活动，即除了狭义的数字经济外，还包括工业 4.0、精准农业、电子商务等。这种定义虽然模糊了界限，但是足以将未来涌现的基于数字技术的新业态纳入进来。中国信息通信研究院（2017）将数字经济分为数字经济基础部分（包括电子信息制造业、信息通信业以及软件服务业等）和数字经济融合部分（将数字技术应用到制造业、服务业等传统行业所增加的产出）。这种分类方法得到许多学者和研究机构的认同。

① 例如，P2P 电子商务，也就是所谓的共享经济并不包括在其统计的数字经济范围中。

1.1.2　与相关概念的区别和联系

20 世纪 90 年代以后，信息技术对整个社会产生的影响随着科技发展的脚步逐步加深，而人们对信息技术融入经济与社会这一过程的定义，在不同的发展阶段产生了不同的概念。除了早期的“信息经济”和近年的“数字经济”外，还存在网络经济、知识经济等概念。这些概念产生于数字经济发展的不同阶段，分别反映出不同时期人们对信息技术引起的社会变革的不同角度的理解。这些概念在定义和内涵上有细微的差别，但它们都是在描述信息技术对人类社会经济活动产生的影响与革新。

1. 信息经济

信息经济是一种日益强调信息活动和信息产业重要性的经济。信息经济理论开创者马克卢普和波拉特认为，信息经济是指以生产、获取、处理和应用信息为主的经济。20 世纪 80 年代，美国经济学家保尔·霍肯（Paul Hawken）在《未来的经济》中明确提出信息经济的概念，并描述信息经济是一种以新技术、新知识和新技能贯穿于整个社会活动的新型经济形式，其根本特征是在经济运行过程中，信息成分大于物质成分，而且占主导地位，还有信息要素对经济的贡献。信息经济可以从微观和宏观角度理解。宏观信息经济研究信息作为生产要素的特征、功能以及对经济系统的作用条件和作用规律，它同知识经济相通，属于同一个范畴；微观信息经济是分析信息产业和信息产品的特征、在整个国民经济中的地位和比重以及信息对国民经济的贡献，强调的是信息产业部门经济。

信息经济是与“数字经济”最相似的概念，也是引起最广泛研究的概念之一。事实上，二者既存在着时间上的顺承关系，也存在着显著的内涵差异。

一方面，数字经济由信息经济发展而来，是信息经济发展的高级阶段。20 世纪中叶，微电子技术和集成电路水平的提升，加上信息存储基础设施的突破，即第二代晶体管电子计算机的发明，极大地提高了信息和知识的存储能力。20 世纪 50 年代，数字技术扩散至其他领域，在其他产业的应用与融合过程中，对产业结构和经济社会发展产生了深远影响。彼得·德鲁克将其称为信息经济，丹尼尔·贝尔将其称为超工业社会。1962 年，马克卢普基于 20 世纪 50 年代的数字技术背景，正式提出了信息经济的概念，将向市场提供信息产品或信息服务的企业视为重要的经济部门，并提出了“第一信息部门”的概念。该概念的使用伴随数字技术在经济社会的渗透被逐步认可，概念的内涵也随之不断丰富。20 世纪七八十年代，在集成电路的规模化、微型处理器的出现等条件下，数字技术与其他产业部门的融合进入加速阶段，新现象的出现进一步丰富了信息部门的内涵。因此，在 1987 年，马克·波拉特提出了“第二信息部门”的概念，认为除了直接向市场提供信息产品和服务的第一信息部门，同时存在把信息劳务和资本仅作为投入，并不直接进入市场的第二信息部门，将信息部门的外延进一步延伸至融合了信息产品和服务的其他经济部门。此时，数字经济与其他经济部门出现融合趋势，进一步深化了对经济社会的影响。同年，对信息经济的理论研究更加丰富，除理论概念的创新，还建立了信息经济的测算体系。经济学者波拉特 1977 年撰写的《信息经济》一书，基于会计方法建立了信息经济测算模型，定义了主要信息部门和次要信息部门，发现十年前美国46%的国民经济活动与信息活动相关，信息活动创造的相关就业人数接近50%。该研究表明在工业经济时代，信息已经成为重要的生产要素，能够促进生产力的进步与发展。信息经济的研究开始受到重视。

另一方面，数字经济在技术基础、经济拉动、产业变革和社会变革等方面都呈现出与信息经济不同的特征。20世纪八九十年代，互联网技术日益成熟，生成了全球范围的海量数据，对原有基于分散的终端进行数据处理的能力造成了极大挑战，促使数字技术新特征的发展。20世纪末，大数据、云计算等新兴数字技术发展迅猛，带动数字技术从信息产业的外溢，在促进传统产业数字化的同时，也催生了新的产业和新的经济运行模式。数字化产业和产业数字化现象超越了之前学者提出的"第一信息部门"和"第二信息部门"范畴，尼葛洛庞帝基于上述背景，预见性地在其出版的《数字化生存》一书中，提出"数字化"。1996年有"数字经济之父"之称的唐·塔普斯科特在《数字经济：智力互联时代的希望与风险》一书中提出数字经济概念，预见性地提出美国信息高速公路普及之后将出现新的经济体制，宣告数字经济时代的到来。1998—2000年美国商务部连续三年出版了名为《浮现中的数字经济》（Ⅰ、Ⅱ）和《数字经济》的研究报告。进入21世纪，数字经济的概念不断传播，被广泛接受和使用。经济合作与发展组织（OECD）的相关研究报告开始使用数字经济展望取代了之前的通信展望、互联网经济展望和信息与通信技术展望。从信息经济概念到数字经济概念使用上的变化，体现了数字经济的发展演化过程，在数字技术在经济部门更加广泛的渗透、应用及融合的背景下，数字经济将以更广泛、更深入、更高级的方式为经济社会的发展带来更为深刻的变革。

2. 网络经济

"网络经济"又称互联网经济，是信息网络化时代产生的一种崭新的经济现象。网络经济兴起于20世纪90年代中期，经历了千禧年前后的互联网泡沫之后进入蓬勃发展阶段，并从网络宽带逐渐发展到移动互联网的新阶段。广义上理解，网络经济是指基于互联网进行的以资源的生产、分配、交换和消费为主的新形式经济活动。在当今发展阶段中，主要包括电子商务、即时通信、搜索引擎、网络游戏等形态。在网络经济的形成与发展过程中，互联网的广泛应用及电子商务的蓬勃兴起发挥了举足轻重的作用。互联网是网络经济存在的基础条件，电子商务是其核心。这主要是由于网络经济是伴随国际互联网的发展而产生出来的，因此围绕国际互联网发展起来的一些新兴行业是网络经济不可缺少的一部分。在互联网经济时代，经济主体的生产、分配、交换和消费等经济活动以及金融机构和政府职能部门等主体的经济行为，都越来越多地依赖网络，从网络上获取大量经济信息，依靠网络进行预测和决策以及直接在信息网络上进行交易。国际互联网的发展改变了过去传统的交易方式，使得国际互联网成为传统经济一个便捷的交易平台，因此原来通过传统的方式进行的交易活动演变成通过国际互联网进行的交易活动，即电子商务，应当视为网络经济的重要组成部分。

3. 知识经济

20世纪以来，知识经济与数字经济都引起了人们的广泛关注，并且在相当长时间内被认为有替代性。1996年OECD在年度报告《以知识为基础的经济》中认为，知识经济是以知识为基础的经济，直接依赖于知识和信息的生产、传播与应用。该报告将知识经济定义为建立在知识的生产、分配和使用（消费）之上的经济。其所述内容包括人类迄今为止所创造的一切知识，最重要的部分是科学技术、管理及行为科学知识。从生产要素的角度看，知识要素对经济增长的贡献高于土地、劳动力、资本等，因而“知识经济”是一种以知识为基础要素和增长驱动器的经济模式。

数字经济与信息经济、网络经济、知识经济之间的确存在差异。信息经济强调信息技术相关产业对经济增长的影响；网络经济强调互联网进行的以资源生产、分配、交换和消费为主的经济活动；知识经济强调知识作为基础要素在经济发展中的作用；数字经济则突出表现在整个经济领域的数字化。数字经济以信息通信技术的重大突破为基础，以数字技术和实体经济融合驱动的产业梯次转型及经济创新发展为引擎，其概念与范畴、特征与边界、运行机理与架构等均产生了质的飞跃。随着新一代信息技术的颠覆式创新与融合式发展，当前发展数字经济的重点不仅仅是发展以阿里巴巴、腾讯等企业为代表的互联网企业，而是发展的重点已经转变为推动互联网、大数据、人工智能和实体经济深度融合，数字经济绝不是特指少数互联网领军企业，而是要大力推进全产业、全主体、全要素、全业务、全渠道的数字化转型。

知识经济的产生是人类发展过程中知识积累到一定程度的结果，并最终孕育了信息技术和互联网的诞生。同时，信息技术和互联网的广泛应用更加促进人类知识的积累，并加速人类向数字时代的过渡。知识的不断积累是当今世界变化的基础；信息产业、网络经济的蓬勃发展是当代社会发生根本变化的催化剂；数字经济则是发展的必然结果和表现形式。由此可见，这几个概念相辅相成、一脉相承。

1.2　数字经济的特点

数字经济作为一种有别于农业经济和工业经济的新型经济形态，其呈现出一些传统经济所不存在的独有特点，具体表现在以下几个方面。

1. 数字化

数字经济时代，一切信息均能够以数字化形式表达、传送和储存，数据成为驱动经济发展的关键生产要素。从生产要素来看，农业经济的核心要素是土地，工业经济的核心要素是资本、煤炭、石油，而数字经济的核心要素则是数据。数字经济领域时刻有海量数据产生，而且随着移动互联网和物联网的蓬勃发展，人与人、人与物、物与物的互联互通得以实现，数据资源、数据量呈几何级数爆发式增长。全球数据增速符合大数据摩尔定律，大约每两年翻一番。世界经济论坛提出，到 2020 年全球的数据总量预计达到 44 个泽字节（ZB），是可观测宇宙中星星数量的 40 倍；到 2025 年全球每天预计会有 463 个艾字节（EB）的数据产生。庞大的数据量及其处理和应用需求催生了大数据概念，数据日益成为重要的战略资产。数据资源将是企业的核心实力，谁掌握了数据，谁就具备了优势。对国家也是如此。美国政府认为，大数据是“未来的新石油”、数字经济中的“货币”以及“陆权、海权、空权之外的另一种国家核心资产”。数据是驱动数字经济技术创新与模式创新的核心力量，对数据的分析、挖掘与利用，可以释放巨大价值，数据日益成为重要战略资源和新型生产要素。

2. 智能化

智能化是指事物在互联网、大数据、物联网、人工智能等技术支撑下能动地满足人类需求的属性。智能化的实现依赖于算法，算法是计算机程序运行的一系列规则，作为构建平台的底层技术要素，定价算法、推荐算法等被广泛运用于电子商务、新闻媒体、交通、医疗等各领域。

2015 年以来，人工智能研究在多个领域实现突破，数字经济进入以智能化为核心的发展阶段。目前，其商业模式还主要集中在单一的弱人工智能应用上，包括语音识别、自动驾驶、机器人写稿、图像识别、医疗辅助等诸多领域，具有代表性的公司有谷歌、百度、科大讯飞、阿里巴巴、苹果等。未来，智能化技术发展将对数字经济发展产生质变效应，推动人类生产生活方式的新变革。

利用共享时代的优势，加快传统企业的数字化转型，将是未来所有企业的核心战略。在共享时代利用个人、企业、政府甚至社会的闲置资源，依靠互联网、大数据、云计算等数字技能，推动传统企业向数字化转型发展。传统企业依靠“互联网 + 企业”的模式，应用数据化思维，建立连接内外资源、协作共享的机制，通过建立数字化的协同平台以及资源、财务、法务共享平台，实现互联互通，做到精细化管理，最终实现传统企业的智能化发展。

3. 平台化

互联网平台模式是数字经济的重要组织形式。平台是一种居中撮合、连接两个或多个群体的市场组织，其主要功能是促进不同群体之间的交互与匹配。平台具有跨界网络效应，即一个平台产品或服务对用户的价值取决于平台另一边用户的规模。比如网约车平台上司机越多，平台对乘客的价值就越大。在网络效应作用下，数字经济在许多细分领域容易形成“赢家通吃”“一家独大”的市场格局，数字平台的崛起成为全球数字经济发展的重要现象与必然规律。依托“云网端”新基础设施，互联网平台创造了全新的商业环境。信息流不再被工业经济供应链体系中的巨头所阻隔，供应商和消费者的距离大大缩短，沟通成本大大降低，直接支撑了大规模协作的形成。以阿里巴巴为例，截至 2019 年 6 月 30 日，平台为买卖双方提供了基础、标准的服务，大量个性化的商业服务由生态系统内各种各样的服务商所提供，借助数字经济平台能够实现超大规模的协作。在淘宝零售平台上，“淘宝平台 +7.55 亿消费者 +1 000 多万在线商家”，共同构成了一个超大规模的分工与协作体系。

4. 共享化

首先，共享时代要求数字资源具有共享性。数字经济的一大发展方向应当是不断拓展数字信息资源，发展关于数字技术的集成、存储、分析以及交易业务，在共享时代下释放数字技术资源的新价值。其次，共享时代需要数字技术与产业融合发展，以便创造出更多的商业发展模式。数字技术与产业融合成为数字经济的重要发展方向，通过产业融合，实现产业数字化、智能化，产业的边界逐渐模糊，最终形成产业开放化发展以及产业间价值网络转型升级。最后，共享时代要求数字经济发展具有强大的服务功能，由此才能带动对共享商业模式的更多需求。融合服务业与数字技术发展的服务型数字产业是共享时代数字经济发展的重要方向，也体现出数字经济在共享时代的应用性，以数字技术为基础的数字金融、智能支付、智慧物流、智慧健康、电子商务、数字信息服务等服务型数字产业将在共享时代迅猛发展。

5. 跨界融合

随着数字经济的发展，跨界融合的特点日益突出。一是供给方和需求方的界限日益模糊，逐渐成为融合的"产销者"。在供给方面，企业可以通过大数据技术挖掘用户需求、分析用户的消费行为和习惯，有针对性地开发产品，如可以借助 3D 打印技术实现完全个性化的设计和生产。在需求方面，透明度增加、消费者参与和消费新模式的出现，使企业不得不改变原来的设计、推广和交付方式。二是人类社会网络世界和物理世界日益融合。随着数字技术的发展，网络世界不再仅仅是物理世界的虚拟映像，而是真正进化为人类社会的新天地，成为人类新的生存空间。同时，数字技术与物理世界的融合，也使得现实物理世界的发展速度向网络世界靠近，人类社会的发展速度将呈指数级增长。网络世界和物理世界融合主要是靠信息物理系统（CPS）① 实现的。该系统包含了无处不在的环境感知、嵌入式系统、网络通信和网络控制等系统工程，使我们身边的各种物体具有计算、通信、精确控制、远程协助和自组织功能，使计算能力与物理系统紧密结合与协调。同时，随着人工智能、VR（虚拟现实）、AR（增强现实）等技术的发展，推进物理世界、网络世界和人类社会之间的界限逐渐消失，构成一个互联互通的新世界。

1.3　数字经济的兴起与发展

1.3.1　数字经济的兴起

20 世纪 90 年代，在技术发展、社会环境和经济发展等因素的影响下，产生了"数字经济"这一概念。在这一时期，电子通信技术及其相关硬件的发展构建了数字经济的技术基础。与此同时，随着人类社会进入信息知识大爆炸，经济结构开始从物质型向信息型转变。人们对知识和信息的渴望进一步加速了数字化的发展，人均受教育水平的提升也使得数字化变革更容易被认同，由此促进信息通信技术的社会化融合。

数字经济的概念最早出现在由加拿大商业策略大师唐·塔普斯科特 1996 年出版的《数字经济：智力互联时代的希望与风险》的著作中，该书中首次提到数字经济时代，并前瞻性地提出了各行业企业数字化转型的路线图，详细论述了互联网对经济社会的影响。此后，随着美国学者尼古拉斯·尼葛洛庞帝的《数字化生存》、曼纽尔·卡斯特尔的《信息时代：经济、社会与文化》等著作的问世，数字经济的理念迅速流行开来。各国政府也开始把发展数字经济作为推动经济增长的重要手段。在数字经济发展初期，各国政府先后出台相关政策加强信息通信技术基础设施的建设。

---

① 信息物理系统（CPS）是一种非生物智能与生物智能的集成系统，其本质是通过信息化手段实现数据自动流动，以信息流带动技术流、资金流、人才流、物质流，进而解决复杂制造系统的不确定性问题。

1.3.2 数字经济的发展

1. 国际组织积极倡导发展数字经济

20世纪90年代,随着互联网的发展及其在经济生活中的广泛应用,数字经济逐渐在美国等西方发达国家兴起,成为推动经济增长的重要动力。世界银行、世界经济论坛、经济合作与发展组织等国际组织均通过各种举措大力推动数字经济发展,美国、欧盟、英国等国家和地区也在持续不断地发布数字经济相关战略,推动经济社会数字化转型。

世界银行:世界银行一直将数字经济作为帮助发展中国家实现经济增长、减少贫困、增加就业的重要手段。2016年,世界银行把"数字红利"作为年度报告《世界发展报告》的主题,报告主要介绍了技术的应用,特别是其在经济增长环境下带来的影响以及技术对公平性的影响、对公共服务效率的影响。

世界经济论坛:为研究数字经济的健康发展,世界经济论坛联合国际贸易与可持续发展中心(ICTSD)于2016年发起"E15项目",提出将WTO规模扩大到数字经济的范围,开启数字贸易协定的谈判进程,扩大和深化数字贸易议题上的规则合作以及政府、企业和非政府组织协同支持数字贸易等政策建议。随后,世界经济论坛发布《2016年全球信息技术报告——数字经济时代推进创新》报告,指出全球正进入第四次工业革命,数字技术是这场革命的中坚力量,将数字经济视为"第四次工业革命"框架中不可缺少的一部分。

经济合作与发展组织:经济合作与发展组织非常重视全球数字经济的发展,建议各国政府加快扶持互联网经济,维持互联网基础设施建设的高速发展,提高数字技术水平,缩小国家在数字经济方面的缺口。2015年,经济合作与发展组织在《数字经济概览:2015》中指出,数字经济的全部潜能尚未实现,鼓励成员国以战略方式发展数字经济。2016年,在经济合作与发展组织部长级会议上,"数字经济"成为各国部长和其他高层利益相关者探讨的重要议题。

亚太经合组织:亚太经合组织一直重视数字经济建设。2002年,在亚太经合组织第十次领导人非正式会议中,成员国通过了《关于执行APEC贸易和数字经济政策的声明》,首次为贸易与数字经济制定了政策框架。2010年,在日本横滨召开的亚太经合组织部长级会议重申了数字经济的重要性。

全球移动通信系统协会:全球移动通信系统协会认识到,在全球及地区层面,数字和移动技术均已产生影响深远的社会和经济效益。随着数字和移动革命进一步加速,人工智能、机器人和物联网的新技术有望创造极大的益处,迎来众多领域的数字化颠覆。全球移动通信系统协会(GSMA)联合德勤会计师事务所发布《拥抱数字革命:制定相应政策,打造数字经济》的报告,鼓励政府制定刺激投资和推进数字经济发展的政策,激励国内数字经济发展,呼吁政策制定者为其民众建设一个包容的数字化未来。

二十国集团:G20作为一个国际经济合作论坛,宗旨是推动发达国家和新兴国家之间开放及有建设性地讨论和研究实质性问题,以寻求合作并促进国际金融稳定和经济持续增长。在2015年G20安塔利亚峰会上,二十国集团领导人认识到,互联网经济时代给全球经济增长带来的机遇与挑战并存。在 2016 年 G20 杭州峰会上，二十国集团将“数字经济”列为创新增长蓝图中的一项重要议题，探讨了共同利用数字机遇、应对挑战、推动经济实现包容性增长和发展的路径。

2. 主要国家积极推动数字经济发展

进入 21 世纪，尤其是 2008 年国际金融危机爆发以来，世界各国开始制定数字经济战略，期望通过发展数字经济来拉动经济复苏。但是，数字经济发展真正进入黄金时代是智能手机和移动互联网的出现与快速渗透，伴随着移动接入端的快速膨胀，全球范围内的网络连接产生了巨大的数据量，催生了云计算、大数据等海量数据分析技术及处理平台，对经济社会发展中产生的海量数据进行分析和提炼，形成有价值的知识，再在经济社会发展中使用，产生了大量的新业态、新模式，统称为“数字经济”。

美国是互联网的发源地，20 世纪 90 年代开始建设“信息高速公路”，引领全球信息通信技术进入蓬勃发展时代，之后出台了一系列促进数字经济基础产业发展和国家级数字经济发展战略的政策。1998 年美国商务部发布了《浮现中的数字经济》报告，开始把发展数字经济作为驱动新发展的手段。发展数字经济的意义在于不仅仅停留在互联网经济上，更多的是指发展“信息化”的经济。2012 年，美国发布《数字政府：创建 21 世纪的平台更好地为美国人民服务》，将面向用户的移动政务服务置于优先地位。2015 年 11 月，美国发布数字经济议程。2016 年，为帮助政府和私有部门协力应对数字科技带来的机遇和挑战，美国商务部成立了数字经济顾问委员会，旨在帮助企业和消费者充分利用数字经济的好处，促进经济繁荣、教育完善，积极参与政治与文化生活。同年 12 月，美国国家网络安全促进委员会发布了《加强国家网络安全——促进数字经济的安全与发展》报告，提出关于网络安全建设的建议。经合组织的一项研究发现，美国是唯一使用去中心化，以市场为导向的数字战略的经合组织国家。

欧洲国家数字经济的发展程度各不相同，因此数字经济发展分为欧洲整体层面和各国家层面两个方面。欧洲整体层面最主要的发展措施是“欧盟 2020”战略，其目标是通过最大化利用数字经济基础产业对社会和经济的潜能，尤其是互联网领域，培育其成为经济和社会活力的显著驱动力，实现智能的、可持续的包容性增长。该战略包括 132 项“行动”，集中于七个领域：第一，实现数字市场化；第二，提高数字交互性和数字标准；第三，增强线上信任和安全；第四，实现所有成员互联网接入的高速和极速；第五，增加数字研发和数字创新领域的投资；第六，促进数字的识别能力、技能和包容性；第七，促进数字经济基础产业对整个欧洲社会的贡献。此外，欧洲还重点关注以下两个领域的问题。第一，构建安全的网络环境。欧洲网络与信息安全局颁布《国家网络安全评估指南》，构建一系列保障数字安全的关键措施，例如提高网络防御能力、降低网络犯罪、提高网络弹性、保障数字基础设施安全、增加网络安全领域的资源与研发投入。第二，消除数字鸿沟。一方面，提高数字基础设施的普及程度，通过《电子欧洲：创建所有人的信息社会》中的一系列倡议提高宽带接入的泛在程度和速度；另一方面，提高公民数字素养，通过“数字素养计划”，从数字信息、数字交流、数字内容、数字安全和解决数字问题五个方面，提高公民利用数字资源与工具的能力，扩大数字需求，构建数字经济基础。2015 年 5 月，欧盟委员会发布最新数字化战略《数字化单一市场战略》,宣布将通过出台政策改革、版权法、消费者保护、云服务等一系列措施,推动欧盟跨境贸易。2016 年 4 月,欧盟委员会出台产业数字新规划作为单一数字市场战略的重点,旨在帮助欧洲的产业、中小型企业、研究人员以及政府部门充分利用新技术。欧盟委员会称,欧盟层面的全方位战略将有助于避免市场碎片化,并从数字革命中获益。

英国一直处于全球信息技术发展的领先梯队。2009 年,英国政府发布了《数字英国》计划,数字化第一次以国家顶层设计的形式出现。该计划从国家战略高度确立了信息技术的发展蓝图,提出了数字社会、数字经济、数字文化等各方面的详细行动计划,旨在将英国打造成为世界数字之都。《数字英国》的发布被视为英国数字经济发展正式启动的起点。随着数字经济的发展,英国政府 2013 年发布了《信息经济战略 2013》。该战略与《数字英国》计划紧密相连,但又着重于数字化对经济发展带来的变化,将数字经济单独作为一个概念进行深入细致的剖析。2015 年,英国技术战略委员会"创新英国"发布《数字经济战略(2015—2018)》,倡导通过数字化创新驱动经济社会发展,为英国建设数字化强国确定方向。2017 年,为了建立更好的数字化基础设施并为使用数字化服务的公民提供保护,英国政府颁布《数字经济法》,并获得皇室批准。

2010 年 11 月,德国联邦经济和技术部发表了指导信息通信技术发展的纲领性文件《德国 ICT 战略:数字德国 2015》。2014 年 8 月,德国联邦政府出台了《数字议程(2014—2017)》,倡导数字化创新驱动经济社会发展,为德国建设成为未来数字强国部署战略方向。德国宏观经济的成功数字化转型是提高竞争力的前提。2016 年,德国发布了《数字战略 2025》,该战略包括数字基础设施扩建、促进数字化投资与创新、发展智能互联等,其目标是将德国建设成最现代化的工业国家。

在新兴经济体当中,新加坡数字经济的发展成绩斐然。新加坡自 1981 年开始先后实施完成了"国家电脑化计划""国家 IT 计划""IT 2000 计划""InfoComm21"和"全联新加坡计划",使得新加坡在家用电脑、家庭互联网接入、家庭宽带与企业宽带接入、移动电话普及等方面获得了巨大的发展,信息通信已经深入人心,渗透到生活、商业交易、政府办公等方方面面。新加坡成熟的信息通信市场,为新加坡"智慧国 2015"(IN2015)计划,打下了坚实的基础。"IN2015 计划",通过 ICT 的发展,带动了各个经济部门的数字化进程,推动了经济的发展,加快了智慧国家建设,提升了国际竞争力和创新能力。

案例:美国数字经济的蓬勃发展[①]

数字经济已经成为美国经济最重要的驱动因素。1998—2017 年,美国数字经济的实际增加值增速超过美国经济的整体增速,数字经济的年均增速是 GDP 平均增速的 4 倍以上。在对外贸易领域,芯片是美国出口规模最大的 ICT 产品,占据了全球 45% 的市场份额。美国拥有无可匹敌的完整数字经济产业链条,强者恒强的马太效应日益显现。

1998—2017 年,美国数字经济年均复合增长率高达 9.9%,而同期整体经济增长的速度只有 2.3%。2017 年,美国数字经济的规模约为 1.35 万亿美元,约占同期美国 GDP19.5 万亿美元的 6.9%,实际增加值增速为 8.3%,对实际 GDP 增速 2.2% 的贡献率为 25%,提高了

① 王振,惠志斌,徐丽梅,等:《全球数字经济竞争力发展报告(2019)》,北京,社会科学文献出版社,2019。

GDP0.55 个百分点。2017 年，美国数字经济提供了 510 万个工作岗位，约占美国 1.5 亿个总就业岗位的 3.4%。数字经济行业员工的年平均收入 13.22 万美元，远高于美国平均 6.85 万美元的年收入。在整个统计期间，硬件增速最快（平均增速为 18.4%），但前十年和后十年的增速变动剧烈，初期增速飞快，后期则不断趋缓①；软件和通信行业的年均增速也在不断下滑，但下滑幅度小于硬件行业；而电子商务和数字媒体的增长率则保持稳定，1998—2007 年的平均增速为 12.2%，2008—2017 年的平均增速为 11.1%。20 年间，电子商务和数字媒体在数字经济中的占比从 5.0% 提高到 15.4%。

数字经济的核心是芯片和操作系统，在这方面几乎被美国垄断。从早期的台式机市场占据绝对垄断地位的英特尔，到移动时代一枝独秀的高通以及人工智能领域的英伟达。美国一旦停止芯片供应，全球数字经济都可能陷入困境。在核心操作系统方面，台式机中微软占据了 90% 以上的市场份额，移动端则由谷歌的 Android 和苹果的 IOS 系统统治。网络搜索领域，谷歌占据了 90% 以上的市场份额，百度的市场份额几乎可以忽略不计。电子商务领域，亚马逊是全球最大的电子商务平台。云业务方面，亚马逊也是一枝独秀。脸书是全球最大的社交网络，特斯拉是全球销量最高的新能源汽车公司（见表 1-1）。

表 1-1　美国数字经济细分产业代表公司（数据截至 2019 年 9 月 4 日）

公司名称	所属行业	市值（美元）	备注
微软	云和操作系统	10 000	全球第二大云服务商
苹果	智能手机	9 296	全球利润最高的数字经济公司
亚马逊	云和电子商务	8 853	全球最大的云服务商
谷歌	网络搜索	8 101	全球最大的网络搜索引擎
脸书	在线社交	5 203	全球最大的社交网络
英特尔	CPU	2 081	全球最大的电脑芯片生产商
思科	网络设备	1 990	全球第二大的网络设备生产商
甲骨文	企业软件	1 730	全球最大的企业软件公司
SAP	企业软件	1 453	全球第二大的企业软件公司
赛富时	云计算	1 339	全球最大的客户管理软件公司
Netflix	在线影音	1 266	全球最大的在线影片租赁公司
IBM	云计算和大数据	1 188	全球 IT 巨头
NVIDIA	GPU	1 000	全球最大的人工智能芯片生产商
高通	无线通信	913	全球领先的无线通信技术提供商
特斯拉	电动汽车	403	全球市值最高的电动汽车生产商
Salesforce	客户关系管理软件	645	全球最大的客户关系管理软件提供商
You Tube	视频分享	未上市	全球排名第一的视频分享社交平台

① 1998—2007 年硬件的年均增速为 33.6%，2008—2017 年的平均增速则只有 5.0%。

思考题：

①美国数字经济的优势表现在哪些方面？

②美国数字经济的发展为其带来了什么利益？

③你认为美国数字经济蓬勃发展的原因是什么？

1.4 中国发展数字经济的重要意义

1.4.1 中国发展数字经济的背景

数字经济是新一代信息技术与实体经济深度融合产生的新经济形态。在经济全球化和信息化的大格局下，我国数字经济蓬勃发展。1999 年，中国召开了第一届国际数字地球会议，并且发表了《北京宣言》，数字中国、数字地球的相关活动由此展开。2007 年，在香山科学会议上第一次从科技层面上对数字中国的内涵和发展进行了探讨。这是中国数字经济发展的初始阶段。

2015 年，在第二届世界互联网大会开幕式上，习近平总书记明确提出，推进数字中国建设，发展分享经济，支持基于互联网的各类创新，提高发展质量和效益。这也被认为是数字中国建设进入新阶段的标志性事件。

2016 年 9 月，在 G20 杭州峰会上，首次提出全球性的《二十国集团数字经济发展与合作倡议》，表明发展数字经济已成为全球共识。

2017 年 3 月 5 日，在十二届全国人大五次会议上，国务院总理李克强在作政府工作报告时表示，将促进数字经济加快成长，让企业广泛受益、群众普遍受惠。“数字经济”首次被写入《政府工作报告》，既是对近年来以互联网为核心的新兴商业模式的肯定，也是对中国经济未来发展模式的一种新的探索。全国人大代表、腾讯公司董事会主席兼首席执行官马化腾说，“互联网 +”是手段，数字经济是结果，网络强国是目的，一脉相承，我们应顺应这一历史潮流，充分发挥我国作为世界互联网最大单一市场的优势，推动网络强国战略落地。

2017 年 5 月，习近平总书记在“一带一路”国际合作高峰论坛开幕式上指出，要坚持创新驱动发展，加强在数字经济、人工智能、纳米技术、量子计算机等前沿领域合作，推动大数据、云计算、智慧城市建设，连接成 21 世纪的数字丝绸之路。同年 12 月，在第四届世界互联网大会上，中国、埃及、老挝、沙特、塞尔维亚、泰国、土耳其和阿联酋等国家代表共同发起《“一带一路”数字经济国际合作倡议》，进一步聚焦数字互联互通，为“一带一路”数字经济发展增添了新动力。

2018 年 4 月 21 日，习近平总书记在全国网络安全和信息化工作会议上指出，要发展数字经济，加快推动数字产业化，依靠信息技术创新驱动，不断催生新产业、新业态、新模式，用新动能推动新发展。在中国科学院第十九次院士大会、中国工程院第十四次院士大会上的讲话中，习近平总书记进一步强调，“要推进互联网、大数据、人工智能同实体经济深度融合，做大做强数字经济。

2019 年 5 月，国家主席习近平在致中国国际大数据产业博览会的贺信中指出，中国高度重视大数据产业发展，愿同各国共享数字经济发展机遇，通过探索新技术、新业态、新模式，共同探寻新的增长动能和发展路径。致在 2019 年 8 月召开的第二届中国国际智能产业博览会的贺信中，习近平总书记强调，中国高度重视智能产业发展，加快数字产业化、产业数字化，推动数字经济和实体经济深度融合。

数字经济是一场由信息技术和通信网络不断创新主导的经济革命，它蕴含着特有的经济形态，正在成为培育经济增长新动能、提升传统动能的重要途径。近年来，中国在数字经济方面发展非常迅速。数字经济特别是信息化时代所涌现的新领域、新技术、新业态、新产品、新服务，已经成为驱动和引领经济高质量发展的新动力。

1.4.2　中国发展数字经济的优势

经过数十年的发展，我国发展数字经济所依托的基础软硬件技术和产业取得了较大进展。目前，中国发展数字经济有着自身独特的优势和有利条件，起步很快，势头良好，在多数领域开始形成与先行国家同台竞争、同步领跑的局面，未来在更多的领域存在领先发展的巨大潜力。中国发展数字经济的独特优势突出表现在三个方面：人口优势、后发优势和制度优势。

1. 网民优势孕育了中国数字经济的巨大潜能

1）网民大国红利日渐显现，使得数字经济体量巨大

近几年来，中国人口发展出现了拐点，即劳动力人口连续下降，人口老龄化程度加深，使得支持中国经济发展的“人口红利”在逐渐丧失。但另一方面，中国的网民规模却逐年攀升，互联网普及率稳健增长，网民大国红利开始显现。自 2008 年起中国成为名副其实的第一网民大国。正是有了如此庞大的网民数量，才造就了中国数字经济的巨大体量和发展潜力。

2）信息技术赋能效应显现，使得数字经济空间无限

近年来，信息基础设施和信息产品迅速发展，信息技术的赋能效应逐步显现，为数字经济带来无限创新空间。以互联网为基础的数字经济，解决了信息不对称的问题，边远地区的人们和弱势群体通过互联网、电子商务就可以了解市场信息，学习新技术、新知识，实现创新、创业，获得全新的上升通道。基于互联网的分享经济还可以将海量的碎片化资源（如土地、房屋、产品、劳力、知识、时间、设备、生产能力等）整合起来，满足多样化、个性化的社会需求，使得全社会的资源配置能力和效率都得到大幅提升。当每一个网民的消费能力、供给能力、创新能力都进一步提升并发挥作用时，数字经济将迎来真正的春天。

3）应用创新驱动，使得人口优势有效发挥

当前，数字经济发展已从技术创新驱动向应用创新驱动转变，中国的网民优势就显得格外重要。庞大的网民和手机用户群体，使得中国数字经济在众多领域都可以轻易在全球排名中拔得头筹。如 2015 年滴滴出行全平台（出租车、专车、快车、顺风车、代驾、巴士、试驾、企业版）订单总量达到 14.3 亿，这一数字相当于美国 2015 年所有出租车订单量的近两倍，也超越了已成立 6 年的 Uber 实现的累计 10 亿的订单数。百度、阿里巴巴、腾讯、京东跻身

全球互联网企业市值排行榜前 10 位,有足够的经验供互联网创业公司借鉴。

2. 后发优势为数字经济提供了跨越式发展的特殊机遇

1)信息基础设施建设实现了跨越式发展

中国的电话网铜线还没有铺设好就迎来了光纤通信时代,固定电话还没有普及就迎来了移动通信时代,固定宽带尚未普及就直接进入了全民移动互联网时代,2G、3G 还没普及就直接上了 4G。目前,中国信息基础设施基本建成:一是建成了全球最大规模的宽带通信网络,截至 2016 年 6 月,我国固定宽带接入数量达 4.7 亿,覆盖全国所有城市乡镇以及 95% 的行政村;二是网络能力得到持续提升,全光网络[①]城市由点及面全面推开,城市家庭基本实现 100 M 光纤全覆盖。2019 年三大通信运营商也陆续开启了 5G 商用的新时代。

2)信息技术应用正在经历跨越式发展

中国数字经济的发展是在工业化任务没有完成的基础上开始的,工业化尚不成熟降低了数字经济发展的路径依赖与制度锁定。工业化积累的矛盾和问题要用工业化的办法去解决,这十分困难也费时较长,但有了信息革命和数字经济就不一样了。工业化的诸多痛点遇到数字经济就有了药到病除的妙方,甚至可以点石成金、化腐朽为神奇。中国的网络购物、P2P 金融、网络约租车、分享式医疗等很多领域能够实现快速发展,甚至领先于许多发达国家,在很大程度上也是由于这些领域的工业化任务还没有完成,矛盾突出,痛点多,迫切需要数字经济发展提供新的解决方案。在制造业领域,工业机器人、3D 打印机等新装备、新技术在以长三角、珠三角等为主的中国制造业核心区城的应用明显加快,大数据、云计算、物联网等新的配套技术和生产方式开始得到大规模应用。多数企业还没有达到工业 2.0、工业 3.0 水平就迎来了以智能制造为核心的工业 4.0 时代。可以说,数字经济为中国加速完成工业化任务、实现“弯道超车”创造了条件。经过多年努力,中国在芯片设计、移动通信、高性能计算领域取得重大突破,部分领域甚至达到全球领先,涌现一批国际领先企业,华为、联想、中兴、腾讯、阿里巴巴、百度等企业在全球地位稳步提高。

3)农村现代化跨越式发展趋势明显

仅仅因为有了互联网,许许多多原本落后的农村彻底改变了面貌。仅以“淘宝村”为例,2019 年全国有淘宝村集群达到 95 个,大型淘宝村集群达到 33 个,超大型淘宝村集群达到 7 个。2018 年,全国农村网络零售额达到 1.37 万亿元,同比增长 30.4%;全国农产品网络零售额达到 2 305 亿元,同比增长 33.8%。农村电商的快速发展和“淘宝村”的崛起,吸引了大量的农民和大学生返乡创业,人口的回流与聚集也在拉动农村生活服务水平的提升和改善,释放的数字红利也为当地发展提供了内生动力。现在,网购网销在越来越多的农村地区成为家常便饭,网上学习、手机订票、远程医疗服务纷至沓来,农民们开始享受到前所未有的实惠和便利。正是因为有了数字经济的发展,许多农村地区从农业文明一步跨入信息文明,农民的期盼也从“楼上楼下,电灯电话”变成了“屋里屋外,用上宽带”。

4)信息社会发展水平相对落后,为数字经济发展预留了巨大空间

信息社会发展转型期也是信息技术产品及其创新应用的加速扩张期,为数字经济大发

① 全光网络,指网络传输和交换过程全部通过光纤实现,因为不必在其中实现电光和光电转换,因此能大大提高网速。数据显示,铜线接入宽带只有 512 kb/s,但全光网宽带的宽带可以达到 50~100 Mb/s。

展预留了广阔的空间。目前，中国电脑普及率、网民普及率、宽带普及率、智能手机普及率、人均上网时长等都还处于全球中位水平，发展空间巨大，未来几年仍将保持较快增长。以互联网普及为例，每年增加 4 000 万以上的网民，就足以带来数字经济的大幅度提升。

3. 制度优势为数字经济发展提供了强有力保障

中国发展数字经济的制度优势在于强有力的政治保障、战略规划、政策体系、统筹协调和组织动员。这为数字经济的发展创造了适宜的环境，带动整个中国经济社会向数字经济转变。

1）组织领导体系基本健全提供了政治保障

2014 年，中央网络安全和信息化领导小组的成立标志着中国信息化建设真正上升到了“一把手工程”，信息化领导体制也随之基本健全。建设网络强国、发展数字经济已形成全国共识。各级领导和政府部门对信息化的高度重视，为数字经济的发展提供了重要的政治保障。

2）信息化引领现代化的战略决策提供了明晰的路线图

2016 年 7 月发布的《国家信息化发展战略纲要》提出了从现在起到 21 世纪中叶中国信息化发展的三步走战略目标，明确了在提升能力、提高水平、完善环境方面的 3 大类 56 项重点任务。确切地说，国家信息化发展战略决策为数字经济发展提供了明晰的路线图。

3）制定形成了较为完整的政策体系

在过去两年多的时间里，中国围绕信息化和数字经济发展密集出台了一系列政策文件，包括“互联网 +”行动、宽带中国、中国制造 2025、大数据战略、信息消费、电子商务、智慧城市、创新发展战略等。各部门各地区也纷纷制定出台了相应的行动计划和保障政策。中国信息化政策体系在全球也可以称得上是最健全的，也体现出国家对发展数字经济的决心之大、信心之足和期望之高。更为重要的是，中国制度优势有利于凝聚全国共识，使政策迅速落地生根，形成自上而下与自下而上推动数字经济发展的大国合力。

1.4.3　中国发展数字经济的制约因素

虽然我国数字经济发展已经取得了显著成效，并成为全球数字经济发展第一梯队成员，但仍面临一些制约瓶颈。

1. 内部环境

1）关键领域的基础创新能力较弱

数字经济的核心是创新，未来支撑数字经济的颠覆性变革的是硬科技。我国多数企业数字化水平较低，网络化、智能化演进困难，这也间接导致了我国很多高端工业如传感器、工业控制系统、关键工业软件等仍被国外垄断。目前，我国仍然是世界最大的芯片进口国，芯片设计和制造的核心技术的自主研发任重道远，尤其是在逆全球化思潮和单边主义影响下，加强基础科学前瞻布局和提升原始创新能力刻不容缓。此外，虽然大数据、云计算、物联网、服务联网、仿真分析、工业软件、数字控制、虚拟现实等名词不断被提到，但中国在这些技术层面的发展显然都不占优势。在传感器、芯片、控制器等核心元器件，设计开发工具、仿真测试工具、制造执行系统等工业软件，还有云计算、大数据等网络应用方面的核心技术实力亟待提升，同时应不断加强基础类硬技术的攻关，包括无人驾驶、无人卖场、3D 打印、机器人、物联网、区块链、大数据以及生物基因等技术的突破。

2)数字经济与实体经济的融合发展尚有不足

当前，我国数字经济与实体经济融合发展取得了一定成绩，但融合发展的深度和广度还有很多不足，特别是在产业融合发展方面表现得尤为明显。从宏观层面看，我国现有的数据挖掘利用能力还跟不上数据爆发式增长的现实态势，在解决市场信息不对称方面还有很长的路要走，技术创新成效和经济高质量发展的要求还不匹配；从微观层面看，企业和行业对相关产业与数字经济深度融合的价值识别以及主动作为的意识还不够，在具体实践中存在数字化、网络化、智能化资源整合力量薄弱等问题。制造业是实体经济的主战场，我国制造企业数字化发展不平衡、不充分问题突出，部分企业达到了工业 3.0 水平，但大部分企业，特别是广大中小企业仍处于工业 2.0 阶段。多数企业数字化水平较低，网络化、智能化的演进基础仍然薄弱。

3)数字经济人才短缺问题突出

我国数字经济发展的速度较快，很多科技型企业、研究机构在核心技术研发、大数据挖掘应用等领域的人才储备不足，自主创新研发能力较弱。特别是在一些重点行业的核心技术和关键产品研发方面，人才短缺问题比较突出，这在一定程度上制约了对数字资源更好地开发利用。

4)数字安全隐患突出

高危漏洞及网络攻击事件有增无减，重要基础设施建设受到严重威胁，尤其是金融和能源领域成为重灾区，主要面临个人信息和重要数据泄露风险。据智妍咨询集团发布的《2019—2025 年中国网络安全行业市场需求预测及投资未来发展趋势报告》统计，2018 年我国猎网平台共收到有效诈骗举报 21 703 例，总计金额为 3.9 亿元，人均损失为 24 476 元，人均损失增幅达到 69.8%。因此，数据泄露所导致的信息诈骗已经成为威胁我国网民财产安全的主要问题。

5)数据质量参差不齐，存在较大的数字鸿沟

数据作为一项重要资产和要素，数据质量决定了其现有价值及可挖掘的潜在价值。世界银行研究表明，对于发展中国家而言，数据质量问题是经济发展的重要障碍之一。而目前我国对数字资产缺乏统一标准，企业之间、部门之间以及企业和部门之间的数据无法整合与沟通，不同经济主体之间存在严重的数据孤岛问题。此外，由于我国地域辽阔，在数字经济发展过程中还存在数字鸿沟问题，包括地域之间的数字鸿沟以及阶层之间的数字鸿沟。

2. 外部环境

1)数字经济的全球化竞争日益加剧

美国、欧盟等发达国家和地区先后密集出台数字经济相关战略，意图增强本国和本地区科技和经济竞争力，保持自身在科技创新领域的优势地位。其中，美国和欧盟国家出台的相关计划数量尤其丰富，表现出对数字经济领域发展的高度重视。此外，人工智能领域是各国普遍关注的重点领域，在制定发展战略的同时，还相继出台了技术发展和道德准则规范，以

防范人工智能技术野蛮发展带来的安全隐患。在国家战略层面，大数据、先进制造、智慧城市、5G 技术都是发达国家和地区关注的热点。

2）信息安全风险和威胁增多

随着新兴技术的广泛应用，伴随而来的信息安全威胁给我国信息安全带来新的挑战。据统计，我国 90% 以上芯片、操作系统等软硬件产品以及通用协议和标准依赖进口，面临敏感信息泄露、系统停运等安全风险。同时，基础网络、重要信息系统、工业控制系统的安全风险日益突出，网络犯罪和新兴技术的安全威胁持续加大，使我国信息安全发展形势严峻而复杂。

3）数字贸易壁垒愈演愈烈

自 2018 年中美贸易摩擦开端以来，国际竞争格局持续快速变化，特别是 2019 年 5 月美国将华为列入出口管制“实体名单”，威胁切断华为供应链，试图以举国之力阻碍其发展的一系列举动，表明贸易壁垒已经成为大国之间进行科技竞争的手段之一。中国数字经济发展不仅处于国际竞争格局快速变化的大背景下，同时高质量发展阶段也对基础研究和关键核心技术突破提出更多要求。

1.4.4　中国发展数字经济的必要性

当前，数字经济正成为我国经济发展的重要驱动力量。统计数据显示，我国数字经济发展已步入黄金期，2018 年我国数字经济的产业规模达到了 31.3 万亿元，GDP 占比达到 34.8%。发展数字经济对适应和引领经济发展新常态、中国转型发展、贯彻落实新的发展理念、培育新的经济增长点具有重要的促进作用，同时也是落实网络强国战略的重要内容。

1. 中国发展数字经济是贯彻五大发展理念的集中体现

数字经济本身是新技术革命的产物，是新的经济形态、新的资源配置方式和新的发展理念，集中体现了创新的内在要求。数字经济减少了信息流动障碍，加速了要素流动，提高了供需匹配效率，有助于实现经济与社会、区域之间的协调发展。数字经济能够极大地提升资源的利用率，是绿色发展的最佳体现。数字经济最大的特点就是基于互联网，而互联网的特性是开放共享。数字经济是推动高质量发展的重要支撑。数字经济的发展以数据作为关键生产要素，将有效驱动劳动力、资本、土地、技术、管理等要素实现网络化共享、集约化整合、协作化开发和高效化利用。党的十九大报告提出，贯彻新发展理念，建设现代化经济体系。我国经济已由高速增长阶段转向高质量发展阶段。推动互联网、大数据、人工智能和实体经济深度融合，大力发展数字经济，是加快新旧动能转换、建设现代化经济体系，推动高质量发展的重要举措。

2. 数字经济是构建信息时代国家竞争新优势的重要先导力量

随着数字经济的发展，信息时代的核心竞争能力表现为一个国家和地区的数字能力、信息能力和网络能力。中国发展数字经济有着自身独特优势和有利条件，在多数领域已形成与先行国家同台竞争、同步领跑的局面，未来在更多的领域都将有领先发展的巨大潜力。当前，欧美等发达国家都将发展数字经济提升到国家战略高度，如美国的工业互联网、德国的

“工业 4.0”、日本的机器人新战略、欧盟地区的数字经济战略等。面对新一轮互联网信息化革命浪潮，我国政府也根据基本国情和整体需要，提出“网络强国”的发展战略，积极推进“数字中国”建设，从而使得数字经济上升到国家战略层面。数字化工具、数字化生产、数字化产品等数字经济形态快速崛起，成为新常态下我国经济结构转型升级和经济发展的新动能。数字经济是经济一体化的重大机遇。随着世界经济结构经历深刻调整，许多国家都在寻找新的经济增长点，以期在未来发展中继续保持竞争优势，更有效地提高资源利用效率和劳动生产率。全球范围内，数字经济对全球经济增长的引领带动作用不断显现。发展数字经济已在国际社会凝聚了广泛共识，为促进加深各国务实合作，构建以合作共赢为核心的新型国际关系提供了重大机遇。

3. 发展数字经济是推进供给侧结构改革的重要抓手

以新一代信息技术与制造技术深度融合为特征的智能制造模式，正在引发新一轮制造业变革，数字化、虚拟化、智能化技术将贯穿产品的全生命周期，柔性化、网络化、个性化生产将成为制造模式的新趋势，全球化、服务化、平台化将成为产业组织的新方式。数字经济在农业领域中不断引领农业现代化，开启数字农业、智慧农业等农业发展新模式。在服务业领域，数字经济的影响与作用已经很好地体现出来，电子商务、互联网金融、网络教育、远程医疗、网约车以及在线娱乐等已经使人们的生产生活发生了极大改变。我国产业成本持续走高，但产业效率却很低，数字化转型需求日益迫切。从成本来看，2000—2017 年，中国劳动力的平均工资上升了 8 倍，波士顿咨询公司的报告也认为中国的制造成本逼近美国；从效率来看，中国工业的人均增加值只有美国的 1/5，服务业更低，只有 1/10。中国产业高质量发展亟须由要素驱动转向创新驱动，加快数字化转型是必然选择。中国信息通信研究院（简称中国信通院）的测算表明，近年来工业企业的生产效率有所提升，其中有 29% 是由数字技术贡献的。

随着全球信息化步入全面渗透、跨界融合、加速创新、引领发展的新阶段，我国也借势深度布局，大力推动数字经济的发展。中国特色社会主义已经进入新时代，中国经济已由高速增长阶段转向高质量发展阶段。推动数字经济蓬勃发展，对于拓宽我国经济发展空间、培育发展新动能、满足人民日益增长的美好生活需要，都具有极为重要的意义。

案例：2020 年中国各地争相布局数字经济

当前，数字经济已成为我国经济发展最活跃且最重要的新动能。无论是浙江、广东等经济强省，还是安徽、湖北、重庆等中西部地区，发展数字经济正成为众多省份的共同行动，多个省份在政府工作报告中对 2020 年数字经济发展做出了部署。专家认为，引导数字经济和实体经济深度融合是推动经济高质量发展的重要动力。各地抢抓机遇布局数字经济，对于经济发展和改善民生具有重要意义。在发展过程中，还需加强对数字经济发展规律的认识，建立健全与之相适应的法律法规和标准体系，用新思维培育新动能，引领新发展。

1. 数字经济成“一号工程”

在谋划 2020 年工作时，浙江省提出全力推进数字经济“一号工程”，深入实施数字经济五年倍增计划，做强集成电路、软件业，超前布局量子信息、类脑芯片、第三代半导体、下一代人工智能等未来产业，力争数字经济核心产业增加值增长15%。福建省提出促进人工智能、大数据、物联网和经济社会融合发展，力争数字经济规模超2万亿元。安徽省提出大力发展数字经济，实施5G产业规划和支持政策，促进5G商用和应用场景落地，推动物联网、下一代互联网、区块链等技术和产业创新发展。重庆提出，加快建设国家数字经济创新发展试验区，集中力量建设"智造重镇""智慧名城"。

"从数字变革的大趋势来看，数字技术将给中国各行各业带来前所未有的机遇，也将引发未来全球和地区经济格局的变化。如果不发展数字经济，很可能会落后于时代，丧失历史机遇。"国家信息中心首席信息师张新红在接受记者采访时表示，从实践发展来看，数字经济已成为经济发展最活跃也最重要的新动能。近年来，数字经济比整体经济发展的速度快得多，成为拉动经济增长的重要动力。

中国宏观经济研究院产业所工业室主任付保宗表示，新技术革命的主导技术是数字技术，数字技术作为基础性和关键性技术，可以为其他技术提供平台和载体。当前，我国数字经济已进入加速产业化的前夜，快速发展的"春天"正在到来。专家指出，数字经济在培育经济新动能、推动供给侧结构性改革、扩大就业、改善民生等方面的作用越来越明显。

付保宗认为，无论是提高全要素生产率，还是提高产品和服务质量以及提升节能环保水平，都离不开数字技术支撑。数字技术的广泛渗透，将对经济发展产生深远影响。目前，数字经济蕴含大量机会，各地纷纷布局，试图抢占制高点，在新一轮竞争格局中占有一席之地，这也将有助于提高区域经济发展水平和改善居民生活品质。

2. 与实体经济加速"联姻"

在各地对数字经济发展的布局中，数字产业化与产业数字化并进，既可以看到人工智能、区块链、5G、共享经济等前沿领域，也对数字化改造、加快产业融合发展等提出要求。

比如，河北省提出促进人工智能、区块链技术应用及产业发展，加快布局5G基站、物联网、互联网协议第6版（Internet Protocol Version 6，IPv6）等新型基础设施；广东省提出支持广州发挥国际科技创新中心的重要引擎作用，大力发展新一代信息技术、人工智能、生物医药、新能源与智能网联汽车等产业，建设国家人工智能和数字经济试验区。浙江省提出积极发展平台经济、共享经济、体验经济和快递经济，加快各行业、各领域数字化改造。北京提出实施制造业数字化、智能化、绿色化改造提升计划。湖北省提出大力推动传统产业改造升级，培育壮大以"芯屏端网"为重点的世界级产业集群，抢占数字经济风口。

在张新红看来，在数字产业化方面，尽管近年来我国信息产业取得了非常快的发展，但其占国民经济的比重在全球不太高，只在6%~8%。相比而言，以传统产业数字化为特征的融合型数字经济潜力更大。

"数字经济已经开始从量变走向质变。一个非常重要的标志是从2016年起中国数字经济占GDP的比重首次超过30%，说明数字经济度过起步期，开始进入快速发展阶段。"张新红认为，从实践来看，数字经济与实体经济的全面融合已经开始，从生产到消费，从制造业到服务业，各方面的数字化进程都在加快。下一步，数字经济将向更高层次、全面融合发展。

3. 提升数字能力需防"虚火"

尽管数字经济风头正劲，薄弱环节依然不容忽视。张新红认为，从总体上看，首先在核心技术方面存在不足，可能影响未来可持续性创新，并存在一定的安全隐患；其次原有的实体经济信息化基础相对薄弱，有一些“课”需要补。此外，发展数字经济的经验也存在不足。从一些地方出台的政策或实际作为看，不敢发展、不会发展、不愿发展数字经济的情况依然存在。

付保宗认为，目前有很多数字技术还停留在实验室，或处在产业化初级阶段，新兴领域还有很多“卡脖子”的技术问题，专业人才非常短缺。

数字经济要“真旺”，需要防“虚火”。张新红提醒说，发展数字经济要防止“一窝蜂”。发展数字经济不可能一蹴而就，而是一个长期发展过程。数字经济与工业经济形态运行模式是不一样的，要用新方法应对。“需要注意的是，不要盲目追求超前数字化，要避免‘脱实向虚’和‘假数字经济’。”付保宗建议，各地应结合区位、人才、产业基础等要素条件，循序渐进地发展。

发展数字经济，政府应该做什么？付保宗认为，在融合发展过程中，有一些企业无力涉足的公共设施问题，如搭建公共数据平台、跨行业交流平台等。“政府要着力解决融合发展过程中的短板和公共问题，营造更好的产业生态，形成发展合力。”付保宗说。

付保宗认为，地方政府要规避各自为政、恶性竞争的传统发展模式，用更加开放包容的心态，全方位、多领域汇聚数字经济发展的优势资源，加强与国际国内相关优势机构和优势地区的广泛合作。

案例来源：经济日报，中国经济网，2020-1-23。

思考题：

①政府在中国数字经济发展中扮演着什么样的角色？

②你认为中国数字经济发展中存在哪些问题？

1.5 数字素养与数字经济的学科支撑体系

1.5.1 数字素养是21世纪人才的首要技能

随着信息技术的发展和数字工具的普及，数字素养已成为21世纪公民参与经济和社会生活的必备技能。数字时代对人才的要求不仅满足于专业技能，数字技术已成为各行业人才不可或缺的一项基本素质。“数字素养”的概念，最初由以色列学者约拉姆·埃谢特·阿尔卡莱（Yoram Eshet-Alkalai）于1994年提出，包含五个框架，如图1-1所示。

保罗·吉尔斯特（Paul Gilster）在1997年提出数字素养主要包括获取、理解与整合数字信息的能力，具体包括网络搜索、超文本阅读、数字信息批判与整合等技能，从而有效区分了数字素养和传统的印刷读写能力。

数字素养的内涵在实践中不断丰富、完善，以适应新的时代特征。当前，数字素养可定义为利用先进的数字技术，在信息获取、整合、评价、交流的整个过程中开发和使用数字资源，提高人们参与社会经济活动的能力。

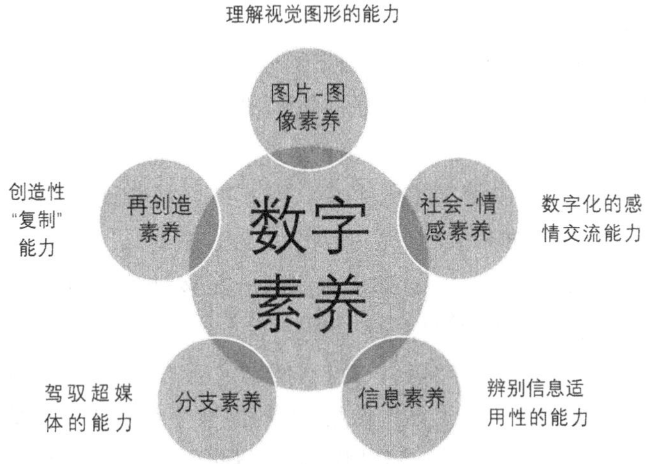

图 1-1　数字素养的概念

随着数字技术向各领域渗透，劳动者越来越需要具有双重技能——数字技能和专业技能。但是，各国普遍存在数字技术人才不足的现象，40% 的公司表示难以找到他们需要的数字人才。所以，具有较高的数字素养成为劳动者在就业市场胜出的重要因素。对消费者而言，若不具备基本的数字素养，将无法正确地运用数字化产品和服务，而成为数字时代的“文盲”。农业经济和工业经济，对多数消费者的文化素养基本没有要求，对劳动者的文化素养虽然有一定要求，但往往局限于某些职业和岗位。然而，在数字经济条件下，数字素养成为劳动者和消费者都应具备的重要能力。

因此，数字素养是数字时代的基本人权，是与听、说、读、写同等重要的基本能力。提高数字素养既有利于数字消费，也有利于数字生产，是数字经济发展的关键要素和重要基础。

提升数字素养，无论是对个人还是国家，都具有重要意义。对个体而言，其数字素养的高低影响着他对时代的适应能力，影响着他在海量数字化信息面前能否有效地获取信息、传递信息、享受数字媒介社会带来的便利。对国家而言，其国民数字素养也日益成为提高国民素养的一个重要组成部分，影响着这个国家国民的综合素质，民众数字素养水平直接关系到一国的数字鸿沟情况及相应的结构性失业和贫富差距问题，更关系到一个国家整体的数字经济发展水平。为了提高全民的数字素养水平，一方面，政府要与各方合作，开展面向全民的数字素养教育；另一方面，要全面强化学校的数字素养教育，提高学生的数字能力。

1.5.2　数字经济的学科支撑体系

信息通信技术引发了信息革命，促进数字经济不断壮大。近年来，移动互联网、云计算、大数据、人工智能、物联网、区块链等计算机信息技术的突破和融合发展促进了数字经济的快速发展。此外，高级机器人、自动驾驶、3D 打印、数字标识、生物识别、量子计算、再生能源等技术也将成为未来的重要技术，各种技术不断创新融合，以指数级速度展开，形成多种技术整体演进、群体性突破，推动着数字经济持续创新发展。

数字经济的崛起会给经济学带来什么样的影响？是否需要重建经济学理论体系？目

前，理论界存在两种截然不同的观点：一种观点认为数字经济的迅猛发展，将对传统经济学进行彻底颠覆，需要重建一套全新的经济学理论体系；另一种观点认为数字经济并没有彻底颠覆传统经济学，因为数字经济只是用互联网技术和信息技术武装起来的传统经济，因此传统经济学的一般原理和分析方法是不会改变的。本书赞同后一种观点。因为经济学是研究人的经济行为的科学，是关于人的选择的科学。与传统经济相比，在数字经济下，人们面对的选择对象更多的是与大数据相关的产品，但仍然是人在选择，因此传统的经济学理论也应该适用于数字经济的研究。反过来说，如果数字经济能够对经典的经济学理论形成如此颠覆性的挑战，那么经济学理论还能被称为科学吗？

从数字经济与传统经济的关系来看，也没有建立全新的经济学体系的必要。一方面，数据要素确实能够像“新石油”一样迅猛地改变世界，但数字经济不可能完全替代传统经济，二者必然是在互动中实现共同发展。如果我们仔细观察，就会发现数字经济中的许多方面都可以在旧的经济框架中找到。例如，平台经济同样是买卖双方的市场、交易的平台，同样反映供求定律和价值规律，企业同样是追求利润最大化，平台只是改变了谋求利润最大化的手段和模式，均衡分析、边际分析、产业组织理论和博弈论等分析方法仍然适用。另一方面，数字经济又有自身的规律和特点，如摩尔定律、梅特卡夫法则、共享经济、注意力经济等越来越重要，汽车和钢铁时代的货币与反垄断政策已无法适应现在的数字经济时代等。因此，目前需要解决的问题是，怎样使传统的经济学更具有解释力，以解释数字经济发展过程中出现的新现象和新问题。

数字经济实践发展如此之快，以至于相关的学术研究无法跟上实践发展的步伐。就目前的研究现状来看，国内外关于数字经济的研究主要集中在数字经济发展特点、现状、统计方法、水平测度和典型案例等实践发展情况的介绍；在理论研究方面，越来越多的学者从多个视角展开了对数字经济内在发展规律的研究，但大多呈现点状分布，尚没有形成完整的学科体系。现有关于数字经济的基础理论研究中，大多仍然沿用较为成熟的网络经济学、知识经济学和信息经济学的相关内容，因此目前将“数字经济学”作为经济学分支的条件尚不成熟。

但值得注意的是，对数字经济发展规律的认识和发掘是必须且急需的，现有相关学科在解释数字经济方面存在诸多不足。一方面，数字经济的发展涉及网络经济、知识经济和信息经济等诸多领域，并不是某个单一学科所能覆盖和解释的；另一方面，数字经济呈现出的新特征超越了现有理论的解释能力，例如物联网的出现重构了人与物、物与物的连接方式，使传统经济当中重点研究的人与人的关系转向人与物、物与物的关系研究；共享经济的出现冲击了人们对网络外部性的认识，新的商业模式不断涌现，给企业组织和产业组织带来重大变革。总之，随着人们对数字经济从外部现象到内在规律认识的加深，数字经济学将逐渐形成一门新兴的经济学分支学科。

知识的累积和创新需要站在巨人的肩膀上。本书试图构建一个经济学视角下的数字经济理论体系。在总结现有研究成果的基础上，提出具有一般性意义的规律和结论，为人们拨开纷繁复杂的数字经济表象和认识其一般发展规律提供有益的参考。本书的研究建立在主流的经济学理论基础上，融合了网络经济学、知识经济学和信息经济学的相关内容。此外，就数字技术层面来看，数字经济的学科支撑体系还包括信息技术理论、通信技术理论；就数据应用层面来看，统计学为数字经济时代的决策提供“量”方面的依据；就管理层面来看，数字经济时代，管理领域受到极大影响，管理学基础理论在受到巨大冲击的同时，也通过各行各业的管理实践来总结经验并丰富自身。这些学科共同构成了数字经济理论的支撑体系。

本章小结

数字经济是指以使用数字化的知识和信息作为关键生产要素，以现代信息网络作为重要载体，以信息通信技术的有效使用作为效率提升的经济结构优化的重要推动力的一系列经济活动。数字经济（Digital Economy）是继农业经济、工业经济之后的一种新的经济社会发展形态。

数字经济分为数字经济基础部分（包括电子信息制造业、信息通信业以及软件服务业等）和数字经济融合部分（将数字技术应用到制造业、服务业等传统行业所增加的产出）。数字经济的特点包括数字化、智能化、平台化、共享化和跨界融合。

中国发展数字经济的独特优势突出表现在三个方面：人口优势、后发优势和制度优势。近年来，中国在数字经济方面发展非常迅速。数字经济，特别是信息化时代所涌现的新领域、新技术、新业态、新产品、新服务已经成为驱动和引领经济高质量发展的新动力。

数字时代对人才的要求不仅满足于专业技能，数字技术已成为各行业人才不可或缺的一项基本素质。数字素养的内涵在实践中不断丰富、完善，以适应新的时代特征。数字素养可定义为利用先进的数字技术，在信息获取、整合、评价、交流的整个过程中开发和使用数字资源，提高人们参与社会经济活动的能力。提升数字素养，无论是对个人还是国家，都具有重要意义。

数字经济的学科支撑体系应当包括微观经济学、网络经济学、知识经济学、信息经济学、统计学和管理学等。随着人们对数字经济从外部现象到内在规律认识的加深，数字经济将逐渐形成一门新兴的经济学分支学科。

本章课后思考题：

1. 什么是数字经济？与信息经济、知识经济和网络经济相比，数字经济有什么特点？
2. 简述数字经济的发展阶段。
3. 中国发展数字经济的必要性、优势和制约因素分别是什么？
4. 为什么说数字素养是 21 世纪人才的首要技能？
5. 数字经济的学科支撑体系包括哪些学科？

第 2 章　数字经济的基本原理

本章学习要点：

- 理解数字技术经济范式的内涵
- 掌握数字经济的供给侧特征
- 掌握数字经济的需求侧特征
- 掌握数字经济下的供求互动机制

2017 年 5 月初，英国《经济学人》封面文章《世界上最宝贵的资源》指出，数据是数字时代的石油（“The Economist”，2017）。100 年前，石油成为现代社会最重要的大宗商品，其开采、提炼和交易促进了勘探、化工、运输和金融等产业的发展。100 年后，数据成为新的大宗商品，其作为关键投入要素已成为所有科技创新和经济发展的重要驱动力。《大数据产业发展规划（2016—2020 年）》指出，数据是国家基础性战略资源，是 21 世纪的“钻石矿”。

数字技术以比特（bits）的形式呈现信息，有效降低了数据存储、计算和传输的成本。数字经济便是研究数字技术是否以及怎样改变经济活动的一种经济形态。了解数字技术的影响并不需要完全颠覆原有经济学理论，而是要思考当信息是用比特而不是原子（atoms）表示时，经济活动会有什么变化。

2.1　产业革命推动技术经济范式变革

所谓技术经济范式，是用来描述技术广泛渗透和应用于经济系统后，对微观企业和宏观产业产生的影响。

2.1.1　历史上的四次技术经济范式

迄今为止，人类社会共经历了四次影响深远的技术经济范式以及随之创造的产业革命和经济变迁。历次革命性技术经济范式的创新和变迁均遵循熊彼特提出的“破坏性创新过程”，形成各个领域（如投入、产品、产业、制度和经济）的新变迁。表 2-1 按照新技术创造的产业革命先后顺序，从经济社会的三个重要层面进行了梳理。

表 2-1　技术经济范式、产业革命与经济变迁

产业革命和经济变迁			新技术和新产业		技术经济范式		
产业革命	时间	经济变迁	新技术	新兴产业	新范式的突破	微观结构影响：企业层面	宏观结构影响：产业层面
第一次产业	18 世纪中叶—19 世纪中叶	农业经济向工业经济变迁	蒸汽动力技术；机械制造技术	纺织业、机械制造业、海陆运输业	突破了手工生产的局限性	企业规模较小；合伙制	农业为主体的产业结构外，开始出现新产业
第二次产业	19 世纪下半叶—20 世纪 40 年代	工业经济形成	电力技术；电磁通信技术	电力运输、钢铁、电话、电报	突破了前一范式的生产局限性	出现垄断企业；规模扩大；股份制	三次产业结构形成，工业取代农业成为主体产业
第三次产业	20 世纪 40 年代—70 年代	后工业经济形成	原子能技术、航天技术、电子计算机技术	汽车制造业、消费电器、无线电产品与电视产品	突破了前一范式的生产局限性	出现跨产业和跨行业的垄断企业；规模继续扩大；组织结构复杂；跨国公司	第一产业比重下降；第二产业结构调整；第三产业占比最大
第四次产业	20 世纪 70 年代开始	工业经济向数字经济变迁	微电子技术、ICT 技术、计算机辅助生物技术、新材料技术	微电子产业、ICT 产业、控制仪表、交通通信、自控设备	打破传统要素有限供给约束；突破要素时间和空间局限	出现数字垄断；组织结构扁平化、网络化、虚拟化；数字经济基础产业领域企业发展迅猛	第一产业比重继续下降，传统制造业数字化改造，跨多部门的数字经济基础产业成为国民经济的重要部门

资料来源：刘昭洁：数字经济背景下的产业融合研究——基于制造业的视角，对外经济贸易大学，2018。

从表 2-1 中可以得出如下结论。

第一，历次的技术经济范式都体现革命性技术创新带来的社会新财富的增长和经济潜力的释放，成为未来经济的主导力量。新技术提供的增长潜力，优化生产结构，提升生产率和质量水平，对生产和生活方式产生深刻影响，变革经济社会的组织及管理方式，并在相当长的时期内对各层面的经济结构、经济运行模式、产业组织形态、微观主体活动造成全面影响，实现产业革命和新经济格局。

第二，历次的技术经济范式并不仅意味着单一的技术范式，其形成与完善需要伴随关键技术创新、新生产结构、新产业结构及新制度环境的匹配。新技术催生的产业革命代表了技术经济范式的开端，在新的生产、产业和制度融合应用的过程中，进一步完善新技术并促进新产业的崛起。

第三，技术经济范式变迁的速度加快。由蒸汽动力技术主导的技术经济范式历时 100~200 年的时间才完成从理论到技术再到产业运用的过程。而以电力技术和能源技术为主导的技术经济范式完成同一周期的时间大大缩短。而数字技术更是在信息存储、处理、传输等方面的技术创新基础上提高更多领域的分工速度，进一步缩短周期。

第四，前三次技术经济范式的主要突破都在于扩展了前一范式的生产空间，而数字技术经济范式则不仅拓展了前一范式的生产空间，更是打破了传统生产要素有限供给对增长的约束，突破了要素在时间和空间上的局限性。

2.1.2 产业革命与经济理论演进

从经济史和经济思想史的角度来看,历史上每一次技术的出现,都会带来经济形态的转变;而在经济转变过程中所产生的“新现象”则会对既有的主流经济学理论形成冲击。随着新技术的进一步发展和经济形态的持续变迁,这些零星的“新现象”逐渐汇聚成系统性的“新现象”,从而形成新的典型性事实(Stylized Facts)。为了更好地解释新经济形态下的典型性事实,新的经济理论便会逐步成形,最终形成系统的理论框架。

如图 2-1 所示, 18 世纪中叶以蒸汽机的发明和应用为标志的第一次产业革命使人类从农业经济时代进入工业经济时代,手工业生产逐渐被机械化生产所代替。1776 年,以亚当·斯密发表的《国富论》为代表的古典经济理论开始兴起,建立在劳动价值论和完全竞争市场结构的基础之上。19 世纪下半叶,以发电机的发明和应用为标志的第二次产业革命将工业化推向新阶段,使工业生产进入到机器大规模应用的电气化阶段。由此新古典经济理论开始取代古典经济理论,以马歇尔和凯恩斯为代表的边际分析、一般均衡、需求管理等逐渐成为经济学理论的主流。20 世纪 40 年代,以计算机和信息技术推动的第三次产业革命开始兴起,工业经济开始进入信息化的新阶段,经济学理论进入现代经济理论阶段。信息经济学、知识经济学、产业经济学等领域逐渐进入经济学家的研究视野,并开创了一系列的经济学分支学科。20 世纪 90 年代,互联网逐渐普及,网络化催生了诸多新模式和新技术,网络经济学开始成为研究热点;进入 21 世纪,以大数据、人工智能和云计算为代表的数字技术开启了数字经济新时代,以信息化和网络化为基础经济发展进入智能化的新阶段,同时数字经济的基础理论框架正在逐渐成形。

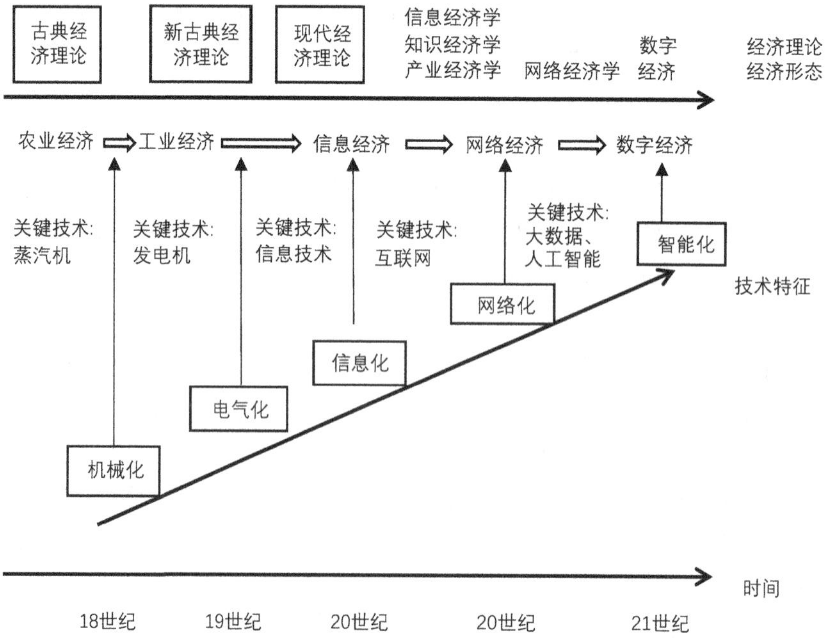

图 2-1 产业革命与经济理论演进

2.1.3　数字技术经济范式

数字技术经济范式使社会发生了本质的变化，对经济产生了重塑作用，带动人类社会从工业经济进入数字经济。

第一，重塑生产方式。数据成为最重要的经济要素，数字信号较模拟信号更加清晰、逼真、成本低，为信息的创造、传输和使用创造更加有利的时间和空间条件，实现人类社会从原子到比特的进阶。

第二，重塑消费模式。数字技术的广泛应用改变着人们的社交方式、娱乐方式、通信方式和工作方式，数字技术的强大整合性，使得社会经济活动依赖数字技术完成。

第三，重塑产业组织方式。一方面，数字技术经济范式催生了新的产业——数字经济的基础产业，即实现了数字经济基础产业化；另一方面，数字技术经济范式改造传统技术和产业，实现产业数字化，带动并释放了传统产业的动能倍增效应。

第四，重塑技术创新模式。新技术即数字技术成为经济的通用技术，具有强烈的渗透性和网络化特征。创新周期不断加快，创新形式不断丰富。

本书在第 2 章中详细论述数字经济重塑生产方式和消费模式的问题，第 3 章详细阐述数字经济重塑产业组织方式，第 4 章详细阐述数字经济重塑技术创新模式。

2.2　数字经济的供给侧特征

2.2.1　数据成为关键生产要素

1. 数据要素的概念

这里我们要区分“大数据”与“数据要素”两个概念的差异。正如本书第 11 章所述，“大数据”具有 4V 的特点：数据量大、种类繁多、时效高和价值低。这些特点就决定了数字经济时代中的数据就像大海一样广阔无垠，且大多难以直接利用。因此，开启数字经济时代的关键点之一，就是如何寻找有价值的数据资源以及如何挖掘其潜在的商业价值。本书提出，数字经济时代将大量的数据经过提取、加工、归纳、提炼之后具有某种应用价值，能够用于指导实践或商业化创新的信息或知识，可以称为“数据要素”。

人类社会进入信息化时代之后，先后经历了信息经济、网络经济和数字经济三个阶段。伴随着实践的进步，人们对于数据、信息和知识的认识也逐步深化。为了进一步理解“数据要素”这个概念的含义，我们沿用知识经济学中对上述三个概念的解释，并以此为基础引出“数据要素”的概念。

1）数据、信息和知识

所谓数据，是指一系列非随机的符号组，代表了观察、测量或事实的记录，往往采取文本、声音或图像等形式。数据本身没有意义，但它是信息的原始资料，即数据可以通过有目的性的加工处理成信息。

所谓信息，是指已被处理成某种形式的数据，这种形式对接受者具有意义，并在当前或未来的行动或决策中，具有实际的、可觉察到的价值。

所谓知识，是指人类对物质世界以及精神世界探索结果的综合，是系统化、理论化、科学化和专门化的认知结论。经济合作与发展组织在1996年发表的《以信息为基础的经济》报告中提出"4W"知识分类体系：①知道是什么（know-what），指关于事实方面的知识；②知道为什么（know-why），指原理和规律方面的知识；③知道怎么做（know-how），指操作的能力，包括技术、技能、技巧和诀窍等；④知道是谁（know-who），包括特定关系的形成，以便可能接触有关专家，并有效地利用他们的知识，也就是关于管理的知识和能力。其中，后两种知识被称为"默会知识（tacit knowledge）"或"隐性知识"，因为相比于前两种，它们更难进行编码和测度，默会知识一般通过技巧、诀窍、个人经验、技能等实践渠道获得。知识可以看作构成人类智慧的最根本的因素。

信息与知识在本质上是有区别的。信息能够很容易地被编码和传递，而知识往往比较模糊，难于编码化。知识作为人的认知能力的基础，实质上贯穿于每一个过程，包括把数据序化、整合、加工成信息，选择吸收有用的信息，或者将信息翻译成有用的知识等，这些都是一个个复杂的认知过程。只有当一个人知道如何使用信息，知道信息的含义、局限性和如何用它来创造价值的时候，才有所谓的新知识。知识与信息之间的关系是互动的，知识的产生依赖于信息，而相关信息的开发又需要知识的应用。应用信息的工具和方法也影响着知识的创造。相同的信息可以转化为不同种类的知识，这取决于分析的类型和目的。

以上四个基本转化过程可以视具体情况组合成简单或复杂的形式，用来详细描述知识（信息）的生产过程，即"数据—信息—知识—创新"过程（见图2-2）。

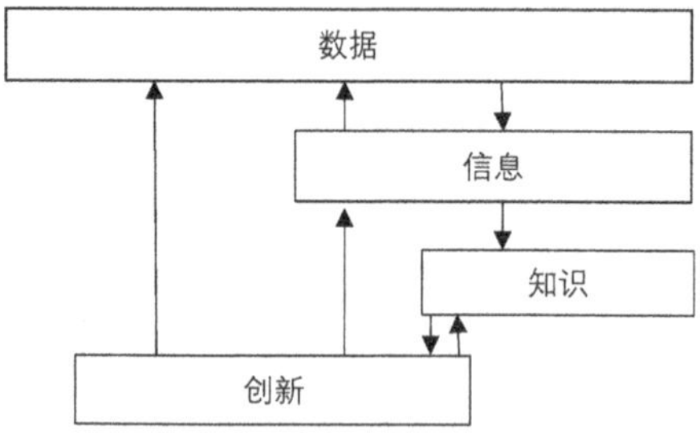

图 2-2　数据、信息、知识和创新的概念解析

2）大数据与数据要素

我们正处于一个信息大爆炸时代，近几十年来，由互联网、物联网、移动终端所产生的海量数据已经超过了人类之前所产生的数据之和。根据国际数据公司（IDC）提供的数据，2011年全球数据总量为1.8 ZB（1 ZB=1 万亿 GB，1.8 ZB 相当于18亿个1 TB 硬盘），2015年为8.61 ZB，是2011年的4.78倍，目前全球数据每年以40%左右的速度增长，2020年，全球大数据储量达到44 ZB。这些具有碎片化和非结构特征的海量数据并不完全有利用价值，需要对其进行搜集、加工、整理、分析和挖掘。经过处理后的数据便成为数据要素，进而成为重要的资源或产品。

基于上述分析我们认为，从要素的价值属性上来看，将“大数据”本身作为一种新的生产要素是不合理的，应当将“数据要素”作为新的生产要素。二者的区别在于：①大数据是对社会生产、消费或生活的电子化原始记录，由移动互联网或物联网上的各个终端生产出来，总量增长迅速，数据种类繁多，时效性很高，大多不能直接利用，价值密度较低；②当使用一定数字技术在较短时间内对大量电子化数据进行搜集、加工、整理、归纳和提炼以后，形成格式规范相对统一、价值密度相对较高的信息或知识的时候，可以称为“数据要素”。数据要素可以被用来指导某一领域的实践或者用于进行商业化创新。考虑到不论是信息还是知识，都具有一定的价值属性，因此在后文的分析中将统称为“数据要素”。

数据要素与数据、信息、知识、大数据的概念比较见表 2-2。

表 2-2 数据要素与数据、信息、知识、大数据的概念比较

<table>
<tr><th rowspan="2">数据的类型</th><th colspan="4">数字经济时代之前</th><th colspan="4">数字经济时代</th></tr>
<tr><th>名称</th><th>形态</th><th>价值</th><th>与创新的关系</th><th>名称</th><th>形态</th><th>价值</th><th>与创新的关系</th></tr>
<tr><td>原始的数据资料</td><td>数据</td><td>电子或纸质</td><td>价值含量低</td><td>一般不能直接刺激创新，但技术创新可以提高数据搜集效率</td><td>大数据</td><td>4V，电子化</td><td>价值密度很低</td><td>一般不能直接用于指导创新，但技术创新可以提高数据搜集效率</td></tr>
<tr><td>经过加工、处理之后的信息</td><td>信息</td><td>编码化</td><td>能够消除或缓解不确定性，有一定价值</td><td>技术创新可提高数据处理效率</td><td rowspan="2">数据要素（含信息和知识两类）</td><td rowspan="2">对大数据进行加工处理、归纳总结</td><td rowspan="2">价值含量较高</td><td rowspan="2">可用于指导实践或创新，同时技术创新可以提高大数据处理效率或带来新知识</td></tr>
<tr><td>经过归纳、总结的经验</td><td>知识</td><td>显性或隐性知识</td><td>可以刺激创新，有很高价值</td><td>二者互动性强，技术创新也可以带来新知识</td></tr>
</table>

2. 数据要素是一种高级生产要素

一种观点认为大数据时代数据规模呈指数式增长，其总量将趋近于无穷大，数据生产的边际成本为零或者趋近于零，也就是说数据是非稀缺资源。但实际上，这种观点并不准确，因为混淆了大数据和数据要素这两个概念。实际上，数字经济中人们关注的并不是繁杂无章、没有利用价值的海量数据，而是从海量数据中提取的规律性、启示性或预测性的信息或知识，这正是本书当中所指的“数据要素”的含义。

生产要素是经济学中的一个基本范畴，是指进行社会生产经营活动时所需要的各种社会资源，是维系国民经济运行及市场主体生产经营过程所必须具备的基本因素。生产要素分为初级生产要素和高级生产要素。初级生产要素是指土地、自然资源、非技术工人等，仅需要继承或者简单的投资就可以获得；高级生产要素包括高技术人才、资本、技术等，需要在人力、资本和技术上先期大量和持续地积累才能获得。所谓高级生产要素，是指一个经济体需要经过多年积累才能够实现的、具有更高生产效率的投入要素。一般认为，自然资源和简单劳动力属于低级生产要素，因为其生产或开发并不需要很高的技术水平，容易被其他同类要素所替代，技术进步较慢，边际产出较低。而高级生产要素一般包括资本、高级劳动力、技术、卓越企业家等，其生产或开发需要耗费大量的人力、物力，且需要长期的积累才能实现，具有不易替代性、边际产出较高且容易发生效率改进。当一国的要素禀赋结构从初级要素转向高级要素，就能够建立起拥有更多话语权的竞争优势地位。

数据要素是一种高级的生产要素。随着多年信息化建设的深入推进以及移动互联网的迅猛发展，产生了源源不断的海量数据。特别是智能手机的出现，使得每个消费者都成了重要的数据生产者，而以智能手机为代表的智能终端所拥有的各种传感器便是新的数据源。智能手机等设备能够随时随地在需要的时候生成图像、视频、位置、健康等数据，而这些数据在PC时代只有靠专用设备才能生成。这样海量而杂乱无章的数据需要在很短的时间内搜集、整理、加工和利用，甚至创新，这需要耗费大量的高级人力要素和资本要素。不同类型的数据要素可能有所差异，专用性较强的数据要素边际生产成本可能相对较高；而通用性较强的数据要素初始成本相对较高，而边际成本则相对较低。同时，数据要素的供给并不是无限的，受高级人力要素的制约，大数据中蕴含的信息和知识的挖掘工作仍然是有限的，而这也造成了目前诸多行业对大数据领域高级人才的需求非常旺盛，"知识付费"也逐渐成为网络主流。

值得注意的是，通过技术革命所带来的信息流动和处理方式的根本变化，在信息的传递与处理方面极大地降低了成本且提高了效率，使得人类历史性地在极大程度上克服了信息传递与处理能力资源的稀缺性限制，同时也使得这种资源稀缺性更集中地体现在人类自身的有限理性层面。

2.2.2 数据要素的使用价值

数字经济通过以下四种路径对经济发展产生影响：第一，数据要素作为一种高级生产要素，具备生产性和稀缺性两个特征，当其进入生产函数之后，通过改变资本和劳动的投入结构实现成本节约，从而提升企业的产出效率；第二，信息不对称会对经济效率和竞争产生负面影响，数据要素通过降低搜寻成本缓解不完全信息问题；第三，数字产品的成本结构决定了其具有显著的规模经济特征，随着数字企业从初创期进入扩张期，对规模经济的追求将重塑企业竞争格局和产业组织形态；第四，与传统时代相比，数字技术创新周期加快，一方面通过技术创新提升了全要素生产率，另一方面通过刺激多样化、个性化的需求提升了消费水平。

1. 数据要素能够缓解不完全信息问题

受限于工业时代网络空间的发展程度，经济行为主体对经济系统内各类信息的搜集、整合、分类、加工和处理的能力相对有限。在数字经济时代，大数据、云计算和人工智能技术的发展大大拓展了经济行为主体获取信息的能力。一个基本的观点是线上搜寻成本低于线下搜寻成本，这是因为线上更容易搜寻和比较潜在的交易信息。数字技术带来了搜寻成本降低对价格及价格离散度、产品种类、市场匹配、平台商业和组织结构的影响。

数据的产生源自网络空间对物理和社会空间内各种关系的映射。在工业化时代，受信息技术水平的制约，网络空间和物理空间的映射关系相对松散。在数字经济条件下，通过机器学习和数据挖掘等手段，经济行为主体不仅能够获取正在发生事件的数据，其在一定程度上还能对将要发生的事件进行预测。同时，经济行为主体可获得数据的维度也在不断丰富，不仅包含数字化数据，还包含大量非数字化数据（图片、图书、图纸、视频、声音、指纹、影像等）。总之，网络空间的发展和相应技术手段的进步在一定程度上消除了经济系统内信息的不完全性，使生产和服务的供求信息更加精确化，从而为网络化和生态化的创新组织方式变革奠定了基础。

在新古典经济学的分析中，一般假定决策者拥有完全信息，并由此做出生产或消费决策。但现实生活并非如此，决策者在进行任何决策的时候都面临着不完全信息的困境，以及由此带来的决策结果不确定性。在数字经济出现之前，商业和金融决策者通常使用“满意和经验法则”进行决策；而随着数字技术的创新和应用，信息的匹配更为有效，虽然不可能完全消除不完全信息问题，但能够在一定程度上缓解这种困境。数据要素缓解信息不完全问题表现为以下两个方面。

1）更有效地匹配消费者与供应商

在推销阶段，消费者数据库有利于精准定位目标群体和选择适宜广告模式。目前，大数据和云计算已经在部分具有相当实力的公司里发挥作用，如推荐系统、预测产品需求和价值等。企业同时可以访问消费者日常操作所形成的数据库，然后检查其有效性。虽然这还没有真正在实践中广泛推广，但依然为企业直接营销到下一个层次提供了机会，大大缩小了潜在消费者的范围，使企业变得有利可图。同时，当消费者在查询信息或是浏览网站、视频时，在主页面周边或是狭窄的缝隙里自动弹出消费者近段时间曾经搜索的相关信息的增值业务。例如，你曾经搜索过某一本书，则会有各种购书网站弹出广告以及相关的书籍信息。

在生产阶段，定制化服务有利于企业根据消费者偏好进行个性化生产。例如，通信业务的流量及通话套餐的选择，运营商不再强制消费者开通或购买所有业务，而是消费者根据自己的喜好和实际需求来选择定制业务，新的定价模式变得透明并能自由搭配，使得消费者满意度有所提高，运营商的竞争力也有所提升。企业与客户、合作伙伴在行业之间进行意见交换在极大程度上使消费者与供应商更加匹配。

在售后阶段，数字化资源库为供应商和消费者提供了有效的正反馈渠道。消费者可以很容易地通过点击鼠标或点击触摸屏访问海量信息和选择供应商，从而不再被迫支付他们不希望或者不需要的产品或服务，同时可以随时随地与其他消费者进行体验分享，供应商则可以通过跟踪消费者的体验通过返现、退换货等手段减少客户对产品的抵制情绪。

2）更有效地匹配工作岗位

目前，对优秀人才的需求竞争非常激烈，人才对于企业的价值体现在劳务输出创新能力以及人才吸引等方面。在发达国家，人才创造了绝大部分的价值。随着我国经济转型和产业升级，可以预料到人才的需求竞争将会愈加激烈。但随着互联网化程度的加深，信息资源可获取性加强，企业员工流动性明显加快，员工的平均任期不断下降。

在互联网时代，人才和雇主的关系悄然发生变化，雇主和员工之间从商业交易转变为互惠关系。员工对企业的诉求不仅仅停留在薪资水平这一单一指标，这就需要通过科学的人力资源分析，让企业找到“猎取、培养和留住人才”的解决方案。现在已经出现专业公司和专业软件使用数据处理技术进行企业人力资源管理，主要应用包括人员招聘、培训管理、绩效管理和薪酬管理四个方面。但就整个行业而言，大数据人力资源管理尚处于行业探索期。根据 Sierra-Cedar 公司的报告，企业人力资源管理应用大数据者不超过 9%；IBM 曾经对 342 名首席人力资源官进行了研究，结果显示仅有不到 16% 的公司能够使用数据针对未来的员工问题进行预测并采取行动。

案例：2020 年税收大数据助新冠肺炎抗疫物资企业恢复生产

"我们之前打遍了所有供货商的电话，消毒洗手液原料是一斤难求，几乎放弃，多亏了税务部门的发票大数据，只用了一天时间，原材料采购渠道就找到了。"上海九誉生物科技有限公司的负责人杨柏常说。

1 月 31 日，消毒洗手液生产厂商之一上海九誉生物科技有限公司提前复工，加班加点生产物资，支持疫情防控。但几天后，随着企业库存原料的快速消耗，原材料供应出现了大问题。

在了解到疫情防控物资生产中的类似问题后，嘉定区税务局根据消毒洗手液原材料"甲苯磺酸钠"这一发票品名，对相关数据进行票流分析和供需匹配，发现了原材料生产经销企业上海嘉荣贸易有限公司。得到这一信息后，地方政府、上下游企业等多方迅速进行了联系接洽。

上海嘉荣贸易有限公司承诺，将通过统筹调拨集团内成员企业库存供货等方式，解决上海九誉生物科技有限公司的需求。同时，待集团内山东生产工厂全面复工后，将持续为其提供充足原材料货源。

"为抗击疫情，公司还将改造部分流水线、扩建车间、购买叉车，税务部门利用大数据分析，为我们梳理了涉及的税收优惠和其他扶持政策，给予了很大帮助。"杨柏常表示。

案例来源：新浪网，https://new.qq.com/omn/20200216/20200216A048k100.html. 2020 年 2 月 16 日网页新闻。

2. 数据要素的低复制成本决定了规模经济属性

由于数据要素是以比特形式存在并在互联网终端设备上存储和传播，一件数字产品被生产出来后，便可以通过低成本或零成本复制而无限供给。这一特征决定了数字产品在消费中具有非竞争性，即不同的消费者可以同时使用该产品而相互不受影响。不同消费者可以突破时空的限制使用同一产品的前提是，该产品是在互联网上生产、消费的。例如，由腾讯开发运行的《王者荣耀》游戏，最高同时在线人数达数百万，这些玩家玩的是同一种数字产品，互不影响。

一般认为，数字产品边际成本为零，但边际成本为零的简易微观经济模型与边际成本为正的模型并无太大的不同。数字产品与非数字产品最关键的区别是非竞争性，这意味着个体消费数字产品并不会减少其他人消费该产品的数量或质量，因为信息的分享并不会减少或损害初始信息。特别是在没有法律或技术限制排他性的情况下，任何人都能以零成本复制任何信息。

数字产品成本特征是研究与开发成本高、生产制造成本低，即高沉淀成本、低边际成本。

数字产品多是知识、科技密集型产品，开发过程符合高科技产品的高投资、高风险的经济学原理。如耗资上亿美元的好莱坞巨片只需几分钟就可以拷贝到硬盘上，并且成本极低（几乎为零），这也说明数字产品的固定成本很高，但变动成本却很低。而且数字产品的固定成本大多属于沉没成本，若停止生产，前期投入的人力、物力、财力等固定成本将无法收回，不像传统产品那样，停止生产后可以通过折旧等方式挽回部分成本。比如投资兴建一幢办公楼，若中途决定放弃的话，可将其转卖出去收回部分成本；但如果正在拍的一部电影突然停下来，可能根本卖不出去电影脚本，自然不可能收回本钱。数字产品的可变成本，也有不同于传统产品的独特性。譬如，如果市场上对 Intel 的 CPU 需求增加，而且超出了 Intel 的生产能力，这时，为了满足更大的需求和获取更多的利润，Intel 就需要组织各种资源建立新的工厂，即当传统商品制造商达到其现有的生产能力时，生产的边际成本将增加。与此相反，数字产品的生产没有容量限制，即无论生产多少个副本，其成本也不会增加。以数字内容产业为例，中国的数字内容产业起步较晚，但经过几年的高速发展已经初具规模，初步形成了以移动内容服务为主，动漫、网络游戏、数字视听、在线学习和数字出版等快速发展的产业格局。目前，中国国民经济分类中还没有单独划分出数字内容产业，其相关内容分散在“电信和其他信息传输服务业，新闻出版业，广播、电视、电影和音像业，文化艺术业”等相关行业中。数字内容产品可以很容易地进行复制和传播，这就导致更多的用户可以通过比较低廉的成本获取产品，规模经济非常明显。

数字产品的成本特征决定其必然存在规模报酬递增效应（图 2-3）。当产量 $Q>1$ 时，其边际成本 MC 极低，因而可以忽略可变成本，仅考虑固定成本。假设生产的固定成本为 FC，则平均成本 AC 函数为 $AC=FC/Q$。可以看出，数字产品的产量越高，平均成本越低，不存在最优的生产规模。因而，数字产品的生产存在规模报酬递增现象。

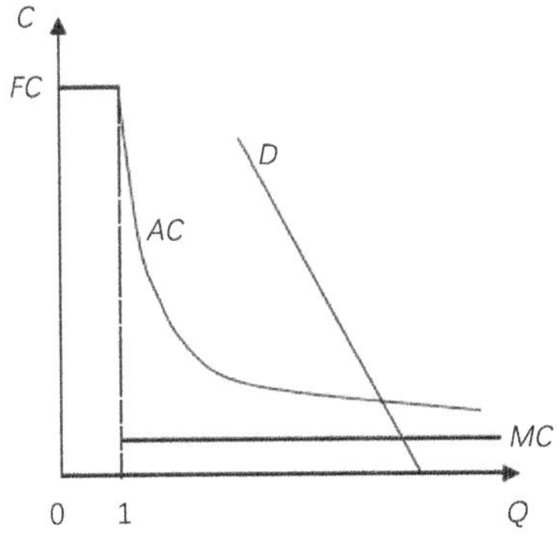

图 2-3　数字产品的规模报酬递增效应

3. 数据要素的知识密集型特征有利于刺激创新

数据要素可被看作是一种知识密集型的产品，它可作为投入以创新的形式增加产出。创新涉及的是新的活动，但对信息的应用具有很强的不确定性。创新最初都发生于个人的大脑之中，依赖的是对信息的综合和解释，使其符合现有的认知世界。所有解决问题的活动都是用认知模式来评估什么信息是有价值的，都以有用的方式来组织信息。理解和整理新信息的过程要求我们将新信息转化成与个人有关的东西。作为一个既是认知性也是社会性的过程，创新需要知识、信息以及认知模式之间进行复杂的互动，在一个设想发展成为一种创新的过程中不断探讨、澄清和重新构思。

数据要素在产生的同时，一方面满足了消费者的消费需求，另一方面也催生了更多产品和服务的出现。位于生产端的数据从主要用于记录和查看，逐渐成为流程优化、工艺优化的重要依据，进而在产品设计、服务交付等各个方面发挥着愈发重要的作用。对智能产品和服务而言，从供应链到智能制造再到最终交付用户，所有环节都可以基于数据分析的结果实现价值链整合和系统优化的目的。从企业的角度来看，以数据流引领技术流、物流、资金流和人才流，将深刻影响社会分工协作的组织模式，促进生产组织方式的集约和创新。大数据的发展推动社会生产要素的网络化共享、集约化整合、协作化开发和高效化利用，改变了传统的生产方式和经济运行机制。大数据持续激发商业模式创新，不断催生新业态，已成为互联网等新兴领域促进业务创新增值、提升企业核心价值的重要驱动力。

案例：绫致时装——数字化是服装行业回归线下的创新生命线

在数字经济时代，伴随着云计算、大数据、物联网、软件定义、信息安全、虚拟化等技术的成熟与普及，数字化技术开始渗透到中国社会与经济的每一个环节，并与各个环节加速融合。

数字化创新不仅是技术的创新，更是运营的创新、销售的创新。新零售时代，数字化连接起了线上和线下，也打通了管理和人心。未来，数字化将贯穿于服装行业的各个环节，成为创新的生命线。

从2009年天猫举行第一场“双十一”狂欢购物节以来，近十年间，数字化为零售业带来了颠覆性的变革，也对传统零售业提出了巨大的挑战。有的企业吃到了数字化的红利，有的却在数字化中逐渐衰落。

绫致时装就是吃到第一口电商蛋糕的企业。据统计，绫致时装2017年天猫“双十一”销售额突破10亿元。旗下的Only、Vero Moda和Jack & Jones常年占据品牌榜前三。

但电商并不是企业数字化唯一的答案。绫致时装IT数字化总监常飞在接受《哈佛商业评论》中文版记者的独家专访中指出：“以人为本的新零售时代来了，未来行业红利将从线上回归线下。”

1. 新零售回归线下，首要是解决人性痛点

2016年圣诞前夕，绫致时装CEO正式决定要发展自己的数字化渠道，成立专门的IT数字化部门，研究数字化变革，旗帜鲜明地要求把IT和技术融入业务的每一个环节，让数字化产生价值。

“企业数字化的效果还是和高管思维有关的，很多高管认识不到位，数字化就变成了面子工程。”在高层的大力支持和推动下，两年多的时间里，绫致已经完成所有数字化架构，覆盖全中国7 000多家门店的基础硬件架构、官网电商平台、微信小程序平台、内部的商业智能（Business Intelligence，BI）平台、数据仓库、数据管理平台（Data Management Platform，DMP）、大数据平台、客户关系管理（Customer Relationship Management，CRM）、阿里的新零

售、腾讯的智慧零售等。

2018 年，绫致数字化正式开始发力。通过自有数字化架构、官网及微信，营业额从一天几万到上百万，最火爆的时期，可以轻松做到 1 000 万。

在常飞看来，服装行业的数字化首先要解决人性痛点。线下门店有售卖压力，门店指标还没有完成，怎么会帮线上引流？又怎么相信流量可以从线上到线下门店？“如果你说要做新零售，做数字化，他们首先想的是会不会抢我现在的生意？这是人的一种天然的自我保护反应。”

服装行业的数字化进程并不容易。常飞坦言：“绫致一开始的进程非常缓慢。几个月的时间毫无进展，没有流量，没有销售额。后来，我们发现关键问题在于人，第一步要先解决人的问题。”

绫致决定分两步走。第一步，保证线上线下销售业绩统一。无论是线上还是线下，所有渠道的销售业绩统一归类到一个 ID 之下。比如一位卖场店员添加了顾客的微信，该顾客无论是从该店员微信、朋友圈，还是官方网站的哪个渠道购买，数据都会记录分享链接，将销售额划分到店员。第二步，做大蛋糕。传统实体店的痛点是无法系统收集客户的消费数据，销售只能靠经验预测和管理。数字化就要让销售人员意识到，数字化不是在抢门店的生意，而是把蛋糕做大。打通线上线下数据，建立精准的用户画像，获得更加精准的销售线索。

2.“人货场”的解构与重建，数字化基础设施是关键

在新零售时代，传统服装销售的“人货场”模式在线下还适用吗？

常飞认为，新零售时代，以货为主变成了以人为主。上游是大量的货，中间需要人来完成互动。人是核心，店员与顾客之间的买卖关系变成了有人情味的朋友关系；场是扩大的场，不仅是销售的场景，还是服务、体验、休闲的场景；货是定制和柔性供应链上的货，根据营销大数据配货，让用户买到最喜欢、最合适的衣服。

3. 绫致时装对门店进行数字化，重构了“人货场”的概念

数字化把传统的“人货场”概念解构以后，又融为一体，打通融合了线上线下的渠道，重建了服装业新零售的生态系统。

绫致时装从 2016 年开始布局，推进门店的数字化。推动门店数字化的第一步是一张全覆盖、强连接、稳定可靠的 IT 网络。对于 IT 基础设施架构，常飞有两个要求。

第一，稳定。稳定的 IT 架构是企业数字化的生命线——硬件需要稳定，性能要很强劲。没有稳定的核心基础设施去支撑，数字化就无从谈起。

“绿洲平台上，有几万个无线访问接入点（Access Point，AP）在同时运行，并且每一分钟都要把这个数据收集上来。这个时候，就需要我们 IT 的建设跟得上。”

稳定对于用户体验来说也非常重要。“如果出现 1 小时之内，全国所有门店 POS 结不了账单，iPad 也连不了网，顾客可能转身就走了。这对于客户体验来说是不可接受的。”

第二，具有行业价值的解决方案。“如果是单纯的物理设备，我可能随便找个供应商，或者是看谁的价格便宜。但我们想要的是能提供数字化价值的合作伙伴，提供的解决方案是以真正的企业投资回报率（Return on Investment，ROI）为核心的。”

正是基于对稳定和价值的共识，绫致时装选择了新华三集团作为硬件、软件供应商。新

华三集团为绫致时装全国7 000多家门店提供了整体数字化解决方案。通过布置线下AP及绿洲平台，构成了一个庞大的物联网，全面支持门店所有移动终端，构建了“人货场”统一数字生态。

通过硬件、软件结合，后台可以触达7 000多家门店中任一地段、任一时段到店人数，统计顾客到店时间，积累和连接海量数据，返回统一到后台，进行数据整合及分析。同时，数据资产的沉淀可以为以后的精准营销做好准备。

“年底我想知道某个地段的一家门店周末进店人数。这种数据以前来源于人的经验，存在于销售的大脑当中。靠感觉我可能会得出一个概数——300至500人。那到底是301人还是499人呢？通过物联网就能够得出比较准确的数字。”

4. 大数据助力开源节流，数字化成创新生命线

数据是新零售时代企业最重要的资产。新华三集团的绿洲平台可以实时反馈和打通全域海量数据，比如绿洲平台Talking Data给出基于大数据构建的人物画像，将单一消费者的到店行为、WiFi上网行为、交互点击行为、消费积分行为数据整合在一起，将绫致时装所有门店数据全域打通，实现了开源节流。

数据可以节省成本。绫致时装“双十一”发货是通过大数据就近匹配仓库和门店，一半的货物都是由消费者附近的门店发出的。“物流上降低一个百分点，节省下来的成本就能够转化为利润，还可以扩大门店销售额。”

通过店面流量的数据统计，绫致时装还可以灵活决定商场店面的开设与关闭，将线下门店数始终保持在7 000家左右。“有了数据作为决策依据，在每年的商场店铺租金谈判中，我们拥有了更多的议价权。”

数据还可以增加销售线索，加强精准的广告投放。通过不同的数据来源，营销行为可以有选择地进行投放，真正做到千人千面。

“比如前不久的‘618电商节’，我们把用户分为90多个人群，精准化推送信息，触达用户。喜欢线下消费的就发购物券，喜欢线上的就推天猫，不同环节采取不同的、精准的营销策略。”

数字化创新不仅是技术的创新，更是运营的创新、销售的创新。绫致真正吃到了数字化的甜头。更重要的是，通过变革，绫致走到了服装业数字化的前列。

在服装行业向“新零售”转型的过程中，绫致确实感到了各个业务环节对于数字化的强烈需求。“其实数字化就是企业底层的一条生命线，这种生命线现在要融入所有的业务当中，跟所有人一起去创新，帮助企业完成开源和节流。”

谈到未来，常飞表示下一步绫致要进一步提升数字化水平。比如通过传感器和三维建模等技术，帮助顾客选购服装；或者用数字化技术获取顾客在门店货架之间浏览的数据等。

依靠长期积累的品牌效应，通过回归线下，绫致时装在“新零售”时期的发展值得期待，而2018年就是以往数字化布局发力的开端。

5.《哈佛商业评论》点评

从线下到线上，从线上又到线下，传统服装业在数字化时代经历了两个轮回。其核心的内涵并没有改变。在新零售时期，客户需要体验。不论是线下还是线上，谁能给客户更好的

服务与体验，谁就能持续获得新的增长。

在新零售时代，服装行业还是要做自己最擅长的事——赢得顾客的心。但这一次，可能不仅需要设计师的力量，更需要 IT 人才的力量。

未来，线下门店可能不仅是选购服装的场所，也可能变成休闲娱乐的重要场景。流量不只是通过电商，更是通过社交平台甚至智能家居流入。而要想乘上这次新零售的快车，不仅需要基础架构上的长远布局，更需要一场思维上的深刻变革。

案例改编自：全球纺织网，https：//www.tnc.com.cn/info/c-060002-d-3663933.html.（2018-11-14）

思考题：

①绫致时装是如何进行数字化创新的？

②绫致时装的数字化转型为其带来了哪些好处？

③你认为新零售时代服装行业需要在哪些方面进行变革？

2.3　数字经济的需求侧特征

数字经济的一个重要特征就是网络化——经济以网络的形式组织起来。不管是有形的还是虚拟的网络，都具有一个基本的经济特征：连接到一个网络上的价值取决于已经连接到该网络的其他人的数量，即只要是网络，就要受到所谓“网络外部性”（也称为“网络效应”）现象的支配。值得注意的是，网络外部性并不是数字经济所独有的特征。有形的网络（如相互兼容的通信网络）或虚拟的网络（如一种产品的销售网络）都或多或少存在着网络外部性。对网络外部性的讨论早在 20 世纪 70 年代就已经开始了。但是在互联网广泛普及以后，尤其是 5G 时代来临之后，经济网络内的信息流动达到了前所未有的速度，生产、交换、分配和消费都与智能化的数字网络息息相关，这就使得网络外部性表现得愈发强烈。

2.3.1　经济学关于外部性的解释

经济学中，外部性概念通常指当生产或消费对其他人产生附带的成本或效益时，外部经济效应就发生了；就是说，成本或效益被加于其他人身上，然而施加这种影响的人却没有为此付出代价。更确切地说，外部经济效果是一个理性人的行为对另一个人所产生的效果，而这种效果并没有从货币或市场交易中反映出来。从外部性的产生领域来看，外部性可以分为生产的外部性（由生产活动所导致的外部性）和消费的外部性（由消费行为所带来的外部性）；从外部性的效果来看，外部性包括负外部性和正外部性。

主流经济学认为，外部性是“市场失灵”的主要表现之一。一个有效的市场制度要发挥其经济效率，一切影响都必须通过市场价格的变动来传递。一些人的行为影响他人的福利，只要这种影响是通过价格传递的，即这种影响反映在市场价格里，就不会对经济效率产生不良的作用。然而，如果一个人的行为影响了他人的福利而相应的成本收益没有反映到市场价格中，就出现了外部性。外部性可以是正的，也可以是负的。例如，我的邻居盖了新房子，面对我家的一面墙如果粉刷得很漂亮，我也可以因此而赏心悦目，即我从邻居的房屋粉刷中得到了好处，却并不需要为此而付费，这就是正的外部性；如果邻居不能对我得到的这种好处收费，他就不会有动力把靠近我家的那面墙粉刷得漂亮，因为我可以搭便车，这里的搭便车问题和正的外部性是同一硬币的两面。相反，如果一个人的行为伤害了另一个人，而他也并不因此而付出代价，就产生了负的外部性。例如，甲经营的工厂向一条河流排放废物，而乙却是以在这条河中捕鱼为生，甲的活动直接影响了乙的生计，但却并没有通过价格的变动得以反映，即甲的行为产生了负的外部性。外部性最重要的应用之一就是关于环境治理的讨论，其中最为经典的就是污染问题，即负的外部性。

总结上面的分析，如果所有的行为都能反映在价格里，就意味着私人的成本收益与社会的成本收益是一致的，市场制度会自动地使资源配置达到帕累托最优。外部性的存在意味着生产者面临的边际成本并不反映增加生产的所有社会成本，或者个人的消费边际收益并不等于社会收益。如果获得的收益并不完全归于直接生产者，或者如果私人生产成本没有反映总的社会成本，那么竞争性市场的选择可能不是社会的效率选择。虽然私人按照边际收益等于边际成本的原则来决策，但外部性的存在使这种决策对整个社会经济效率不利。

那么，外部性是如何对资源配置产生错误的影响呢？外部性出现在一个行动如果给其他人带来附带的收益或损害，而并没有人因此对产生外部性的人进行相应的支付或赔偿，由此产生价格系统对资源的错误配置。外部性产生效率问题是因为外部成本或收益通常不将引起外部效应的消费者或生产者考虑进去。如果某种活动产生了负的外部性，那么生产者和消费者就会低估该活动的社会成本，并且按照社会观点来看过多地选择那种活动；如果消费和生产给那些没有考虑进去的人产生收益，消费者或者生产者因此低估了社会收益，那么，那种经济活动的选择就会太少。

外部收益的情形如图 2-4 所示。假定科学家在进行一项研究时，图中的 *MPB* 和 *MC* 曲线分别反映了边际私人收益和边际成本。该科学家选择的研究产量为 Q_1，该产量是使边际成本和边际私人收益相等的产量水平，即 $MC=MPB$。此时均衡的价格为 P_1，假定该科学家的研究结果使得工业企业生产的产品更为便宜，而这些企业又不必为使用这一科学研究而支付费用，因为该科研成果是“一般知识”的一部分（如果该科学家有一项发明，那就可以通过专利法部分地保护发明不被无偿使用。但在许多情况下，“纯粹”的研究即使具有商业用途，也很难得到专利的保护）。这样，科学家的生产不仅对自己产生收益，还对社会其他产生更多收益，而且社会边际收益 *MSB* 为私人边际收益 *MPB* 与边际外部收益 *MEB* 之和。此时，经济效率要求边际成本与边际社会收益相等（$MC=MSB$），即要求科研量为 Q^*。由于直接收益低估了整个收益，因此从社会观点看，科研量低于有效水平（$Q_1 < Q^*$），此时科研量是不足的。分析的结果是：当个人或厂商的活动有正的外部性时，市场对该项活动或物品往往提供过少，因此有必要通过适当的补贴来解决。政府对于基础科学研究及教育（包括基础教育与高等教育）的补贴均源于此。

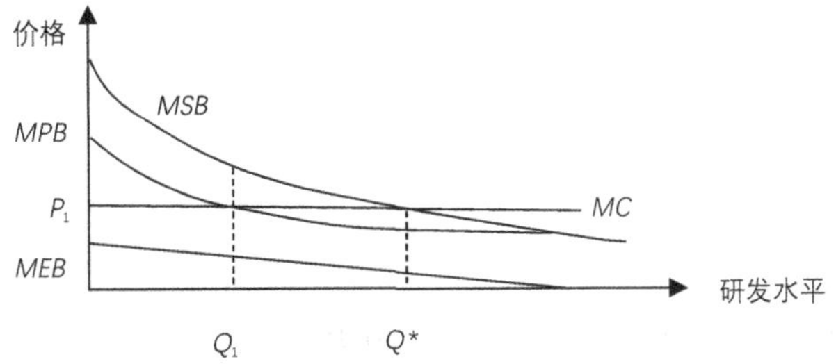

图 2-4　正外部性的外部收益

图 2-5 分析了上文中关于甲对乙造成外部成本的情形。横轴表示产量，由甲的工厂生产，纵轴表示成本和收益，单位是元。*MB* 曲线表示甲生产每单位产品的边际收益，在这里，假定它是既定值。另一条与单位产量有关的曲线是边际私人成本曲线 *MPC*。边际私人成本是指甲购买生产要素的支出，在这里，假定它随产量的增加而增加。工厂的副产品是污染，污染降低了养鱼者乙的福利水平。假定污染随工厂产量的增加而增加，在产量的各个规模上给乙造成的边际损害由 *MEC* 表示，*MEC* 向上倾斜是因为我们假定污染对乙的损害是递增的。甲感兴趣的是最大限度地增加利润，那么，他会按照边际原则来确定产量，即利润最大化的产量水平 *MPC* 与 *MB* 的交点（*MPC=MB*），在这一点上，产量为 Q_1。而从整个社会的角度看，边际社会成本包括两部分，一部分是甲购置的投入品，其价值反映在 *MPC* 上。另一部分是乙遭受的边际外部成本 *MEC*。因此，边际成本 *MSC* 曲线为在各个产量水平上 *MPC* 与 *MEC* 的纵高之和。从社会的角度看，经济效率要求社会边际收益等于社会边际成本，即 *MSC=MB*，所以，有效率的产量水平应定在 Q^* 上。这一社会效率产量水平显然要小于私人利润最大化产量水平。由此，负的外部性的存在，使厂商相对于有效率的产量水平来说，提供的产量 Q_1 显然太多，造成资源配置的扭曲。负的外部性的存在要求政府进行一定的干预以实现经济效率，如征收庇古税或实行政府管制。

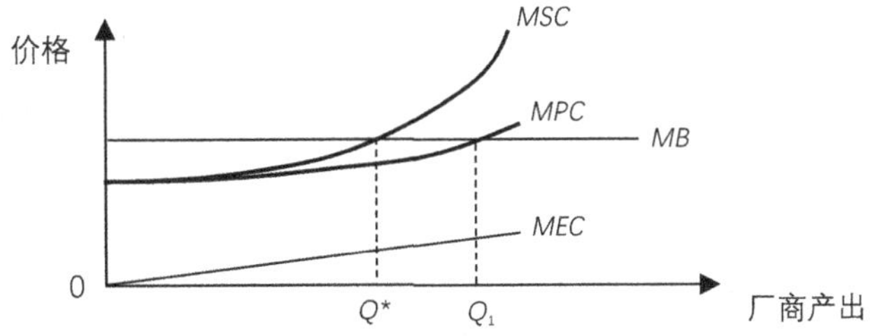

图 2-5　负外部性的外部成本

通过上面两个例子的分析，可以看出，首先，无论是正的外部性还是负的外部性，由于其不通过市场价格，都会造成私人收益或成本与社会收益或成本的不一致，从而破坏市场应有的效率，造成资源配置的扭曲。其次，外部性作为市场失灵的主要表现之一，无法完全通过市场手段来使之内部化，必须借助市场之外的力量（政府、法律、道德）解决外部性问题。

2.3.2 网络外部性

1. 网络外部性的定义和分类

1）网络外部性的定义

随着信息化时代的到来，数字产品所表现的网络外部性更多地表现为是消费的正外部性。消费者在选择购买或消费某种数字产品时，不仅考虑该产品本身的效应（比如：功能强大、操作便捷、价格低廉等），更考虑到未来可能实现共享信息的用户数量和适用范围。数字产品的这个特性集中表现为用户购买行为的“从众效应”或“追赶潮流”，消费者会倾向于购买那些已经被广泛采用的标准化或普及化的产品。例如高德地图的使用者越多，每个使用者的轨迹和坐标被记录的数据也就越多，基于这些位置大数据所开发出来的数字产品的价值含量就越高、功能也就越强大，就会吸引更多的消费者来使用其数字产品。这就是所谓的网络外部性，是数字产品表现的重要微观经济特性之一。

值得注意的是，数字产品网络外部性的出现对于产品价值的认识提出了新的挑战，产生了重要影响。数字产品的价值已不再集聚于产品本身所具有的属性，而是外延至整个产品网络。如果不存在网络外部性，消费者对产品或服务的效用评价函数仅由产品或服务本身的属性作为变量来决定，如某消费者 i 对某一产品的效用函数可以表示为公式 2-1：

$$U_i = U_i(X_1, X_2, \cdots, X_n) \qquad \text{公式 2-1}$$

式中，$X_1, X_1, \cdots, X_n$ 分别为产生效用的一些产品属性。这部分效用价值称为“自有价值”，有时这部分价值非常低甚至为零（例如：仅有一个人使用的某种电子邮件）。而当存在网络外部性的时候，消费者选择的不再仅仅是一个产品，而是选择了一个网络。厂商所应做的不是去制造一个产品，而是去建立一个网络。此时的效应函数为公式 2-2：

$$U_i = U_i(X_1, X_2, \cdots, X_n; C_1, C_2, \cdots, C_m) \qquad \text{公式 2-2}$$

式中，$C_1, C_2, \cdots, C_m$ 为其他消费者的消费活动。就是当新的用户加入网络时，老用户从中获得的额外价值，而用户是无须为这部分协同价值付费的，可称为“协同价值”，这正是网络外部性的经济本质。

2）网络外部性的分类

网络外部性分为直接网络外部性和间接网络外部性。直接网络外部性是指由于消费相同产品的市场主体的数量增加后通过正反馈效应放大了数字产品的使用价值。即由于消费者对数字产品的需求存在相互依赖的特征，消费者获得产品的效用随着购买相同产品的其他消费者数量的增加而增加。直接网络外部性的基础是梅特卡夫法则；而间接网络外部性则是指市场中介效应（Market Mediated Effects），即通过对互补产品种类、数量、价格的影响，而对原有产品用户产生的外部性，其本质是一种范围经济。间接网络互补性产生的主要原因是产品自身的互补性，基础产品的消费者越多，则对互补性的辅助产品需求就越大。例如，即时通信工具微信的消费者之所以选择微信而不是其他的通信工具，除了微信本身的功能强大之外，一个主要的原因是自己的亲朋好友也都选择了微信作为通信工具，这样大家交流起来就很便利，这就是梅特卡夫法则所导致的直接网络外部性；而微信的使用者中有相当的一部分人会使用微信支付、微信理财或微信借贷等其他辅助产品，微信的使用者越多，其辅助产品的使用者相对也会越多，这就是所谓的间接网络外部性。

2. 梅特卡夫法则

梅特卡夫法则（也称“梅特卡夫定律”，Metcalf’s Low）是一种网络技术发展规律，是由3Com 公司的创始人、计算机网络先驱罗伯特·梅特卡夫提出的。

梅特卡夫法则，是指网络的价值会随着网络里节点数目的乘方而增加，其核心思想可以说是“物以多为贵”。解释网络参与者相互依赖所产生的效用函数可表示如下：

$$V = Kn(n-1) \quad \text{公式 2-3}$$

式中，K 为价值系数，n 为用户数量。在基础设施成本一定的情况下，使用的用户越多，则其带来的价值就越大，一个网络的经济价值是按照指数级上升的，而不是按照算数级上升的。具体来说，如果一个网络对网络中每个人的价值是 1 元，那么规模为 10 倍的网络的总价值约等于 100 元；规模为 100 的网络的总价值就约等于 10 000 元。网络规模增长 10 倍，其价值就增长 100 倍。

梅特卡夫定律不仅适用于电话、传真等传统的通信网络，也同样适用于具有双向传输特点的像 Internet 这样的虚拟网络世界。网络的用户越多，信息资源就可以在更大范围的用户之间进行交流和共享，这不仅可以增加信息本身的价值，而且提高了所有网络用户的效用。另外，由于网络经济条件下，信息技术和信息系统的不完全兼容性及由此带来的操作、使用知识的重新培训等造成的转移成本，用户往往被锁定在一个既定的用户网络内，从而保证了这一网络的一定规模。网络内的用户则由于信息产品的相互兼容性，彼此之间的文件交换和信息共享就成为可能。而网络用户数量的增加就使得用户之间信息的传递和共享更为便捷，网络的总效用增加且同样以用户平方数量的速度增长，这恰恰符合梅特卡夫定律。总而言之，梅特卡夫法则概括的就是连接到一个网络的价值，取决于已经连接到该网络的其他人的数量这一基本的价值定理，这即经济学中所称的“网络效应”或“网络外部性”。梅特卡夫法则其实是对于“需求方网络外部性（consumption network externality）”的一种简单的表述。

梅特卡夫法则决定了新科技推广的速度，这是一条关于网上资源的定律。使用网络的人越多，数字产品的价值就越大，也越能吸引更多的人来使用，最终提高数字产品的总价值。当一个数字产品已经建立起必要的用户规模，它的价值就会呈爆发性增长。一个新产品多快才能达到必要的用户规模，这取决于用户进入网络的代价，代价越低，达到必要用户规模的速度也越快。有趣的是，一旦形成必要的用户规模，新产品的开发者在理论上可以提高对用户的价格，因为这个新产品的应用价值比以前增加了，进而衍生为某项商业产品的价值随使用人数而增加的定律。从总体上看，消费方面存在着效用递增——即需求创造了新的需求。

信息资源的奇特性不仅在于它是可以被无损耗地消费的（如一部古书从古到今都在“被消费”，但不可能“被消费掉”），而且信息的消费过程可能同时就是信息的生产过程。数字经济时代，网络消费者在消费数据要素的同时，可以催生出更多的知识和感受，同时其行为活动也被记录下来成为大数据的一部分。互联网的威力不仅在于它能使信息的消费者数量增加到最大限度（全人类），更在于它是一种传播与反馈同时进行的交互性媒介（这是它与报纸、收音机和电视不一样的地方），即网络具有极强的外部性和正反馈性。所以梅特卡夫断定，随着上网人数的增长，网上资源将呈几何级数增长。

2.3.3 具有网络外部性商品的需求曲线

当存在网络外部性时，每个消费者从商品或服务中获得的效用会随着用户规模的扩大而增加。从这个意义上来说，当产品或服务的价格给定时，用户规模会对消费者的需求产生重大影响。或者更准确地说，对于用户规模的消费者预期会直接影响最终需求。

举例来说，假设市场中有 100 个消费者，并且消费者对于产品的意愿支付等于 $n(0 \leqslant n \leqslant 100)$，显然当用户数量不断上升时，每一个用户对于商品的评价机会越高，因此也会为同样的商品支付更高的价格。同时我们假设消费者预期最终的用户规模为 $n^e(0 \leqslant n^e \leqslant 100)$，那么如果消费者对于该商品最终市场规模持有非常悲观的预期，即 $n^e = 0$，消费者就会认为这一商品的价值为 0。进而可以得出这样的结果：在任何不等于 0 的价格之下，没有任何消费者愿意购买该商品，因此最终的用户规模为 0。如果消费者持有很乐观的预期，认为所有人都会购买这一商品，即 $n^e = 100$，那么商品对于消费者的价值就等于 100。由此可见，当价格在 0 和 100 之间时，消费者不同的预期会导致两种极端的结果存在：所有消费者都购买和所有消费者都不买。换句话说，网络外部性的存在会让消费者预期对最终需求产生重大影响，即在任意给定的价格下会存在多个需求水平。

为了更加严格地表述上述结果，构建一个简单的数学模型来分析网络外部性对于需求的影响（Rohlfs, 1974）。假设数量为 1 的消费者均匀分布在 [0, 1] 的区间上，对于一个消费者 $x(0 \leqslant x \leqslant 1)$ 而言，他的效用函数见公式 2-4 所示：

$$U^x = \begin{cases} nx(1-x) - p & \text{如果他购买商品} \\ 0 & \text{如果他不购买商品} \end{cases} \quad \text{公式 2-4}$$

式中，p 为商品的价格，n 为用户数量。根据效用函数的定义可知，该商品的消费存在着网络外部性，即消费者从商品中获得的效用会随着用户数量 n 的增加而增加。同时这里的 x 衡量了消费者对商品的偏好程度，具有较高 x 的消费者对于商品的偏好程度反而会比较低，较低的 x 则表示消费者对于商品的偏好程度更高。这里对 x 的另一种解释是衡量消费者对网络外部性敏感程度的指标。如果这里的商品是电话，那么 x 数值低的那些消费者可以被看成是商业用户，他们对用户数量更加敏感，更多的使用者意味着电话可以联系到更多的潜在用户。那么 x 数值较高的那些消费者可以被看成是个人用户，此时电话用户数量的增多带来的效用提升相对比较有限。

对于某一用户 $\hat{x}$ 而言，当商品价格 p 满足以下条件时，是否购买该商品对他而言将是完全等效的，即

$$n\hat{x}(1-\hat{x}) - p = 0 \quad \text{公式 2-5}$$

当上述等式成立时，消费者 $\hat{x}$ 购买商品所获得的效用为 0，因此是否购买商品对他而言是完全无所谓的，式 2-5 就是商品需求函数。由此可知，当商品具有网络外部性时，其需求曲线

是一条倒 U 形曲线(见图 2-6)。此时,只要商品价格不高于 p^m,对于任意的价格 $p^0(0 \leq p^0 < m^m)$,总会有两个需求水平与之对应。我们将其中一个需求水平称为 $\hat{x}_L$,另一个需求水平称为 $\hat{x}_H(\hat{x}_L < \hat{x}_H)$,事实上只有 $\hat{x}_H$ 才是稳定的均衡需求量,此时市场价格等于 p^0,而 $\hat{x}_L$ 不是一个稳定的均衡。假设商品价格依然维持在 p^0,同时由于某种外部冲击的存在导致市场中对该商品的需求量略微偏离 $\hat{x}_L$,不妨认为需求量将下降到 $\hat{x}_L - \varepsilon$,那么此时每个消费者从商品中获得效用将小于 p^0,因此原本打算购买该商品的消费者都会选择不再购买,市场需求量会立刻变成 0。但是如果外部冲击带来需求量略微上升到 $\hat{x}_L + \varepsilon$,那么位于区间 $[\hat{x}_L, \hat{x}_H]$ 的消费者从商品中获得的效用高于 p^0,因此需求量会上升至 $\hat{x}_H$。按照同样的逻辑可知,即使外部冲击使需求量略微偏离 $\hat{x}_H$ 时,市场力量也会立刻纠正这一偏离,因此 $\hat{x}_H$ 是一个稳定的均衡。

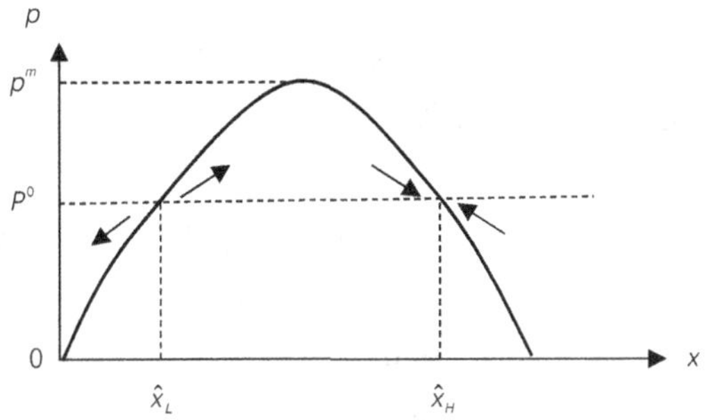

图 2-6　具有外部性商品的需求曲线

这里的 $\hat{x}_L$ 被称为关键数量(critical mass),即在给定价格之下,使消费者能从具有网络外部性商品中严格获益的最小用户规模。换句话说,当用户规模高于关键数量时,网络外部性所产生的需求自我强化机制会使用户数量进一步增长到更高的均衡水平,但是如果用户规模小于关键数量哪怕非常接近,现有的需求水平还是会迅速退化到 0。关键数量的存在意味着当产品或服务具有网络外部性时,需求的增长并不是线性的。用户数量突破某一水平后,需求会呈现爆发式增长。中国手机市场的发展就明显地呈现出这样的特征(见图 2-7)。在 1999 年之前,中国手机用户数量的增长非常缓慢,但是在 1999 年之后手机用户数量明显进入了一个高速增长期,这就表明中国的手机市场在 1999 年前后达到关键数量。

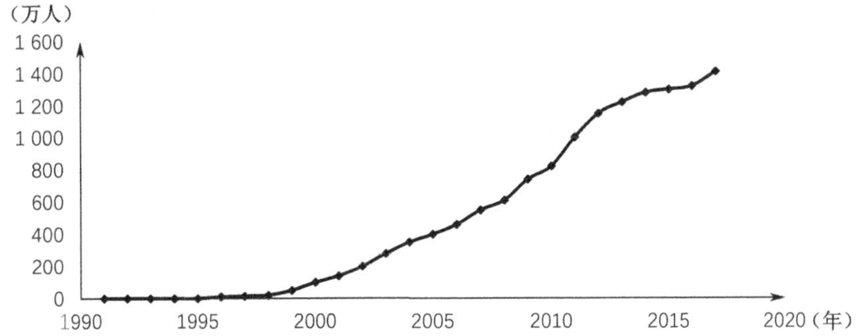

图 2-7　1991—2019 年中国手机用户数量

数据来源:工业和信息化部

在一个网络外部性很强的市场中,用户数量是一个企业非常重要的资产,很多企业的竞争战略都会围绕扩大用户基数这一核心目标来展开。关键数量的存在意味着用户数量较少时在市场竞争中是非常危险的,而一旦用户规模超过了关键数量,商品需求很有可能会迎来一个高速增长期。微信与淘宝两个平台的发展历程是一个典型的例子。微信自 2011 年问世,用了 433 天实现用户过亿;从 1 亿用户到 2 亿用户,微信只用了 172 天;从 2 亿到 3 亿用户微信又只花了 120 天。在这场扩张历程中,微信用户首先达到关键数量是一个极其重要的要素,在网络外部性的自我强化机制下,微信开启了加速扩张的趋势。反之,在微信问世前 2 个月小米科技发布的类似产品米聊,注册用户数量截至 2012 年 8 月才 1 700 万左右,并且用户增速明显放缓。

案例 1:淘宝早期的"免费"渗透策略

为了能更快地使用户数量积累到关键数量,企业的一个重要方法就是通过较低的价格来吸引潜在消费者,使其成为用户,中国电子商务在发展早期阶段,淘宝与 eBay 之间的竞争就是一个很典型的例子。

淘宝如今几乎已经成为网购的代名词。阿里巴巴财表显示, 2020 年 9 月,中国零售市场移动月活跃用户达 8.81 亿;截至 2020 年 9 月 30 日止的 12 个月,阿里巴巴中国零售市场年度活跃消费者达 7.57 亿。截至 2020 年 9 月止的季度内,阿里巴巴集团核心经营指标全面超预期。但是可能只有少数人知道中国电子商务市场最早的统治者是易趣公司。1999 年 8 月,易趣网在上海成立,将美国 C2C 在线销售的概念引进中国,并且在很短的时间内就在网购市场中占有了约 2/3 的份额。从 2002 年开始,eBay 开始注资易趣,并在 2003 年 6 月以 1.5 亿美元全资控股易趣。同年淘宝也宣告成立,为了能够与 eBay 相抗衡,淘宝从一开始就使用"免费"策略来吸引那些中小商户来淘宝开店,使网购市场中的用户不需要向购物平台交纳任何费用。但是 eBay 却认为免费不属于商业模式,沿用国外较为成熟的"收费"模式应对淘宝的竞争,继续向卖方收取包括物品登录费用和交易手续费等费用。

对于消费者来说,购物平台中可选择商品数量的多少直接影响到他的购物体验,淘宝的免费策略使得大量的小商户纷纷落户,这对于市场后来者的淘宝来说是非常重要的。只有在最短的时间内吸引到足够多的用户,淘宝才能在网络外部性很强的电子商务市场中站稳脚跟。事实证明淘宝的免费策略非常奏效,市场份额不断攀升。随着市场份额的一路下滑,eBay 开始反思过去的战略失误。2005 年 12 月,为了挽回竞争劣势, eBay 取消了网络商品的登录费用,一个月之后进一步取消了交易费用,这是 eBay 在全球范围内第一次的降价。可惜为时已晚, eBay 在中国的市场份额仍在持续下滑,淘宝的市场份额在 2005 年反超 eBay,并持续扩大领先优势(见图 2-8)。而 eBay 的市场份额则一路下滑到个位数,最终在 2012 年以转让的方式黯然退出中国电子商务市场。

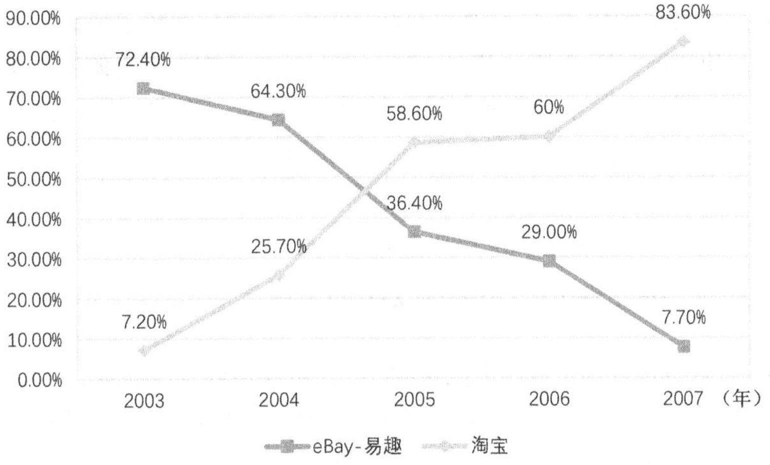

图 2-8　eBay 与淘宝市场份额变化

思考题：

①淘宝早期的免费策略为什么能够成功？

②这种策略可能造成哪些潜在问题？你认为应当怎样解决？

2.4　数字经济下供求互动重塑竞争优势

在全球信息化快速发展的大背景下，大数据已成为国家重要的基础性战略资源，数字技术成为国家之间竞争的新领域，数字经济的迅猛发展正在重塑国际竞争的新格局。

2.4.1　数字经济下供给与需求的互动机制

1. 数字经济时代生产与消费的同一性

“消费与生产之间的同一性”命题，是马克思在他为《资本论》创作而准备的《〈政治经济学批判〉导言》中第一次提出来的。在《〈政治经济学批判〉导言》的开篇，马克思首先讨论了“生产、消费、分配、交换”，把消费摆在了生产的后面。他写道：“生产表现为起点，消费表现为终点，分配和交换表现为中间环节”，“消费这个不仅被看成终点而且被看成最后目的的结束行为，除了它又会反过来作用于起点并重新引起整个过程之外，本来不属于经济学的范围。”这清楚地表明了三个要点：①消费是生产的最终目的；②消费是社会生产的终点和社会再生产的起点；③作为社会生产和再生产环节的消费，是经济学所必须予以讨论的。

虽然上述观点是在工业时代提出来的，但“生产与消费同一性”的观点在数字经济中仍然具有极强的生命力，具体包括以下几点。

1）数字消费是数字生产中创新的动力来源

“消费与生产的同一性”说明，消费为生产创造了内在的对象、目的的需要。经济现实中，有的产业、产品因为消费萎缩而萎缩，或因消费的推动而出现、成长和兴盛。一个国家、一个地区的产业结构和产品结构会随着社会消费趋势的变化而变化，消费引领产业创新。

个人消费者希望能够更加快速、精准地找到自己需要的商品，大数据精准营销便产生了；企业需要能够更加快速地筛选出能干、忠诚、合适的员工，大数据人力资源管理便应运而生；老百姓出行希望能够提早了解前方的各种路况并提前做好路线计划，智慧交通系统出现了并不断完善；当数据量越来越大而超过了一般企业的储存和处理能力的时候，云计算便诞生了。不仅如此，在数字经济时代，新产品的创新周期和生命周期都大大加快，各种类型的创新层出不穷，但无论哪一种，都是为了更加有效地解决某种消费需求的问题。

案例 2:2020 年新冠疫情中“健康码”的创新与应用

2020 年春节新型冠状肺炎疫情暴发初期，社区防疫面临严峻挑战，手工登记和信息不畅严重影响了防疫效率。地方政府和互联网企业合作，在极短的时间内就研发出了健康码，并在疫情防控和复工复产中广泛使用。信息治理是疫情防控的大问题，而健康码“以小博大”，很好地解决了疫情防控面临的信息不对称问题。

健康码的特征可以概括为“快准狠”。所谓“快”，就是健康码的研发迭代快、全国推广快和状态显示快。杭州市余杭区委托企业一天内就研发了健康码的雏形“绿码”，而借助支付宝的平台优势，健康码不断迭代并快速推广，其扩散速度前所未有。所谓“准”，就是健康码可以实时更新并因人而异，充分满足了人员流动的各类检查需要，使复工复产得以有序推进，也使消费提振能够得到助推。所谓“狠”，指健康码虽然只是简单的二维码，但却是事实上的身份通行证，可以说是疫情期间的“电子身份证”。

一个小小的健康码，为什么可以产生如此大的作用，以及意想不到的影响？健康码收集了精准到空间、时间和个人的三维数据，比如每个人的活动轨迹、时间轨迹、健康风险等，这使其可以更加精准到位地研判并服务于疫情防控。健康码实现红黄绿的三色结果显示，通过高度简约和浓缩的信息来进行核验，大大降低了使用门槛，有利于在人群中推广普及。健康码的“深入”和“浅出”，使其将复杂的数据转化为简练的信息，很好地满足了人们对信息的需求。

健康码是典型的公私合作，并体现了政府与社会资本合作(PPP)的特点。健康码的开发与推广离不开互联网巨头、中小科技企业和政府部门的通力合作，而这背后是中国业已建立的数字生态系统的有力支撑。

在密切接触者追踪方面，一些国家和企业开发的各类 App 收效甚微，这同信息基础设施的支撑力度有关，也同政府能否赢得民众信任不无关系。相对来说，健康码使中国独步全球，在疫情防控方面发挥了不容忽视的作用。一个值得关注的问题是，为什么只有(或只能)中国使用健康码?

国家治理需要技术支撑，而技术创新则服务于国家治理。健康码在疫情期间的应用，反映了国家治理的技术创新需要同时具备危机管理的治理能力与治理合法性，二者缺一不可。一方面，要有足够强大的信息基础设施，才能开发和使用健康码。另一方面，要有国家治理制度和社会群众基础的有力支撑，才能推广和普及健康码。中国在治理能力和治理合法性两个维度上都具备了充分条件，这使健康码可以呼之欲出并应运而生。

案例节选自：马亮：从政企合作到技术“黑箱”，健康码何去何从？https://baijiahao.baidu.

com/s? id=1671519715155924653&wfr=spider&for=pc。

2)数字消费和数字生产相互渗透

数字经济时代,数字消费和数字生产呈现“你中有我,我中有你”的关系。

一方面,数字生产要从市场的数字消费需求出发。大数据时代中数字的生产大体分为两个阶段:大数据的生产阶段和数据要素的生产、应用阶段。在第一阶段,大量社会主体的行为信息被记录下来,这些大数据本身并没有什么价值;在第二阶段,数据要素的生产主体会根据社会需求对大数据进行搜集、筛选、处理和加工形成数据要素,再加以应用或创新之后形成数字产品。这些数字产品的生产是以消费为目的,并通过消费才得以实现价值。

另一方面,消费者在消费的过程中也在生产着大量的数据。目前的信息技术条件下,无数的终端正在时时刻刻生成着天量的数据,包括移动互联网终端、物联网终端以及传统的PC端等,这些终端背后对应着某一个自然人或者机构、物体,它们的行为随时随地被记录并形成数据。这对应着数字经济生产的第一个阶段,也为数字经济生产的第二个阶段以及最终数字产品的形成提供了最基本的数据来源。

3)消费和生产的良性互动推动数字经济快速扩张

马克思的研究表明,生产与消费之间存在着矛盾。市场经济条件下,生产与消费矛盾的主要方面在于生产。在传统经济时期,企业不断扩大规模生产更多标准化产品的作法无法满足消费者日益增长的对个性化、差异化产品的需求。进入数字经济时代,借助于高速运转的网络和数据处理系统,定制化生产逐渐成为主流,这一方面满足了消费者对个性化、差异化产品的需求,另一方面也能够使企业实现规模化运营,获得更高的利润。不仅如此,结合梅特卡夫法则可知,随着用户规模的增长,企业生产的数字产品价值将以指数式增长,而产品数量和种类的增多又会反过来刺激消费需求,这种螺旋式的上升必将推动数字经济呈现出快速扩张的态势。

数字经济的特征之一就是平台化,生产者和消费者在互联网平台上进行价值互动。基于双边市场理论,平台中的消费者和生产者均能从对方数量和质量的增加中获益。这一效应被称为“交叉网络效应”。首先,平台化企业通过提供平台将消费者和其他生产者引入平台,实现用户价值的自我增值,平台提供者收取服务费。其次,平台具有部分市场特性,在平台内的生产者和消费者之间的协商成本并不需要由平台企业承担,降低了平台企业的管理成本和销售成本。最后,平台化企业在提供平台的同时,获取了大量关于生产者和消费者的数据,这些数据通过数字技术的挖掘处理,能够优化企业自身产品设计,最终提供更有竞争力的产品。

2. 网络正反馈与马太效应

马太效应可归纳为:任何个体、群体或地区,一旦在某个方面(如金钱、名誉、地位等)获得成功和进步,就会产生一种积累优势,就会有更多的机会取得更大的成功和进步。在网络经济中,共享程度越高,拥有的用户群体越大,其价值就越能得到最大程度的体现。网络的正外部性会产生正反馈,而正反馈使强者更强、弱者更弱,在最极端的情形下,正反馈可以导致赢家通吃的垄断市场,这就是所谓的“马太效应”。

信息化活动中优劣势强烈反差的马太效应，即正反馈效应（见图2-9），是指在信息活动中由于人们的心理反应和行为惯性，在一定条件下，优势或劣势一旦出现，就会不断加剧而自行强化，出现滚动的累积效果。因此，某个时间内往往会出现强者恒强、弱者恒弱的局面，甚至发生强者统赢、胜者统吃的现象。这种效应的产生是源于梅特卡夫定律，当其发展到极端情况下就会出现马太效应。马太效应的结果通常会导致数字产品的生产者市场出现寡头垄断或完全垄断的市场结构。

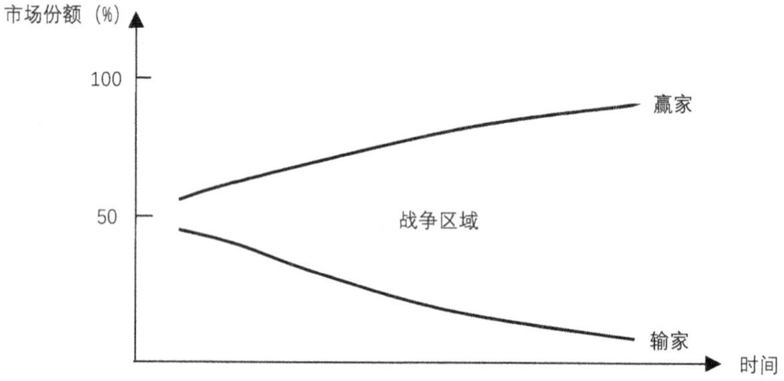

图2-9 网络正反馈效应

尽管网络外部性是网络经济中正反馈的主要原因，但网络外部性和正反馈是两个概念。首先，正反馈并不是一个网络经济下出现的新事物。事实上，在传统经济下，供给方规模经济所实现的收益递增也是正反馈的一种表现形式，但是由于基于供给方规模经济的正反馈具有自然限制（即边际收益递减和管理大组织的困难），使得基丁制造业的传统规模经济通常在远远低于控制市场的水平就耗尽了，超过这一点正反馈就不再存在而是负反馈开始起主导作用，这种经济现实使得正反馈一直没有引起人们的关注。但是当人类社会发展到信息经济和网络经济时代，网络外部性广泛存在，基于市场需求方的规模经济在市场足够大的时候不会产生分散，再加上基于供给方的规模经济，导致在网络经济中，正反馈以一种更新的、更强烈的形式出现。其次，从网络外部性到正反馈，还需要其他的一些条件，如基于供给方的规模经济同样对网络正反馈的形成也起着重要的作用。

首先，需要成本优势。由于实现正反馈的前提条件是边际收益递增，这不仅需要网络外部性带来的需求方规模经济，还需要边际成本的降低，否则需求方规模经济带来的收益递增将可能被成本因素所抵消，导致规模经济不显著或不存在，从而无法实现正反馈过程。而数字产品正好具有特殊的成本结构：高固定成本，低边际成本。如微软公司的Windows 95，设计十分复杂，而且需要巨额研究与开发的成本，第一张盘片花费了2.5亿美元，但是第二张、第三张的成本却仅仅需要几美分。而且在这一产品的生命周期中生产得越多，单位产品的成本也就越低。这意味着在这样的成本优势下，需求方规模经济不容易出现自然限制的问题，而可以实现正反馈过程。这正是网络经济中正反馈现象广泛存在的重要原因之一。

其次，网络外部性要引发正反馈过程，必须达到一定的规模，就是我们通常所说的临界容量。网络外部性告诉我们，大网络的价值大于小网络的价值，但是，只有当网络达到某一个特定的规模，正反馈才开始发挥作用，从而实现强者恒强、弱者恒弱，否则依然无法实现正反馈。与网络规模相关的一个问题是市场对产品需求的多样性。即使在一个网络外部性很强，需求方规模经济程度很高的市场中，如果市场消费者对产品的需求是多样化的，这意味着一种产品可能难以达到引发正反馈的网络规模；相反，如果市场中产品的多样化程度较低，网络外部性引发正反馈的可能性就大些。

案例：美国数字经济企业强者恒强的态势日益明显

技术进步打破了增长的极限，收益递增越来越明显，也使马太效应日益突出。过去两年，美国排名前 14 位的数字经济上市公司的总市值从 40 453 亿美元增长到 53 363 亿美元，增幅高达约 32%（见表 2-3），同期标普指数从 2 457 上升到 2 937，增幅只有约 20%。如果把时间拉长，这一趋势会更加明显。

表 2-3　美国前 14 位数字经济上市公司市值
（2017 年 7 月至 2019 年 9 月）　单位：亿美元，%

序号	公司	市值		增幅
		2017 年 7 月	2019 年 9 月	
1	苹果	7 838	9 296	18.60
2	谷歌	6 697	8 101	20.96
3	微软	5 730	10 000	74.52
4	亚马逊	4 916	8 853	80.09
5	脸书	4 768	5 203	9.12
6	甲骨文	2 115	1 730	-18.20
7	英特尔	1 636	2 081	27.20
8	思科	1 593	1 990	24.92
9	IBM	1 387	1 188	-14.35
10	NVIDIA	997	1 000	0.30
11	高通	797	913	14.55
12	Netflix	792	1 266	59.85
13	Salesforce	645	1 339	107.60
14	特斯拉	542	403	-25.65
总和		40 453	53 363	31.91

案例来源：《全球数字经济竞争力发展报告（2019）》。

3. 路径依赖与转移成本

1）路径依赖

路径依赖是从其他学科“溢出”到经济学中的一个概念。在经济学中，经济学家们用路径依赖来表示即使在一个以资源抉择和个人利益最大化行为为特征的世界中，经济发展过程中的一个次要的或暂时的优势或是一个看似不相干的事件都可能对最终的市场资源配置产生重要而不可逆转的影响。路径依赖隐含两个重要特征:其一,历史的重要性。在经济学和其他的社会科学中,科学家们一直都承认历史是十分重要的。但是,对历史重要性的承认本身并不是路径依赖,而仅仅是路径依赖的前提条件之一。路径依赖所强调的一个观点是:我们目前的经济环境可能在很重要的程度上有赖于历史上的一些突然转折和偶发事件,即对这些事件的依赖性很可能是以一种非常任意的形式进行的。我们从历史所继承下来的现在或我们将建设的将来都可能不是来自那些重要的已知事物或是经济历史的不可避免的推动力量——而是可能来自那些如果我们意识到他们将会产生怎样的影响,我们就可能轻易改变的小事物。也就是说,当历史上的一些令人意想不到的事件以一种令人意想不到的方式影响、决定并控制了历史的发展时,就产生了路径依赖。其二,不可逆转的选择。很显然,如果路径的选择是可以很轻易地发生改变,那么就不称其为"路径依赖"了。因此,在经济学关于路径依赖的讨论中,都或明示或暗示地与选择的不可逆转相互联系。实际上,这里的不可逆转就是我们所讨论的"锁定"。因此,路径依赖概念的一个关键判定就是具有"被历史事件锁定"的特征,尤其当这些历史事件并不重要时路径依赖的特点就更为显著。

2)转移成本

锁定是指由于各种原因,导致从一个系统(可能是一种技术、产品或是标准)转换到另一个系统的转移成本高到转移不经济,从而使得经济系统达到某个状态之后就很难退出,系统逐渐适应和强化这种状态,从而形成一种"选择优势"把系统锁定在这个均衡状态。要使系统从这个状态退出,转移到新的均衡状态,就要看系统的转移成本是否能够小于转移收益。

转移成本显然是和锁定相联系的一个概念。转移成本实际上是对路径依赖程度和锁定程度的衡量。当产品和技术的标准化还不健全的时候(或者说系统之间不兼容),消费者和厂商如果自愿从一个网络转移到另一个网络,他们将不得不面临诸多障碍,正是转移成本造成了这种障碍,它阻止了市场主体进入另一个网络。转移成本具体来说可分为两类,即私人和社会转移成本。私人转移成本,包括在最初采用的技术中所含的沉没投资、转向用新网络所需要的支出。社会转移成本则需要把市场主体当前正在享有的网络效应与预期从转移中可以获得的潜在的网络效应进行对比。转移成本把不对称的价格强加于具有沉没投资的用户和在现有技术中没有沉没投资的用户之间。当转移成本高于收益时,转移是不经济的,这时就将出现对现有系统的锁定和路径依赖。

在网络经济中,锁定和转移成本是"规律,而不是例外"。有关锁定的例子随处可见,比如,当一个DOS用户考虑转而使用另外一种操作系统时,则该用户必须考虑以下问题:应用于新操作系统中的软件的多样性及有效性,转化文件、工作表格和数据库格式将产生多大的影响等等诸如此类的问题。所以一旦用户选中用某种技术或格式存储信息,转移成本将会非常高。我们中的大部分人都体验过从一种电脑软件转移到另一种电脑软件的代价:数据文件很可能不能完好地转换,出现与其他工具的不兼容。与之相类似,一家选择了思科系统公司技术和结构以满足其内部联网需要的大企业将会发现,更换一个不兼容系统的成本高得惊人,因而在相当程度上被锁定在思科的私人产品中。从原则上讲,锁定的情况对供应商是有利的,如果供应商成功地用自己的系统结构抓住了用户,他们将在未来的购买中赢得垄断地位。尽管如此，当供应者滥用垄断地位，长期地“锁定”用户时，会引起用户的极大不满，有时甚至使用户不顾成本转向其他系统。

网络外部性及转移成本的存在，使用户容易被锁定在某种产品的路径依赖中，这种产品也因此可以独享某种垄断地位，更为重要的一点是，路径依赖告诉我们该种产品也许仅仅是因为偶然的原因才如此幸运地进入了这种正反馈循环，而并不是靠其质量取胜。而一旦进入了垄断的正反馈机制，其他的产品即使质量再好、价格再合理，也难以与之抗衡。一直到被具有高期望值的新技术的威胁时垄断才会被打破，这时重新开始新一轮的市场竞争。网络经济的这种“市场失灵”效应是由该网络产品本身的技术特性所决定的。

2.4.2　全球主要国家数字经济竞争格局演化

当前，信息网络技术加速创新，以数字化的知识化和信息为关键生产要素的数字经济蓬勃发展，新技术、新业态、新模式层出不穷，成为“后国际金融危机”时代全球经济复苏的新引擎。在新冠肺炎疫情暴发之后，数字经济与实体经济的融合和创新更是成为深陷困境的经济当中一道亮丽的风景。近年来，各主要经济体纷纷将发展数字经济作为推动实体经济提质增效、重塑核心竞争力的重要举措，并进一步推动数字经济取得的创新成果融合于实体经济各个领域，围绕以新一轮科技和产业制高点展开积极竞争与合作，主要集中在与新一代信息技术高度融合的现代制造业。

基于各国既有的产业结构、技术基础和要素禀赋，在供给和需求的交互作用之下各国的数字经济呈现出不同的竞争态势。各国政府在数字基础设施和数字治理能力方面的差异，以及在数字经济领域中国际竞争与合作程度的加深，都深刻地影响着全球数字经济的竞争格局。本书引用上海社会科学院信息研究所的指标体系（表 2-4），从数字产业、数字创新、数字设施和数字治理四个方面对全球数字经济的国家竞争力进行评价和分析。

表 2-4　数字经济竞争力评价指标体系①

指标	一级指标	得分权重	二级指标②	三级指标
数字经济竞争力	数字产业竞争力	25%	经济产出	数字产业总量
				数字产业增长速度
			国际贸易	数字（跨境）贸易总量
				数字（跨境）贸易占比
	数字创新竞争力	25%	技术研发	数字研发投入水平
				数字专利水平
			人才支撑	国民基本数字素养
				数字创新人才培养

① 王振，惠志斌，徐丽梅，等：《全球数字经济竞争力发展报告（2019）》，北京，社会科学文献出版社，2019。

② 在进行各项打分时，首先选取该项指标当中表现最好的国家，以该国家的这一指标为满分（100 分）作为参照系，并将该国的这一指标标准化为 100，然后将其他国家的该项指标按照以下公式进行评分：i 国指标 N 得分 $=100\times i$ 国 N 指标值 / 参照系国家 N 指标值。

续表

指标	一级指标	得分权重	二级指标②	三级指标
数字经济竞争力	数字设施竞争力	25%	创新转化	最新技术可用度
				风险资本可用度
			云	云投入:数据中心服务器装机量
				安全互联网服务器数量
			管	出口宽度
				连接速度
			端	移动渗透率(智能设备)
				可负担性
	数字治理竞争力	25%	公共服务	电子政务
				数据开放
			治理体系	法律政策
				治理机构
			基础保障	网络安全产业发展水平
				网络安全服务器配置

2018 年全球数字经济竞争力排名前十位的国家(见图 2-10 所示)分别是:美国、新加坡、中国、英国、芬兰、韩国、日本、荷兰、澳大利亚和德国。

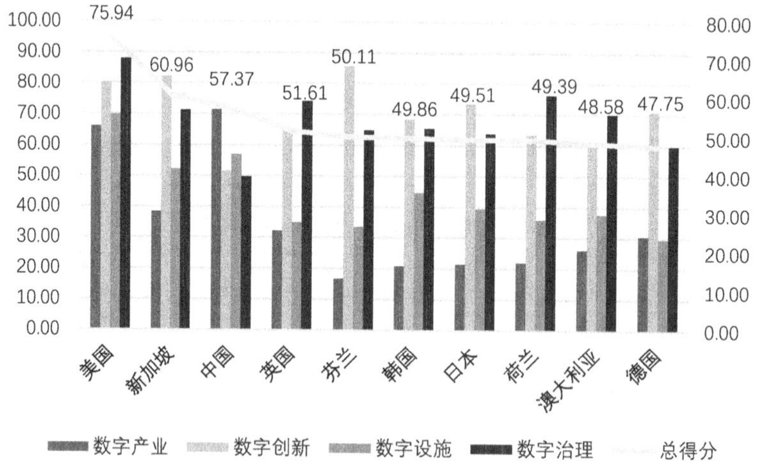

图 2-10 全球数字经济国家竞争力 TOP10(2018 年)

美国以 75.94 的总分高居榜首,且已经连续三年蝉联冠军,显示出其在数字经济领域的绝对优势地位。从分项得分情况来看,美国在数字产业竞争力、数字创新竞争力、数字设施竞争力以及数字治理竞争力方面的得分十分均衡,在四个分项指标上均表现十分突出,其均衡的竞争力内部结构是美国连续三年位居全球数字经济国家竞争力榜首的关键所在。尤其是在数字设施竞争力规模(69.73 分)和数字治理竞争力(87.85 分)两个分项指标上排名全球第一。

新加坡在 2018 年反超中国位居榜单第二，其竞争力总得分为 60.96 分。从其竞争力内部结构来看，首先新加坡的数字创新竞争力得分很高（达到 82.18），甚至超过美国（80.18 分），尤其是在创新转化方面表现比较出色（得分 89.65 分）；其次是数字治理竞争力，这一指标得分为 71.12 分，新加坡在数字治理竞争力上的强势表现是其能够反超中国的重要原因。

中国由 2017 年的第二位下滑至第三位，总得分为 57.37 分。从中美数字经济竞争力近三年的差距变化情况来看，中美在数字经济领域的竞争力差距正在逐年缩小（2016—2018 年，中美数字经济竞争力差距分别为 23.82 分、21.19 分和 18.57 分）。就分项得分来看，一方面，中国在数字产业竞争力这一分项上表现抢眼，以 71.34 分位居榜首，反超美国的 65.99 分，由上年的第二位变为第一位。另一方面，中国在数字创新竞争力和数字治理竞争力两个分项上表现差强人意，其中中国的数字创新竞争力全球排名为第 22 位、数字治理竞争力则为全球第 25 位。

2.4.3　全球主要数字企业的竞争力评价

数字经济已经成为全球经济转型发展的重要驱动力。在数字技术不断进步的驱使和各国政府的大力支持下，世界上众多数字经济企业的发展也日新月异，涌现出无论是规模、效率，还是创新性、成长性都非常突出的企业。

1. 数字企业竞争力评价的指标体系

所谓数字经济企业，简称数字企业，是指处于数字技术高度融合的行业，是能够把数字技术与企业生产经营融合在一起、创造竞争力的企业，它们构成当代数字经济发展的基础或主战场，能够反映出全球或一国的数字经济发展水平。数字企业遍布国民经济的多个行业，其所在行业的确定主要以全球上市公司数据库（OSIRS）的全球行业分类标准（Global Industry Classification Standard，GICS）为主，并结合了《福布斯》和《财富》两个 500 强榜单，最后归纳为以下几个行业：软件与服务、技术硬件与设备、半导体产品与设备、消费电子产品、互联网与直销零售、电信业务、公用事业（电力等）、电气设备和机械制造。这些行业集中了大部分的数字企业，很典型地反映了数字技术的进步和产业升级。本书参考上海社会科学院信息研究所的研究成果，从规模、效率、创新和成长四个方面对数字企业的竞争力进行评价和排名，指标体系见表 2-5。

2. 全球数字企业竞争力排名

数字企业的成长关系到一个国家数字经济的发展。近几年，在世界数字技术的推动下，各个国家、各个领域都涌现出很多超大超强的数字企业，给人们的生活和工作带来极大的改变。2018 年全球数字经济企业竞争力排名前 10 位的，如表 2-6 所示。

表 2-5 数字企业竞争力评价指标体系

一级指标	权重	二级指标	三级指标
规模竞争力	25%	市场规模	市值
		企业规模	主营业务收入
			净利润
			员工数量
效率竞争力	25%	企业效率	总资产回报率
			净资产回报率
		人员效率	销售利润率
			劳动生产率
创新竞争力	25%	创新规模	研发投入总量
			专利总量
		创新强度	研发投入强度
			研发费用增长率
成长竞争力	25%	营收增长	营业收入增长率
		资产增长	总资产增长率
		销售增长	销售增长率

表 2-6 2018 年全球数字企业综合竞争力 10 强 单位:分

排名	公司名称	国家/地区	行业	综合竞争力	规模竞争力	效率竞争力	创新竞争力	成长竞争力
1	苹果公司	美国	技术硬件与设备	84.0	99.5	79.5	94.2	62.6
2	亚马逊	美国	互联网与直销零售	79.5	93.1	57.6	96.2	71.0
3	三星公司	韩国	技术硬件与设备	79.5	87.0	69.4	99.7	61.7
4	微软	美国	软件与服务	79.5	90.2	69.2	94.8	63.6
5	ALPHABET	美国	电信业务	78.0	78.1	70.5	95.1	68.4
6	脸书	美国	电信业务	77.3	65.4	79.0	94.5	70.2
7	华为	中国	技术硬件与设备	76.8	73.3	59.6	93.5	80.9
8	英特尔	美国	半导体产业与设备	72.6	63.7	68.1	95.2	63.5
9	AT&T	美国	电信业务	72.0	76.7	60.1	85.5	65.8
10	东京电力公司	日本	公用事业	65.0	41.0	62.9	95.6	60.4

排名第一的是苹果公司,其规模竞争力和创新竞争力的表现都十分突出,这两项足以支撑它在全球数字企业中排在最前面。2018 年也是苹果公司最有里程碑意义的一年,它的市值超过了 1 万亿美元。

排名第二的是亚马逊公司,它提供了全美最大的电子商务服务,通过以规模和创新见长,同时它的成长竞争力也比较突出,超过了苹果公司。2018 年,亚马逊的零售和公有云市场的规模化成效显著,可以与零售领域的沃尔玛、阿里巴巴以及云计算市场的微软、甲骨文等相媲美。

排名第三的是韩国的三星公司,它的创新竞争力最为突出,甚至超过了苹果公司和亚马逊,这从它的专利数量可以体现出来，2018 年三星公司的专利数量达到 5 800 多项,远远超过苹果公司和微软公司的 2 000 多项。

排名第四的是微软,与苹果公司类似,它的规模竞争力和创新竞争力表现都很突出,它的成长竞争力比苹果公司和三星公司还略高。纵观这几年的发展,可以说微软比较成功地实现了转型,相继收购了 LinkedIn、Skype 以及 Github,都大获成功;它还快速向云业务挺进。

排名第五的是 ALPHABET,它是谷歌重组后的“伞形公司”的名字。2015 年谷歌对组织结构进行调整,成立控股母公司 ALPHABET,“谷歌”则成为其下属全资子公司。ALPHABET 取代谷歌成为上市实体公司,表现最突出的是其创新竞争力,甚至超过了苹果公司和微软。

脸书排在第六位,中国的华为排在第七名,英特尔、AT&T 和东京电力公司分别排在第八名、第九名和第十名。在 TOP10 当中,有 7 家公司是美国公司,另外还有 1 家中国公司、1 家韩国公司和 1 家日本公司。美国公司不仅在 100 强中占绝对优势份额(见表 2-7),即使在前十名中 它也占了绝大多数,因此美国数字企业的强大实力可见一斑。

表 2-7　2018 年数字企业综合 100 强的地域分布　单位:家

国家和地区	企业数量	国家和地区	企业数量
美国	48	德国	1
日本	16	印度	1
中国	12	意大利	1
中国台湾	5	以色列	1
韩国	4	马来西亚	1
西班牙	2	卢森堡	1
爱尔兰	2	法国	1
英国	1	瑞典	1
荷兰	1	澳大利亚	1

3. 全球数字企业分项竞争力比较

从全球数字企业竞争力 TOP100 的榜单来看,美国、中国和日本的数字企业发展很快,中国台湾和韩国的数字企业也不甘落后。这五个国家和地区的分项竞争力如图 2-11 所示。

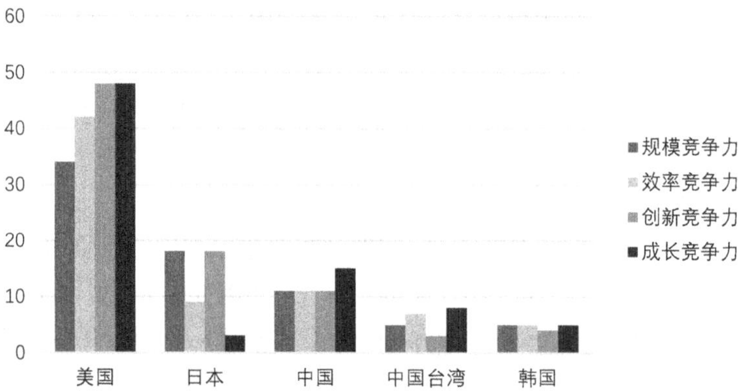

图 2-11　2018 年主要国家和地区的数字企业分项竞争力比较

美国数字企业四个方面的竞争力在所有国家中都名列前茅，其成长性、创新性和效率性似乎更好一些。日本数字企业的规模竞争力和创新竞争力都在世界排名第二，而其成长性似乎更薄弱一些。中国数字企业的效率竞争力和成长竞争力在世界排第二位，规模竞争力和创新竞争力都排在世界第三，就中国内部来看，其数字企业的成长性似乎更突出。中国台湾作为一个地区，数字企业在效率竞争力和成长竞争力方面都超过了韩国。韩国的数字企业发展势头也不错，在世界排名第 4 至 5 位。

从数字企业的行业分布看，技术硬件与设备、软件与服务、半导体产品与设备以及电信业务四个行业的数字企业分布较多。其中，技术硬件与设备作为一个传统行业，发展历史悠久，其企业的规模竞争力更高一些；软件与服务行业近几年的发展速度在很多方面都超过了硬件行业，因此其成长竞争力更高一些；半导体产品与设备行业的效率竞争力似乎更突出一些；电信业务是一个传统行业，除了其成长性较弱以外，其他三个方面的发展基本都比较平衡（如图 2-12 所示）。

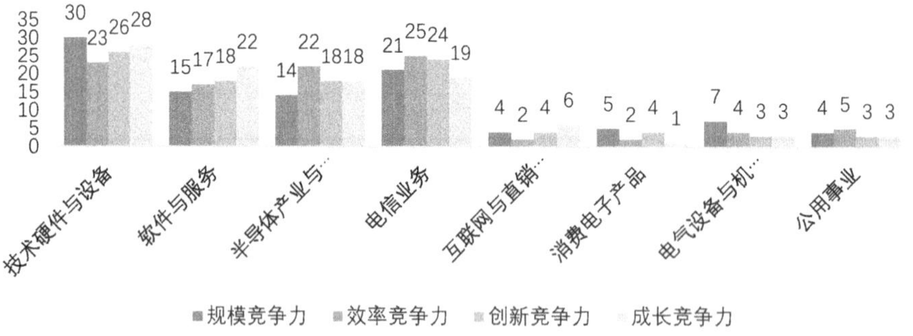

图 2-12　2018 年数字企业行业分布比较

综上所述，美国、日本和中国是数字企业的国家前三强，无论按照哪个方面来排名，这三个国家都是诸国中当之无愧的“领头人”，这三个国家的企业总和占到 100 强的 70%~80%。尤其是美国，有着毋庸置疑的“老大”地位，其数字企业数量众多，创新能力强大，竞争力非常强悍，短期内是其他任何国家都难以超越的。

中国数字企业的蓬勃发展，预示着中国数字经济的发展进入一个快速期。前面有华为、阿里巴巴、京东、腾讯等领头企业，后面有拼多多、小米、美团等奋起追赶，各种经济模式得到不断创新，吸引了数亿的用户，市场规模迅速扩大。未来随着更多数字企业的崛起和竞争力的不断提高，中国数字经济发展值得期待。

本章小结

数字技术以比特的形式呈现信息，有效降低了数据存储、计算和传输的成本。了解数字技术的影响并不需要完全颠覆原有经济学理论，而是要思考当信息是用比特（bits）而不是原子（atoms）表示时，经济活动会有什么变化。

数字技术经济范式使社会发生了本质的变化，对经济产生了重塑作用，带动人类社会从工业经济进入数字经济，主要包括以下四个方面：重塑生产方式、重塑消费模式、重塑产业组织方式、重塑技术创新模式。

数字经济的供给侧特征，主要表现在数据成为关键生产要素。将大量数据经过提取、加工、归纳、提炼之后具有某种应用价值，能够用于指导实践或商业化创新的信息或知识，称为"数据要素"。数据要素是一种高级生产要素，具有缓解不完全信息、形成规模经济和刺激创新等使用价值。

数字经济的需求侧特征，主要表现为梅特卡夫法则，即网络的价值会随着网络里节点数目的乘方而增加。在网络外部性和边际效用递减的双重作用下，数字产品呈现出倒"U"形的需求曲线。

数字经济中的"正反馈"机制凸显出"马太效应"，供求互动和路径依赖正在重塑各个国家的竞争优势。大数据已成为国家重要的基础性战略资源，数字技术成为国家之间竞争的新领域。目前，美国、日本和中国是数字企业的国家前三强。

本章课后思考题：

1. 数字技术经济范式与前三次产业革命的技术经济范式相比有何不同？
2. 什么是数据要素？数据要素有什么使用价值？
3. 什么是网络外部性？梅特卡夫法则的含义是什么？
4. 数字经济中供求互动机制如何重塑国家竞争优势？
5. 当前全球主要国家数字经济的竞争格局是什么样的？

第3章　数字经济的产业组织理论

本章学习要点：

- 理解数字化企业边界的影响因素
- 理解 SCP 框架下的数字经济产业组织特征
- 掌握数字化企业的策略性行为
- 理解数字化企业推动产业结构升级的路径

正如 Jorgenson et al.(2008)和 Bloom et al.(2010)指出的那样，1995 年后生产力的增长主要是由于数字技术的投入和使用。数字技术的广泛应用不仅影响到宏观生产率,而且深刻变革了产业的组织形式,也改变着企业的运营模式,并带动就业结构的演变。麦肯锡的研究表明,企业所处行业的数字化程度越高,企业的盈利水平也越高。通过对美国的行业分析可以看到,高数字化行业平均利润增长率是低数字化行业的 2 至 3 倍。

3.1　数字化企业的性质与边界

3.1.1　企业的本质和边界

1. 企业的本质

罗纳德·科斯在 1937 年的经典文章《企业的性质》中提出这样一个问题:如果市场是有效的,为什么还存在企业？在科斯看来,企业就是“当一个企业家控制某种资源时出现的关系体系”。这里的关系体系,是指各种生产要素之间的合作。企业就是包括劳动力、资本、土地和原材料等在内的资源所有者,通过和同一个代理人签订双边契约,并根据契约的规定收集和交换相关的信息(如消费者偏好、经济状况和技术水平等),来进行合作生产的组织形式。显然,企业内部资源配置的过程和状态,是企业管理者的决策意图的反映。通过企业经理人“看得见的手”,而不是价格信号来进行资源配置,是所有企业的一个共同特征。

企业作为协调者和计划安排者,从本质上说也是一种资源配置方式。问题是,为什么市场、企业作为两种完全不同的资源配置方式会同时存在呢？如果市场的价格机制可以实现资源的有效配置,为什么还会出现企业呢？根据交易成本理论(Coase，1937；Williamson，1975),这是因为价格机制的使用是存在交易成本的,而企业作为一种生产组织形式,可以有效降低交易成本。

一般来说,交易成本主要包括以下类型。

第一,价格发现成本。假设某种生产要素 X 可以同时用来生产商品 A 和 B,如果商品 A 的市场价格上涨而商品 B 的市场价格保持不变或者出现下跌,在生产技术不发生变化的情况下，可以认为生产要素所有者会选择将生产要素 X 更多地投向商品 A 的生产。上述结论成立的一个前提是，生产要素所有者可以快速而准确地获知商品价格的变化信息。在真实的市场中，价格信息的传递不仅存在时滞，而且往往会存在差错。如果生产要素的所有者本身是产品的生产者，那么他获得相关信息就会容易一些，如从供应部门了解生产要素的采购价格，以及从销售部门了解产品的销售价格。

第二，谈判和签约成本。当市场价格发生变化时，上述生产要素 X 的所有者要分别和商品 A 和 B 的生产者重新谈判并签订新的合约，这样的过程往往需要参与者投入大量的时间与精力。如果商品 A 和 B 的价格经常发生波动，那么上述谈判、解约和重新签约的过程就要发生很多次重复。如果市场中有很多种商品，每种商品的生产都需要使用大量不同的生产要素，这些生产要素分散在不同的所有者手中，那么价格变动所带来的谈判和签约过程将无比复杂。如果这样的情况发生在企业内部，生产要素 X 的所有者本身也是商品 A 和 B 的生产者，那么针对市场价格的变动，企业根本无须进行谈判和修改合约，企业管理者只需简单地指示将生产要素从 A 生产部门流向 B 生产部门即可。

第三，执行合约的成本。在市场交易双方签订合约之后，接下来的问题是如何保证签约方严格履行合约条款。但是很显然，没有人能够做到完美的监督，即使是有效监督往往也会由于成本过高而难以实现。退一步说，即使能够发现对方没有严格执行合约，那么如何对违约行为实行有效的制裁，同时对违约方的损失进行补偿呢？即使在法律体系最健全的国家，违约纠纷的处理也会给各方带来很高的成本，无论是违约事实的认定，还是相关法律的适用以及最终审判结果的执行，都具有一定的不确定性。因此市场交易的双方即使签订了合约，也很难规避违约风险。但如果上述的交易发生在企业内部，资源的流动就根本不需要签订合约，而是可以简单地通过管理指令来实现，对于违反企业规定的行为不仅认定相对简单，而且对违规者的惩罚也更加快速和有效。

第四，不确定性与风险。市场中的买卖双方可以直接根据市场价格来进行交易，由于供需力量的变化会导致价格持续发生波动，从而使交易双方都会承担较高的风险。为了降低市场交易的风险，买卖双方可以通过签订长期合约的方式，来减少未来可能发生突发事件的风险。如，厨师和餐馆之间几乎不可能每天签订工作合同，以此来具体约定每日工资和工作内容，因为这样双方都会承担很高的风险。短期合同会使生产和交易活动中的参与者承担很高的风险。从这个意义上来说，企业就是通过一系列的长期合同来取代短期合同，以此来减少所有参与者的风险。

2. 企业的边界

尽管企业在某些情况下可以降低市场的交易成本，但是企业作为一种资源配置方式也存在成本，它在减少交易成本的同时，也会产生组织成本，这就意味着企业绝不可能完全取代市场。企业是存在边界的，企业的规模扩张到一定程度后必然会停止。

企业的边界问题包含两层含义：横向边界和纵向边界。所谓横向边界，是指企业生产特定产品的数量及其产品种类；纵向边界，则是指企业内部生产流程中不同生产阶段的数量。联想通过收购 IBM 的个人电脑业务，扩展了自己的横向边界；陷入质量危机的奶业巨头纷纷收购奶源农场，则是通过扩展纵向边界来提升产品质量的努力。

决定企业横向边界的最重要因素就是成本。一般来说,企业的长期平均成本大多表现为U形曲线。在没有进入壁垒的情况下,企业会力图在平均成本的最低点记性生产。很多实证研究显示,企业的U形长期平均成本往往有一个相对平坦的底部,这就意味着在维持最低成本的情况下,存在着一系列不同的产出水平,从这个意义上来说,企业的横向边界往往并不是固定的。总的来看,企业总是希望通过调整产量和产品种类,通过规模经济或范围经济等手段,来不断逼近平均成本的最低点。事实上,伴随着产量或者产品种类的不断上升,企业的组织和管理成本也将不断提高,这就意味着企业的横向边界总是存在的,企业不可能无休止地扩张下去。

企业纵向边界的扩张,在很多情况下被称为纵向一体化,即企业沿着某种产品或服务的价值链向一端或两端延伸的行为。其中向价值链下游的扩张使其更加靠近最终用户的纵向一体化,被称为前向一体化,反之则被称为后向一体化。纵向一体化战略,本质上反映了企业对如何获取生产要素这一重要决策问题的态度:是依赖市场交易还是依赖企业自身。成本依然是企业选择纵向一体化战略的一个重要影响因素。不同的产业之间,在纵向一体化的程度上存在着显著的差异。

3.1.2 数字化企业的本质

数字化企业的本质是收集数据、分析数据,并将数据应用于企业决策、生产和销售流程之中,实现快速反应、科学决策、产销一体,其核心是数据的收集与处理。在这一过程中,企业的核心资产由物转向人,投入要素由实际的原材料转化为原材料+数据。简单而言,数字化企业就是将数据收集和处理作为核心竞争力的企业。数字化企业并不一定是理论上的"新企业",也有可能是通过信息技术优化自身管理、生产、销售和售后的传统企业。

对数字化企业而言,数据是生产资料、劳动对象、生产活动的基础。数据是数字化企业实现科学决策的依据与快速反应的基础。数字化企业中的数据既来源于消费者,也来源于企业。一方面,数字化技术能够优化企业内部信息流动,降低沟通成本。数据在数字化企业中能够更简单、快捷、完整的流通,打通层级壁垒,避免选择性误差,向管理者提供翔实的决策依据,实现科学决策,优化企业内部资源配置,提升整体资源配置效率。另一方面,数字化技术能够直接将生产端数据、消费端数据实时传递到管理层,也能够将数据转换为信息,帮助管理层和技术人员实现快速反应、改进生产工艺,在生产过程中实现生产与优化的同步进行,降低生产成本,提高生产效率。数据在企业内外的流动过程如图3-1所示。

企业获得消费者需求数据,决定生产的产品种类和生产数量,在生产过程汇总积累的生产数据反馈到决策层,利用反馈数据优化生产,降低生产成本。将产品在销售过程中和销售后产生的反馈数据作为进一步改进产品生产的决策依据,实现企业生产的动态过程。

企业竞争的本质是在不确定的环境下为谋求自身生存与发展而展开的对资源的争夺,竞争的内在原因决定了企业需要适应动态变化的市场环境。数据驱动的本质是企业通过支撑设计、生产、采购、销售、经营及财务等部门的业务系统,对生产全过程、产品全生命周期、供应链各环节的数据进行采集、存储、分析和挖掘,确保企业所有部门以相同的数据协同工作，通过数据价值挖掘实现生产、业务、管理和决策等过程的优化，提升企业的生产运营效率。面对工业领域总量大、种类多、情况复杂的大数据，软件作为虚拟空间中承载、管理、挖掘数据的核心载体，将从原来的以流程为中心向以数据为中心转变，形成数据驱动型企业。

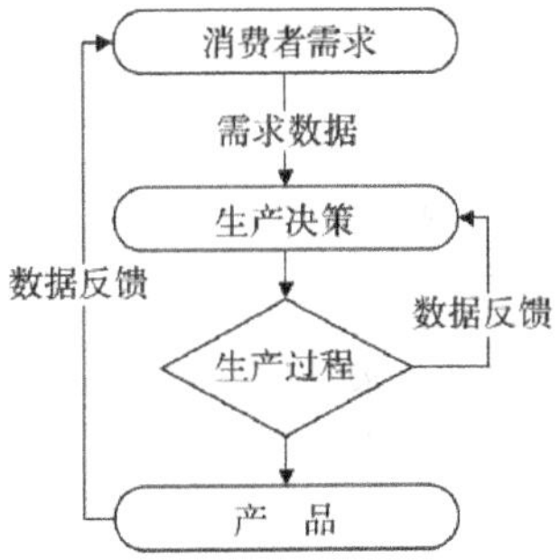

图 3-1　数据在数字化企业内外的流动过程[①]

数字化企业的学习曲线与传统企业不同，更为陡峭，且位于传统企业的学习曲线之下。在相同情形下，数字化企业的单位生产时间缩减得更快。这也意味着数字化企业在进行大批量生产时，较传统企业能够更快地降低边际成本。同时，相对于传统企业，数字化企业的最优成本更低，在一定时期内所能达到的最低单位生产成本小于传统企业（见图 3-2 所示，L1 是数字化企业的学习曲线，L2 是传统企业的学习曲线）。

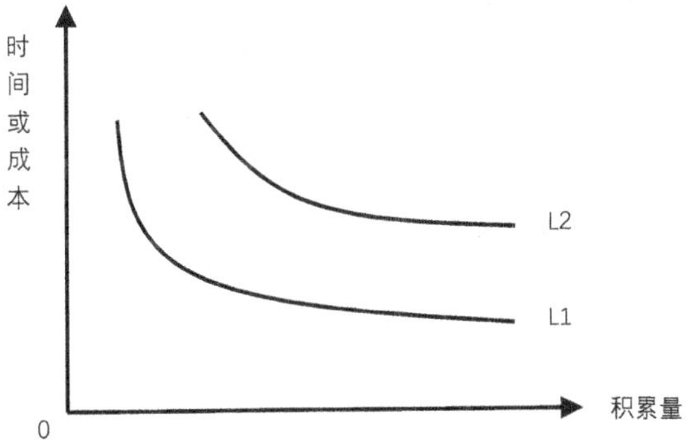

图 3-2　数字化企业和传统企业的学习曲线

数字化提升了生产效率，数字化技术通过将原本抽象的、模糊的经验积累过程具象化为具有操作性的具体数据、流程，提高了企业内部劳动人员和管理者的劳动效率，体现在学习曲线之中就是斜率更大。传统企业对于生产数据的利用是极其低效的，数字化企业则通过监控存储技术，将数据以可视化的直观方式展现出来，由专业技术人员进行分析，并随时按照分析结果调整生产。在这一过程之中，一线劳动人员的意见也会被不断反馈，数据在企业内部会不断增值，由技术人员和一线劳动者共同挖掘其中的价值。最终形成具体改进方案和操作流程，提高企业生产效率。

① 戚聿东：《数字化企业的性质》，载《财经问题研究》，2019（5）。

3.1.3 数字化企业的边界

企业边界是企业组织机构在与市场相互作用的过程中能力传递的最终体现。它以企业产品和企业形象的市场作用程度为依据,和交易费用、组织费用相互依赖和相互制约,共同确定企业生产的范围和规模。

数字经济时代,企业可能会出现两种不同的、甚至是相悖的发展趋势。一种趋势是服务于个性化的小众消费者的小企业组织模式大行其道;另一种趋势是平台型大企业在不断数字化的过程中逐渐成长为独角兽企业。随着数字技术的进步,逐渐渗透到企业管理、生产、供应链、营销等领域的同时,对企业边界规模到底会产生什么样的影响呢?

1. 交易成本理论

新古典经济学认为企业边界主要由生产中以技术为基础的规模经济决定。一方面,当规模经济存在时,边际成本小于边际收益,竞争市场中的企业必须扩大经营规模,或者随着其他企业的扩张而消失。也即是说,规模经济越大,企业规模则越大。另一方面,由于边际收益递减,企业生产会由规模经济到规模不经济,因而企业边界不能无限扩张。新古典经济学从生产的角度分析企业边界,忽视了企业与市场的关系。

第一个需要解决的问题:在专业化的交换经济中企业为什么会产生?

新制度经济代表人物科斯(Coase, 1937)在其开创性文章《企业的性质》中认为,企业的存在是因为有交易成本的存在。所谓的交易成本,"是那些在实施产权、确定交易商和实际的交易过程中发生的成本",包括搜集信息成本、谈判成本、计量和履约成本、监督和强制成本等。如果资源配置是通过市场当中的价格信号来决定的,那为什么还需要企业的存在呢?科斯的答案是,在个人交易很困难、无效率或很昂贵的情况下,某些组织就会以比他们进行市场交易更低的成本协调他们,也就是说企业通过内部化避免了市场交换中的外部交易成本。

第二个需要解决的问题:企业组织的边界在哪里?

企业只有通过内部化才能实现规模经济或范围经济,规模经济可被利用的程度决定了企业的规模。但是由于企业管理中管理收益递增,导致生产规模越大,企业组织管理成本越高,这就意味着企业的规模并不能无限扩大。因此,企业的边界取决于市场中交易的边际费用和企业内交易费用。第一种是在市场中组织生产的成本,即外部协调成本。当多数交易发生在市场而非企业内部的时候,企业就必然寻找供应链、签约和监视外部供应商等,从而导致外部交易成本增加。外部协调成本随着更多的企业内部交易成本降低,企业规模变大,外部协调成本降低(见图3(a);第二种是内部协调成本。内部协调成本产生的主要原因是由于企业总是面对"代理人问题"而不可避免的。企业的所有者通常雇佣"代理人"(如经理、工人等)完成工作。所有者和代理人的共同目的是最大化个人福利——所有者想要代理人最大化公司的财富,而代理人却想要最大化自身财富。因此,他们的目标会发生冲突。随着企业规模扩大,上述委托代理问题将更加突出,内部协调成本也更高(见图3(a))。

企业规模(企业内部和市场的组织生产)是由内部协调成本和外部协调成本之和决定,

即图 3(a)中两个曲线的垂直总和。当两曲线被垂直相加后,各种规模企业的合并协调成本成图 3(b)的 U 形曲线。该 U 形曲线的最低点就是企业的最优规模。

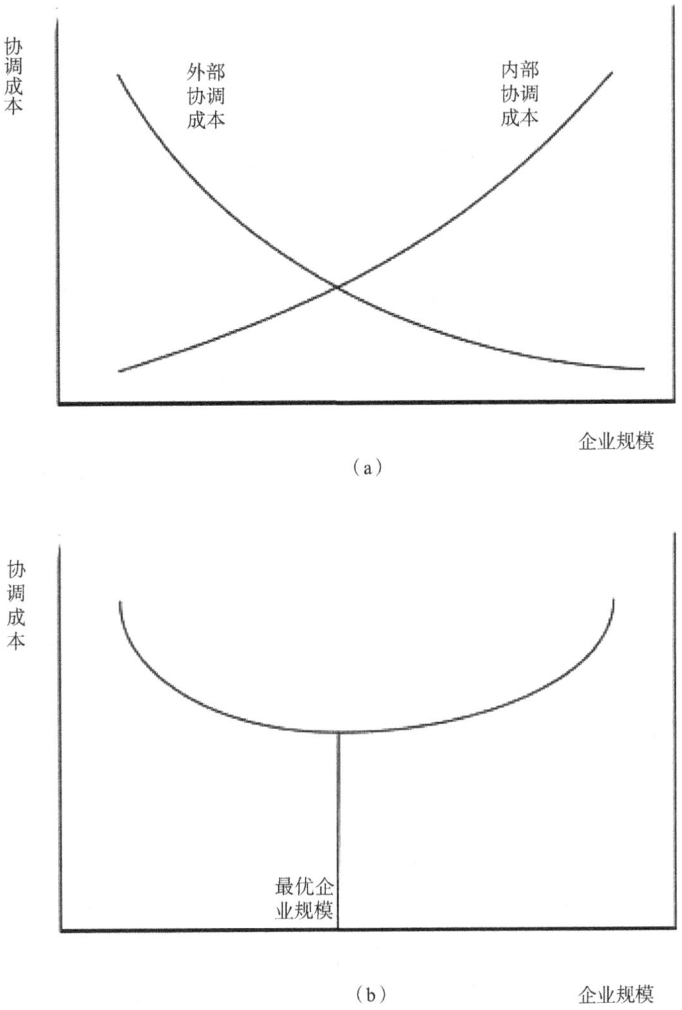

图 3-3　外部协调成本、内部协调成本和企业规模

第三个需要解决的问题:什么情况下内部化的交易成本比外部交易成本低?

威廉姆斯(Williamson, 1985)认为有三个影响因素:有限理性、机会主义和资产专用性。①有限理性是指解决复杂问题的不完善能力。如在国际象棋比赛中,每个选手的信息量都和其他选手一样(即信息对称),但是有这么多的可能性,即使是一个非常优秀的选手也可能无法做出完全理性决定。当处理可用信息的能力不完善的时候即为有限理性;或有关当前与未来事件的信息本身是不完善的时候(即信息不确定)也存在有限理性。②机会主义是指当存在有限理性时,人们会如何回应重读。如果他们以自我利益为出发点,如寻找合同中的漏洞,那么这就是机会主义行为。③资产专用性是指涉及大额投资并且专用于特定交易的资产。包括两类:实物资产和人力资产。实物资产专用性与场地专用性或加工专用性有关。场地专用性，即安置在靠近顾客或供应商之处的厂房或设备；加工专用性，即只为特定顾客使用的厂房或设备。人力资产专用性特指仅对特定交易游泳的个人（“干中学”）或集体（“团队结构”）技能。有限理性是认知条件，机会主义是行为条件。如果没有机会主义就不会有内部化的需要，但有限理性是机会主义的前提条件，所以，机会主义和有限理性可能导致内部化。如果资产存在专用性，则交易中的资产不能自由用于其他用途，或者说将其用于其他交易是有成本的，这就导致了对连续性的需求。资产专用性越强，对连续性的需求就越大，内部治理取代市场管理的可能性就越大。

2. 数字技术与交易成本

1）数字技术的应用降低企业内部交易成本

技术进步能够影响企业内部和外部运行成本的变化，导致企业最优规模的变化。科斯曾经指出：“有利于将生产要素集聚的发明，通过减少空间分配，容易导致企业规模增加。例如，电话和电报的发明和应用降低空间组织成本，导致企业规模的扩大。所有改善管理技能的变化都同样会增加公司规模。”① 任何空间分配要素的减少和管理技能的改善都能降低内部协调成本，导致图 3（a）中内部协调成本曲线的下移，并导致图 3（b）中 U 形曲线向右移动，这意味着成本最小化企业的最优规模将增加。

数字经济时代，数字化管理可以缩短生产链上的信息传递时间、提高结点的匹配效率、降低库存管理成本；数字技术简化了决策制定过程、精简了内部决策层级、提高了决策的精准度、降低了内部协调成本；同时，数字化技术在需求分析方面具有强大的优势，降低了客户管理的成本、提高了营销的精准度；数字化技术为定制产品的生产提供了可行性，一方面提高了消费者的满意度，另一方面企业通过产品的差异化提高了产品的利润率。总之，数字技术降低了企业面临的内部协调成本和生产成本，导致内部协调成本曲线下降并向右移动，这必然导致企业范围和规模的增加，即图 3（b）中合并曲线的最低点将向右移动。

2）数字技术的应用降低企业外部交易成本

数字技术同样存在着降低外部协调成本的可能性，从而导致企业规模缩小。首先，数字技术的应用为寻找和匹配合适的供应商提供了便利，减少了外部市场上的信息搜寻成本，提高企业的供应链管理效率，降低供应链风险；其次，区块链技术的推广在一定程度上缓解了企业之间的信任问题，有利于降低有限理性和机会主义，减少了商业风险的发生率；再次，移动互联网和人工智能技术的推广提高了信息的传递速度，增强了企业面对外部风险的反应速度和判断能力；最后，云计算的应用为企业（尤其是中小企业）提供了数据存储和计算等服务，减少了企业购买服务器及雇佣相关人员等专用性资产。总之，数字技术的创新和推广能够在一定程度上降低企业的外部协调成本，可能会造成企业边界的收缩。

综上所述，在企业内部协调成本和外部协调成本都降低的情况下，图 3（b）中的合并曲线必然向下移动，但对企业边界的影响却是模糊的。数字技术对企业规模的影响依赖于两种成本降低的相对大小，如果数字技术降低内部协调成本的幅度超过外部协调成本，则企业规模可能扩大，即图 3（b）中的合并曲线的最低点向右移动；反之，则企业规模缩小。可见，数字经济时代，企业在不同时期的扩张和收缩或者大企业与小企业共同繁荣的局面都有可

① COASE. *The Firm, the Market and the Law*. Chicago, University of Chicago. Press, 1988.

能会出现。

3.2　结构:数字经济市场中的不完全竞争

特定市场内部企业间的关系,主要是垄断与竞争的关系。按竞争激烈程度,可以分为完全竞争市场和不完全竞争市场。其中,不完全竞争市场包括垄断、寡头垄断和垄断竞争三种形态。数字经济市场中以寡头垄断和垄断竞争两种不完全竞争市场结构为主。一般来说,数字化平台的市场结构常表现为寡头垄断形态,非平台型企业的市场结构则以垄断竞争的形式居多。此外,市场结构还与产品的生命周期阶段有关,在产品生命周期的创新阶段,常表现为群雄逐鹿的垄断竞争格局,而随着技术逐渐成熟和成本的降低,大鱼吃小鱼、快鱼吃慢鱼的结果将导致少数几家行业巨头的寡头垄断格局逐渐形成。不管怎样,在数字经济时代,竞争和合作并不是一成不变的,竞争对手和合作伙伴的身份常常相互转变,收购、入股、兼并、拆分轮番上演,让我们感叹于数字时代令人眼花缭乱的企业竞合态势的同时,更希望找出其背后的规律以及支配企业行为的内在动因。

3.2.1　数字化企业的规模

如上文所述,数字化企业的规模大小与其数字化转型之后对内、外部交易成本的降低程度有关系:当内部交易成本的降低幅度更大时,企业的规模会增大;而当外部交易成本的降低幅度更大时,企业的规模会缩小。也就是说,数字化企业的边界与企业类型是有关系的。一般而言,对于以消费者数量为核心竞争力的平台型企业,数字化所带来的网络效应提升了企业的内部规模经济和范围经济,大大降低了内部交易成本,为了强化了垄断势力,这类企业的边界会不断扩张;而对于以差异化产品(或技术)为核心竞争力的非平台型企业,其倾向于通过加快创新步伐来制造差异化产品,数字化在削减外部交易成本方面表现得更加明显,因此这类企业的规模扩张速度相对有限。

1. 平台型企业

平台(platform)是一种现实或虚拟空间,该空间可以导致或促进双方或多方客户之间的交易。随着信息技术的加速创新和互联网的普及应用,平台经济正在迅猛发展,越来越多的平台型企业涌现,并催生了平台经济发展的大潮。在“互联网 +”的大背景下,平台经济更加活跃,成为经济生活中最有活力的一部分。平台价值随着用户数量的不断增加而增加,当今最有价值的企业是那些能够“编制”协调巨大网络的平台企业,而不是那些将大量资源集中于一身的传统企业。据统计,全球最大的 100 家企业中,有 60 家企业的大部分收入来自平台类业务。按照 2017 年 7 月 31 日收盘价计算,全球十大平台企业的市值已经超过十大跨国公司的市值(见表 3-1)。这些跨国公司的平均创设时间高达 129 年,而平台企业的平均创设时间仅为 22 年。

表 3-1 全球十大平台企业和十大跨国公司市值比较 位:亿美元

平台企业		跨国公司	
名称	市值	名称	市值
苹果	7 808	伯克希尔·哈撒韦	4 341
谷歌	6 491	强生	3 596
微软	5 619	埃克森美孚	3 322
亚马逊	4 721	摩根大通	3 277
脸书	4 841	富国银行	2 697
阿里巴巴	3 946	雀巢	2 623
腾讯	3 811	沃尔玛	2 455
Priceline	997	美国电话电报公司	2 394
百度	784	保洁公司	2 325
Netflix	781	通用电气	2 233

从内部规模经济角度来看,传统企业实现的是供给方规模经济(Supply Economies of Scale),而互联网平台实现的是需求方规模经济(Demand Economies of Scale)。在工业经济时代,传统企业为了降低单位产品成本,提高经济效益,纷纷扩大生产规模。但随着生产规模的不断扩大,企业内部的交易成本和管理难度也相应地上升和加大,这使得企业的规模不能无限扩大。每个企业都在既定的规模下进行生产,进而使得每个企业所创造的价值和价值增长幅度有限。在数字经济时代,平台企业成功的基石是网络效应,又称为需求方规模经济,即随着越多的用户接入平台,平台的价值呈非线性增长(梅特卡夫法则)。以微信为例,诚然,开发微信软件存在一个供给方规模经济(即前期研发成本大、后期复制成本低),但市场上有好几种与微信性能相似的软件,其技术和功能并不差,而其市值与微信相比显得微不足道。微信拥有的天价市值是因其被广泛应用,微信拥有了超过 10 亿用户,正是因为用的人多,所以大家才更愿意使用它。也就是说,与供给方规模经济不同,需求方规模经济不会随着规模的扩大而出现规模不经济。因此,平台型企业倾向于不断扩张其边界。

补充资料:平台经济体成为新的社会生产组织形态

工业革命使人类进入蒸汽时代,机器大工业生产使社会生产组织由工场转变为工厂,使大规模生产得以实现;以电力的广泛应用为主要内容的第二次工业革命催生了新的社会生产组织——公司。生产组织遵从“泰勒制”“福特制”的跨国公司是生产全球化的主要推动者,成为 20 世纪工业经济时代经济活动的主体。随着信息通信技术的发展,云计算、大数据催生了新的组织形态——平台经济体,即以互联网平台企业为中心,将数以万计的服务商家和消费者联系到一起,通过不同群体之间的高效互动,创造出巨大价值。平台经济体在自身规模、价值创造、影响力、包容性等方面超出传统的跨国公司范畴,成为驱动数字经济发展的主要动力。例如,阿里巴巴零售平台的卖家约 1 000 万,买家超过 5 亿,服务商几十万家,2016 年成交总额超过 5 000 亿美元,超过国际零售巨头沃尔玛。2019 年,阿里巴巴国内零售平台实现交易额57 270亿,如果平台的交易量可以用某一个省份的GDP来衡量,那么阿里巴巴的平台交易量相当于浙江省的GDP,可以排在全国第4位。

第一,平台经济体更具有平等性。从组织方式来看,工业经济时代,跨国公司遵从的是链式组织方式和流程。在这种组织方式中,跨国公司与小企业之间的主从关系明显。跨国公司处于全球价值链的顶端,起支配作用,其他企业则处于全球价值链的低端,为跨国公司提供配套服务。在数字经济时代,平台经济体采用“云端制”组织方式,即:超级平台+海量用户+海量商家、服务商。在这种组织方式中,平台企业与其他参与者之间是平等关系,没有绝对主导的一方,他们是自发聚散的柔性共同体。如淘宝平台有5亿消费者,1 000万家商户,共同构成了一个前所未有的大规模分工协作体系,从而使其成为全球最富生机的生态系统。

第二,平台经济体更具有普惠性。普惠性(Inclusive)表示大多数经济主体都有机会参与和分享经济发展成果。平台经济体比跨国公司更具有普惠性,首先,体现在受益主体更加多元化,中小微企业是最大受益者。在工业经济时代,大公司尤其是跨国公司占据着社会经济的大部分资源和经济全球化的大部分利益。根据2013年联合国贸易和发展会议(UNCTAD)报告,跨国公司垄断了全球60%的生产和全球80%的贸易。小公司要想生存与发展,必须依附于大公司,成为其供应链的一部分。小公司和大公司之间的地位不平等决定了小公司难以独立发展壮大。在数字经济时代,平台经济体内的小公司借助“云网端”以及平台企业的强大商业基础设施,大大降低了运营成本,极大地拓展了市场,能够同跨国公司站在同一个舞台上,参与和分享数字经济成果。其次,平台经济体惠及贫困偏远地区,有效缩小地区贫富差距。平台企业帮助贫困地区连接更为广阔的市场,促进当地产业结构升级,激发当地创业热情,提高收入水平。例如,2016年国家级贫困县在阿里巴巴零售平台的销售额近300亿元,其中销售额超过1 000万元的贫困县280多个,超过1亿元的贫困县41个。最后,平台经济体普惠发展中国家经济贸易。在工业经济时代,由发达国家主导的国际分工格局决定了发展中国家处于全球价值链的低端,无法解决全球化红利在发达国家和发展中国家之间的不平衡分配问题和贫富差距扩大趋势。在数字经济时代,平台经济体中的各个主体之间是平等的,不存在谁主导谁的现象。通过互联网平台,海量的中小微企业有机会平等参与国际贸易,同大公司在全球市场上展开竞争。

2. 非平台型企业

非平台型企业变得更加小型化、专业化。在工业经济时代,传统的大公司以大批量、标准化的刚性生产方式进行生产,主流的供应链形态为线性供应链,与之相对应,企业组织庞大、层次繁多复杂,内部交易成本高昂。在这种生产模式中,企业是主导生产什么、如何生产的一方,而消费者则是孤立的、被动接受产品的一方。随着物质产品的不断丰富,消费观念的不断升级,消费者越来越注重个性化的体验,传统的大规模、标准化生产方式在海量品种、小批量的市场需求下越发显得力不从心,应对不了消费者日益变化的个性化需求。产品的标准化、大批量生产供给与消费者的海量品种、小批量需求之间的矛盾导致消费品市场供大于求,大量消费者的个性需求无法满足。据麦肯锡的一份调研报告,在20世纪70年代之前,市场需求预测准确率超过90%;然而新千年前后,市场预测准确率仅有40%~60%。这意味着企业生产的产品中约有一半是消费者不需要的。面对日益复杂的消费者个性化需求和市场环境,传统企业的组织架构遭遇到前所未有的挑战。波士顿咨询公司对 100 多家欧美上市公司的调查研究发现,在过去的 15 年时间里,这些上市公司在工作程序、协调机构以及决策审批步骤等方面增加了 50%~350%。在数字经济时代,以"云、网、端"为代表的基础设施日臻完善,企业外部的交易成本比内部交易成本下降更快,继续维持臃肿庞大的组织结构显得非常不经济,从而使大企业裂变为小企业,将非核心业务外包,从事专业化生产。另外,与大企业相比,小企业更加机动、灵活,更能适应海量个性化定制的需求,更能对瞬息万变的市场环境做出迅速反应。因此,企业开始向小型化、专业化转变。

补充资料:数字经济中的非中介化与再中介化

以往讨论"数字经济"的影响时,通常认为传统的中介将从价值链中被删除,顾客会绕过中介机构直接与供应商进行沟通。例如,客户为了检索产品能够直接访问某些制造商并直接与制造商商议产品的交付事宜。但事实并非如此简单,新的中介机构会随之出现,这可能看起来像一个矛盾,但它是一个典型的"数字经济"的演变发展过程,代表着产业结构和特征以及基本变化。它们通过彼此的差异化服务所提供的范围和地理覆盖面,在各自价值创造过程中塑造中介的角色。

数字经济对中介的发展影响巨大,非中介化和再中介化是两种典型现象。中介一般提供两类服务:一是匹配和提供信息;二是咨询等增值服务。第一类服务可被完全自动化,因此可由提供免费服务的电子市场和门户承担;第二类服务要求专家参与,只能被部分自动化,因此一般会对此类服务进行收费。因为第一类服务会被自动化,所以只提供第一类服务的中介将被消灭,这种现象被称为非中介化;而第二类服务的中介不仅会生存下来,且可能走向繁荣,这种现象被称为再中介化。因特网为再中介化提供了新的机会:首先,当参与者人数众多,或交易的是复杂的信息产品时,经纪人就显得特别有价值;其次,许多经济服务要求对信息进行处理,电子化服务可以在更低的价格上提供更丰富的功能;最后,对于价格敏感的谈判,使用计算机作为中介比使用人工更可靠,软件中介可进行核实,而人工中介的公正性却较难核实。

3.2.2 产业融合改变企业竞合态势

1. 产业融合的含义和类别

从不同的视角对产业融合的定义进行阐述。基于技术融合和数字融合的视角,产业融合是由于技术融合和数字融合引起的产业边界模糊化。基于产业组织视角,产业融合是随着产业边界的模糊化使原本独立的产业和企业之间出现新的竞争与合作关系的过程。基于产业融合演化过程的视角,产业融合需要先后经历技术融合、业务及管理融合和市场融合之后,达到产业融合阶段。基于产业进化发展的视角,产业融合是不同产业或同一产业间不同行业的相互交叉和渗透,形成新产业的过程。因此,可以认为,数字经济推动的产业融合是以数字信息为要素驱动、以数字技术为创新驱动,先后引起同一产业不同行业间或不同产业间产品融合、业务融合、管理融合和市场融合，变革原有企业的竞争与合作关系，并最终重塑分工格局和企业边界的动态发展过程。

基于产业层面，产业融合可分为产业渗透、产业交叉和产业重组三种类型（见图3-4）。产业渗透多发生于传统产业与高技术产业的边界地带，随着高技术产业的成长和高技术的渗透性、倍增性特征，使其能够无摩擦渗透到传统产业，提高传统产业的生产效率。产业交叉多发生于高技术产业的产业链延伸处，通过产业间延伸和功能互补实现的产业融合，其过程为技术、业务和市场融合后的产业边界交叉，最终导致产业边界模糊。产业重组发生在产业内不同行业间或具有紧密联系的产业间，通过重新整合后的产品及服务满足市场的新需求，产业重组形成了产业新业态，提高产业效率，代表产业新的发展方向。

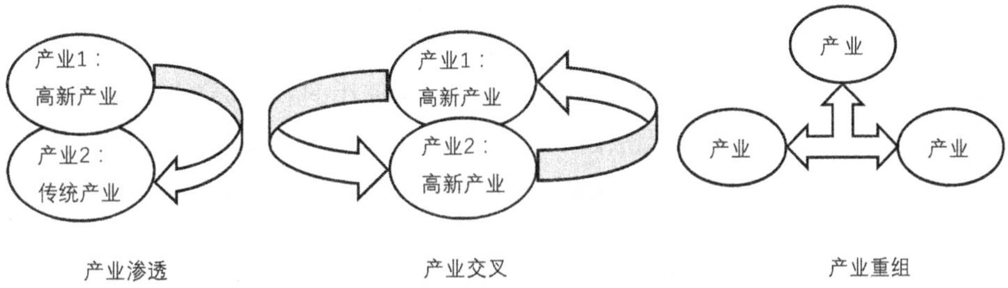

图3-4　产业融合方式（箭头表示技术方向）

2. 数字经济中产业融合的影响因素

数字经济基础产业的自身融合及其他产业与数字经济基础产业的产业融合取决于产业融合的动力机制，是产业融合内在规律与外在动力共同作用的结果。

1）数字技术创新是推动产业融合发生和发展的最直接动力

不论是革命性的数字技术创新还是扩散型的数字技术创新均能实现原有技术、产品和工艺之间的替代或者关联，通过在不同产业间的扩散渗透，改变原产业产品的成本函数。一方面，促进不同产业产品数字化，加强了不同数字产品之间的互换性和互联性，实现产品融合；另一方面，创造产品与服务的新技术路线，改变原有市场的需求特征，创造新的经营模式与内容，为产业融合的发展创造空间。

随着数字技术向不同产业部门的扩散和应用促进了技术融合，技术融合进一步催生了业务融合和市场融合，导致原有产业边界的模糊化，最终实现产业融合。数字技术创新为不同产业创造了通用的技术基础，形成技术融合。技术融合消除了不同产业部门间的技术壁垒，促使不同产业间的成本、生产、技术边界趋同，并创造具有相似功能的新产品和新服务。不同产业部门以技术融合为导向，重新整合与配置要素、资源和技术，并调整传统业务模式，并发展出适应技术融合的业务融合模式。在技术融合与业务融合的基础上，新产品和新服务对原有市场需求产生替代效应，催生新的市场特征和市场需求，产生市场融合，使融合后的产业能够真正进入其他产业领域的市场空间，完成最终的产业融合过程。

2）数字经济市场主体追求利益最大化的行为加速了产业融合

市场主体之间尝试新竞争与合作模式。第一，在数字经济背景下，产业活动主体在变化的环境中意识到进行产业间的合作较独立产业部门间的竞争更具优势，因此产业活动主体将积极突破原有产业分立与产业分工状态，并拓展在同一产业的不同部门及不同产业部门间的融合平台和融合产品，不同产业间的活动主体构建的新竞争与合作模式推动了产业融合组织基础的形成。第二，新的竞争与合作模式，突破了产业之间的条块分割，降低了产业间的进入壁垒，有效减少了交易成本，提高劳动生产率，培育新的竞争优势。

产业活动主体从追求规模经济向范围经济的转变。在数字经济的背景下，产业活动主体逐渐从规模经济的追求发展到对范围经济的追求。第一，工业经济背景下的标准化大批量生产无法满足数字经济创造的个性化定制品的需求，数字经济设施为消费者个性化和多样化的产品与服务需求提供了基础条件。产业活动主体在需求的推动下进行多产品和多元化经营，就是对范围经济的追求，即通过增加产品和服务种类，引起总经济效益的增加。实现范围经济的关键在于通过通用生产要素的使用降低多种产品及服务的供给成本，结合新的消费内容和消费习惯，创造新的融合产品与融合服务，在业务融合和市场融合的基础上，最终实现产业融合。第二，当产业活动主体内部存在可使用的剩余资源时，由于市场和产业的限制，既不能扩大生产规模，也无法出售剩余资源时，只要存在范围经济和改变成本结构的外部资源时，产业活动主体具备主动进行多元化和多产品的跨产业经营动力，有力推动产业融合的发展。

产业活动主体的全球化发展。一方面，产业活动主体面对竞争环境的复杂性和不稳定性，利用互联网等数字基础设施拓展全球市场，突破地域垄断的局限性，重构市场竞争格局，促进数字经济的发展。另一方面，数字经济基础产业为跨国公司的全球一体化经营活动提供重要支撑，如数字技术对跨国公司研发、投资、生产、加工、贸易等领域的渗透，促使跨国公司的经营战略由产业划分向产业融合转变，成为推动产业融合的主要载体。

3）市场需求和政府政策影响产业融合的速度和深度

（1）市场需求的推动

一方面，技术创新改变了市场需求的特征，带来新的市场需求。数字技术将生产者和消费者以新的方式连接起来，催生数字化产品与服务，实现市场需求从工业经济背景下对物质的占有型需求转变为数字经济背景下的服务型需求，改变了传统产业的市场需求、产品特点、竞争与合作状态和价值创造过程，导致了市场供给侧与需求侧的融合，创造新的市场需求；另一方面，新的市场需求反过来也能够促进产品创新，为产业融合创造了市场空间，促使更大范围的产业融合。

（2）外部环境规制的推动

如果政府基于某种因素考虑，对产业制定了政策性的准入壁垒，约束了企业跨产业经营和并购等行为，那么即使存在创新推动、产业活动主体的积极参与、存在市场需求的情况下，由于不具备外部环境条件，市场自发启动的产业融合也无法最终完成。学者施蒂格勒提出各国政府的经济性产业管制是造成不同产业部门壁垒和产业边界的主要原因。而政府放松管制，如取消对产业的准入、价格、投资及服务等方面的规制，则能够鼓励产业内的不同行业及原本独立的产业间通过技术创新实现的共同的技术基础和范围经济能够在产业间相互介入。不同产业部门的企业在新技术带来的溢出效应下，引起原产业的成本函数、市场规模和经济规律的改变，导致原有产业管制规制失去效应。而在融合过程中经历的技术融合、业务融合和市场融合促进了管制的再次放松，最终形成数字经济基础产业内部融合及其与制造业的产业融合。例如美国政府出台《电信法》，放松对电信产业管制，在开放的环境下，促成了电信业和有线电视业间的产业融合。

案例：工业互联网行业的产业融合

（一）工业互联网平台跨界融合深化

工业互联网创新发展工程持续发力，工业互联网平台核心技术研发与产业化落地步伐加快；工业互联网平台产业链图谱加速完善，平台应用的深度和广度不断提升。应用面向多领域在拓展，工业互联网已经广泛应用于石油石化、钢铁冶金、家电服装、机械、能源等行业，网络化的协同、服务型的制造、个性化的定制等新模式、新业态在蓬勃兴起。制造企业和信息技术企业双轮驱动，跨行业、跨领域工业互联网平台从垂直深耕走向横向拓展阶段。领先制造企业和信息技术企业将进一步加大跨行业、跨领域工业互联网平台建设力度，从重点行业、重点领域向跨行业、跨领域拓展，同时领先制造企业和信息技术企业将加速跨界联合，合力建设和推广工业互联网平台。未来，更多产业资源将加速进入工业互联网领域，平台创新与竞争的激烈程度进一步加剧。平台应用场景将日渐丰富，企业将从自身实际出发，不断迭代推动平台关键共性技术和模式创新。平台市场将日趋成熟，产、学、研、用、金等多方主体将进入工业互联网平台领域，助推平台产业化应用良性发展。

（二）领先企业磁吸效应增强

工业互联网平台将加速推动行业龙头企业的变革。当前龙头企业是小平台、大前端、缺生态；而工业互联网平台对应的是大平台、小前端、富生态。小前端是数量众多且规模较小的自主型前端，小前端来自3个方面：创客圈、产业圈和创投圈。而大平台的主要功能为制定标准和职能模块化，来形成资源池，实现高效资源共享机制，并且根据业务和技术的发展，将有助于形成更加强大的智能，如大数据分析、机器学习等。行业龙头企业通过搭建开放性的创新平台，打造网络化、扁平化、平台化的管理模式，推动企业从管控型组织向企业孵化平台转变，通过创新利益分享机制，推动创业者实现与企业的共生共赢。富生态是依托企业核心业务优势，实现多元生态搭建，使得体系内的企业能够相互依托、相互影响，实现生态级协同治理和合作，最大化实现协同效应，来为企业创造更大的价值提供可能。

示范企业区域和行业辐射带动作用凸显，工业互联网平台产业新生态加速构建，示范企业搭建平台，在线汇聚和整合共享制造资源和能力，发展个性化定制、网络化协同、智能化生产、服务化延伸等新模式、新业态。中小微企业和创客参与平台创新，包括众创众包、协同研发、分享制造、生产众包。创业孵化机构对接平台，提供风险投资、方案咨询、检测认证、培训宣传等产业服务。

（三）合作协同关系逐步建立

运营方式从割裂竞争到合作共赢，企业间合作协同关系逐步建立。传统运营方式以企业为主体，产品上下游企业独立运营和管理，同环节企业高度竞争，资源配置率低，信息流通性差，上下游的信息不对称性高，也进一步加强了恶性竞争。但是依托工业互联网平台，产业内和产业间必定将各个环节的信息聚集企业，形成强大的信息流，这是符合当下共享经济潮流的。而这样的改变将会组成满足客户需求的最优厂商组合,这不仅能够完成资源的最优配置,也同时带动了我国经济的市场化转型。

面对充满不确定性和复杂性的工业互联网平台产业,需要更多企业联合起来,通过紧密配合的集体行为构建生态系统,共同推进产业发展。一是生态机制日益完善,一部分企业有望通过股权投资方式强化平台业务能力的互补,形成更加牢固的生态合作关系;越来越多的平台企业也将综合运用资源共享、资金扶持、收益分成等方式促进合作伙伴的培育壮大。二是生态规模持续扩大入驻平台的技术服务商、系统集成商和第三方开发者数量得到显著提升,平台能够为更多用户提供更加丰富的工业 App 应用和解决方案。三是业态边界逐步拓展,农业、金融、物流等一、第三产业主体将以平台为纽带与工业实现融通发展,探索形成更多新型企业间的合作模式。

思考题:

工业互联网是如何促进产业融合的?

3.3 行为:数字化企业的策略性行为

3.3.1 创新性垄断

作为非价格竞争的重要手段,研究开发与技术创新是企业取得持续竞争优势的关键。同时,作为企业的策略性行为,由研究开发与技术创新而导致的新产品竞争,比现存在产品价格上边际变化的竞争更为重要。正如美国麻省理工学院斯隆管理学院教授詹姆斯·阿特拜克(Utterback, 1994)所言:“即便是把现有技术开发得更精、更细、更好,也不能阻挡新企业采用新技术抢占市场,并把反应迟钝的现有企业赶进产业历史的垃圾堆。”

数字经济中,资本要素的地位下降,劳动力和企业家才能、技术等要素的地位相对上升,尤其是技术要素,上升速度最快,处于决定性地位。此外,产品对自然资源的依赖性变得相对较小,产品的知识含量与技术含量也远高于传统产品。因此,在新的条件下,只有不断地进行知识创新和技术创新,才能保持企业的市场势力或垄断地位。由于网络的正反馈效应、用户的锁定效应等新的经济特征的出现,这种基于网络和企业两个层面上的市场势力或垄断的形成有其必然性。但是,这种垄断并不必然地抑制和排斥竞争,也并不必然地阻碍技术进步,处在网络和企业两个层面上的垄断者仍然面临着潜在竞争者的严峻挑战和激烈竞争。这是因为,技术创新速度的不断加快,知识产品生命周期的持续缩短以及产品更新换代速度的加快,使得任何一个企业都不能长久地拥有一项垄断技术,企业只有竞相开发和创造新产品,才能在竞争中站稳脚跟。所以,网络经济下的市场势力和垄断只能是一种基于知识创新和技术创新优势所形成的暂时垄断,被称为“创新型垄断”。正如英特尔公司副总裁达维多(William H Davidow)所说的那样,一个企业要想在市场上总是占据主导地位,那么就要做到第一个开发出新产品,又第一个淘汰自己的老产品(这个观点被称为“达维多定律”,详细介绍见第四章“数字经济时代的创新”)。唯有竞争才是永恒不变的,它与垄断交替出现,共生共存。

数字经济下产品生命周期会大幅度缩短。传统经济下的产品生命周期曲线更为平缓，销售量上升与下降的速度更为缓慢。在数字经济时代，产品的生命周期快速缩短，具体原因如下。

第一，数字产品具有很强的时效性。数字产品的时效性是指数字产品的使用价值会随着时间的变化而变化，即时间越短的数字产品使用价值越高，反之越低。数字产品作为信息产品，时效性是其重要的经济特征。首先部分内容性产品具有很强的时效性，如新闻、证券、外汇、股票信息等。许多在线游戏在一段时间内很受消费者欢迎，但不久就会有更受欢迎的游戏将它们替代。通常网络上的某些实时信息，需要消费者通过付费来获取，而相对滞后的相应信息，则只需支付较低的费用，甚至免费就可获取。例如，PAWWS 金融网络公司提供证券信息组合服务，消费者每月支付 50 美元就可以使用即时指数，而对有 20 min 延迟的指数的服务只索取每月 8.95 美元的费用。由此可见，数字产品的时效性就成了影响数字产品定价的一个重要因素。

第二，信息技术进一步降低了一般社会生产成本，利润最大化的企业有动力去采用新技术。首先，沟通与协作方式的变革。即时通信 App（微信、QQ、钉钉、Skype 等），以及传统商业软件（Word、WPS）所推出的写作功能支持多人在线共同编辑，降低了沟通成本。阿里云、百度云、腾讯云、亚马逊云、微软云等服务通过租赁存储空间和算力的方式免除了独立架构服务器的技术与固定投资门槛，降低了中小企业数字化的成本。其次，智能化生产优化了企业的生产活动，将人从重复的劳动中解放，并扩张了价值链。传统的机械化生产只能在流水线上完成一般性工作，而智能化则可以穿透生产、销售和售后服务的全过程，再结合大数据技术实现按需定制、提前定制和快速反应。再次，数字技术的发展给予企业进入新市场和降低成本的机会。数字技术提供了将经验凝聚为流程的方法，便于企业将自身的数字技术带来的核心竞争力复制并推广到新进入的行业。新企业的进入能够给原本的市场注入新的元素，爆发出更多的组合创新，跨界的数字化企业在新市场有可能实现弯道超车，对现有的市场主导企业模式实现颠覆，如滴滴打车对出租车行业的冲击、微信对短信的冲击。

第三，消费者需求变动导致企业所面对的市场可能萎缩甚至消失，企业不得不专注于随时预测、获得客户需求数据并改良产品。一方面，伴随中国经济的高速发展，人均收入稳步上升，消费者购物习惯也在发生变化。20 世纪 90 年代之前出生的消费者更喜欢追随潮流，而新一代消费者更喜欢个性化的商品。消费者的需求函数长尾变得更长、峰谷更低，这意味着虽然市场总规模在变大，细分市场却在变小。同时，消费者的品牌忠诚度也在逐渐降低，明星企业和爆款产品更迭速度加快。伴随着信息穿透，消费者获知其他相关商品信息更加容易，也更容易迁移到其他品牌。对于部分深耕于特定细分市场的企业而言，如果不能快速反应，跟上消费者偏好的变化速度，必然被淘汰。以凡客为代表的快消品牌在经历了 2007—2011 年爆炸式发展后，却在数字经济浪潮中快速倒下；与之相反，2013 年后，小众品牌、创意小铺和网红产品则蓬勃发展。另一方面，信息穿透和信息透明导致同类商品的价格竞争加剧，迫使企业更重视与消费者之间的联系，技术更新不及时的企业可能会被淘汰。由于信息在互联网上可以迅速扩散，消费者能轻易获取甚至是被动获取商品信息，因而商品的口碑愈加重要。由于价格信息和产品特征信息在市场上更加透明,在互联网技术的帮助下,任意消费者都可以对同类商品进行价格与特性比较,对于销售无差异商品的企业来讲,难以利用不对称的价格信息进行歧视性定价。

3.3.2 网络与标准竞争

1. 网络外部性与标准选择

在我们的生活中标准几乎无处不在,某些标准的制定与推广是通过政府或者权威机构的强制力来实现的,但也有一些标准是在市场中通过自有竞争的方式来确立的。那么我们不禁要问,为什么有的市场中仅仅存在唯一的标准,但是某些市场中会存在多个标准?如中文电脑键盘的布局都是一样的,但是中国市场中 4G 手机却存在三个标准。进一步来说,是什么样的因素决定了某个标准被市场接受,而另外的标准被市场否定呢?为什么是 Windows,而不是 Mac 或者 Linux 成为操作系统市场上的统治者呢?事实上,针对不同市场中的标准,我们很难简单认定:被市场接受的标准都是更优秀的标准。很多标准的采用具有很高的随机性,如某些国家选择车辆靠右行驶,但是也有国家选择靠左行驶,很难说哪种标准更有效率。甚至在某些情况下,我们发现市场中占统治地位的标准单纯从技术或质量的角度而言反而不如那些市场接受度很低或是被市场淘汰的标准。

为了理解网络外部性对标准选择的影响,我们考虑一个简单的模型。同样假设存在数量为 1 的消费者、并且每一个消费者对于他人的影响都是可以忽略不计的。市场中存在 A 和 B 两种标准,数量为 $a(0<a<1)$的消费者更加喜欢 A 标准,而数量为 $b(0<b<1)$的消费者更加喜欢 B 标准,并且 $a+b=1$。我们这里分别将上述两种消费者称为 A 类型的消费者和 B 类型的消费者。我们同时假设标准存在网络外部性,即消费者从某一标准中获得的收益会随着使用相同标准人数的增加而提高。但是另一方面由于消费者本身对于两种标准存在偏好差别,当用户规模相同的情况下 A 类型的消费者选择 B 标准时,他获得的效用要小于选择 A 标准的情况,反之亦然。因此两种类型消费者的效用函数可以表示为:

$$U^A=\begin{cases}x_A & \text{选择}A\text{标准}\\ x_B-\delta & \text{选择}B\text{标准}\end{cases}\qquad U^B=\begin{cases}x_A-\delta & \text{选择}A\text{标准}\\ x_B & \text{选择}B\text{标准}\end{cases}\qquad \text{公式 3-1}$$

式中:x_A 和 x_B 分别表示最终选择 A 标准和 B 标准的用户数量,而 $\delta>0$ 则是消费者由于没有选择自己偏爱的标准所导致的效用损失,这里 δ 事实上也衡量了消费者对于不同标准的偏好程度,或者也可以表示消费者为了得到自己中意的标准所愿意付出的最高代价。根据上述的模型设定,最终市场均衡的结果会出现三种情况:第一,所有消费者都选择 A 标准,即 $x_A=1$ 而 $x_B=0$,此时 A 标准成为市场中的唯一标准;第二,所有消费者都选择 B 标准,即 $x_A=0$ 而 $x_B=1$,此时 B 标准成为市场中的唯一标准;第三,A 类型的消费者选择 A 标准,B 类型的消费者选择 B 标准,即 $x_A=a$ 且 $x_B=b$,此时市场中存在两种不同的标准。

我们首先来分析前两种均衡情况,即市场中只存在单一标准的必要条件。根据均衡的定义,均衡时任何一个消费者都没有偏离均衡的意思,那就意味着如果市场中所有的消费者都选择 A 标准,那么如果某一个消费者决定转向 B 标准,他的效用会发生什么样的变化呢？首先对于 A 类型的消费者来说，转换会使他的效用从 1 变成 $-\delta$，因此 A 类型的消费者肯定不会选择 B 标准。那么对于 B 类型的消费者来说，转换会使他的效用从 $1-\delta$ 变成 0，因此只要 $\delta<1$，B 类型的消费者也不会选择 B 标准。根据相同的逻辑，如果市场中所有的消费者都选择 B 标准，当 $\delta<1$ 时也没有任何一个消费者会转向 A 标准。综上所述，当网络效用大于消费者对不同标准的偏好差异时，竞争的结果是市场中只会存在单一标准。我们再来分析第三种均衡，即市场中存在两种不同标准的必要条件。此时数量为 a 的 A 类型消费者选择 A 标准，而数量为 b 的 B 类型消费者选择 B 标准。只要 $a>b-\delta$，A 类型消费者就没有意愿改变自己的选择，同时由于 $a+b=1$，最终我们可以得到 $a>\frac{1-\delta}{2}$。类似地，当 $b>\frac{1-\delta}{2}$ 时，B 类型消费者也没有意愿改变自己的选择。

综上所述，我们可以得到以下的结论：当标准具有网络外部性时，只要网络效应相对于消费者对不同标准的偏好差异足够大时，市场中就只能存在单一的标准。但是如果偏好不同类型标准的消费者数量都比较高时，市场中就存在不同标准共存的情况。换句话说，如果市场中标准之间的差异并不明显，或者网络效应非常显著时，不同标准之间竞争的结果往往只能是赢者通吃。但是如果标准之间的差异化程度较高，或者偏好不同标准的消费者数量都足够大的时候，任何一种标准都很难完全将另一种标准逐出市场，市场中就会存在多种标准，并且每种标准都会被部分消费者使用。

在上面的分析中，我们发现存在一个有趣的问题，即当市场均衡为单一标准时，具体标准的选择存在很高的随机性。事实上，市场中无论是 A 类型的消费者占多数（$a>b$），还是 B 类型的消费者占多数（$a<b$），A 标准和 B 标准都有可能被市场接受。为了更好地理解出现这一结果的原因，我们对之前的模型设定做一些修改，假设 $0<\delta<a<b<1$，并且 A 类型的消费者先进入市场，等到 A 类型的消费者做出选择之后，B 类型的消费者再进入市场选择。很显然，先进入市场的 A 类型消费者都会选择 A 标准（$a>a-\delta$），而随后进入的 B 类型消费者也会选择 A 标准（$1-\delta>b$）。类似地，如果是 B 类型的消费者先进入市场，那么所有的消费者也都会选择 B 标准。由此可见，当标准之间的差异程度很小，并且网络效应很强时，市场最终选择的标准取决于最初的使用者。换句话说，第一个使用者的选择很有可能会最终决定市场竞争的结果，这种现象经济学上称为路径依赖（path dependence）。路径依赖的存在意味着市场很有可能会选择那些不能带来社会最优结果的标准。在上述模型中，A 类型的消费者数量要小于 B 类型的消费者，因此从社会福利最大化的角度来考虑，相对于 A 标准，B 标准可以带来更大的社会福利。基于网络外部性的路径依赖，意味着当某项标准被市场接受后，现有的用户规模会成为新标准推广和普及的重要障碍，除非新标准的质量远远高于现有标准或者与其差异较大，否则市场会被锁定在旧标准之上。

2. 兼容性与标准竞争

在前面的章节我们讨论网络外部性如何影响标准选择时，隐含了一个很重要的前提假设：不同标准之间是不兼容的。但是在实际生活中很多技术和产品之间是完全兼容的，例如尽管笔记本电脑存在众多的品牌，但是联想的用户完全可以和索尼的用户进行正常的数据交换，因为他们大都运行 Windows 操作系统，这就意味着绝大多数软件都可以同时在不同品牌的电脑上使用。另一个有趣的例子是关于电压，我们都知道中国和大多数欧洲国家的民用电压是 220 V，但是美国和日本使用 110 V 的电压，这就意味着很多电器无法在不同的国家使用，这对于经常出差的商务人士来说就非常麻烦。但是随着全球经济一体化进程的不断深入，这一问题已经得到了完美的解决：包括笔记本电脑和小家电在内的很多电器都采用了宽幅电源来解决电压标准不同带来的问题。

如果存在网络外部性，那么不同技术之间的兼容性问题就会同时对消费者和厂商产生影响（Farrell 和 Saloner，1986；Church 和 Gandal，1922）。从消费者的角度来说，在产品价格不变或者质量不下降的前提下兼容性意味着更大的用户规模，因此消费者自然更加欢迎兼容性。但是从厂商的角度来看，撇开为实现兼容性付出的成本不谈，兼容性会从两方面对厂商的利润产生影响。一方面，兼容性意味着潜在用户规模的提升，并且每个消费者的支付意愿也会增加，这就意味着兼容性可以提高厂商的收益；另一方面，兼容性的提高意味着厂商与竞争对手之间的差异化程度在缩小，这往往会导致激烈的价格竞争。个人电脑产业就是一个非常典型的例子，在个人电脑发展初期各种标准层出不穷，不同品牌的电脑之间没有任何通用性可言，由于消费者无法预测何种标准可以最终胜出，因此最佳的选择就是推迟购买。鉴于个人电脑早期发展中标准分散的问题，IBM、英特尔和微软等大企业决定联合起来制定开放性的标准，以此来结束标准混乱对于产业发展的负面影响。事实证明标准的统一极大地推动了个人电脑的普及以及这个行业的迅速发展，但是为了提高兼容性所采取的高度标准化又带来了另一个问题，厂商之间的产品大多采用相同的标准，较低的差异性意味着厂商之间的价格战非常常见，行业利润率持续下滑。

为了更好地理解兼容性作为战略决策对厂商竞争的影响，我们考虑一个简单的两阶段博弈模型。在市场中有两个厂商，在第一阶段它们需要决定是否让彼此采用的技术标准相互兼容。如果厂商达成兼容性的协议，那么在第二阶段它们将会生产完全兼容的产品，并在市场上彼此竞争，各自的利润为 π^D。但是如果厂商没有在第一阶段达成兼容协议，那么厂商就必须进行“标准竞争”，并且最终的结果取决于不同厂商在技术研发以及市场推广上的投入（x_1 和 x_2）。如果 $x_1>x_2$，那么厂商 1 的标准被市场接受，成为市场中的垄断者，可以在第二阶段获得垄断利润 π^M，而厂商 2 被逐出市场后利润为 0，反之亦然。但是如果 $x_1=x_2$，那么两个厂商的标准会同时存在于市场中，并且平分市场份额。由于标准之间完全不兼容，因此在第二阶段厂商之间不存在任何竞争，每个厂商在自己占据的市场份额中都是垄断者，它们各自的利润分别为 π^L（很显然 $\pi^L < \pi^M$）。

我们现在来分析上述博弈的均衡结果。首先考虑第一种情况，如果两个厂商决定采取相互兼容的标准，那么第二阶段每个厂商的利润都是 π^D。但是如果厂商决定进行“标准竞争”那么为了获胜每个厂商都会尽最大可能进行研发和推广投入，在每个厂商都存在资源限制（$x_1, x_2 \leqslant \bar{x} < \pi^M$）的情况下各自的投入都将等于 $\bar{x}$，因此最终的结果是厂商在第一阶段平分市场并且在第二阶段获得 π^L 的利润，每个厂商最终的利润为 $\pi^L-\bar{x}$。因此厂商的兼容性选择最终取决于在不同情况下的利润对比，如果 $\pi^L-\bar{x} \leqslant \pi^D$，厂商会主动选择在互相兼容的标准下进行生产，反之则会选择进行标准竞争并且最终市场中同时保留两种不兼容的

标准。我们进一步对上述的条件进行分析,假设存在很强的网络外部性,并且厂商在兼容标准下进行的产品竞争存在较大的差异化空间,那么 π^L 就很有可能小于 π^D,因此厂商会更加偏好兼容。当然我们也可以明显地发现,如果足够大的话,条件 $\pi^L - \bar{x} \leq \pi^D$ 总成立,这里的解释是如果资源限制较低,那么厂商为了在标准竞争中获胜,极有可能会发生过度竞争的现象,即双方大量进行投入但结果依然是平分市场,从这个意义上来说,$\bar{x}$ 衡量了标准竞争的激烈程度。那么最终我们可以得到以下的结论,当网络外部性很高、产品竞争的激烈程度很小或者标准竞争强度很大时,厂商更有可能选择兼容的标准,否则厂商会更加偏好不兼容。

最后,我们还有必要来分析一下厂商的兼容性选择对于消费者福利的影响。在存在网络外部性的前提下消费者显然可以从相互兼容的标准中收益,但是这不一定会提升消费者的福利。事实上厂商关于是否兼容的决策会直接影响到不同阶段的竞争强度,近似地说,在兼容的情况下厂商的竞争集中在第二阶段的产品竞争中,而在不兼容的情况下厂商的竞争则是更集中于第一阶段的标准竞争中。消费者是否可以严格从兼容中获益取决于整体的竞争强度是否会下降,换句话说,如果在厂商选择相互兼容的标准的同时又提高了最终产品的售价,那么消费者很有可能并不能从扩大的用户规模中收益,反而会使消费者收益下降。

3.3.3　数字产品的价格歧视

1. 传统定价方法的困境

数字产品具备垄断定价的条件。首先,数字产品的生产具有自然垄断性。数字产品生产中由于存在巨额的沉没成本和很低的变动成本,使其生产的平均成本总是递减的。也就是说,规模经济的存在为数字行业提供了自然垄断的前提条件,其定价也适用于垄断定价;其次,数字产品多是技术创新的结果,为激励创新就必须加以保护。因此,数字产品大多受到了版权、专利权、著作权等知识产权的保护,这在一定程度上赋予了数字产品生产和经营的垄断权利,也赋予了生产者对数字产品购买者索取高价的权利;再次,数字产品的价值在判定中存在着量化的困难,也给生产者提供了获得超额利润的机会。加之数字产品之间存在差异性和品牌依赖性,使得数字产品垄断价格的存在更加合理。

传统的边际定价方法不能对生产者提供足够激励,并且会造成福利净损失。新古典经济学中,假定技术外生不变、不考虑规模经济、范围经济和外部经济,厂商利润最大化时的定价依据是 $MR=MC=P$(其中,MR 是边际收益,MC 是边际成本,P 是产品价格)。如上文所述,数字产品并不满足上述假定,存在着规模经济、范围经济和外部经济。如果数字产品仍然采用价格等于边际成本的定价方法,所获得的收益并不能弥补前期高额的固定成本。此时,厂商为减少损失只能通过降低产品质量,或者将产量缩减到远小于均衡产量的水平,甚至退出市场,从而导致产品供不应求并造成社会效率的损失。

由此看来,数字产品的出现,使传统的定价方式面临着巨大的挑战。如何确定合理的价格机制,使之能对生产者提供激励和增加消费者剩余的同时,尽可能地提高社会效率,是数字产品定价过程中遇到的一个难题。

2. 数字产品的多重定价模式

由于数字产品的成本构成(高固定成本和低变动成本),为兼顾到厂商激励行为和避免社会效率的损失,应采用多重定价模式,即对同一数字产品或相似数字产品制定不同的价格来出售给不同的消费者。这种做法在经济学上称为“价格歧视”,由此所形成的差别价格体系能够提高产品的社会总产量,减少单一定价时的效率损失。可见,多重价格体系不仅使不同类型消费者的需求得到满足,而且使数字产品的生产者获得充分激励。

1)数字产品多重定价的条件

多重定价的实质是价格歧视(Price Discrimination),是指企业对其所生产的产品对不同的顾客或在不同的市场制定不同的价格,或者对不同的购买时间、不同的购买数量制定不同的价格,从而使生产者的利润最大化。传统经济理论认为,歧视定价需要满足三个条件:第一,拥有一定的市场力量,能够将价格定在边际成本之上并获利;第二,必须知道或能够推断出消费者对每一单位产品的价格支付意愿,而这个支付意愿会随着消费行为或销量的变化而变化;第三,必须有能力阻止或限制支付低价的消费者将产品转卖给支付高价的消费者,即套利活动。

结合上述三个条件,在数字经济中,对数字产品实施价格歧视的条件都满足。首先,数字产品已经向定制化和个性化方向发展,产品差异化显著。这种差异化增强了数字产品生产商的垄断力量,企业在定价方面有了更大的空间和灵活性。第二,企业了解消费者偏好的能力增强。企业可以通过大数据来观察消费者的网络活动情况来获取消费者的需求信息,对消费者的购买意愿和支付能力进行评估,以便对不同类别的消费者索取不同的价格。第三,数字经济下能够实现企业与企业、企业与消费者之间的“点对点”交易模式,考虑到数字产品易于复制和传播的特性,数字产品生产商可以通过设置产品使用权限来形成产品的排他性,以阻止低价消费者和高价消费者之间的套利活动。例如:视频网站(例如爱奇艺、腾讯视频等)每月向 VIP 用户收取一定的服务费后可以让这些用户观看某些指定的视频影片,而没有购买 VIP 的用户则不能观看这部分影片或者必须观看一定的广告之后才能观看影片。视频网站之所以能够实现差别化定价,是因为它们对 VIP 用户设置了使用权限(例如,对使用同一个账号的终端设备数量进行限制),这样就防止了一个 VIP 账号被很多用户同时使用的情况,这就是所谓的产品的“排他性”——一个人使用了某个产品,则其他人就不能使用该产品。

2)数字产品的多重定价策略

英国经济学家庇古(Pigou,1920)将价格歧视分为三种最基本的形式。

一级价格歧视(First Degree Price Discrimination)(或称为完全价格歧视),指卖方对每个单位的产品收取不同的价格,而且价格恰好等于买者的保留价格,此时,生产者成功地获取了全部的消费者剩余。

二级价格歧视(Second Degree Price Discrimination),是指价格依赖于购买的数量,但不依赖于消费者,这种定价方式也被称为非线性定价(Nonlinear Pricing)方式。此时,每一个消费者都面临着一份相同的价目表,它规定了不同的购买数量所对应的不同价格。

三级价格歧视(Third Degree Price Discrimination),是指针对收入价格弹性不同的消费者群体收取不同的价格，如学生乘火车享受半价优惠就属于这种情况。

按照上述三种价格歧视，数字产品的多重定价体系可分为三种：个性化定价（以不同价格向每一位消费者出售产品）、会员定价（针对购买量大的消费者提供会员价）和群体定价（根据需求价格弹性的不同，制定不同价格）。

第一类，一级价格歧视——个性化定价。个性化定价就是在充分了解消费者信息的情况下，对每个消费者收取不同的价格，满足每单位产品的价格都等于这一单位产品的边际支付意愿。这样，厂商就能够把单一定价下的消费者剩余全部转化为生产者剩余，从而获得更高的收益。在传统市场上，一级价格歧视很难实现，主要是因为卖方无法准确评估每一个消费者的意愿价格。但在数字经济环境中，收集客户偏好信息的成本降低，厂商与单个消费者进行复杂的一系列交易活动的交易成本降低，这些都使得个性化定价对于厂商来讲越来越可行和有效。例如，数字化方案提供商针对每一家企业量身定制的人力资源数字化管理方案，就可以根据每家企业的经济承受能力和方案内容的不同收取不同的价格。

第二类，二级价格歧视——会员定价。二级价格歧视是针对购买的数量来定价的，买得多则单价低，买得少则单价高，在传统产品交易中被称为“批发价”和“零售价”。而在数字经济中，由于供应链的简化，批发商和零售商几乎不存在，厂商直接面对消费者。如果消费者的购买数量多，厂商也可以给予其低价以实现“薄利多销”；相反，如果消费者的购买数量少，则应当给予其正常的价格，以获取更高的收益。问题在于，许多消费者的购买行为是零星分散的，在实际购买行为发生之前，厂商并不知道哪些消费者是大买主、哪些是小买主，如何进行区分呢？一般地，生产者可以通过所谓的会员制度来进行区分。例如一些厂家制定了会员制、VIP 制度等，消费者通过付出一定价格或预存一定现金等方式获得这种身份之后，就可以从厂商处以较低的会员价或 VIP 价格来购买相应的商品。通过这种方式，企业实现了薄利多销，同时也能够刺激这一部分具有潜在消费能力的顾客更多地消费产品。例如，京东为其 plus 会员以低于市场价的会员价提供了许多畅销商品。一方面京东从 plus 会员费中获得了收益；另一方面刺激了这些会员的消费欲望，实现了薄利多销，可谓是“一箭双雕”。而这些愿意花钱购买 plus 会员身份的消费者，一般都是具有潜在消费能力和消费欲望的顾客，他们虽然付出了一部分的 plus 会员费，但如果可以用低价购买足够多的商品的话，这种差价也能够提高其福利水平。由此，实现了买卖双方的共赢。

第三类，三级价格歧视——群体定价。群体定价是对不同的消费者设置不同的价格，其前提是：不同消费者群体的需求收入弹性不同，并且能够对不同群体进行区分。针对需求弹性较大的消费者，其价格敏感度较高，因此应当给予其较低的价格，以刺激其消费欲望；而对于需求弹性小的消费者，其对于价格不太敏感，厂商会对其收取高价以实现利润最大化。实施中最关键的问题在于，如何识别并区分这两类消费者？具体的作法有很多种，并且还在不断尝试拓展中。例如，腾讯视频在一些热门电视剧开播之后会在 VIP 会员制度的基础上再提供“超前点播”选项，这种做法正是基于一些铁杆粉丝急于提前观看视频的心理而做出的定价策略。在正常的播放频率之上，如果一些 VIP 会员想要提前观看某视频，则需要另外付费进行“超前点播”，这其实是在收取 VIP 会员费的基础上实现的第二次收益增值。其实质是“三级价格歧视”，这些铁杆粉丝的需求价格弹性相对较小，也就是说只要能尽快看到心仪的视频，他们觉得多付出价钱也无所谓，因此视频网站通过设置“超前点播”选项一方面满足了这个消费群体的需求，另一方面也增加了自己的收益，实现了“双赢”。

3.4 绩效：数字化影响产业绩效

产业绩效是指在某种特定市场结构与市场行为的作用下，某产业内的企业在价格、成本、利润、产品产量、质量及技术进步等方面达到的最终经济效果。产业经济学对产业绩效的研究基于产业和企业的市场活动目标，评价一定市场结构和市场行为下的企业绩效，研究集中于资源配置、管理效率、组织效率、产品产量与产品品质等内容。

在产业绩效研究中，最具代表性的是哈佛大学 Bain（1951）提出的 S-C-P（Structure-Conduct-Performance）产业分析框架（见图 3-5），其中 S 指产业结构，C 指企业行为，P 指产业绩效。该学者认为产业结构影响企业行为，企业行为影响产业绩效。产业结构反映了一定市场中的企业数量、市场份额和企业规模关系，受到市场集中度、交易方的数量与规模、产业进入与退出壁垒、产品差异化程度、市场份额和成本结构等因素的影响。企业行为表现为企业应对产业结构变化与外部冲击的各种反应与采取的措施，具体包含企业组织模式、运营模式、管理模式、协同模式、创新模式等方面的变革。产业绩效反映企业在利润、成本、份额、创新、资源配置等方面的变化。

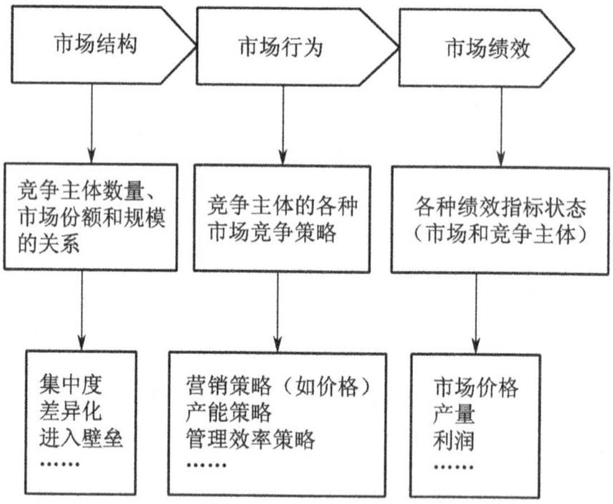

图 3-5 S-C-P 分析框架

基于短期视角，S-C-P 模型是一个有效分析产业绩效的框架，但从长期来看，一方面产业结构、企业行为和产业绩效三者之间是相互影响和相互作用的，另一方面产业经济的运行基于特定的经济形态与环境背景下，这种特定的经济形态与经济环境能够对产业绩效产生决定性影响。因此，现代的产业经济研究对 S-C-P 框架进行了修正与发展。其中芝加哥学派对该理论的演化发展最具代表性，主要贡献在于在传统产业经济学利用资源配置效率、价格与边际成本、产品质量与种类、技术进步和创新、利润水平等指标评价产业绩效的基础上，通过研究产业结构、企业行为和产业绩效的相互约束与相互促进的关系，推动 S-C-P 框架由单向分析模型向双向分析模型的演化发展。产业结构对企业行为产生影响的同时也受到企业行为影响的反作用力。产业绩效受到产业结构和企业行为影响的同时，同样也能够影响产业结构和企业行为的发展。20 世纪 80 年代，产业绩效研究在新产业组织理论的推动下，进一步演化发展，增加了政府政策和产业规制等新的影响因素，完善了产业组织经济学的分析框架。

数字经济中产业融合对产业绩效的作用主要体现在三个方面。

第一，降低成本，提高经济效益。产业融合过程产生的通用资源可以节约动态成本和静态成本。产业融合促进通用资源的充分使用，建立共同平台，实现资源与技术互补的企业实现合作，降低静态成本；通用技术的融合促进资源的投入产出效率，扩张生产可能性边界，降低动态成本。例如拥有共同的基础设施资源，降低企业的单位平均成本。产业融合过程造成了企业对市场的替代，从而降低内生性交易成本和外生性交易成本。产业融合缩短了生产迂回链条，缩短生产和消费之间的距离，同时可以增强价格、质量的透明度和流程控制力，改善产业间的交易效率，使企业内分工的交易成本显著低于市场分工的交易成本；由于产业融合缩短了中间环节的迂回链条，使企业具备快速组织生产和销售的能力，并提高企业的市场反应能力，降低中间交易成本。

第二，产业融合通过改变供给和需求状况来对产业绩效产生影响。在供给侧，一方面，产业融合下出现的新产品，增加了产品供给，并通过供给引致效应创造新需求，提高产业绩效。另一方面，产业融合推动产品的模块化和定制化，提高了产品柔性生产能力，促进供给侧的范围经济的形成。在需求侧，由于个性化、定制化的创新产品的出现，提高了产品的收入弹性。

第三，产业融合过程中，共同技术的扩散提高融合产业的技术水平、内部的管理能力和外部的关联水平，降低了产业间要素生产效率的非均衡度，促进产业间的配合度与协调度，提升了整体产业绩效。

3.5　数字化推动产业转型升级与劳动力结构转变

3.5.1　数字化推动产业转型升级

产业转型升级表现为产业由低附加值向高附加值的转变，由简单劳动密集型生产向资本密集型、知识（技术）密集型生产的转变，由高耗能、低效率生产向低耗能、高效率生产的转变。数字技术深入经济生活的各个方面，成为我国创新和技术进步的核心，数字经济产业为产业结构升级提供了强大的动力，助推我国实现经济转型升级。

1. 数字产业助推农业转型升级

农业是经济发展的基础，是其他部门存在的必要条件。农业生产比较关注地区的土壤水源特征、物种的生物特性以及气候条件等信息。数字经济产业在农业中的应用一方面正是通过及时获取和传递这些信息，将生产要素紧密结合起来，促进要素在地区上和时间上合理流动和配置，提高资源的利用率。另一方面，将数字技术应用于农业生产经营的全过程，使农业的生产、流通与销售过程不断得到完善，提高农业现代化和数字化水平，实现农业转型升级。

数字经济产业对农业的影响主要体现在生产方式、经营方式和流通方式三个方面（见图 3-6）。具体表现为：①将数字技术应用于农业生产中，使传统的生产方式得以改进，有利于降低农业生产成本，提高农业的劳动生产效率和土地生产力。通过遥感技术、地理信息系统和物联网等新一代信息技术可以准确获取土壤特质、水质特征和动植物的生长特征等信息，使资金、资源、劳动实现最有效结合，提高资源的使用效率。同时运用智能设备可以对动植物的育种、遗传进行研究，改善农作物品种和质量，也可以实现农作物播种、灌溉和施肥等生产管理过程的自动化，促进农业优化升级。②数字技术提高了农业经营管理的水平。通过数字技术可以及时准确地获取天气情况、农业市场信息和农业政策法规，并可以通过网络学习最新的农业生产管理技术，提高数字化管理水平。③数字技术改变了农产品的流通方式。随着农村电商的发展，农产品在各大网络平台进行销售，加快了农产品在市场上的流通速度，提升农产品流通效率。将区块链技术应用于农产品溯源，使交易数据公开透明，有助于防范造假制假，保证食品安全。

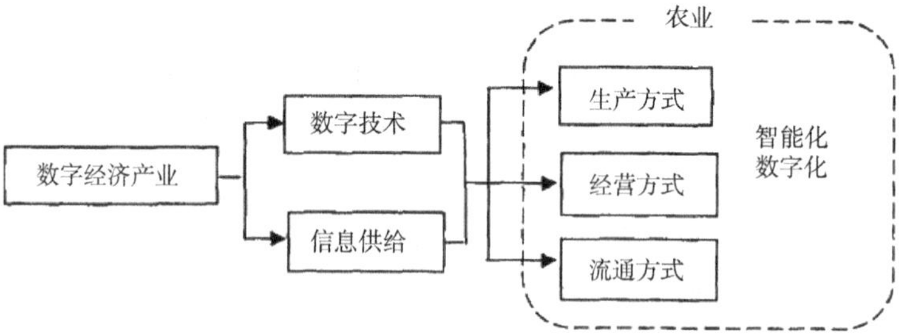

图 3-6 数字经济产业对农业优化升级的影响路径

2. 数字产业助推工业转型升级

工业在经济发展中处于重要地位，工业水平直接决定着国家经济发展水平。我国工业发展过去一直呈现高投入、高消耗的生产模式，对资源环境造成巨大压力，工业结构问题亟待解决。数字经济产业与工业的跨界融合，不仅能够提高工业企业生产设计的技术含量，提高资源能源的利用效率，而且还能为工业的生产销售等环节提供信息支撑，通过大数据分析，提高工业发展水平，促进工业结构优化。

数字经济产业对工业的影响主要展现在研发设计、智能生产和销售管理三个方面（见图 3-7）。①通过数据库计算中心，对工业产品提供信息支撑，通过数据共享，实现工业产品数字化设计，2018 年数字化研发设计工具普及率已由 2013 年的 52% 上升到 67.4%，关键工序数控化率由 27% 提高到 47.8%，数字化过程大量减少了人力的投入，显著提高设计效率和设计水平，促进工业产业结构优化。②数字经济产业为工业发展提供了设备保障，数字化制造装备提高工业产业生产效率。在生产过程中，通过生产数据，生产参数的自动监测和智能控制，减少劳动力资源投入，提高了生产水平和生产效率，还可以降低能耗，实现集约化生产、绿色生产，促进生产要素结构及劳动力结构的优化升级。③电子商务的发展实现了工业产品销售创新。首先通过网络可以进行市场分析，了解市场需求，使生产供给与市场需求更匹配，其次通过各大电商平台发布销售信息，使销售不受地理位置的约束，扩大销售途径，降低销售成本，扩大销量。

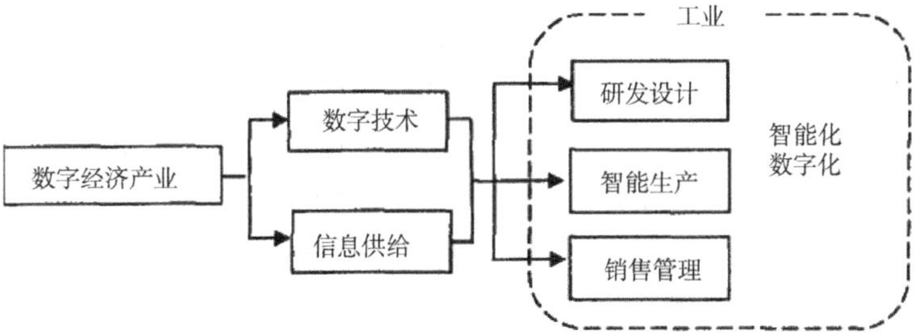

图 3-7　数字经济产业对工业优化升级的影响路径

3. 数字产业助推服务业转型升级

服务业是衡量社会现代化水平的重要标志。当前我国服务业是数字化创新最为活跃的领域。首先，随着数字技术发展，数字经济产业与服务业融合，不断产生新模式新业态，增加服务技术含量，丰富服务业内容。其次，通过线上线下一体化流程，能够实现服务业供给端对市场需求快速响应，使服务真正符合客户需求，实现服务业升级。

数字经济产业对服务业的影响主要从创新服务模式和丰富服务内容两方面提升了服务质量，促进服务业转型升级（见图 3-8）。①创新服务模式。传统的线下服务模式给服务提供方和顾客造成了诸多不便，而随着数字技术的发展，不仅可以通过网络提供服务和进行消费，而且可以比较精准的把握顾客产品消费的需求，为顾客提供个性化服务。传统服务模式不断融入创新元素，形成诸如共享经济，电子商务，网约车，互联网金融等新型服务模式，提高服务效率和服务质量。②丰富服务内容。数字经济产业与服务业的融合，加快了传统服务业数字化发展，使服务业供给能力得到释放，并产生了新模式新业态，扩大了服务范围，丰富了服务内容。

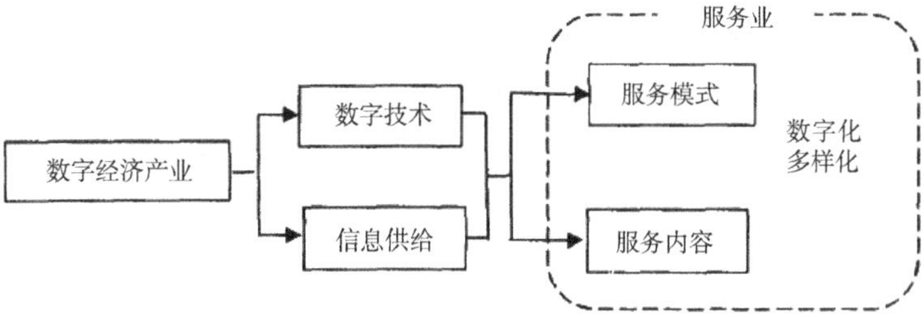

图 3-8　数字经济产业对服务业优化升级的影响路径

3.5.2 数字化推动劳动力结构转变

1. 物化劳动替代活劳动

发生在资本主义社会的三次工业革命，主要特征是用机器代替手工生产，从而实现生产方式的变革。“资本的趋势是赋予生产以科学的性质，而直接劳动则被贬低为只是生产过程的一个要素。”科学、技术和生产相结合，加速了科学的物化，而物化劳动替代活劳动是三次工业革命发生的关键。如果说第一次和第二次工业革命机器的发明使人类劳动得以从生理器官的限制中解放出来，那么以计算机技术进步为标志的第三次工业革命则使劳动从大脑思维的限制中得以解放。数字经济时代，一方面，以大数据、云计算、人工智能等技术在各行业间的快速应用和拓展加速了物化劳动替代活劳动的过程；另一方面，数据开始成为数字经济时代关键投入要素和生产资料，数据要素的生产开始成为社会再生产过程中的重要环节，从而引致社会再生产过程的演变。

1）劳动过程与传统生产过程的进一步分离

在工业革命以前的时代，劳动过程与生产过程是一致的。但是工业革命发生后，由于动力机与工具机的使用，人的动力职能和操作职能被机器替代，从而使得部分劳动者的劳动过程与生产过程相分离。而在数字经济时代，劳动过程与传统生产过程正在进一步分离。大数据、云计算、人工智能等新兴技术产业正在成为新的劳动密集型产业，随着自动化技术的普及，传统制造业的资本有机构成正在进一步降低，在这些行业内，劳动者更多地扮演着机器的监督者和调节者的角色。近年来，随着大数据、云计算、人工智能技术的进一步发展，机器主要可以实现自我监督和自我调节，智能化的生产过程进一步加剧了物化劳动替代活劳动的过程。而与之相反，技术研发、算法研究等知识密集型产业，逐渐成为新型的劳动密集型产业。从社会范围看，脑力劳动逐渐挤出体力劳动的现象正在发生。

2）数据要素的生产与物化劳动比例的增加

在工业经济时代，科学技术的作用体现在提高生产原料利用率上，其可以发掘和开发出新的可利用物质，进而转化为现实生产力。“使那些在原有形式上本来不能利用的物质，获得一种新的可以利用的形式；科学的进步，特别是化学的进步，发现了那些废物的有用性质。”数字经济条件下，数据作为一种信息和映射关系，从原本无法采集和未被利用的信息中被分离出来，成为关键的投入要素。作为一种物化劳动和生产资料，数据正逐渐作用于社会生产的各个部分。近年来，随着智能安防、智慧商业、智能汽车、智能制造等新兴行业的兴起，数据作为一种物化劳动其在整个社会生产的比重，正逐渐增加，并在逐渐引致社会再生产过程的演变。

2. 社会再生产过程对劳动的非均衡需求

以上对生产过程的分析表明，数字经济条件下，劳动过程与传统生产过程正进一步分离，而数据和通用性技术作为一种物化劳动和生产资料，在社会生产过程中的比重和重要性正在进一步提升。而从社会再生产过程看，数据和通用性技术的生产属于生产生产资料的部门，而农业、传统制造业等则属于生产生活资料的部门。而作为物化劳动的数据和通用性技术对活劳动的替代作用则主要发生在生产生活资料的部门。这种替代作用进一步作用于社会再生产过程中，便会导致社会再生产过程的非均衡性。

首先，数字经济时代，社会再生产过程的非均衡性表现为不同产业发展的非均衡性。以百度、阿里巴巴、腾讯为代表的互联网平台企业为主导者，当前人工智能和数字化技术等革新率先应用于互联网、通信、物流、金融等生产性服务业。此后，随着智慧交通、智慧城市、智能安防等民生相关的应用场景的进一步开放，人工智能和数字化技术开始逐渐与智能硬件制造、电子信息、物联网等高新技术产业相融合。从新兴技术作用的产业部门的特点看，与数据和通用性技术融合较好的产业多属于生产生产资料的部门，人工智能和数字化技术的作用促使这些产业部门生产效率提升，产品竞争力增强，利润率上升。而以农业、轻工业为代表的生产生活资料的部门与人工智能和数字化技术的结合程度相对较低，从而导致这部分产业发展的相对滞后。数字经济时代，产业发展的非均衡性进一步导致资本、劳动、技术、数据等生产要素快速流向利润率较高的产业部门，从而进一步增加了产业结构失衡的风险。

其次，数字经济时代，社会再生产过程的非均衡性表现为结构性的失业和区域发展的不平衡。人工智能和数字化等技术密集型的行业对高层次人才的需求较高，新技术的应用一方面增加了对脑力和复杂劳动的需求，从而挤出了对体力和简单劳动的需求，而从社会范围看，脑力劳动和复杂劳动的培训需要时间的积累，当短期内劳动力的供给结构无法与需求结构相匹配时，便会导致结构性失业。另一方面，人工智能和数字化等技术密集型的行业主要集中于少数一线城市和经济发达区域，随着新兴技术的普及，传统的农业和制造业区域则出现了富余的劳动力，造成劳动力进一步向经济发达区域的集中，从而导致区域经济发展的失衡。

3. 数字经济对劳动力市场的影响

1）数字经济发展创造新的就业岗位

数字技术对就业结构和就业数量产生巨大影响。世界经济论坛估算，今天上小学的孩子有 65% 最终将从事现在还不存在的全新职业。根据中国信通院的统计（《中国数字经济发展与就业白皮书 2019》），2018 年我国数字经济领域就业岗位达到 1.91 亿个，同比增长 11.5%，占全年总就业人数的 24.6%，其中数字产业化部分就业岗位达到 1 220 万人，同比增长 9.4%，产业数字化部分就业岗位达到 1.91 亿个，同比增长 11.6%，已成为稳定就业的重要渠道。从三次产业就业情况来看，数字经济分布在第三产业内的就业岗位数量最多，其次是第二产业。

2）数字经济发展改变就业结构

数字技术中对就业影响最大的是人工智能。根据 2016 年世界经济论坛的估计，其后 5 年期间，提高自动化程度和在劳动力队伍中引入人工智能，将使 15 个主要经济体失去 710 万个就业岗位，而同期技术进步将仅带来 200 万个新工作岗位。2013 年，牛津大学的研究核查了 702 种职业的计算能力，发现美国 47% 的职业可能被自动化取代，英国有 35% 的职业被取代，在日本这个比例是 49%。还有的研究认为，到 2030 年，今天我们所熟知的 90% 的工作都将被智能机器取代。由此，经济学家担心“职业两极化”的风险，即中层技术工作正在消失，而低等和高等工作在扩张。根据国际货币基金组织（International Monetary Fund,

IMF）的研究，截至 2018 年，中国经济每 1% 的数字化就业机会的增长会抵消传统领域就业机会的减少。此外，给予新兴技术的数字金融还可以提高农村低收入群体的家庭收入，促进收入与公平分配。

3）数字经济发展影响行业薪资

一个国家内部不同行业、不同民众间数字能力、数字素养的差异，会对其就业和收入分配产生不同的影响。总的来说，数字素养和数字技术水平较高的个人、企业更容易从数字经济发展中获益。

在数字经济的部分新兴领域，由于人才缺口大，相关人才供不应求的现状导致部分岗位薪资快速攀升。例如，2017 年脉脉职场大数据的统计结果显示，IT 互联网行业薪酬领先其他行业，平均月薪达到 11 688 元，显著超越金融行业（8 941 元）和房产建筑行业（8 266 元）（见图 3-9）。未来数字经济新业态的不断出现，将彻底改变现有人才模式。

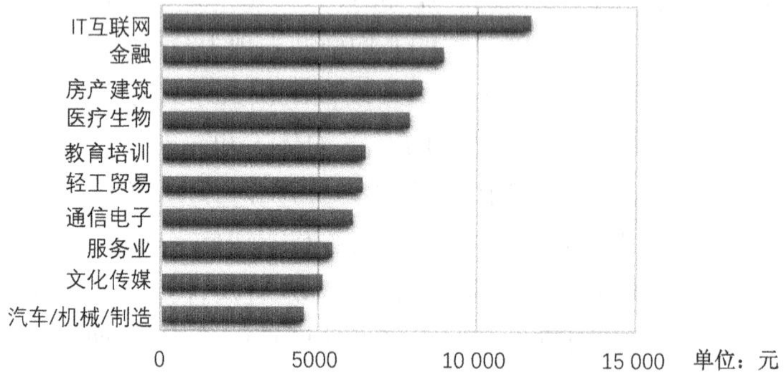

图 3-9　2017 年热门行业平均月薪

资料来源：脉脉职场大数据。

本章小结

数字化企业的本质是收集数据、分析数据，并将数据应用于企业决策、生产和销售流程之中，实现快速反应、科学决策、产销一体，其核心是数据的收集与处理。数字化企业的学习曲线与传统企业不同，更为陡峭，且位于传统企业的学习曲线之下。在相同情形下，数字化企业的单位生产时间缩减得更快；相对于传统企业，数字化企业的最优成本更低，在一定时期内所能达到的最低单位生产成本小于传统企业。

企业的边界取决于市场中交易的边际费用和企业内交易费用。一方面，数字技术降低了企业面临的内部协调成本和生产成本，导致内部协调成本曲线下降导致企业范围和规模的增加；另一方面，数字技术同样存在着降低外部协调成本的可能性，从而导致企业规模缩小。

结构层面，数字化企业的规模大小与其数字化转型之后对内、外部交易成本的降低程度有关系：当内部交易成本的降低幅度更大时，企业的规模会增大；而当外部交易成本的降低幅度更大时，企业的规模会缩小。也就是说，数字化企业的边界与企业类型是有关系的。一般而言,对于以消费者数量为核心竞争力的平台型企业,数字化所带来的网络效应提升了企业的内部规模经济和范围经济,大大降低了内部交易成本,为了强化垄断势力,这类企业的边界会不断扩张;而对于以差异化产品(或技术)为核心竞争力的非平台型企业,其倾向于通过加快创新步伐来制造差异化产品,数字化在削减外部交易成本方面表现得更加明显,因此这类企业的规模扩张速度相对有限。

行为层面,数字企业常常通过研发与创新、网络与标准竞争,以及价格歧视等策略性行为与竞争对手展开竞争。①网络经济下的市场势力和垄断是一种基于知识创新和技术创新优势所形成的暂时垄断,被称为“创新型垄断”。②如果市场中标准之间的差异并不明显,或者网络效应非常显著时,不同标准之间竞争的结果往往只能是赢者通吃。基于网络外部性的路径依赖,意味着当某项标准被市场接受后,现有的用户规模会成为新标准推广和普及的重要障碍。③由于数字产品的成本构成(高固定成本和低变动成本),为兼顾到厂商激励行为和避免社会效率的损失,应采用多重定价模式,即对同一数字产品或相似数字产品制定不同的价格来出售给不同的消费者,这种做法在经济学上称为“价格歧视”。

绩效层面,数字技术深入经济生活的各个方面,成为我国创新和技术进步的核心,数字经济产业为产业结构升级提供了强大的动力,助推我国实现经济转型升级,同时带来劳动力就业结构和就业质量的改变。

本章课后思考题:

1. 企业的本质是什么?数字化企业的本质是什么?
2. 影响企业边界的因素有哪些?数字化企业的边界由哪些因素决定?
3. 创新型垄断的含义是什么?
4. 网络外部性如何影响消费者对于标准的选择行为?数字企业如何应对标准竞争?
5. 数字企业进行价格歧视的常见做法都有哪些?
6. 数字化推动产业结构转型的表现都有哪些?未来的劳动力就业将发生什么变化?

第 4 章　数字经济时代的创新

本章学习要点：

- 掌握创新的含义和类型
- 理解市场结构与技术创新之间的关系
- 掌握数字经济时代创新的摩尔定律和达维多定律
- 理解数字经济时代创新的特征和意义
- 了解数字经济时代有代表性的商业模式创新

在数字经济条件下，随着物联网和互联网的融合，尤其是边缘计算和云计算的相互支撑和发展，网络空间更多地融入了人类社会的经济活动。网络空间可以将物理空间的物与物、人与人、人与物的关系映射出来，从而为各类创新要素（特别是基于数据、信息和知识的服务要素）的创造、转移和应用创造了条件。数字经济条件下，密集的知识创造和广泛的赋能正在重塑经济结构并推动创新资源配置方式的变革。"数字"与"经济"携手的转瞬之间，正以磅礴之力，激荡全球。无论是发达经济体还是发展中经济体，都应把握数字经济发展的勃勃生机，不失时机地推进理论创新、商业模式创新、制度创新和技术创新。

4.1　创新的概念与基本原理

4.1.1　创新的含义和类型

1. 创新的含义

美国经济学家熊彼特（Joseph Schumpeter，1934）在《熊彼特：经济发展概论》中称，创新是指把一种新的生产要素和生产条件的"新结合"引入生产体系。它包括五种情况：引入一种新产品，引入一种新的生产方法，开辟一个新的市场，获得原材料或者半成品的一种新的供应来源，实现新的组织形式和管理模式。

美国国家科学基金会（National Science Foundation United States，NSF）在《成功的工业创新》中将创新定义为技术变革的集合，认为技术创新是一个复杂的活动过程，从新思想、新概念开始，通过不断解决各种问题，最终使一个有经济价值和社会价值的新项目得到实际的成功应用。

美国国家科学基金会在其报告《1976 年：科学指示器》中将创新定义为将新的或改进的产品、过程或服务引入市场，而明确地将模仿和不需要引入新技术知识的改进作为最终层次上的两类创新而划入技术创新定义范围中。

当代著名管理学家彼得·德鲁克（Perter F. Drucker）对创新下的定义是："有系统地抛弃

昨天；有系统地寻找创新机会，在市场薄弱之处寻找机会，在新知识的萌芽期寻找机会，在市场的需求和短缺中寻找机会。以企业家精神来组织企业的创新活动，以开创一个新的工业为目标，而不是以发明一个新产品或是修改一个产品为目标。”

综上所述，数字经济时代的创新是指以使用数字化的知识和信息作为关键生产要素、以现代信息网络作为重要载体、以信息通信技术的有效使用在以下五个方面取得突破：引入一种新产品、采用一种新的生产方法、开辟一个新的市场、获得一种新的原材料或半成品的供应来源、实现一种新的工业组织形式和管理模式。它具有以下三个特点：它是一个知识积累的过程，随着量变到质变，创新可能会加速；它是一个共同学习的过程，数字化创新并不能仅仅依靠数字技术人员的研发和数字技术的创新，而是需要全社会的共同学习和应用；它是一个充满不确定的过程，创新的方向和深度无法提前预知，试错过程需要付出牺牲，政策制定中应鼓励试错和创新。

按照创新的来源，创新可以分为三种类型，分别是原始创新、引进消化再创新和集成创新，企业可依据自己的情况对创新模式进行选择。当然，对于众多的中小企业而言，模仿创新也是不错的选择。在移动互联网时代，中小企业想要不被大型企业兼并收购，或者被其采用恶性价格战拖垮，必须具备一定的技术创新能力。当然受制于资金、人才、设备等方面的限制，中小企业很难进行自主创新，此时可以尝试模仿创新，不断培养科技人才积累相关技术，在实践中不断提升企业的技术创新能力。

按照创新的影响力，创新可以分为颠覆性创新和持续性创新，具体介绍如下。

2. 颠覆性创新和持续性创新

1）颠覆性创新

颠覆性创新是美国哈佛大学创新学教授克莱顿·克里斯滕森（Clayton M. Christensen）创建的管理学理论，他的主要论点是用户会被更简单、更容易、更便宜的产品所吸引。而颠覆性创新往往意味着创造出“更简单、更容易、更便宜”的商品而重新定义竞争格局，最后把原来的行业领先巨头挤出市场。

颠覆性创新是指在持续性创新的基础之上，由量变导致质变，从逐渐改变到最终实现颠覆，通过创新，实现从原有的模式完全蜕变为一种全新的模式和全新的价值链。比如，20世纪美国人发明了计算机，计算机的发展也遵循了“简单、容易、便宜”的轨迹，从IBM的大型机，到美国数字设备（DEC）公司的小型机，再到微软开创的家用电脑时代，进而到我们现在的智能手机、移动互联网时代，人类社会中“更简单、更便利、更便宜”的每一个进步，都是颠覆式的创新带来的结果。摩根士丹利在2009年发布的移动互联网报告中称，每一次技术周期都会带来10倍的新增用户，新公司往往会成为新的技术周期中的赢家，而老的赢家则通常走下坡路。这就是创新型挑战者对在位者的“颠覆”。颠覆性创新往往具备以下特征。

第一，非竞争性。所谓非竞争性是指颠覆式创新（无论是新市场的破坏还是低端市场的破坏）并不与现有主流市场竞争者争夺用户，而是通过满足新的现有主流产品的“非消费者”来求得生存与发展。当颠覆性技术发展到一定程度，新产品的性能提高就会吸引现有主流市场的顾客。这种颠覆性创新不会侵犯现有主流市场，而是使顾客脱离这个主流市场，进入新的市场领域。

第二,初始阶段的低端性。颠覆性创新与持续性创新立足的市场基础大不相同,一般而言,颠覆性创新立足于非主流市场,而持续性创新占据的往往是主流市场,这一点反映出了颠覆式创新的本质。如果颠覆性创新一开始就立足于现有的主流市场,那么这种创新就变成了持续性的了,即维持现有市场在位者的创新。也正因为颠覆性创新在初始阶段的非主流性,才使得它被现有主流市场的竞争者所忽略,采用颠覆性创新的新进入者才能够避开现有主流市场的激烈竞争,从而成长壮大。

第三,简便性。简便使得使用者变得更为广泛,并使产品的价格更加低廉,从而让更多的人能够用得起,这为颠覆性创新的发展提供了良好的市场条件,避免了过早地夭折。同时,简便也使得现有主流市场的竞争者对颠覆性创新不屑一顾。另外,简便性也为创新的市场扩散提供了良好的条件。操作如果过于复杂将不利于创新在产业中的扩散,这一特点实际上指出了颠覆性创新生存和发展的市场基础。

第四,顾客价值导向性。颠覆性创新要能够帮助顾客更好地完成工作,这表明了颠覆性创新的价值所在,即帮助顾客创造价值,以顾客价值为导向。缺少这一点,颠覆性创新就失去了存在的价值。

颠覆式创新虽然很少出现,但其往往会导致行业格局迎来新一轮洗牌。很多实力强劲的大型企业遭遇小公司进行的颠覆式创新后,迅速跌落神坛,小公司则迅速成为新的霸主。以硬盘驱动器为例,据业内统计机构公布的数据, 1976—1995 年的长达 20 年时间里,大大小小的硬盘驱动器持续性技术创新累计起来多达 111 次,但颠覆式创新仅有 5 次。在许多行业同样如此,绝大部分的创新都是持续性技术创新,仅有很少一部分属于颠覆式创新。

在未来若干年内,最大的机会将会是大数据时代带来的各种颠覆式创新。大数据和任何一个行业的深度结合,各类学科的交叉沟通,都可以带来“更简单、更容易、更便宜”的“三更”解决方案。获取这种机会或者以此创造新的发展空间的前提,是企业管理的与时俱进。

2)持续性创新

持续性创新的特点主要包括:用品质更高的产品及服务切入已经趋于饱和的市场;和市场中的行业领先者在主营业务方面展开竞争;和主流产品采用的渠道一致;面向低端市场,但和竞争对手相比并不具有成本优势;和市场中的主流产品相比,在方便、快捷、易操作方面处于劣势;切入的市场已经被低成本的竞争对手所控制;行业领先者为了那些追求性价比的用户提供差异化服务解决方案。

上述特征中,具备任何一项就已经丧失了颠覆市场的能力。如果一家企业同时具备超过两项特征,其很可能将会面临失败。

以诺基亚与微软共同研发的 Lumia 手机为例,其采用 Windows Phone 操作系统,具备一定的独到之处,确实也获得了部分用户的认可。但 Lumia 手机并不会颠覆手机市场。主要原因是:① Lumia 手机并未给使用搭载 Android、iOS 操作系统的用户带来任何手机的新用法或者现象级应用产品;②手机操作系统已经被 Android 及 iOS 系统所控制,前者是开源系统的标准,后者是封闭系统的巅峰之作;③和苹果、三星等市场领导者的主营业务进行竞争;④和市场中的产品采用相同的渠道;⑤切入市场时,选择的是中端市场,而不是低端市场;⑥在生产成本及市场销量方面没有足够的优势。

当然,微软及诺基亚推出 Lumia 手机的目的可能并非是颠覆市场,而是想要通过获取那些习惯在移动产品上使用 Windows 系统的用户群体,从而获取较高的回报。通过 Lumia 手机抢占移动端流量入口,也是微软进行此番布局的部分原因。Lumia 手机的案例也很好地证明了在开源平台中,即便使用新的技术(主要体现在开发出手机与电脑上皆可使用的 Windows Phone 操作系统),也并非一定能够颠覆市场。从获取价值的角度上看,像 Lumia 手机这种并不具备颠覆性的利基产品,如果只是想要实现利润最大化,而不向主流的市场扩张,也可以为企业创造可观的收益,但本质上其并不具备颠覆市场的潜力,更不会是颠覆性创新。

进一步说,如果一家大型企业被竞争对手借助颠覆式创新在某一领域占据了主流市场。此时,即便大型企业投入再多的人力、物力,也很难在这一领域挽回局面。例如: EDC 公司先是通过开发出小型计算机使大型机巨头 IBM 遭受重创,而后者则又通过个人电脑将前者颠覆。当然这件事还远未结束,从本质上来说, IBM 可能并未将个人电脑作为其未来的重点发展方向,而是将其看作一种对抗 EDC 公司的工具,从而尽可能地保持自己大型机的盈利能力。在后续发展过程中, IBM 将自己的精力放在了硬件方面,而将个人电脑最为核心的操作系统交给了微软,以至于微软最终发展成为个人电脑行业的统治霸主, IBM 只能在竞争日趋白热化的硬件领域惨烈厮杀。巅峰时期的 IBM 是世界上规模最大及盈利能力最强的计算机公司。1985 年, IBM 中小型计算机毛利率达到 50%,热卖的通用大型机毛利率更是高达 85%,在世界范围内的大中型计算机市场占据了 70% 的市场份额。但进入 20 世纪 80 年代后期,小型机逐渐成为主流, 1993 年, IBM 亏损额累计已经达到了 168 亿美元。此时, IBM 在计算机市场中的统治地位已经丧失,微软及英特尔成功崛起。IBM 并不想要放弃存在巨大潜力的个人电脑市场,其通过与苹果公司进行战略合作,共同研发出 PowerPC 芯片,意欲击败英特尔公司。不久后, IBM 又决定研发微软已经放弃的 OS/2 系统,想要在台式机上和微软的 Windows“视窗”系统一较高下。结果这两种尝试最终都走向失败,因为 IBM 和英特尔及微软进行竞争的领域都是后两者最为擅长的领域。1993 年一年,IBM 公司发布的年报显示其刷新了一项美国企业界纪录——以年度亏损 49.7 亿美元成为当时美国历史上最大的年亏损。随着郭士纳的上台, IBM 的发展方向也发生了重大调整,其战略重点转到了软件及服务领域。10 年后,苹果公司在乔布斯的带领下,通过 iPhone 智能手机、iOS 操作系统及 Apple Store 冲击了微软及英热尔。毋庸置疑的是,在 CPU(中央处理器)领域英特尔具有绝对领先优势,其也存在着竞争对手 AMD,但 AMD 至今仍未能超越英特尔公司,因为 AMD 一直按照英特尔制定的行业规则,和后者比计算能力。而 ARM 公司却在另一个细分领域击败了英特尔,它不是和英特尔比谁的计算能力更强,而是比功耗与产热。ARM 定位的是当时被普遍认为的低端市场——包括手机、电视机顶盒在内的轻量级设备。当时这种设备最大的痛点就是功耗过强、产热过高。随着手机、家用电器等轻量级设备的快速崛起, ARM 得以成功崛起。资金缺乏的 ARM 无力像英特尔一般建立造价高达 10 亿美元的工厂,它选择将自己的专利技术及产品设计方案提供给其他公司。目前,包括苹果、三星、华为在内的企业都在积极研发芯片,但都需要向 ARM 公司支付高昂的授权费用。在移动设备大规模普及的移动互联网时代,ARM 公司的成功崛起自然也就成为必然。

通过运用逆向思维进行颠覆式创新，引发的行业规则的转变甚至可以让那些同行业竞争对手的优势变为劣势。目前ARM公司正在积极研发服务器，事实上，服务器的功耗在硬件产品中一直处于前列。以前，研发服务器的公司都是注重其处理及运算能力，几乎不会考虑其功耗问题。而如今ARM则开始引导服务器向低功耗转变，这种产品价值核心衡量指标的转变将会直接引发行业格局的重新洗牌。

上述商业案例，都在向我们传达一种思维，当一家企业面对着行业领先者时，一定不要按照他们制定的游戏规则进行创新，因为打败微信的绝不可能是另一个微信。我们需要通过逆向思维，尝试利用技术、服务、模式等方面的创新，创建一种新的行业规则及价值标准，这样才有机会实现颠覆式创新。

4.1.2 市场结构与技术创新之间的联系

市场结构与技术创新之间是什么关系？究竟是竞争还是垄断力量有利于技术进步？这些都是学者们长期争论的问题。20世纪著名的经济学家熊彼特反对新古典经济学中把现代资本主义的发展归功于完全竞争的教科书观点，认为在现代资本主义条件下，与企业家、发明家个人相比，大企业的研究组织正在不断成为技术革新的主体，大型厂商和垄断势力有利于推动技术进步。他主张，就产生技术革新的环境而言，原有企业间激烈的竞争并非是有利的，新产品、新技术等潜在的动态竞争才是重要的；让技术创新的企业拥有寡头市场竞争的支配力量，才能保证研究开发的动力。

由熊彼特的这种观点引出的两个假说，引起了后来的激烈争论，两个假说被称作“熊彼特假说”：①在保证技术创新的动力方面，市场势力或者市场支配力是否是必需的？②是否企业规模越大，技术革新就越有效率？这两个问题是创新领域实证研究的主要对象。在技术进步的进程中，进行研究的激励、创新的时机选择均由产品和研究产业的市场结构决定。两相比较，究竟是竞争市场还是垄断市场更能促进发明和创新活动？在这个问题上有截然不同的回答。

1. 观点一：较集中的市场结构有助于较多的创新

认为应该选择较集中的市场结构的理由如下。

第一，集中性行业中的企业比竞争性行业中的企业能够更好地筹集研发经费。如熊彼特就认为，完全竞争形式中的小厂商是不可能为研发支付最佳费用的。这种观点强调，研发是要冒风险的行为，其资金应主要从企业内部筹集，而不是从市场筹集。只有存在超额利润的寡头垄断市场可以随时提供这种资金，而竞争较激烈的市场中的企业都不可能得到这种资金。在农业等接近于完全竞争的行业，研发资金主要依赖于政府资助的事实说明，竞争性行业中可能存在严重的筹集研发经费的问题。强调大厂商能够具备用于潜在的研发项目的资金，能最大限度地从事技术创新，并不会消除竞争。因为，技术创新本身是竞争的一个要素，厂商追求创新的努力会增强竞争度。

第二，研发活动中也存在着规模经济问题，集中行业中的企业可能具有研究规模的优势。如加尔布雷思就认为，研发的支出对小企业来说是太昂贵了。它们不仅等待不起消耗时间的过程，而且没有从事大规模研发的财力。并且，只有大厂商才能把研发的风险投资分摊在大量项目里，并且充分利用研发的成果。这种观点强调，当存在研发活动的最佳规模时对竞争性市场中独立的小企业来说，承担研发活动是困难的。汇集研究力量也许能解决这问题，但实践上要受到竞争性的小企业间联合开发中的交易成本过高以及财务实力问题的影响。相反，较集中的市场中的相对大型企业，有较大的可能在有效的规模上从事研发活动，尤其是对风险大、周期长、费用高的研发项目，这种市场结构更有效，还能避免浪费资源的多头重复性研究。

第三，较集中的市场中企业从事技术创新活动，还有如下优势：①获取垄断利润的企业比竞争性行业中的企业，更具有保护它们的技术专利的优势，因而更愿意从事发明活动。②快速的创新是压制产业内竞争对手、阻止潜在新进入者竞争的重要策略。这一部分战略的实施，产生了效率效应。效率效应考虑这样一个事实，即垄断公司与双头垄断竞争者之一相比时的利益，大于双头垄断者与完全不在行业（因此不盈利）相比时的利益。因竞争损害行业盈利性，而产生了效率效应，因此，垄断者进行创新时，全行业的利益将大于两家垄断竞争条件下，新进入者创新时全行业的收益。效率效应使得现在的垄断者比潜在进入者有更强的激励去创新。原因在于现在的垄断者如果不创新会失去垄断而新进入者如果创新成功，（最多）成为两家垄断者之一。③集中性行业中企业获取的垄断利润，能够吸引水平较高的创新人员，提高创新效率。

2. 观点二：垄断实力并没有促进技术创新

第一，置身于垄断地位的企业与置身于竞争的企业相比较，前者更容易变得松懈、懒惰和无效率，不能抓住研究时机，不能从事有效的研究计划，因而在高度集中的市场中可能出现较少的创新。

第二，尽管从研究资源和筹措资金的角度看，垄断行业中的企业处于研发活动的较有利位置，但激发创新的因素较少。这主要是由于以下三个原因：①对垄断者来说，从创新中所获得的超额利润与从垄断中所获得的超额利润相比，往往非常有限，因而创新的动力机制不足，垄断的动力强大；②拥有稳固的垄断地位的企业，考虑到创新后需要一大笔重新装备其企业的成本，因此可能会拒绝需要重置装备的创新活动，所以垄断企业可能会仅关心式样改进的革新或少数新的创新项目，而忽视开拓性的创新；③为保护自己的垄断利益，避免潜在竞争，垄断企业往往会买断压制有利于快速生产变化的新专利或专有技术，将其搁置一边不用。

为什么已建立的公司比行业新进入者在本质上更不能创新或突破已有的惯例？公司不愿创新也许不是管理人员缺乏远见或不愿承担风险的结果，而是对公司面临的环境做出的利润最大化的反应。可能抑制垄断公司创新的两个主要因素如下：①沉没成本效应，因为企业投资于某些专用性资产（技术），转产时会造成投资价值减少，会使投资的成本部分或全部无法收回，从而产生沉没成本；②替代效应，阿罗的结论是，假设具有相同的创新能力的新手比垄断者愿意花更多的钱来创新。在阿罗见解后面的直觉是：成功的创新使新进入者成为垄断者；成功的创新也使已建公司进入垄断，但因为它已经垄断，因此已建公司从创新中获得的收益比潜在进入者少。通过创新，新进入者可代替垄断者，但垄断者只能代替它自己。因为这个原因,这种现象被称为替代效应(substitution effect)。

第三,一些经济学家运用实证方法,对创新与行业集中之间的关系进行统计检验后发现,在一个行业内,最大厂商提供的创新的相对份额,随着垄断势力的增强而趋于下降。因而实证研究并不支持大公司对发明的高产出是起促进作用的这样一种假说。有关创新活动与市场结构相联系的研究,还是相当不成熟的。这一假设也不是需要验证的唯一假设。可能还存在着其他研究途径,如创新活动与企业规模的关系、研究开发活动与企业多样化经营的关系以及制度安排与创新活动的关系等。

综上所述,断定市场结构对技术革新影响较小还为时过早,主要是因为这些结论基于的技术创新模型存在一些问题。首先是度量问题。大部分研究使用研发支出密度或专利数量作为创新产出的代理变量,但并不是所有的研发项目都能够取得成功,也不是所有专利的价值都相等。即使创新产出能够被精确计量,也很难确保其他影响技术创新的因素不发生变化。另一个担忧是,创新过程本质上可能要远远复杂于熊彼特的假设,这就增加了用单一经验模型解释问题的难度。例如在光刻机行业,大厂商和小厂商技术进步的方式不同,大的在位厂商倾向于投资渐进性创新,而小的进入厂商更青睐全新的发明。当某个小厂商获得新发明后,大厂商会收购创新性的小厂商,因为大厂商更善于创新以及将发明推向市场。这些研究表明小厂商和大厂商都在技术进步中扮演着重要角色,与熊彼特和阿罗的结论都不尽相同。

产品纵向差异大、产品具有强替代性以及高"研发—销售比率"的产业集中化程度高,包括数字手表、航天发动机、玻璃工艺和胶片摄影等行业。产品横向差异较大时,即使研发投资较高,市场集中度仍然很低,如液体流量计行业。另一种估计竞争对技术创新影响的方法是调查专利或研发竞赛中的厂商行为。在位厂商比潜在进入者更倾向于投资研发,而考虑到不确定性,挑战者更愿意投资研发。德国企业的数据显示,在不确定性模型中,竞争有助于创新。竞争性寡头最有利于技术进步,市场集中于研究开发之间的关系可以表示为"倒 U 形"形态(Scott,1984)。

4.1.3 新技术扩散速度的决定机制

新技术的扩散或传播,一方面是抢先一步的初始创新企业获取创新利益的主要途径之一,另一方面也是社会经济进步目标所要求的市场行为。对不同的技术和不同的产业,新技术传播的速度很不相同。我们的任务是要分析影响新技术的传播速度的机制。经济学家曼斯费尔德(Mansfield,1961)的一项研究成果是迄今为止研究新技术传播问题的基础。他通过对美国煤炭、钢铁、酿酒和铁路 4 个行业中 12 项技术的传播的研究,描述了新技术传播的曲线和决定因素。

曼斯费尔德指出,如果把一个行业中采用新技术的企业所占比重这一指标随时间变化的趋势绘制在坐标图上,就可以得到图 4-1 中斜率为正的 S 形曲线。S 形曲线意味着,在初始阶段由于行业中大多数企业不能肯定新技术的价值,把它看成高风险的投资行为,所以对其模仿持观望的态度。随着新技术在实践中应用的成功,证明了它的价值之后,传播的速率就加快了。采用传统技术的企业所占比例越来越小，而且它们最终决定转向时，传播速度会逐渐慢下来。曼斯费尔德特别指出，不仅新技术传播的发生通常需要较长的时间，而且传播的速度在行业之间差距较大。

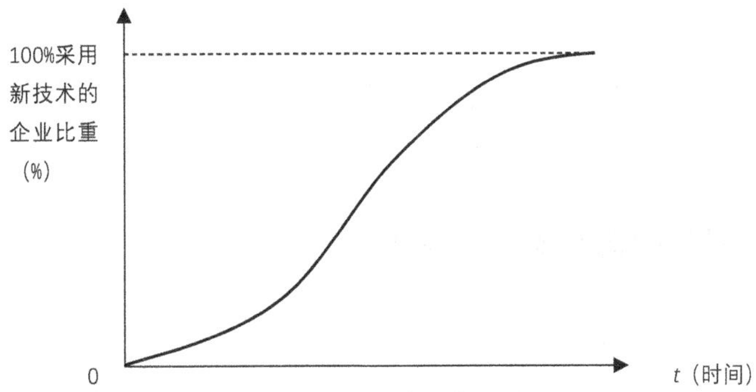

图 4-1　新技术扩散的 S 形曲线（逻辑扩散曲线）

为了分析其中的决定机制，设 i 代表行业，j 代表创新的项目；n_{ij} 为第 i 个行业中所考察的需要进行第 j 项创新的企业总数；$m_{ij}(t)$ 是 t 时期正在采用创新的企业数，$m_{ij}(t+1)$ 是 t+1 期正在采用创新的企业数；$\lambda_{ij}(t)$ 代表在期末采用创新而在 t+1 期采用了创新的企业比例。

$$\lambda_{ij}(t)=\frac{m_{ij}(t+1)-m_{ij}(t)}{n_{ij}-m_{ij}(t)} \qquad \text{公式 4-1}$$

式（4-1）取决于：

①在 t 期已采用的企业比例，即 $m_{ij}(t)/n_{ij}$；

②采用创新后企业所取得的利润率 π_{ij}；

③采用该项创新技术所需要的投资额 S_{ij}；

④其他因素，如市场的成长速度、现有资本设备已使用的年限和竞争压力的大小等。因此有：

$$\lambda_{ij}(t)=f_i[\frac{m_{ij}(t)}{n_{ij}},\pi_{ij},S_{ij},\cdots] \qquad \text{公式 4-2}$$

一般来说，$m_{ij}(t)/n_{ij}$ 越大，积累的有关创新的信息就越多，采用创新者的风险越小，λ_{ij} 也会增加；π_{ij} 越大，创新越有利可图，λ_{ij} 也会增大；需要的投资规模越大，风险越大，筹资也会发生困难，所以一般 λ_{ij} 应随 S_{ij} 的扩大而有所降低。其他因素如企业可能不愿意放弃固定设备的使用等，会影响到采用新技术的决策，再如市场成长率、经济运行周期等变量，也会成为决定 λ_{ij} 高低的因素。把式（4-2）作为连续变量做泰勒展开式，给出近似解（不做推导）：

$$mi_j(t)=ni_j[1-\exp(L_{ij}+\varphi_{ij}(t)]^{-1} \qquad \text{公式 4-3}$$

式中：L_{ij} 为积分数，φ_{ij} 是式（4-2）中除了 $m_{ij}(t)$ 和 n_{ij} 因素以外的所有其他变量的线性函数，它描述了曲线的形状和位置，决定着扩散的速度。式（4-3）是对称于 S 形曲线的逻辑曲线（logistic curve），是一种被广泛应用于描述具有传播、传染等扩散特征的数学模型。表明新技术的扩散，如同传染病一般，开始时传播较慢，然后很快上升，最后又慢下来。

一般认为,影响扩散速度的变量往往可以划分为与采用者有关和与创新有关两类。同采用者有关的诸变量中,厂商规模往往是最重要的。当创新相对来说更赚钱和少花钱时才传播得更快。如果行业中创新活力可能性大,劳动密集程度高,行业市场增长快,行业中企业数目较少,企业之间规模差距较小,则创新成果的传播速度就快。

4.2 数字经济时代创新的规律和意义

4.2.1 数字经济时代创新的规律和特征

1. 数字经济时代创新的规律

在数字经济时代,创新直接关系到企业的兴衰存亡。随着创新周期的加快,企业的竞争日趋激烈。市场地位固然可以提供一定的保障,但只有不断进行创新的企业才会在激烈的市场竞争中存活下来。由市场研究机构发布的专业数据显示,世界范围内 80% 的企业生命周期仅有 3 年,10% 的企业可以将生命周期延长至 8 年,而仅有 2% 的企业能够将生命周期延长至超过 40 年。类似 AT&T、索尼、雅虎、诺基亚、摩托罗拉等曾经站在世界之巅,如今却开始走向没落的企业不计其数。导致这些企业走向灭亡的因素包括多个方面,但他们自恃在市场的品牌影响力及某些专利技术,而不注重研发新技术及新产品,对市场潮流视而不见,最终导致自身被后来者超越。

1)摩尔定律

摩尔定律,也叫“摩尔法则”(Moore' s Law),是网络经济的四大定律之一。1965 年 4 月,在美国仙童半导体公司工作,后来成为美国 Intel 公司创始人的戈登·摩尔(Gordon Moore)提出了一个描述集成电路集成度和性价比的基本假说:处理器的功能和复杂性 18~24 个月将增加一倍,而成本却成比例地递减。后来的实践证明,摩尔的预言非常接近现实。这样,摩尔假说变成科学理论,信息产业界称之为“摩尔定律”。摩尔定律后来被广泛应用到处理器相关的各个领域,它说明了同等价位的微处理器会越变越快,价位会越变越低。这一定律揭示了信息技术进步的速度。

例如,20 世纪 80 年代的计算机庞大且昂贵,功能较少,而今天的计算机小型又便宜,功能丰富。正因为如此,用于衡量电子计算机和计算机设备的生产价格指数(Producer Price Index, PPI)从 1991 年的大约 300 下降到 2018 年的 27,反映出计算机价格的下降及其功能的增加。

摩尔定律目前仍然在起作用。1998—2001 年,美国数字经济的价格指数快速下降。2000—2001 年,增加值价格指数下降了 7.3%,其中硬件指数下降了 33.9%,主要原因是计算机硬件的质量快速提升。

2)达维多定律

达维多定律是以英特尔公司副总裁达维多(William H Davidow)的名字命名的。他认为,一个企业要想在市场上总是占据主导地位,那么就要做到第一个开发出新产品,又第一个淘汰自己的老产品。

这一定律的基点是着眼于市场开发和利益分割的成效。因为人们在市场竞争中无时无刻不在抢占先机，只有先入市场才能更容易获取较大的份额和较高的利润。达维多定律指出数字经济更注重创新，创新是经济发展的不竭动力。2016 年世界经济论坛指出，数字经济是“第四次工业革命”框架中不可缺少的一部分。越来越多的基于数字技术和新商业模式的创新可以少投入，甚至是零投入。

从一般知识的角度来看，客观存在、图片、字符等都是数据，信息是对数据的加工处理，而知识却比较复杂，是人类对于客观世界的本质和规律性的认识，并运用其来改造客观世界的能力。因而，知识具有两方面属性：一是信息的进一步应用；二是具有创新性，二者之间存在一种普遍意义的循环增长效应（见图 4-2 实线部分），这构成了人类社会存在和发展的基础。随着人类对数字技术的不断创新和广泛应用，数据和信息得到更加高效的处理和应用，高效运转的网络体系加强了人们之间的交流与合作，降低了获取知识的成本，更加有利于知识的流动和创新。这种知识循环效应是以乘数方式增加（见图 4-2 虚线部分），为数字经济奠定了更好的知识化环境。

以智能语音市场为例。2010 年深度学习算法开始在语音识别领域应用——该建模技术可以模拟人脑行为，同时优化特征选择和模式分类，克服发音干扰等瓶颈。除了算法升级外，移动互联网也在飞速发展，这两个底层技术的升级使得技术迭代加快，从原先几个月一次的迭代周期快速进入到每天甚至更快的连续性迭代，语音识别准确率平均从 70% 提升至 90%，大幅降低了语音识别的行业门槛，直接导致全球智能语音市场格局变化。2010 年前，Nuance 全球市场占有率超过 70%，一家独大。2010 年后，谷歌、微软、苹果、亚马逊等互联网公司纷纷加强在智能语音市场的布局，特别是苹果 Siri 的发布标志着智能语音技术进入快速应用阶段。

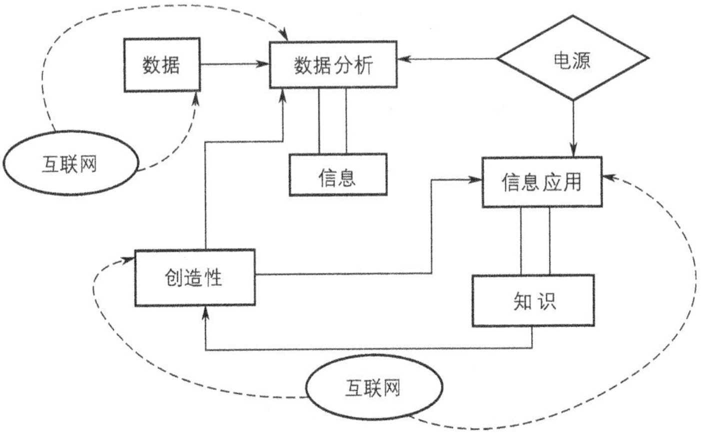

图 4-2　知识循环效应[①]

在数字经济时代，新兴企业不断崛起，陈旧企业不断被淘汰是常态。很多中小企业无法在竞争中胜出，不是因为大企业的“封杀”，而是缺乏核心技术和长远眼光。根据美国创投

① 何枭吟：《美国数字经济研究》，长春，吉林大学，2005。

研究机构公布的全球“独角兽公司”名单，截至 2018 年 2 月，全球独角兽俱乐部共有 230 家，其中 113 家位于美国，中国以 62 家紧随其后。掌握核心技术的企业做大做强的时间越来越短，“小吃大”“快吃慢”的现象屡次发生。面对这种激烈的竞争，数字化企业只有不断创新才能立于不败之地。

2. 数字经济时代创新的特征

1)创新主体多元化

物联网和互联网技术的融合发展拓展了经济系统内各类信息的传播范围，同时也扩大了创新资源配置的空间范围。数字经济时代，物联网和互联网技术的融合发展极大地扩充了物理空间与网络空间之间的映射关系(如图 4-3 所示)。物理空间内实物型创新资源的获取一般会受到物理距离等库管因素的限制，如供应链对接服务、生产制造服务等一般要受到场地、物流成本、生产设备情况等多个因素的限制。

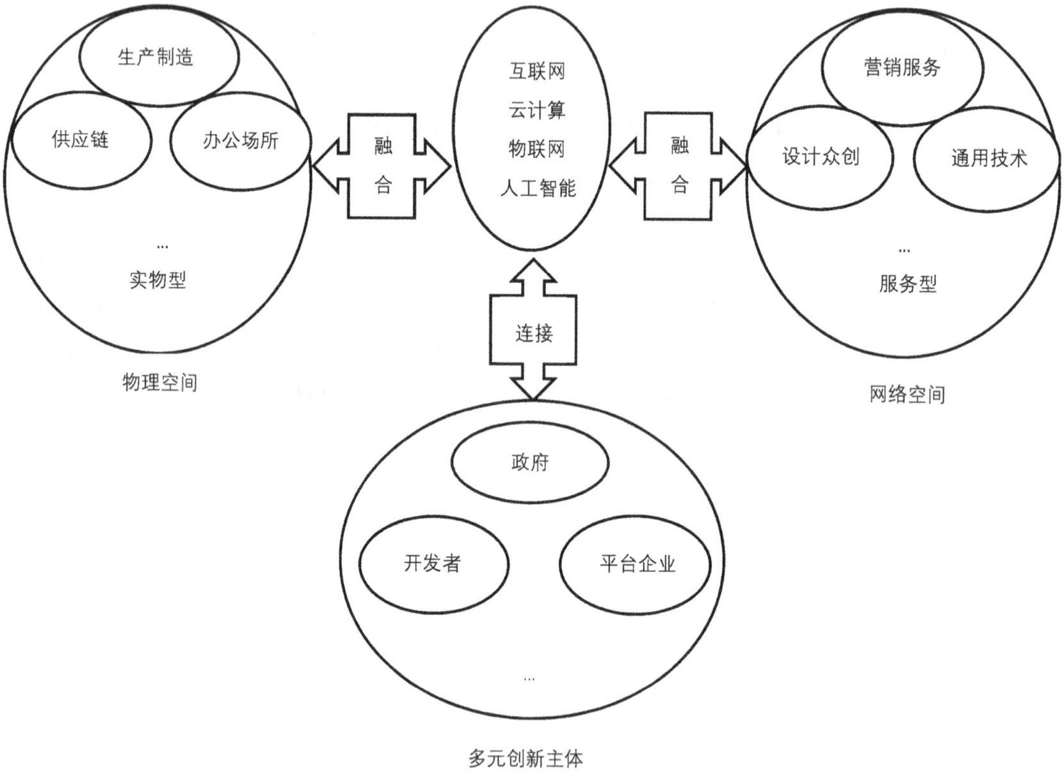

图 4-3 数字经济条件下创新资源配置方式的变革过程①

而随着物联网和互联网技术的融合发展(特别是工业互联网、智能制造等领域相关技术和应用的成熟)，不仅物理空间创新资源的对接和信息的获取(如代工企业和零部件厂商市场供求信息的获取)可以通过信息化的手段在网络空间实现，物联网技术和实物创新要素的融合还使资源配置在一定程度上突破了物理空间的限制，从而为跨区域的生产和协同创新提供了物质条件。同时，网络空间提供的服务类创新资源则一般不受物理距离的限制，

① 张昕蔚:《数字经济条件下的创新模式演化研究》，经济学家，2019(7):32-39。

如通用性技术、营销服务、设计众创等可以通过网络空间功能的拓展和延伸而远程提供给多元创新主体。随着物联网和互联网的融合，网络空间不仅能够实现经济系统内各类信息的快速扩散，还能以传输数据的形式实现诸多创新资源与多元的创新主体间的快速连接，从而进一步促进了创新资源配置范围的拓展和资源配置效率的提高。

从古典经济学理论到国家创新体系理论，以及演化经济学的最新发展，经济学和管理学界对创新主体的认识经历了三个阶段。新古典经济理论和内生增长理论所描述的创新过程是封闭式的（强调企业单位内部的创新），而国家创新体系理论则强调产学研协同创新作为研究重点，把政府和科研机构作为重要的创新主体纳入考察范围。

目前，随着数字经济时代技术范式的演变，在创新生态系统和演化的视角下，学界对创新主体及创新模式的研究进入了新的发展阶段。创新生态系统的概念，突出了创新系统的动态演化性，在创新生态系统中，多元创新主体（如企业、大学、科研院所、政府等）可以联结形成各种创新集群，多元创新主体和集群在共生竞合的相互作用中动态演化，并进一步形成系统的整体演化。

数字经济时代，大数据、云计算、人工智能技术的应用使网络空间的功能进一步拓展，实时在线且可交互的数据流和信息流使多元创新主体可以进行跨区域、跨领域的协同创新。在此条件下，企业不再是创新活动的唯一主体，政府、大学、科研院所、个人开发者甚至用户均可以通过网络空间参与整个创新过程，并推动整个创新生态系统的动态演化。

2）创新组织网络化

纵向一体化是工业化时代产业组织的典型特征，这种产业组织架构以产业链和产业集群为纽带，与之相对应，创新活动以企业为主体，创新资源的配置和创新活动的开展均在产业链的上下游间或产业集群内部进行。数字经济时代，新的技术范式推动着创新范式新一轮的变革与升级。随着大数据、云计算、人工智能技术的发展和应用，网络空间和物理空间的融合促进了创新资源配置范围的拓展和资源配置效率的提高。同时，创新范式也在从工程化、机械式的创新体系向有机式的创新生态系统演变。以多元创新主体组成的创新生态系统为基础，数字经济条件下的创新组织方式正在向网络化、生态化方向演进，其创新过程亦呈现出开放性、包容性的特征。

（1）数字经济时代创新组织的生态性

互联网平台企业的出现及其商业生态系统的拓展推动了生态化创新组织方式的快速发展。Gordon Moore 在对英特尔和苹果等公司商业生态系统的研究中指出，不应将企业仅仅视为单一行业的成因，而应将其视为跨行业商业生态系统的一部分。在一个商业生态系统中各企业围绕创新发挥协同作用，在相互的竞争与合作中开发新产品，从而满足客户的异质性需求，并最终融入下一轮创新。Gordon Moore 认为一个商业生态系统由个人、组织、政府、商业规则、客户、竞争对手、媒体等各部分组成，生态系统领导者的职能是使生态系统成员相互支持与协作从而达成共同的目标。

在数字经济时代，数据和计算正在成为驱动经济增长和产业创新的“关键要素”。与此同时，基于数据生态的互联网平台企业则成了数字经济发展中创新活动的主导者和引领者。一方面，在互联网的发展中，通过从交易平台向数据和计算平台转型，互联网平台企业拥有了更强的资源配置能力，其通过数据和计算能力的供给可以为其他创新主体的生产和创新活动提供服务和支撑；另一方面，互联网平台企业通过技术研发和软件的组件化和模块化，以“平台＋赋能＋开发者”的模式不断拓展其商业生态系统的同时，也加速推动了网络化组织创新方式的发展和创新生态系统的形成。以腾讯为例，自 2011 年实施平台开放战略以来，仅仅在第一阶段就汇集了 10 万名开发者。2016 年，在腾讯开放平台上注册的开发者数量接近 600 万，其中新增的基于移动互联网的开发者占比为 80%。

（2）数字经济时代创新组织的协同性

创新过程中客户和消费者的广泛参与及其异质性需求的扩大，使网络化的创新组织方式得以强化。数字经济条件下，网络空间功能的拓展使客户和消费者可以广泛参与新技术和新产品的开发及应用过程。一方面，大数据通过联结虚拟世界与现实世界、匹配历史数据与即时数据、刻画真实情景与行为规律，使得对消费者与生产者需求偏好的“精准预测”成为可能；另一方面，大量具有隐秘性、易变性、复杂性、情景依赖性的真实消费需求通过大数据“表达”出来，并实时传递给生产者，从而使生产者能够最大限度地发掘消费者的异质性需求并使生产和创新过程更加柔性化。总之，网络化的创新组织方式为客户和消费者参与新技术和新产品的开发及应用过程提供了条件，客户和消费者的广泛参与及其与其他创新主体的互动，衍生出了更大规模的异质性需求和更多的数据资源，其在推动网络化发展机制自我强化的同时，亦使创新网络的协同效应得到了充分发挥。

（3）数字经济时代创新组织的包容性

“包容性创新是企业面向金字塔底层（Bottom of the Pyramid，简称 BOP）市场进行多元价值创造的全新创新形态，在创造经济财富的同时也通过为穷人提供平等参与市场的机会而缓解与降低贫困，体现了创新能促进商业与社会相容性发展的最新理念。数字经济条件下，随着创新主体的多元化与创新组织的网络化，创新过程将更多地依赖多元创新主体的互动与协作。一方面，网络化的组织方式为 BOP 群体提供了更多参与创新活动的机会；另一方面，创新生态系统中，网络化的成像资源配置和广泛的技术赋能，可以更高效地满足 BOP 群体的技术需求，从而认为跨越“数字鸿沟”和实现包容性创新奠定基础。

“从技术供给的角度来看，工业经济时代长期存在着技术创新成果与 BOP 市场需求不匹配的现象，而包容性创新就是要改变传统技术创新成果供求结构失衡的局面，开发出适合 BOP 群体的产品和服务，以满足金字塔底层长期被忽略的需求。对 BOP 群体而言，金字塔底层的自然环境、基础设置、制度环境等决定了其作为消费者需要技术的低成本，而作为生产者则需要技术的易操作。在数字经济条件下，随着网络空间的拓展和网络化的创新资源配置方式的普及，大数据、云计算、人工智能等信息技术逐渐演变为通用性技术，BOP 群体可以以更低的成本获取这些技术，并利用其进行新产品的开发。同时，随着互联网平台企业的兴起和其商业生态系统的拓展，平台企业开始着手建立以自身为核心的开放式技术平台。通过技术研发和软件的模块化，开放式技术平台极大地提升了大数据、云计算、人工智能等新技术的易用性和可操作性，其“平台＋赋能＋开发者”新模式亦为 BOP 群体参与创新过程提供了强力支撑。以阿里巴巴为例，通过淘宝、阿里云等数字化平台的支撑，阿里巴巴在拓展其商业生态系统的同时，支持了大规模的草根创新创业活动。据阿里研究院公布的数据,从2009年第一次发现的3个淘宝村到2019年年底全国25个省多达4 310个淘宝村,无论是在数量上还是在分布广度上都发生了质的飞跃。展望下一个十年,更多的淘宝村和淘宝镇还会不断涌现,预计全国淘宝村将超过2万个,将带动超过2 000万的就业机会,让更多的年轻人返乡创业、就业。淘宝村的价值创造将更多从商业创新向社会创新发展。平台引领的数字经济在推动乡村发展的同时,亦促进了乡村生产生活方式和服务体系的现代化。

3)创新模式开放化

数字经济时代,随着数据成为驱动产业发展和创新的"关键要素",创新活动的主导者开始由传统上纵向一体化的大企业向基于数据生态的互联网平台企业演变。而随着新型经济所滋生的数字化、信息化和智能化需求的扩大,互联网平台企业在拓展其商业生态系统的同时,也开始由内部平台(企业或产品平台)向外部平台(产业和协同创新平台)演化。从组织方式看,内部平台一般以企业核心产品的生产和开发为核心,其商业生态系统内的各公司可以利用产品平台中模块化的组建来有效开发和生产衍生产品。模块化的产品平台可以使平台领导者和开发者进行良性的互动:一方面,开发者可以利用平台的模块化和标准化组建来开发更为多样的衍生产品从而使生产更具柔性;另一方面,平台的标准化能给产品生态系统外的竞争者制造更为强大的竞争壁垒。而随着创新主体多元化、创新组织网络化趋势的发展,以企业产品开发为核心的内部平台已经不能适应更为社会化的生产、开发和创新过程,这也促使互联网平台向以生态化和网络化为特征的外部平台演化。

外部创新平台一般由一个或多个创新主体开发的产品、服务或技术模块构成,与产品的模块化组件相似,外部平台可作为其生态系统内各主体开发补充性创新产品的基础,并使创新生态系统产生网络效应。从外部创新平台及其创新生态构成的共性条件来看,外部创新平台一般基于某种应用广泛的技术系统(如大数据、云计算、人工智能等)并拥有至关重要的功能,其相对内部平台具有相对更高的开放性。外部平台的开发者可以利用平台提供的产品服务或技术进行范围更为广泛的创新。在数字经济的实践过程中,由于构成外部平台的不同创新主体在创新资源禀赋、数据类型、技术优势、应用领域等方面存在差异性,其所构成的外部创新平台及其创新生态亦存在差异,按照主导者的不同大致可分为两类:政府主导型和异质性平台企业主导型。

(1)政府主导型

政府主导、平台引领和数据驱动是政府主导型创新生态系统的基本特点。政府主导是指,通过政府的投入来搭建数据中心、信息基础设施等,发展数字经济必需的硬件基础设施,并通过政府政务数据的开放为数字经济提供其开发所必需的初始数据资源。平台引领是指由政府牵头搭建一个联系政产学研各方的创新开放平台,并利用数据的开放和创新资源的贡献来促进和推动创新创业主体与智能化需求所衍生的应用场景的结合。数据驱动是指通过数据的开发和其在具体应用场景的应用,创新平台可以实现对各行业的智能化改造,从而最终促进政府治理能力的提升、民生服务的改善和经济转型升级。

案例:云上贵州平台

云上贵州多彩宝——智慧黔南一张网办所有事

为进一步深化"放管服"改革,解决企业群众办事难题,优化营商环境,省大数据局从政府数据治理和民生服务出发,以融合应用为突破,按照"前台后台打通、横向纵向联动、线上线下合一、一张网办所有事"的工作思路,全力推动智慧黔南综合平台建设。

作为2019年省级典型应用示范项目之一的云上贵州多彩宝——智慧黔南。自上线以来,整合接入各部门高频服务事项,陆续开通"我要办事、我要缴费、便民服务、我要办公、新闻资讯、滚动窗口"等6大功能模块,首期便完成了129项群众关注度高的服务事项的开发接入,其中办理类23个,查询类96个,预约类4个,缴费类6个。目前,智慧黔南移动门户用户下载量达355万次,实名用户达67万人。

云上贵州多彩宝——智慧黔南,通过面向社会征集高频民生服务事项、沟通部门、梳理事项清单、流程优化再造,与贵州政务服务网实现用户统一,与政务网综合受理系统对接,基于省数据共享交换平台打通部门数据壁垒,实现"数据同源、服务同步",从而提升高频民生服务事项网上可办率,实现政务办公"最多登录一次"。

目前,智慧黔南移动门户已对政务110、综治大数据、扶贫大数据、公文与事务办理等6个App进行整合,实现前台统一展示、统一服务。对各级各部门正在建设的7个App项目,已明确要求暂停建设,全州拟建的信息化项目不能再建设独立App,必须基于智慧黔南移动门户开发应用,避免形成新的"数据孤岛","一张网办所有事"的局面正在形成,应用融合取得新突破。

思考题:

①贵州省政府如何推动数字经济创新模式的发展?

②你认为,有哪些值得借鉴的经验?

(2)异质性平台企业主导型

平台企业及各类创新主体在创新资源禀赋、数据类型、技术优势等方面存在的差异性及其核心能力的互补性是异质性平台企业主导的创新平台及其数据生态产生的重要原因。"服务性"平台企业一般拥有结构离散化、碎片化的客户数据,却不具备数据针对性处理能力和生产商品的条件;生产型企业具备生产制造能力,却缺乏对客户数据信息的搜集和处理能力,无法有效针对客户的异质性需求进行生产;互联网平台企业拥有大数据处理能力和平台优势,却缺乏生产制造和异质性、多样化的生产性服务能力;个体技术开发者拥有具备开发前景的各类核心技术,却缺乏技术产业化所必需的生产制造、设计、云计算能力、销售及资金方面的支持。异质性平台企业主导的开放式创新生态系统一般由少量的核心平台企业和大量的开发者和中小微企业构成,在此类创新生态系统中,存在多个拥有异质性核心能力的平台企业,且平台企业间的核心能力一般存在互补性。

案例:科大讯飞的开放式创新

科大讯飞成立于1999年,总部位于安徽省合肥市,是一家从事智能语音及人工智能技术研究的国家级骨干软件企业。其拥有语音合成、语音识别、口语评测、自然语言处理等多项世界领先的智能语音技术自主知识产权，产品与服务被广泛应用于电信、金融、教育、汽车等行业。2008 年，科大讯飞在 A 股上市，成为 A 股唯一一家智能语音公司。截至 2017 年 1 月，讯飞开放平台在线日服务量超过 30 亿人次，合作伙伴达到 25 万家，用户超过 9.1 亿人。科大讯飞占中文语音技术领域 60% 以上的市场份额，占语音合成产品领域 70% 以上的市场份额，公司在电信、金融、电力等主流行业的市场份额达到 80% 以上。科大讯飞开放平台于 2010 年正式上线，集成了语音合成、语音搜索、自然语言处理和语音听写等功能。

科大讯飞的成功主要归功于它的开放式创新。

第一，善于利用产学研资源。自成立起，科大讯飞就通过建设研究所和实验室等方式引进全国各地的科研人员。比如，2000 年整合中国科技大学、清华大学等成立语音技术联合实验室；2002 年设立博士后科研工作站；2005 年成立科大讯飞研究院；2011 年设立语音及语言信息处理国家工程实验室。推出开放平台后，充分利用平台上合作伙伴的先进技术加速创新。比如，香港中文大学教授汤晓鸥将人脸识别技术应用到讯飞开放平台上，使得开放平台的人脸识别准确率高达 99% 以上；哈尔滨工业大学在讯飞开放平台上推出"哈工大讯飞语言云"，成为国际最具影响力的中文处理基础平台。

第二，形成以讯飞为龙头的产业集群。2016 年 2 月，中国声谷①获中华人民共和国工业和信息化部（简称工信部）批准。该产业园依托科大讯飞语言技术研发基础，以"大创客"带动"小创客"，利用科大讯飞的核心语音技术、讯飞开放平台和产业资源，推动集群创新和产业孵化器模式形成。基于开放式创新的理念，科大讯飞在客户数量和行业布局上都实现了跨越式突破。2020 年 10 月，科大讯飞开发者团队数量达 157 万个，开发应用数达到 93 万个（见图 4-4），科大讯飞技术覆盖的独立终端设备超过 20 亿，科大讯飞开放平台对外开放了 331 项 AI 能力及方案。

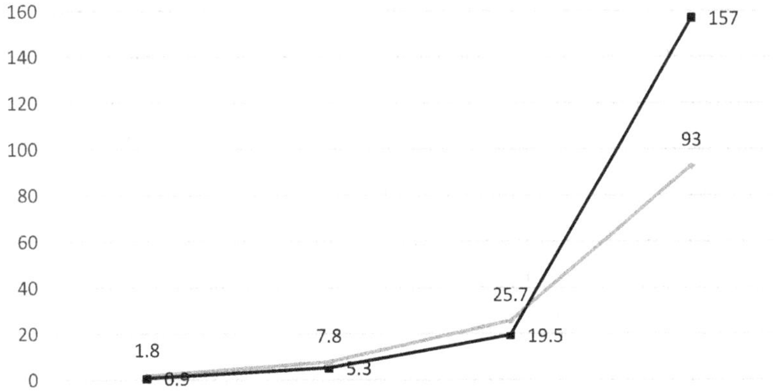

图 4-4　科大讯飞第三方应用和开发者团队数（单位：万）

① 中国声谷产业园建立在合肥国家科技创新试点示范区。计划孵化企业 500 家以上，拥有一批语音研发、应用的大型企业，树立中国第一语音产业基地的品牌。

思考题：

①科大讯飞所主导的开放性创新体系的基本构成是怎样的？

②科大讯飞所主导的开放性创新体系的优势是什么？

4.2.2 数字经济时代创新的重要意义

数字化创新造就企业核心能力。对互联网企业而言，最为关键的能力主要体现在两个方面：其一是能够和竞争对手实现差异化发展而无法被轻易模仿的能力；其二是根据市场环境及消费需求的变化，企业能够灵活地对自身的产品、服务、商业模式等及时进行优化调整。而这两种能力都与企业的创新能力直接相关。

自 1990 年 Prahalad 和 Hamel 在《哈佛商业评论》上发表划时代的《企业的核心能力》一文以来，能力理论的一个分支——核心能力（Core Competence）理论引起了理论界的重视，并得到了快速发展。Prahalad 和 Hamel 认为，核心能力是指市场上一个企业拥有的不同于其他企业的资源、技术的协调组合。

一个公司的核心能力被普遍认为是那些在战略上构成差异性的东西。核心能力绝不仅仅只是核心技术。核心能力是企业几个不同的主要专业知识能力的整合。核心能力通常包括不同方面的能力：市场界面管理（如广告宣传管理、分销管理）、基础工作建立和管理（包括信息系统、物流管理）、技术能力（如应用科学、工艺设计）等。多种能力的整合使得核心能力难以被模仿。

一个企业的核心能力也依赖于不同职能、不同业务部门之间的密切联系。Prahalad 和 Hamel 将核心能力比作根，依托它会长出许多核心产品，如主要零部件。在核心产品的基础上产生了业务部门，它的最后成果就是公司的最终产品。简单地说，核心能力应是长期创新过程中形成的独特的、更为系统的、令竞争者难以模仿的能力。鉴别核心能力的三个标准是：①独特性，这种能力是公司所特有的，是“独一无二”的；②增值型，这种能力能使公司为用户（顾客）提供更多的价值，使用户在使用过程中获益更多；③延伸性，这种能力可以给企业衍生出一系列的新产品或新服务。

奇虎 360 作为国内最大的互联网安全服务供应商，其强大的技术使 360 系列产品在国内市场中积累了海量忠实用户。大部分用户对奇虎 360 最为深刻的印象，就是其提供免费杀毒，但事实上其在技术创新方面同样走在前列。奇虎 360 最为典型的技术创新就是将沿用多年的“黑名单”机制转变为“白名单”机制。“黑名单”机制对于更加复杂的网络环境而言，已经变得不再适用，形式各异的病毒及木马很难让杀毒软件检测出来。为了解决这一问题，360 杀毒软件采用“白名单”机制，将那些经过安全认证的程序、文件等都放置在其云计算中心，监测系统只需要对电脑中的文件和存储与云计算中心的数据进行匹配，无法被识别的程序或文件将会被隔离起来，从而为用户的安全上网保驾护航。此外，360 还将传统杀毒引擎升级为人工智能引擎，充分借助大数据、云计算、人工智能及移动互联网技术。在 PC 端及移动端使用的安全软件也被 360 升级为云安全软件，并通过云计算中心的强大数据分析及处理能力，精准高效地完成以前需要客户端完成的工作，这不但缓解了用户终端的运行压力、提高体验流畅度，而且能够在短时间内快速查杀各种病毒。

阿里巴巴的淘宝、天猫所取得的巨大成功就是建立在技术创新的基础之上。为了带来更为安全、便捷的购物体验，阿里巴巴在搜索技术、云计算技术、大数据分析技术等方面投入大量资源开发出阿里旺旺、菜鸟物流、支付宝等专业产品为交易保驾护航。目前在阿里巴巴的不断努力下，以前每逢“双 11”“双 12”等重大电商交易日必定爆仓的问题得到了很好的解决。

京东同样十分重视技术创新，早在 2012 年京东为了更好地推动技术创新专门设置了首席技术官。目前京东技术创新的重点方向是促进电商平台与物流之间的高效融合，以强大的物流配送能力和淘宝、亚马逊等电商平台实现差异化竞争。

百度所取得的巨大成就主要是依赖于其具备的搜索技术，从《遇见大咖》等综艺节目及百度发布会上，我们可以清晰地看到整个百度对技术创新的重视。从超链接分析到内容分发网络（Content Delivery Network，CDN）技术、框计算、百度云，甚至百度致力于打造的“百度大脑”，都代表了极具匠人精神的百度人对技术创新的热情及执着。

作为手机领域曾经的统治级霸主，诺基亚在智能手机市场中遭遇重大失败，对技术创新缺乏足够认识的诺基亚，被竞争对手在芯片设计及处理器方面远远甩在身后，在手机操作系统方面更是不注重创新，最终只能走上卖身微软的结局。互联网巨头微软凭借 Windows 操作系统及 Office 办公软件，在全球范围内建立了强大的领先优势。然而进入移动互联网时代后，内容及服务对消费者愈发关键，Facebook 及谷歌等技术造血能力更强的创业公司成功登顶。不难发现，在移动互联网的商业模式、以智能手机为代表的智能终端、以 Android 和 iOS 为代表的移动操作系统等诸多方面，微软根本没有任何话语权。

4.3　数字经济时代的商业模式创新

商业模式是指企业创造利润的逻辑范式，即企业在一定的价值链或价值网络中如何向客户提供产品和服务，并获取利润。商业模式创新是改变企业价值创造的基本逻辑，既可能包括多个商业模式构成要素的变化，也可能包括要素间关系或动力机制的变化。

第一，数字化技术重新定义了企业的价值链。互联网经济时代通过将实物信息化提高了信息传递效率，但虚拟经济在实物刻画方面的局限性制约了互联网经济的进一步发展。数字经济将线上的虚拟经济与线下的实体经济有机融合重塑价值链，成为商业模式创新的方向之一。此外，智能化技术、信息技术和数字化技术赋予了企业覆盖长尾需求的能力，确保消费者与企业之间的连接，将产品型号和设计由一刀切变成了定制化、个性化，与传统经济、互联网经济相比，数字经济更强调生产和消费之间的互动性，通过差异化产品提升企业的盈利能力。

第二，数字化技术重新定义了企业和消费者的关系，将企业与消费者之间的关系从“买卖关系”升级成为“服务关系”。产品本身只是价值链条上的一环，所创造的利润远不如后续深度服务创造的利润。如现在的“软件服务”和“服务器租赁”，产品购入价格很低，甚至免费，但后续使用的技术支持费用极高。企业的利润不仅源自产品，更源自对消费者数据的进一步加工利用。现代企业热衷于推广免费服务和补贴不盈利的项目,实际上是为了获取用户流量,流量本身就是由数据构成,是价值链上的重要一环。

第三,数字化技术重新定义了渠道。互联网在加速信息流动、放大数据量的同时,也增大了信息量,很大程度上缓解了信息不对称的问题,挤压了渠道商的套利空间。由于互联网的共有属性和网络连接属性,消费者能够迅速获得其他企业和消费者传递的信息,价格信息和产品质量信息能够透明化,消费者拥有了准确决策的信息基础,传统渠道商的作用和地位被削减,依赖于产品本身质量和服务的口碑式营销的重要性日益增加。

随着大数据、人工智能、移动支付等技术日渐成熟,电子商务"新物种"层出不穷,生鲜电商、无人零售、社交电商、优品电商等新模式、新业态快速发展。就生鲜电商来看,2017 年我国生鲜电商市场交易规模为 1 391.3 亿元,同比增长 597%,共有 752 家新企业成立,其中 350 家获得融资,占比达 516%;新兴业态涵盖生鲜配送平台、生鲜超市 + 餐饮、社区生鲜便利店等多种形式。就无人零售领域来看,猩便利、盒马鲜生、淘咖啡、缤果盒子、EATOWN、24 爱购、Take Go 等无人货架、无人便利店层出不穷,据不完全统计,截至 2017 年 9 月,已经有至少 16 家无人货架获得投资,最高达到 3.3 亿元,融资总额超过 25 亿元。就社交电商来看,"网红 + 电商""直播 + 电商"等模式的消费者流量占比逐渐增加,以有赞、京东微店、云集微店等为代表的社交电商平台,以小红书、美丽说、蘑菇街等为代表的微商平台,以拼多多等为代表的拼团社交电商日益兴起,分流效果显著。

4.3.1 协同经济:数字经济时代的 O2O 模式

1. 协同经济

协同效应原本是一种物理学现象,是指两种以上的组分相加或者调配在一起,所产生的作用大于各种组分单独应用时的作用之和,即"1+1>2"的增效作用。协同经济是一种经济现象,数字经济时代,协同经济的重要性日益凸显,主要表现在"由竞争转向竞合"与"线上线下融合"两个趋势。

2013 年,金融创新企业与传统金融企业之间展开了市场博弈,其激烈程度不可言状。有些人曾预计,这种商业竞争弥合无望。但事实却相反,随着技术的发展和对商业模式的不断探索,创新型企业和传统金融机构从竞争走向了竞合。2017 年,四大行先后宣布与互联网巨头深度合作。2017 年 3 月,中国建设银行和阿里巴巴蚂蚁金服宣布开展战略合作,双方将实现二维码支付互认互扫;2017 年 6 月,中国工商银行和京东金融签署了金融业务合作框架协议,双方将在金融科技、零售银行、消费金融等领域展开全面深入合作;2017 年 6 月,中国农业银行与百度签署战略合作,共建"金融科技联合实验室",基于大数据分析挖掘,提升精准营销、客户信用评价、风险监控等能力。2017 年 9 月,中国银行与腾讯签署了全面战略协议。数字经济时代,协同才能共赢。

在企业间的协同领域,人工智能、大数据、云计算等技术的成熟及应用,推动了芯片、终端、内容、网络、平台和云化的协同发展,推动了企业的数字化转型,使得企业之间的协同更加灵活。例如,华为提出的云网协同,为工业、制造业等领域提供互联协同的解决方案,帮助企业构造畅通无阻的协同研发模式。2015 年,华为帮助吉利汽车构筑无边界的协同平台。区块链技术的成熟也将推动产业链各环节之间的协同。此外,线上与线下融合、实体与虚拟协同正在成为商业市场中的趋势。下面将重点介绍 O2O 商业模式。

2.O2O 商业模式

1)O2O 商业模式的特点

所谓 O2O 模式(Online to Offline),是指当前市场商务机遇的线下和线上结合,将移动互联网市场指引到实体市场的一种电商模式。前几年,在移动互联网技术的快速发展下,O2O 模式大行其道,主要表现为两种现象:一种是线下的企业试水线上,如优衣库加大线上渠道的销售,以及瓦达集团探索电子商务;另一种是线上的企业试水线下,如聚美优品开设实体旗舰店。而近两年,线上和线下加深融合,出现线下实体和线上虚拟店协同发展的趋势。例如,阿里巴巴提出的"新零售",京东提出的"零售革命",其本质都是线上线下的融合、实体虚拟的协同。

阿里巴巴的成功是依靠 B2B(Business to Business)和 B2C(Business to Customer)模式获得的,但这并不代表电商将来可以完全取代实体市场。随着移动互联网时代的发展,阿里巴巴各大产业逐渐从线上向线下拓展。以往的电商是将传统实体市场拉上线,在线上获得更大的利润;而数字时代中电商模式不是线上取代线下,而是线上线下的深度结合。而 O2O 模式恰恰是符合这一市场特点的商业模式。

O2O 模式中移动互联网成了一个交易平台和信息中心,将线上的顾客引导至线下消费,如此这般的优势在哪里呢?虽然线上发展迅速,但是线上服务一直无法实体化。换而言之,无论线上叫得多亲热,无论称呼多少个"亲",也无法与实体市场中的产品和服务相提并论。而 O2O 模式等于在传统电商模式之上大大增加了实体服务,因此线上的 O2O 模式更容易吸引线下的客户。

O2O 模式将成为未来移动互联网的主要模式。移动互联网时代不仅仅是从线下走到线上的时代,同样也是从线上走向线下的发展。O2O 模式就像移动互联网时代的一个闭环商业模式,不仅具备了经典的线下到线上的提升,同时也完成了在移动互联网的未来发展中具备非常广阔的前景。

2)O2O 模式的应用创新

(1)O2O 与 LBS 的结合

基于位置的服务(Location Based Services, LBS),是利用各类型的定位技术来获取定位设备当前的所在位置,通过移动互联网向定位设备提供信息资源和基础服务。当前移动互联网市场中与 O2O 模式结合最密切的模式当属 LBS,导航、地图等移动终端软件都是基于 LBS 模式之上开发的。O2O 模式盈利方式之一就是抓紧用户的零散消费,而这一特点就是利用 LBS 体现的。

目前智能手机已经覆盖到绝大部分用户,很多 App 乃至微信小程序都已开通或要求开通相应的定位权限。抛开隐私问题,对消费者位置信息的跟踪催发了各种新的商业模式,如"签到"(LBS+ 生活娱乐)、"分享"(LBS+ 生活服务、在线旅游以及在线游戏)模式。通过 O2O+LBS,最先直接催生了基于地址信息追踪的业务。如滴滴打车借助于位置信息的跟踪，能够快速匹配打车服务的供给和需求，从而推动了出租车行业与“互联网 +”的深度结合。这类模式其他的典型应用还有在线地图业务（如高德地图、百度地图等）以及在线停车业务。除了广告之外，普遍讨论比较多的方式是借助这类服务实现消费引导，如根据消费者位置，实时提供在线 O2O 服务推荐。

（2）O2O 双线模式

所谓双线模式就是指综合利用 O2O 线下线上的销售优势进行统筹创新的新模式。现在很多企业都在做这种电商模式，线上有自己的销售渠道，线下也有自己的品牌代理。这种将实体店与网店有机结合的方式被称为当代的双线 O2O 模式。具体包括以下四种模式。

模式一：先线上后线下模式。

所谓先线上后线下模式，就是企业先搭建起一个线上平台，例如江湖科技作为业内知名的 O2O 系统开发商，以这个平台为依托和入口，将线下商业流导入线上进行营销和交易，同时，用户借此又到线下享受相应的服务体验。这个平台是 O2O 运转的基础，应具有强大的资源流转化能力和促使其线上线下互动的能力。在现实中，很多本土生活服务性的企业都采用了这种模式。比如，腾讯凭借其积累的资源流聚集和转化能力以及经济基础，构建的 O2O 平台生态系统即是如此。

模式二：先线下后线上模式。

所谓先线下后线上模式，就是企业先搭建起线下平台，以这个平台为依托进行线下营销，让用户享受相应的服务体验，同时将线下商业流导入线上平台，在线上进行交易，由此促使线上线下互动并形成闭环。在这种 O2O 模式中，企业需自建两个平台，即线下实体平台和线上互联网平台。B2B 电子商务的基本结构是：先开实体店，后自建网上商城，再实现线下实体店与线上网络商城同步运行。在现实中，采用这种 O2O 模式的实体化企业居多，苏宁云商所构建的 O2O 平台生态系统即是如此。

模式三：先线上后线下再线上模式。

所谓先线上后线下再线上模式，就是先搭建起线上平台进行营销，再将线上商业流导入线下，让用户享受服务体验，然后再让用户到线上进行交易或消费体验。在现实中，很多团购、B2B 电商等企业都采用了这种 O2O 模式，比如京东商城。

模式四：先线下后线上再线下模式。

所谓先线下后线上再线下模式，就是先搭建起线下平台进行营销，再将线下商业流导入或借力全国布局的第三方网上平台进行线上交易，然后再让用户到线下享受消费体验。这种 O2O 模式中，所选择的第三方平台一般是现成的、颇具影响面的社会化平台，比如微信、微淘、大众点评网等，且可同时借用多个第三方平台，这样就可以借力第三方平台进行引流从而实现自己的商业目标。在现实中，餐饮、美容、娱乐等本地生活服务类 O2O 企业采用这种模式的居多。

案例：苏宁 O2O 新物种激活双线模式大赚流量

基于互联网和物联网的“黑科技”技术不仅可以满足用户在不同消费场景的需求，也可以创造出新的零售业态。

苏宁全国首家商用无人店“苏宁体育Biu”于2017年8月28日开业，主营体育周边产品。苏宁无人店采取“刷脸”进门方式，首次进店的用户需先下载苏宁金融App进行“绑脸”操作。当消费者拿起一款商品时，货架一侧的大屏上会显示该商品的诸多信息。选好商品后，购物者可以以正常步行速度通过付款通道实现付款。通过门店客流分析系统来建立人和门店的关系，无人店还能够计算每天进出门店的客流人数、最终产生的销售额，快速计算出销售转化率。数据可精确到消费者的整个活动轨迹，绘制出专柜/区域的热力图、用户店内活动热力图，甚至是到店新老会员的占比都可以了如指掌。

而旺宝作为苏宁与科沃斯联合打造的智慧零售机器人，于11月登陆包括苏宁无人店、常规门店、主题购物展厅等在内的苏宁线下店，与消费者见面。

在这些线下零售场景中，机器人不仅能够为消费者提供品类区域或具体品牌专柜的位置导航服务，还能够为顾客介绍专业的产品知识、播放促销广告。

基于优越的服务交互和数据管理能力，“旺宝”机器人将承担串联苏宁智慧零售体系的重要角色——借助人工智能、自主运动规划、大数据等技术，机器人在线下实体环境中能够识别顾客身份，主动询问顾客需求，并根据顾客个性化需求及其消费数据开展相匹配的商品营销和其他服务，最后再同步线下数据至线上，完成机器人购物服务和数据管理的全闭环。

1. 双线模式大赚流量

如今互联网巨头们也越来越意识到，线上电商与线下实体并非你死我活的关系，相依相融，共同发展才是取胜之道。线上线下相融合的O2O模式成了全球商业模式变革的风潮，无论是线上阿里巴巴还是沃尔玛等线下巨擘，都在谋求O2O的融合之路，而O2O模式的提出者苏宁在先发优势下发展尤为亮眼。据其2017年半年报显示，苏宁云商实现营业收入837.46亿元，同比增长21.87%，实现归属于上市公司股东的净利润为2.91亿元，同比增长340.53%。

与此同时，在三季度期间的818期间，苏宁云商实现线上销售增长263%，线下销售增长107%，6大产业6亿会员首次实现全面打通。苏宁控股集团董事长张近东曾用“燃爆”来评价这份成绩单，可以说，苏宁云商转型成功并在规模化盈利之路上稳步前行，是苏宁智慧零售发展厚积薄发的产物。

纵观国内企业互联网变革，苏宁是在国内最早引入O2O概念并成功实践的。2012年3月，在纯电商称霸互联网之时，苏宁董事长张近东就在两会期间提出苏宁的目标是要做中国的“沃尔玛＋亚马逊”。苏宁的O2O模式就此开启，同时这一年也被称为苏宁的O2O元年，中国O2O也因此拉开了发展的序幕。

2017年，随着互联网＋的深化，线下成为互联网发展的最后一块金矿，几乎所有的互联网企业都把目光聚焦到了线下，这意味着线上线下融合的O2O零售模式已经成为零售业的共识。

苏宁认为，未来的零售，必须与线上互联网融合，以互联网为工具，连接线上线下，全渠道融合，才是整个零售市场未来的发展趋势。苏宁的实体零售是在不断升级发展的，围绕服务和体验，以用户为中心，打造了成熟的线上线下O2O融合的智慧零售模式，这就是苏宁的核心竞争力。

目前，苏宁已经成功打造了苏宁易购云店、苏宁易购直营店、苏宁小店、苏宁汽车超市、苏宁红孩子、苏宁无人店等多种业态，并且通过直营店进入乡镇，通过小店进入社区，通过母婴店精准面向女性人群，各种类型的实体店已经成为苏宁通过互联网在线下发展会员、服务用户的重要入口。

2. 未来 O2O 模式的寡头

阿里巴巴更侧重商品信息聚合，做分发平台；苏宁一直强化线下线上融合，着力打造云商、金融、体育、文创、置业、投资 6 大产业协同发展；京东更注重做零售行业价值链整合。

今天，当互联网增速放缓、线下实体企稳回暖的时候，再来审视这 3 家公司，不难发现，三家“分歧”的根源，其实还是源自领导者的差异。比如，阿里会讲故事，苏宁稳扎稳打，京东善抢眼球。

犹记得张近东发出过“所有人都是天天虚拟的，粮食谁种啊”这样的灵魂拷问，说出过“我们既要仰望天空，但是也要脚踏实地”这样的论调，又在多个场合提到“企业高度”这样的字眼……不难发现，张近东心中多少藏着一份实体经济的情怀。

但他不是死抱实体经济大腿、不懂顺应时代之人。“当然，我们作为实体，我们不能传统，实体不是传统，不是保守。”

“互联网是企业标配的工具，改变不了经营本身。”事实上，张近东的前瞻性、创新性、敏感度等，完全不输他的那些后辈，他正在搭建起从云商、金融、体育、文创到置业、投资等 6 大产业打通发展的生态大网。

案例改编自：搜狐网 2017-11-09(https://www.sohu.com/a/203351766_465428).

思考题：

①线上模式和线下模式各自的优缺点是什么？

②苏宁 O2O 双线模式成功的原因是什么？

(3)团购优惠模式

这是一种相对老套的 O2O 模式，也是 O2O 的鼻祖模式。但是我们可以发现，自从这种模式出现之后就一直独树一帜，而且实力越发雄厚。这就代表 O2O 团购优惠模式是一大特色，而且必然发挥无穷的潜力。

这是针对消费者心理推出的一种模式，这种模式在未来的移动互联网市场必将持续很久的时间，直到中国大众的消费价值观产生变化。因此，这种 O2O 模式也是未来移动互联网时代的主要电商模式。

上面就是未来电商市场中不可缺少的 O2O 模式，这些模式是经典的，但是这些模式产生的重要性是不可忽略的。在不久的将来，移动通信即将进入 5G 时代，实施通信更加迅速，“物与物”“物与人”之间的通信将取代“人与人”成为未来的主要通信模式。世界更加智能，商业模式亦会演变。而 O2O 作为连接线上线下资源的一种模式，必将占据一席之地。

4.3.2 平台经济：数字经济时代的免费模式

平台是双边市场、多边市场的产物，它必须借助移动互联网的优势。平台经济的特点是开放、服务最大化，并提供部分免费服务。在数字经济时代到来之前，简单的物理平台在商业上的作为平平；而今天，数字经济借助平台的形式成就了一大批企业，其中既有创新型企业，也有传统企业。平台具有如下三个特点："开放"可以让平台经济企业赢得更多的市场份额，提升竞争力和效率；发展平台经济须坚持服务最大化，既赋能消费者，又赋能生产者；发展平台经济要理性地思考免费与收费的关系。

平台经济是双边市场、多边市场的产物，开放和服务最大化是其本质特点和核心优势，"免费"只是开放和服务最大化带来的边际效应。但如果本末倒置，将"免费"等同于平台，把"免费"看作平台必然的产物，则会对数字经济健康的创业生态造成伤害，因为这背离了经济学原理。无论是马云的淘宝、马化腾的免费聊天、周鸿祎的 360 杀毒软件，还是百度、搜狐、新浪、网易的搜索引擎，无不凭借数字化的特有优势，通过免费的成功导流，获得了海量的用户。在互联网和物联网年代，从某种意义上来说，拥有用户就拥有定价权。当今，免费的模式层出不穷：硬件收费、软件免费；软件收费、硬件免费；此项收费、其他项免费；何时免费、何时收费。免费的商业模式隐藏着哪些商业风险，免费模式如何向收费模式良性过渡，如何维持健康可持续的企业运转？都是平台企业需要考虑的问题。理性思考免费与收费，是平台经济发展中值得注意的一种策略。

1. 免费模式的含义

以往，"商业"一词一直和"利益"紧密相连，但是随着时代的发展，现在越来越多的企业开始走上了"免费模式"的道路。这些企业并非义务向市场提供资源，恰恰相反，其最终目的是为了获取更多、更大的利益。

自从互联网开始盛行免费商业模式以来，这一商业模式就开始被更多人重视。当进入移动互联网时代以后，人们发现免费模式已经成为当代企业发展必不可少的商业元素，并且想尽一切办法打造自己的免费战略，隐藏自己的收费本质，并期望获得事半功倍的效果。

数字经济时代的到来，使得很多产品与服务具有"零边际成本"的特点。借助这一特点，很多行业纷纷采用了免费模式。其中以杀毒软件市场和手机通信市场比较典型。

在杀毒软件行业，其主要成本在于开发一款基本产品，在此之后的产品生产基本没有成本。因此，在国内"360 杀毒软件"率先突破传统的收费模式转变为免费模式，免费让互联网用户使用 360 杀毒软件，而针对附属产品——广告位收取广告费用，并以此为主要盈利点。

在手机市场，曾经国内三大电信运营商都在举行"0"元购机活动，无论多么高端的手机只要选择了相应的套餐就可以免费得到。虽然都是免费模式，但是和 360 杀毒软件的差异在于，国内三大电信运营商提供免费附属产品——边际生产成本很高的手机，而针对边际成本基本为 0 的通信服务进行收费。

这个世界当然没有免费的午餐，只不过在数字经济时代，"0 边际成本"产品或服务的出现，使得企业可以利用产品之间的关联性（或溢出性）巧妙地构建商业模式，实现企业和消费者收益的帕累托改善。就当前的市场形势而言，构建免费服务下的获利策略，需要企业按照一定的顺序、采用一定的策略才能打造成功。

2. 免费模式的种类

目前移动互联网市场中常见的集中免费商业模式如下。

1)端口免费+深入获取模式

端口免费+深入获取模式是数字经济时代中最常见的免费模式。仍以电信运营商推广的“免费购机、套餐获利”模式为例,这种方式最大的特点就是长时间硬性链接客户,从而达到持续获利的效果。三大电信运营商出售的合约机都是定制的,消费者购买后只能使用相应的手机卡,默默接受被长期获利的现实。因此,这种免费模式具备一定的硬性概念。除了上述案例之外,目前许多商家和企业都在主打面向老会员的会员模式,并且推出各种优惠活动,例如充值满1 000送500等,其本质上仍是硬性链接。无论多么优惠的活动,主要目的不是为了让顾客得到利益,而是为了在同一个顾客身上长期持续盈利。

2)免费吸引客户+广告(增值服务)模式

这种从互联网时代兴起的模式非常老套,但却非常实用。在互联网时代刚刚到来之际,很多企业采用这种模式,向用户提供免费的信息、免费的高清电影甚至是免费的电影票,为的就是增加注册用户的数量。当用户数量增加到一定程度之后,收益就来了。在中国,大部分网站均采用“免费吸引用户+广告获利”这一模式,如早期的四大门户网站——新浪、搜狐、网易和腾讯,以及如今的中国互联网公司三巨头(BAT)——百度、阿里巴巴和腾讯旗下的许多商品也都是免费的。

案例:“永久免费”的奇虎360

2008年2月25日奇虎公司发出申明,宣称奇虎360安全卫士将永远向用户免费。奇虎360软件负责人傅盛称:360安全卫士目前最重要的任务是为用户解决电脑安全问题,恶意软件和木马的泛滥导致安全形势十分严峻,360安全卫士新近推出的4.0版本在增强查杀的基础上,更侧重预防和漏洞修复,从根本上遏制了木马传播的路径。尽管一直以来都有不少用户对360的免费策略表示担心:免费策略会导致360安全卫士无法持续开发,甚至有用户声称要为360安全卫士进行捐款。而负责人傅盛表示,感谢用户对360安全卫士的关注,奇虎公司将持续加大对360安全卫士的投入,持续打造绿色、安全的网络环境,让所有的互联网用户安心、放心地使用互联网。奇虎360将基础服务做到位,为用户提供了更多选择,他的目的并不是针对其他杀毒厂商,而是降低用户使用杀毒软件的门槛,为用户解决最基本的电脑安全问题,这也加速互联网行业的发展,360安全卫士推动了免费安全的普及。奇虎360推永久免费杀毒,专家称将冲击在线杀毒市场。中国科学院研究生管理学院(现中国科学院大学管理学院)副院长、社科院经济学博士吕本富向网易科技表示,奇虎360此举大力冲击目前以收费为主的杀毒软件市场,免费模式将大力冲击瑞星和江民等传统的杀毒软件产品。正望咨询总裁、资深互联网专家吕伯望也向网易科技表示对奇虎360以免费路线积累大量用户,再探索盈利的思路表示了认同。

思考题:

①免费定价模式在数字企业竞争中为何会被广泛采用?

②奇虎360缘何能在群雄逐鹿的杀毒软件市场中杀出重围?

③免费定价模式与商业企业的逐利目标之间是否存在矛盾?应当如何解决?

3)众包模式

所谓众包模式,就是把传统上由企业内部员工承担的工作,通过互联网以自由自愿的形式转交给企业外部的大众群体来完成的一种组织模式。在这一过程中,企业只需要为贡献者支付少量报酬,而有时这种贡献甚至完全免费。在互联网行业,维基百科是这一模式的典型应用。维基百科的内容基本由用户自己生成,而非像传统的信息门户网站其新闻内容主要由其员工制作产生。用户的数量相比于企业员工要高很多,而用户能力也相比企业员工更加多样化。因此,如果将用户的能力组织起来形成合力,制造同样内容所需要付出的成本以及质量都比员工自己制造要好。而众包这一模式能够充分利用用户的能力,尤其是在数字经济时代,企业能够借助数字技术,减少合作沟通成本。

以上三种是目前数字经济时代最常见的免费模式。这三种模式有本质区别,但无层次之分,也就是说,企业想要打造自己的免费商业模式,以上三种类型均可供参考。免费模式既可以确保企业固守现有市场,也可以帮助企业统摄未来局势。但值得注意的是,在如此飞速发展的一个时代,完全的复制并不能为企业带来成功,任何免费的商业模式都要具备自己的特色。

3. 免费模式的实施条件

企业要想打造高端的免费模式就需要清楚自己的商业本质,并且制定合理的免费战略规划。有资金、有实力的企业离不开免费模式,但并不是所有的强势企业都可以通过免费模式获得成功。当前移动互联网市场的免费模式需要满足以下三个条件。

1)具备可延伸、可发展的产品空间

以App市场为例,手机制造商销售了手机后又向用户免费提供了App市场,用户从中可以免费下载很多软件,但是其中不乏收费软件。这种利用免费模式获利的方式更持久、更具企业黏性。从中我们可以看出,企业想要利用免费模式获利必须同时思考如何延伸、如何拓展产品发展空间,以便日后持久获利。

腾讯依托社交软件进入支付和游戏业务领域,利用“免费+收费”模式盈利。腾讯的社交软件——微信和QQ为腾讯公司带来了巨大的用户数量和日均活动人数,而社交软件的网络效应进一步锁定用户,提高用户黏性,这为腾讯带来了大量的流量。传统的流量变现方式是通过广告实现的,但由于频繁出现的广告会降低消费者体验,腾讯则利用大数据技术实现广告精准投放,试图达到用户体验与盈利的平衡。然而精准投放的广告依然是广告,并受限于法律和技术,无法确定消费者是否真正需要推送的广告信息,于是腾讯采用打造跨界生态圈的方式变现流量,通过展开支付业务,充分利用腾讯在社交软件上的优势,提供移动支付服务,通过收取服务费和资金滞留利息的方式将流量变现。此外,腾讯还通过拓展游戏业务实现流量变现。

2)合理制定免费与收费的比例分配

以中国互联网时代免费模式的鼻祖奇虎360公司为例,其在发展初期曾面临巨大的压力。当时360公司打着“永久免费”的旗号迅速占领了互联网杀毒软件市场,短时间内用户就突破了3亿人,这个数字给360公司内部运行增加了负担也带来了损失,直到360公司靠着深厚的客户资源占据了中国互联网广告市场很大的份额之后才有所好转。从中我们可以看出,企业制定免费模式也是有风险的。很多企业把免费模式当作一种包揽客户的方式,盲目地认为只要利用免费模式抓住了客户就代表产生了利润，其实在现实运作中一切并没有那么顺利，中间的缓冲期、风险期都是急需要企业独自面对的。这说明，企业必须了解自身规模，并将免费模式与收费模式分配得当，预测出风险期，提前做好风险预防工作，才能够构建免费商业模式。

3）具备多结构的产业主体

简单地说，企业提供免费模式往往只针对产业主体的一部分。以著名的剃须刀生产企业吉列公司来说，吉列公司以低价提供刀架，但以高价销售刀片，虽然是一个整体，但是却可以多结构出售。只有这样，才能够完成免费模式的第一步。值得注意的是，多结构模式是指产业主体可以自由分割而不是硬性切除的。以卖鞋子为例，如果免费送给消费者一只，再高价出售另一只必定会招来各种谩骂。

4.3.3 长尾经济：数字经济时代的小众模式

1. 长尾经济

工业经济时代，生产规模越大，单位成本就越低，效益则越好，这就是规模经济。规模化量产、产品品类相对集中，是制造业获利的重要手段。反之，产量少、品类多，制造型企业就难以生存。而数字经济时代，出现了新的市场规律：品类多、产量少，企业整体还是可以获利，尤其是软件类、服务类企业，这就是长尾经济。

数字经济让长尾经济成为可能。科技创新将大规模市场转化为无数的利基市场，只要存储和流通的渠道足够大、足够多，小众商品占有市场份额的综合甚至可以比肩少数几种大众热卖品的市场份额。例如，在线音乐零售商 Rhapsody 网站的日常下载量的一般为少数畅销音乐，而另一半则为林林总总的小众音乐。从长尾理论的模型可知（见图 4-5），畅销品的销量曲线所覆盖区域的面积和利基市场产品无限趋向触底的销量曲线所覆盖的面积大约相等。数字经济的发展加速了长尾市场的商品流动性。

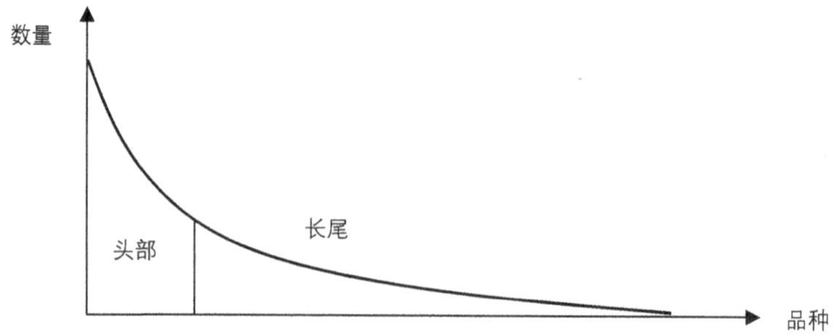

图 4-5 长尾理论模型

2. 数字经济时代的小众商业模式

以亚马逊为例，有超过 10 万个独立卖家在其网站上开店自行销售，大大增加了亚马逊的产品种类，使其迅速获得了长尾市场强大的"尾部"力量。这些第三方卖家给亚马逊带来了 40% 以上的营业收入。一家大型书店通常可摆放 10 万本书，但亚马逊网络书店的图书销售额中,有四分之一来自排名 10 万以后的书籍。这些"冷门"书籍的销售比例正在快速增长,预计未来可占销售总量的一半。从前在传统渠道卖不动的书,在网店的销量很好。再以 Google 的广告业务为例,Google 的广告业务 AdSense 携手以百万计的中小型网站和个人网页,大大降低了广告业务的门槛。在需求侧,作广告不再高不可攀,可以自助操作、价格低廉,谁都可以作广告;在供给侧,对成千上万的博客网页和小规模的商业网站来说,在自己的页面上播一条广告不过是举手之劳。也许大众媒体和广告商对这类广告载体不屑一顾,而 Google 的 AdSense 却通过个性化定制的广告服务,形成了长尾广告市场。企业家要长袖善舞,交替利用规模经济和长尾经济建立商业模式。中国的淘宝、爱奇艺、网易云课堂等提供的服务和产品就是长尾(见表 4-1)。

当今年代,服务领域的企业应用数字技术,提供多品种服务,刺激了市场进一步释放形形色色、浩如烟海的需求。这种长尾经济模式,以"品种之多"带来的"需求之宽""数量之巨",将赢得在市场竞争中胜出的美好机遇。这是在工业经济、规模经济时代所不可想象的。

本章小结

数字经济时代的创新是指以使用数字化的知识和信息为关键生产要素、以现代信息网络为重要载体、以信息通信技术的有效使用,在以下五个方面取得突破:引入一种新产品、采用一种新的生产方法、开辟一个新的市场、获得一种新的原材料或半成品的供应来源、实现一种新的工业组织形式。创新可以分为颠覆性创新和持续性创新。

关于市场结构与技术创新之间的关系,有两种观点:一种认为较集中的市场结构有助于较多的创新;另一种认为垄断实力并没有促进技术创新。

新技术的扩散或传播,一方面是抢先一步的初始创新企业获取创新利益的主要途径之一,另一方面也是社会经济进步目标所要求的市场行为。对不同的技术和不同的产业,新技术传播的速度很不相同。一般认为,影响扩散速度的变量往往可以划分为与采用者有关和与创新有关两类。S 形曲线的逻辑曲线是一种被广泛应用于描述具有传播、传染等扩散特征的数学模型,表明新技术的扩散,如同传染病一般,开始时传播较慢,然后很快上升,最后又慢下来。

在数字经济时代,创新直接关系到企业的兴衰存亡。摩尔定律是指处理器的功能和复杂性 18—24 个月将增加一倍,而成本却成比例地递减。达维多定律是指一个企业要想在市场上总是占据主导地位,那么就要做到第一个开发出新产品,又第一个淘汰自己的老产品。

数字经济时代的创新表现出创新主体多元化、创新组织网络化和创新模式开放化的特征。数字经济时代的商业模式创新层出不穷,主要表现有以 O2O 模式为代表的协同经济、以免费模式为代表的平台经济和以小众模式为代表的长尾经济。

本章课后思考题:

1. 数字经济时代创新的内涵是什么?颠覆性创新和持续性创新的区别在哪里?

2. 市场结构与技术创新之间呈现出什么样的关系?

表 4-1　在布局长尾、拓展品种繁多的 B2B/B2C/B2B2C 服务的中国企业

企业	支付服务	生活服务	社交服务	地图服务	医疗健康	影视娱乐	汽车交通	智能家居等智能商业服务	教育服务	音乐服务	阅读服务
B 百度	百度钱包	百度糯米	百度贴吧 百度知道 百度百科	百度地图	百度医生	爱奇艺	51 用车 易到租车	百度管家	百度文库 百度翻译	百度音乐人	百度图书
A 阿里	支付宝	淘宝 美团 天猫	阿里钉钉	高德地图	阿里健康	阿里影业	快的打车	阿里智能	VIPABC 淘宝教育 淘宝同学	阿里音乐	淘宝阅读
T 腾讯	微信钱包	大众点评	QQ 58 同城	四维图新	挂号网 丁香园	腾讯互视	滴滴出行	QQ 物联	腾讯课堂	QQ 音乐	QQ 阅读
J 京东	京东钱包 京东闪付 京东白条	天天果园 京东商城	途牛网	N/A	上药云 健康有品 PICOOC sleepace	唐音 无限 微头条	车管家 车悦宝	京东微联	HaFaLa 汉娃乐园	京东音乐	京东商城
M 小米	小米支付	小米黄页	米聊	凯立德	九安医疗	新圣堂影业	人人车 蔚来汽车	小米 智能生态圈	宝宝巴士 沪江网	荔枝 FM 小米音乐	多看阅读
N 网易	网易宝	网易商城 网易严选	网易邮箱 LOFTER	N/A	网易健康	网易游戏 网易 CC	网易汽车应用	N/A	有道词典 网易公开课 网易云课堂	网易云音乐	网易云阅读 网易新闻
Q 奇虎 360	360 快捷支付	360 搜索 360 云盘	360 同城帮	360 地图	360 健康精灵	360 影视 橘子娱乐	N/A	360 商城 360 随身 WIFI	阳光兔	360 音乐	鲸鱼阅读
H 华为	华为支付	华为生活服务 华为云盘	花粉俱乐部 开发者社区	N/A	全联接疗室	华为媒体云 荣耀 VR	华为车联网	华为 HI Link 华为智能家居 华为智慧社区	爱为书院 华为大学 华为 ICT 学院 华为在线学院	华为音乐	华为阅读

3. 请描述新技术的扩散过程及影响因素。
4. 摩尔定律和达维多定律的内容分别是什么?
5. 数字经济时代创新的特征有哪些?
6. 数字经济时代有代表性的商业模式创新有哪些?

第 5 章　数字基础设施和数字技术基础

本章学习要点：

- 了解互联网的发展历程
- 理解物联网的含义和技术原理
- 理解云计算的内涵与主要应用
- 掌握区块链的内涵和主要应用
- 理解人工智能的内涵和主要应用

5.1　数字基础设施

2018 年底中央经济工作会议上明确提出了 5G、人工智能、工业互联网等“新型基础设施建设”的概念。2020 年初新冠疫情暴发后，为了稳定经济和社会运行，中央加大了“新基建”的投资规模，确定了七大重点投资领域：5G、工业互联网、人工智能、大数据中心、新能源汽车充电桩、特高压以及城际高速铁路和城市轨道交通。“新基建”投资计划的推出，体现出政府层面对数字基础设施建设的重视，契合了当前数字经济发展的基础需求。接下来，将重点介绍以 5G 为代表的移动互联网、工业互联网中的物联网和大数据中心这三类数字基础设施。

5.1.1　互联网

1. 从桌面互联网到移动互联网

1）互联网的诞生

互联网自 1960 年开始兴起，主要用于军方、大型企业等之间的纯文字电子邮件或新闻集群组服务。直到 1990 年才开始进入普通家庭，随着 web 网站与电子商务的发展，网络已经成为人们离不开的生活必需品之一。

互联网起源于 20 世纪 60 年代后期美国国防部国防高级研究计划署所建立的 ARPANET。ARPANET 是由一些被称为接口消息处理器（IMP）的小型机所构成的分组交换网络，每个节点具有接口消息处理器和主机，主机向接口消息处理器发送消息，接口消息处理器将该消息分组，接着向目的节点发送分组。ARPANET 已经具备了互联网的一些特点，并迅速成长。

虽然 ARPANET 成长迅速，但是各个网络的消息格式、接口等缺乏统一标准，多个网络之间的关联和通信成为亟待解决的问题。解决该问题的方案在于协议，只要各个网络采用相同的协议，那么相互之间的通信就能够实现。这促进了有关协议的研究工作，最终研究者们提出了 TCP/IP 参考模型及其协议簇，该模型被专门设计用于处理网络互联的通信。随着越来越多的网络连接到 ARPANET，TCP/IP 成为互联网的核心协议簇。

20 世纪 70 年代后期，美国国家科学基金会在 ARPANET 的基础上，建立了美国境内的骨干网络，并且将一些区域性网络连接到骨干网上，这些区域性网络和骨干网构成了 NSF-NET。随着 NSFNET 规模不断增长，美国国家科学基金会鼓励 MERIT、MCI 和 IBM 组成非营利性企业 ANS，该企业在 NSFNET 的基础上构建了 ANSNET。随后，ANS 被美国在线公司（AOL）收购，美国在线等公司成为 IP 服务的提供商。可见，计算机网络的发展经历了军用需求推动最初建立、政府资助推动扩大发展和商业运营推动广泛应用的过程。随后，随着文件下载 FTP、远程访问 TELNET、电子邮件乃至万维网的发明，互联网走进了每个人的生活，无论是用户的普及率，还是使用率、新增率，都发展到了一个相当的高度。2018 年，全球互联网用户数突破 40 亿，全球约 50 亿人口拥有（约 2/3）手机，且半数以上为智能设备，人们可以随时随地获取互联网体验。全球互联网用户每日平均在线 6 个小时，已占据人们清醒时间的 1/3。

2）移动电话系统与移动互联网

人们最初使用的电话是与固定接口连接的固定电话，随着无线通信技术的发展，出现了无须与固定接口连接的移动电话（即手机）。移动电话的使用使人们随时随地进行语音通信成为现实，人们对互联网数据通信的移动性提出了要求，希望随时随地通过手机等移动设备发送或者接收传真和电子邮件或者浏览网页、访问远程文件，希望实现移动办公室、移动管理等。在该需求的推动下，无线移动互联网技术应运而生。

移动电话系统经历了三个发展阶段：第一代的模拟语音通信；第二代数字语音通信的移动电话系统（扩展为 2.5G 后可以支持低带宽数据通信），主要采用全球移动通信系统（Global System for Mobile Communications，GSM）和码分多址（Code Division Multiple Access，CDMA）。第三代移动电话系统则同时支持数字语音与高速数据混合通信。其中，第三代移动电话系统，主要包括 TD-SCDMA、W-CDMA（Wideband CDMA）和 CD-MA2000 等。

移动电话系统和无线移动互联网都是在移动环境下对数字信号进行无线传输，并且都可以使用移动电话等作为终端设备，但是二者存在很多不同之处。首先，无线移动互联网主要面向数据包传送，而移动电话系统侧重固定带宽的高质量语音传送。其次，无线移动互联网在不同情况下，其数据流量和服务质量要求均存在较大差异，而移动电话系统的语音传送则具有固定带宽和服务质量要求。最后，无线移动互联网往往对带宽需求很大，而移动电话系统则没有这样的要求。

自 2007 年 1 月苹果公司推出新一代 iPhone 手机，移动互联网已有 10 年发展历程。10 年来，移动互联网高歌猛进，极大颠覆了传统互联网的商业模式，催生了共享经济、O2O 等诸多新业态。移动互联网成为互联网产业发展的主要基础设施。根据市场调研机构 Stat Counter 的数据，2016 年 10 月全球智能手机和平板电脑占全球互联网使用量的 51.3%，桌面端为 48.7%。移动互联网的使用量在全球范围内首次超过了桌面互联网。这标志着移动互联网时代在全球范围内全面到来。

2. 移动通信技术：从 2G 到 5G

中国在移动通信领域属于后来者，通过不断摸索和尝试，在移动通信技术从 2G 向 5G 逐步升级的过程中，逐渐形成了自己的研发标准，并被国际社会所接受。

从 1G 到 2G 是从模拟调制到数字调制，1995 年，在中华电信的引导下，正式挥别 1G，进入了 2G 的通讯时代。相较而言，第二代移动通信具备高度的保密性，增加了系统容量，能实现手机上网。3G 是在新频谱上制定的新标准，解决大数据传输速率过低问题。3G 与 2G 的主要区别是在传输声音和数据的速度上的提升，它能够在全球范围内更好地实现无线漫游，并处理图像、音乐、视频流等多种媒体形式，提供包括网页浏览、电话会议、电子商务等多种信息服务。3G 时代，中国移动扛起了中国自主研发的 TD-SCDMA 标准，这个标准是中国第一次在全球移动通信领域发出自己的声音，也就有了后续的 TD-LTE，也就有了现在的 5GNR 的中国主导地位。4G 是指第四代无线蜂窝电话通信协议，能够传输高质量图像及视频，能够实现 100+Mbps 下载速度但覆盖范围有限，数据传输有延迟。在 4G 时代，我国以华为为代表的多家公司开始全面发力，通过技术的积累和研发的加强，尤其在价格竞争和服务上，我国逐渐成了主力。到了 4G 时代的中后期，华为基本上在通信领域占据了第一的地位。

第五代移动电话行动通信标准，也称第五代移动通信技术，缩写为 5G。与 4G 相比，5G 具有更高的带宽，可以满足消费者对虚拟现实、超高清视频等更高网络体验的需求。5G 还具有更高的可靠性和更低的时延，能够更好地满足自动驾驶、智能制造等行业应用需求，实现万物互联，更有力地支撑经济社会的创新发展。5G 的广泛应用将重点解决传统移动通信无法很好地支持物联网及垂直行业应用的问题，主要包括面向物联网的低功耗大连接和低时延高可靠这两个场景。低功耗大连接场景主要面向智慧城市、环境监测、智能农业等以传感数据采集为主要目标的场景，这些场景不仅要求高密度的连接数，而且还要保证终端的超低功耗和超低成本。而低时延高可靠场景主要面向车联网、智能制造等垂直行业的特殊应用需求，需要为用户提供毫秒级时延和接近 100% 的可靠性。

我国在移动通信领域是后来者，但在 5G 标准研发上，我国属于全球的领跑集团。2016 年初，我国正式启动了 5G 研发技术试验；2016 年底，华为 polar 码（极化码）方案纳入 5G 国际标准。截至 2019 年 12 月，我国已经建成 5G 基站超过 13 万个，5G 商业化的全面启动将有力推动科技产业创新升级。我国企业在 5G 标准技术上，已经是国际一流水平，并且在服务、价格、效率上具有绝对优势。

3. 千兆宽带的时代

数字经济的全面爆发使得宽带网络的支撑能力日益凸显，宽带已成为当前经济和社会发展中不可或缺的战略性基础设施。

近年来，我国宽带网络建设取得了巨大成就，已建成覆盖全国的光纤宽带接入（FTTH）网络，截至 2019 年第 1 季度，中国 100 M 以上接入速率用户占比已达 73.3%，固定宽带平均接入速率达到 120.2 Mbps（估算值），光纤宽带用户在宽带用户中占比达到 91.6%。当前，随着光纤宽带接入技术的进步和新兴高带宽业务如高清视频、智慧家庭及 Cloud VR 的逐步应用，千兆宽带将成为下一步全球宽带发展的焦点。据 OVUM 统计数据，截至 2018 年年底全球已有 57 个国家的 234 家运营商发布了千兆宽带建设计划，致力于为经济社会数字化转型构筑坚实基础。

1）国家政策推动千兆宽带发展

2019 年政府工作报告明确提出，将开展城市千兆宽带入户示范，改造提升远程教育、远程医疗网络，让用户切实感受到网速更快更稳定。2019 年 5 月 15 日，国务院常务会议部署进一步推动网络提速降费，提出"把加快网络升级扩容作为扩大有效投资的重要着力点。今年实现光纤到户接入端口占比超过 90%，在 300 个以上城市部署千兆宽带接入网络，推动固定和移动宽带迈入千兆时代"。工信部和国资委两部委也联合印发了《关于开展深入推进宽带网络提速降费支撑经济高质量发展 2019 专项行动的通知》，明确提出了 2019 年我国千兆宽带发展的目标：推动基础电信企业在超过 300 个城市部署千兆宽带接入网络，千兆宽带覆盖用户规模超过 2 000 万家庭；研究制定千兆城市评价指标，开展千兆宽带应用示范，全年新增千兆宽带用户（含家庭用户和政企用户）40 万。

2）高宽带业务成熟加速千兆宽带商用进程

以 4K/8K/AR/VR 为代表的视频内容业务已经进入井喷期，中国 4K 内容时长已经超过 1 万小时、新增 4K 电视的渗透率已经超过 70%，全球 VR 的主流平台应用数量也超过了 6 000 个。Cloud VR 作为下一代 IPTV，产业界已构建起了完整的端到端生态体系，具备规模部署条件，高宽带业务的加速成熟应用也在不断驱动着千兆宽带在我国的商用进程。

2018 年以来，我国三大基础电信企业正积极推进千兆网络部署、探索千兆应用创新。截至 2019 年 5 月底，我国近 20 个省份运营商发布了千兆商用套餐，并携手产业合作伙伴基于千兆宽带进行了大量业务创新。如中国电信推出的"智能宽带"，包括智能连接、智能电视、智能组网、智能应用以及智能服务五大板块的产品、应用、业务和服务；中国联通推出的"智慧宽带"，基于 5G、千兆宽带、千兆家庭 Wi-Fi 推出智慧 TV 全面升级、智慧到家、沃家固话、沃家神眼 4 个核心应用。

3）技术产业成熟催生商业应用

回顾固定通信领域的发展历程，我国从基于铜线接入技术的语音时代，已经进入以 10G PON 光纤接入技术为基础的千兆接入时代。在"创新业务和技术发展"双轮驱动下，一个万物感知、万物连接、万物智能的智能社会即将到来（见表 5-1）。

表 5-1　固定宽带的发展历程

固网代际	Fn1	Fn2	Fn3	Fn4	Fn5
典型业务	语音、拨号上网	多媒体网页、标清视频	720P、1080P 高清视频	4K 超高清、云游戏	8K 视频，Cloud VR
典型宽带	窄带 PSTN/ISDN 64 kbps	宽带 ADSL 10 Mbps	超宽带 VDSL/VEC/SV 30~200 Mbps	超百兆 GPON/EPON/G.fast 100~500 Mbps	千兆超宽 10GPON 1~5 Gbps
建网模式	电话端局 / 窄带接入网	CO DSLAM	FTTC/FTTB	FTTH/FTTdp	FTTH
发展历程	2000 年之前	2000—2010 年	2005—2015 年	2010—2020 年	2015—2025 年

与前几代固定接入技术相比，10G PON 千兆宽带网络在带宽、用户体验和连接容量三个方面均有飞跃式发展。上下行速率将高达对称 10 Gbps，时延降低到 100 us 以下。这些变化将会推动光纤网络突破传统的产业边际，更多的连接万物：包括家庭的每一个房间，每一栋办公楼宇，每一台工业设备，等等，以前所未有的方式推动社会运行。千兆固定宽带网络十大商业应用场景如图 5-1 所示。

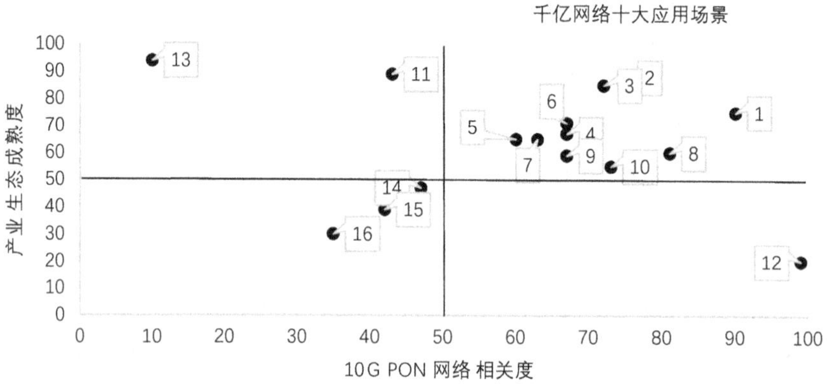

图 5-1　千兆网络商业应用场景

1.Cloud VR；2. 智慧家庭；3. 游戏；4. 社交网络；5. 云桌面；6. 平安城市；7. 企业上云；8. 在线教育；9. 远程医疗；10. 智能制造；11. 标清视频；12. 全息视频；13. 互联网访问；14. 精细化养殖；15. 智能交通；16. 智能配电

5.1.2　物联网

1. 物联网的含义

物联网（Interne of Things，IoT），顾名思义，就是物物相连的互联网。这有两层意思：第一，物联网的核心和基础仍然是互联网，是在互联网基础上延伸和扩展的一种网络，如果互联网是一棵大树，那么物联网就是它的一根树枝；第二，其用户端延伸和扩展到了任何物品与物品之间的信息交换和通信。因此，物联网是通过各种信息传感器、射频识别技术、全球定位系统、红外感应器、激光扫描器等各种装置与技术，实时采集任何需要监控、连接、互动的物体或过程，采集其声、光、热、电、力学、化学、生物、位置等各种需要的信息，通过各类可能的网络接入，实现物与物、物与人的泛在连接，实现对物品和过程的智能化感知、识别和管理。物联网是一个基于互联网、传统电信网等的信息承载体，它让所有能够被独立寻址的普通物理对象形成互联互通的网络。

如果说互联网让人与人的沟通不再受时空限制，那么物联网则让物物相连成为现实。物联网这张大网，在互联网的基础上又添加了无数的设备节点。这些没有生命的设备，一丝不苟地传递着传感数据，冷冷地执行着各种命令。这个无声而古板的网络，不断地把物理世界的信息转成数字放进虚拟世界，把虚拟世界的指令变成物理世界真实的动作，它让共享单车、无人驾驶、扫码零售等不断涌现的应用成为可能。从人与人，到人与物，再到物与物，万物互联的时代正在来临。

当然，真正实现万物互联，需要多种信息技术的融合互推。物联网与互联网、人工智能、大数据、云计算、移动互联这些新兴技术都是密切相关、互相支持、互相推动的。物联网并不是孤立的一环，而是数字经济发展过程中很重要的组成部分。

2. 物联网的起源与发展

说起物联网思想的起源，就不得不提到著名的“特洛伊”咖啡壶事件。时间回溯到 1991 年，剑桥大学特洛伊计算机实验室的科学家们在工作时，要下两层楼梯到楼下看咖啡煮好了没有，但常常空手而归，这让工作人员觉得很烦恼。为了能够随时查看楼下的咖啡状态，科学家们便发挥了技术宅的实力，编写了一套程序。他们在咖啡壶旁安装了一个便携式摄像机，镜头对准咖啡壶，利用计算机图像捕捉技术，以 3 帧 / 秒的速率将视频传递到实验室的计算机上。这样，他们就可以随时了解咖啡的情况，等咖啡煮好之后再下去拿，省去了上上下下的麻烦。这样一个小小的咖啡壶，便是物联网起源的雏形。

早在 1991 年美国麻省理工学院的凯文·阿什顿（Kevin Ashton）教授就首次提出物联网的概念。1995 年，比尔·盖茨在他的著作《未来之路》中也曾提到物联网，随后相继有人提出物联网的概念。1999 年，美国麻省理工学院“自动识别中心”提出“万物皆可通过网络互联”的观点。2003 年，美国《技术评论》提出传感网络技术将是未来改变人们生活的十大技术之首。2005 年，国际电信联盟（ITU）发布《ITU 互联网报告 2005：物联网》也引用了“物联网”的概念。

虽然网联网的概念早已被多次提及，但一直未能引起人们的足够重视，直到 2008 年以后，为了促进科技发展并寻找新的经济增长点，各国政府才开始将目光放在物联网上，并将物联网作为下一代的技术规划。仿佛一夜之间，物联网便成为炙手可热的新名词。2009 年欧盟执委会发表了欧洲物联网行动计划，描绘了物联网技术的应用前景，提出欧盟政府要加强对物联网的管理，促进物联网的发展。随后，IBM 首席执行官彭明盛在“圆桌会议”上首次提出“智慧地球”这一概念。2009 年 2 月 24 日，IBM 大中华区首席执行官钱大群在 IBM 论坛上公布了名为“智慧地球”的最新策略。

国内对物联网的发展也给予了高度的重视。2009 年 8 月，温家宝总理提出“感知中国”的概念，把我国物联网领域的研究和应用开发推向了高潮。率先建立了“感知中国”研究中心的城市是无锡。中国科学院、相关运营商以及多所大学相继在无锡建立了物联网研究机构。

物联网应用的种类日趋丰富，但国内当前物联网应用仍处于从初级到高级应用并存的状态，并没有出现同时处于物联网发展的“某个阶段”的这种情况。国内仍有大量原来孤立分散和独立运行的设备开始联网和小数据应用的拓展，但仍属于初级应用阶段。在局部领域，基于物联网采集的数据进行深度分析的应用也开始出现。

3. 物联网的技术原理

物联网是在计算机互联网基础之上的扩展。它利用全球定位、传感器、射频识别、无线数据通信等技术来创造一个覆盖世界上万事万物的巨型网络，就像一个蜘蛛网，可以连接到任意角落。

在物联网中，物体之间无须人工干预就可以随意进行“交流”。其实质就是利用射频自动识别技术，通过计算机互联网实现物体的自动识别及信息的互联和共享。

射频识别技术能够让物品“开口说话”。它通过无线数据通信网络，把存储在物体标签中的有互用性的信息，自动采集到中央信息系统，实现物体的识别，进而通过开放性的计算机网络实现信息交换和共享，实现对物品的“透明”管理。

物联网的问世打破了过去一直是将物理基础设施和IT基础设施分开的传统思维。在物联网时代，任意物品都可与芯片、宽带整合为统一的基础设施。在此意义上，基础设施更像是一块新的地球工地，世界的运转就在它上面进行。

案例：某机场——基于万户互联的界防

2008年，中国民航总局修订了《民用航空运输机场安全保卫设施建设标准》，其中明确提出对入侵目标进行识别、分类及全天候全天时工作的要求。2009年7月1日，《民用机场管理条例》正式实施，新条例对机场的安全运营提出了更高的要求。周界防入侵系统是机场安全的第一道防线，某机场集团和中国科学院合作，基于中科院自主知识产权的传感器网络技术打造第三代机场周界防入侵技术。这种目标驱动型报警技术的抗干扰能力强，虚警和漏警率极低，满足全天候全天时的监控要求，全面超越第二代信号驱动报警为机场周界防入侵带来了革命性的技术创新，并在该机场得到成功应用。

该国际机场占地50多平方公里，日均起降航班达700架次左右，年旅客保障能力达到6 000万人次、年货邮吞吐能力达到420万吨，按照传统机场的设计，机场周界防范主要依靠物理围界和人员定期巡逻的方式，存在着很大的安全漏洞，而该国际机场所属区域情况复杂，且临近多条道路，传统的技防手段都很难有效完成该机场周界技防的重任。

物联网技术，为该国际机场的周界防范带来新的解决思路，通过一体化设计、建设，把各种传感器直接输入周界技防设施中，构建起三级三维的布防体系。通过物联网技术，形成一套完整的前端周界防入侵探测分系统、联动控制分系统、视频监控分系统、指控中心分系统、网络及供电分系统等。

整个物联网体系可以对入侵目标和入侵行为进行分类识别，能够识别出具体目标、目标类别、目标行为，可以区分人员攀爬、破坏围栏、无意触碰、动物经过、异物悬挂、大风大雨等，普通界防难以区分的事件。由于传感器本身与设施融为一体，因此它能够智能化屏蔽非入侵干扰源，排除飞机起降、周边建设施工、大型货车驶过等机场常见的外部干扰，有效降低虚警率。

该国际机场周界安防系统建设总长27.1公里，共安装节点设备近8 000个，是目前国际上最大规模的周界安防物联网应用系统。系统于2008年4月7日正式验收通过并交付使用，建设至今，从未发生漏警和误警。

案例改编自：中国安防展览网（http://www.afzhan.com/news/detail/48417.html）

5.1.3 大数据中心

移动互联网时代，数据流量不断增加，大数据中心是数据存储、处理和交互的中心，被认为是当前的新型基础设施之一。2019 年，我国移动互联网用户每户平均月流量为 7.82 GB，是 2018 年的 1.69 倍，企业数据也呈现爆发式增长。不过，目前只有不到 2% 的企业数据被存储下来，其中只有 10% 被用于数据分析。目前全球 40% 的互联网数据中心（Internet Data Center，IDC）机柜在美国，我国只有 8%，而我国互联网用户显然多于美国，这意味着大数据中心发展空间很大。大数据中心的建设是个很长的产业链，包括服务器、路由器、交换机、光模块，还有电源、软件、网络、机房。另外，对于 IDC 产业链来说，更重要的是 IDC 集成运维，以及“云服务商”和解决方案。这说明，我国数据存储利用能力存在很大缺口。在这样的背景下，大数据中心也就是 IDC 的重要性日益凸显。

目前，我国的国家大数据中心有三大中心、八大节点。中心基地位于北京，南方基地位于贵州，北方基地位于乌兰察布。中国网络的核心层由北京、上海、广州、沈阳、南京、武汉、成都、西安等八个城市的核心节点组成。核心节点之间为不完全网状结构。核心层的功能主要是提供与国际 Internet 的互联，以及提供大区之间信息交换的通路。

2015 年 9 月，贵州启动全国首个大数据综合试验区建设工作。2016 年 2 月，国家发改委、工信部、中央网信办三部门批复同意贵州建设全国首个国家级大数据综合试验区。2016 年 10 月 8 日，国家发改委、工信部、中央网信办发函批复，同意在京津冀等七个区域推进国家大数据综合试验区建设，这是继贵州之后第二批获批建设和的国家级大数据综合试验区。此次批复的国家大数据综合试验区包括两个跨区域类综合试验区（京津冀、珠江三角洲），四个区域示范类综合试验区（上海市、河南省、重庆市、沈阳市），一个大数据基础设施统筹发展类综合试验区（内蒙古）。其中，跨区域类综合试验区定位是，围绕落实国家区域发展战略，更加注重数据要素流通，以数据流引领技术流、物质流、资金流、人才流，支撑跨区域公共服务、社会治理和产业转移，促进区域一体化发展；区域示范类综合试验区定位是，以引领东部、中部、西部、东北等“四大板块”发展，更加注重数据资源统筹，加强大数据产业集聚，发挥辐射带动作用，促进区域协同发展，实现经济提质增效；基础设施统筹发展类综合试验区定位是，在充分发挥区域能源、气候、地质等条件基础上，加大资源整合力度，强化绿色集约发展，加强与东、中部产能、人才、应用优势地区合作，实现跨越发展。

补充资料：国家大数据中心的三大中心和八大节点

（一）“三大中心”

1. 中心基地——北京

启动国家级超大云数据中心项目。2015 年 1 月 16 日，由蓝汛与北京市供销总社共同投资的蓝汛首鸣国际数据中心项目启动仪式在北京天竺综合保税区举行。据了解，该数据中心是北京首个国家级、超大规模云数据中心，产业园占地面积 8 万平方米，包含 9 栋数据中心机房和 1 栋感知体验中心。

2. 南方基地——贵州

2015 年 7 月 9 日，首个国家级数据中心——灾备中心落户贵州，该大数据库灾备中心在贵州揭牌，这标志着大数据专项行动第一阶段任务顺利完成。位于贵州贵安新区的国家旅游大数据库灾备中心机房内，有着一根特殊的网络虚拟专线，这条专线跨越了北京与贵州之间 2 200 多千米的距离，实现了国家旅游局北京机房与贵州灾备中心数据的同步传输和异地备份。

2015 年以来，众多大数据信息产业项目签约落户贵州，富士康、阿里巴巴、腾讯、华为等大型企业抢滩贵州发展；中国电信云计算贵州信息园、中国移动(贵州)大数据中心、中国联通贵安云数据中心一期建成运营；中电乐触、高新翼云、翔明科技等第三方数据中心已建成并投运，目前数据中心服务器达到 2.2 万台；北京供销社数据中心、惠普数据中心等一批项目纷纷启动。

3. 北方基地——乌兰察布

乌兰察布国家大数据灾备中心启动大会于 2016 年 7 月 8 日早上 8 点正式启动，内蒙古自治区主席布小林出席会议。乌兰察布市委市政府依据自身地理位置优越，地质板块稳定，电力资源丰富，气候冷热适宜，临近京津冀经济圈核心市场等优势，将信息产业作为战略性新兴产业来发展，致力于将乌兰察布市打造成面向华北、服务京津两地的国家级云计算产业基地，为承接高科技产业、加快产业转型升级提供强有力的支撑。市委市政府将为该建设国家大数据灾备中心项目提供充足的土地与极具竞争力的投资政策吸引广大企业参与建设。

(二)“八大节点”

中国大数据的八大节点和三大核心节点。中国网络的核心层由北京、上海、广州、沈阳、南京、武汉、成都、西安等 8 个城市的核心节点组成。

核心层的功能主要是提供与国际 Internet 的互联，以及提供大区之间信息交换的通路。其中北京、上海、广州核心层节点各设有国际出口路由器，负责与国际 Internet 互联，以及两台核心路由器与其他核心节点互联；其他核心节点各设一台核心路由器。

核心节点之间为不完全网状结构。以北京、上海、广州为中心的三中心结构，其他核心节点分别以至少两条高速 ATM 链路与这三个中心相连。

根据所掌握的流量情况，三大核心节点负责覆盖范围如下。

北京负责地区：北京、河北、内蒙古、山西、辽宁、河南、吉林、黑龙江、山东；

上海负责地区：上海、浙江、江苏、安徽、湖北、天津、江西、陕西、甘肃、青海、宁夏、新疆、广西；

广州负责地区：广东、福建、湖南、海南、四川、云南、贵州、西藏、重庆、广西。

1. 北京

北京是中国电信三大核心节点城市之一，同时也是 ChinaNet 骨干网三个国际出口之一，中国电信北方网络的主节点在北京电信上地机房，现北京上地数据中心原来是 263 机房，后来被电信收购重组为中国电信北京数据中心之一，也是中国电信北方网络主节点 China Net 骨干网的交换中枢。

2. 上海

上海是中国电信 ChinaNet 骨干网节点，同时也是 ChinaNet 骨干网三个国际出口之一；上海电信是中国电信国内长途电信网的重要枢纽节点，也是中国国际通信的三大出口局之一，拥有京沪、北沿海、北沿江、南沿海、沪杭、沪宁等国内长途光缆系统，以及国内卫星通信地球站；是中美、亚欧、亚太、环球、中日、中韩等国际大容量海光缆、陆地光缆系统的重要节点，并建有太平洋、印度洋卫星地球站。

3. 广州

广州市 Internet 服务中心系统于 1996 年 1 月 1 日正式开通，作为中国公用互联网络服务系统 China Net 的一个骨干节点，与北京和上海的 Internet 节点连接，与它们以及其他地区的节点共同构成 China Net 骨干网。广州节点是继北京、上海之后的第三个国际出口，也是广东乃至全国最大的国际出口之一。

4. 西安

西安是中国公用计算机网络和中国多媒体信息网络在西北五省的网络核心中枢，同时，西安又是西北五省和中国公用计算机网络（ChinaNet）连接的必由之路，拥有最大的网络传输线路。

5. 南京

南京电信作为 ChinaNet 的八大节点之一，南京电信拥有富足的网络资源，与同是八大节点之一的上海电信相比，南京与其他省市之间的骨干网络资源利用率适度。

6. 成都

成都数据中心是中国电信全国大节点之一，并能提供与国内 ChinaNet 主要节点城市连接的长途专线。

7. 武汉

武汉电信是全国重要的通信枢纽和原中国电信第三大业务领导单位，处于国家骨干通信网八纵八横一级通信干线中心位置。是中国电信建设的三大高速光缆环网（南环，西环和北环）的交汇中心。

8. 沈阳

沈阳主要是作为 ChinaNet 在东北地区的网络中心，在 1996 年开通，由于东北大部分地区都被网通网络覆盖，因此 ChinaNet 沈阳节点是电信节点中规模比较小的。

5.2　数字技术基础

信息技术（Information Technology，IT）时代是以自我控制、自我管理为主，数字技术（Data Technology，DT）时代则是以服务大众、激发生产力为主的技术。这两者之间看起来似乎是一种技术的差异，但实际上是思想观念层面的差异。阿里巴巴集团副总裁兼阿里云总裁胡晓明认为，阿里从 IT 到 DT 的转变，意味着对数据从管理和控制转向点燃和激发。“让数据为业务、为消费者所用，为商业、为社会所用，让数据去激发各个层面的活力，激发数据的能量，让数据称为一种信仰。”

所谓信息技术，主要是用于管理和处理信息所采用的各种技术的总称，它主要是应用计算机科学和通信技术来设计、开发、安装和实施信息系统及应用软件，常被称为信息和通信技术（Information and Communications Technology，ICT）。信息技术和数字技术两个概念既有区别，又有联系。前者侧重于技术层面，后者侧重于应用层面；后者的应用需要以前者的技术为基础。

一般认为,数字技术基础主要包括“ABCD”四大类:A——人工智能(Artificial Intelligence),B——区块链(Blockchain),C——云计算(Cloud Computing),D——大数据(Big Data)。从具体功能上讲,云计算的核心功能在于计算能力、存储能力和通道能力;大数据的核心功能在于静态数据之大、动态数据之大以及数据被使用后新生的叠加数据之大;人工智能的核心功能在于将数据通过滤波去除垃圾后变成信息,把信息经过挖掘推送后形成知识,把知识通过智能算法形成决策性判断;而区块链则是一种特殊的互联网技术,是对“共识人群的一种管理方式”。如果说云计算、人工智能带来了生产力的提升,大数据让生产资料分发更高效,那么区块链就是对生产关系的变革。在此基础上,区块链技术也可以通过新的信任机制大幅拓展人类协作的广度和深度。这几者之间的关系,普遍的观点是“融合发展”,分不清孰重孰轻,孰先孰后,而是你中有我、我中有你。比如,基于区块链技术的工业互联网,其中既有区块链技术,也有大数据技术,还有云计算技术,三者合成一体,又衍生出了人工智能和物联网的概念。

接下来,将重点介绍云计算、区块链和人工智能三类数字技术基础。至于大数据相关内容,将在第 11 章中详细介绍。

5.2.1 云计算

1. 云计算的内涵

近十年来,云计算取得了飞速的发展与翻天覆地的变化。现如今,云计算被视为计算机网络领域的一次革命,因为它的出现,社会的工作方式和商业模式也在发生巨大的改变。

1)云计算的概念

云计算(Cloud Computing)是分布式计算的一种,指的是通过网络“云”将巨大的数据计算处理程序分解成无数个小程序,然后通过多部服务器组成的系统进行处理和分析这些小程序,得到结果并返回给用户。通过这项技术,可以在很短的时间内(几秒钟)完成对数以万计的数据的处理,从而达到强大的网络服务。“云”实质上就是一个网络,有狭义和广义两种理解。

狭义上讲,云计算就是一种提供资源的网络。使用者可以随时获取“云”上的资源,按需求量使用,并且可以看成是无限扩展的,只要按使用量付费就可以。“云”就像自来水厂一样,我们可以随时接水,并且不限量,按照自己家的用水量,付费给自来水厂就可以。

从广义上说,云计算是与信息技术、软件、互联网相关的一种服务。这种计算资源共享池叫作“云”,云计算把许多计算资源集合起来,通过软件实现自动化管理,只需要很少的人参与,就能让资源被快速提供。也就是说,计算能力作为一种商品,可以在互联网上流通,就像水、电、煤气一样,可以方便地取用,且价格较为低廉。

总之,云计算不是一种全新的网络技术,而是一种全新的网络应用概念。云计算的核心概念就是以互联网为中心,在网站上提供快速且安全的云计算服务与数据存储,让每一个使用互联网的人都可以使用网络上的庞大计算资源与数据中心。

2）云计算的特点

与传统的网络应用模式相比，云计算具有高灵活性、可扩展性和高性价比。

（1）高灵活性

目前市场上大多数IT资源、软、硬件都支持虚拟化，比如存储网络、操作系统和开发软、硬件等。虚拟化要素统一放在云系统资源虚拟池当中进行管理，可见云计算的兼容性非常强，不仅可以兼容低配置机器、不同厂商的硬件产品，还能够外设获得更高性能计算。

（2）可扩展性

用户可以利用应用软件的快速部署条件来更为简单快捷地将自身所需的已有业务以及新业务进行扩展。如，计算机云计算系统中出现设备的故障，对于用来说，无论是在计算机层面上，抑或是在具体运用上均不会受到阻碍，可以利用计算机云计算具有的动态扩展功能来对其他服务器开展有效扩展。这样一来就能够确保任务得以有序完成。在对虚拟化资源进行动态扩展的情况下，同时能够高效扩展应用，提高计算机云计算的操作水平。

（3）高性价比

将资源放在虚拟资源池中统一管理，在一定程度上优化了物理资源，用户不再需要昂贵、存储空间大的主机，可以选择相对廉价的PC组成云，一方面减少费用，另一方面计算性能不逊于大型主机。倘若服务器故障也不影响计算与应用的正常运行。因为单点服务器出现故障可以通过虚拟化技术将分布在不同物理服务器上面的应用进行恢复或利用动态扩展功能部署新的服务器进行计算。计算机包含了许多应用、程序软件等，不同的应用对应的数据资源库不同，所以用户运行不同的应用需要较强的计算能力对资源进行部署，而云计算平台能够根据用户的需求快速配备计算能力及资源。

3）云计算的类型

按照服务模式来看，云计算可分为基础设施即服务（Inforastructure as a Service，IaaS）、平台即服务（Platform as a Service，PaaS）和软件即服务（Software as a Service，SaaS）三种类型。

基础设施即服务（IaaS）：它向云计算提供商的个人或组织提供虚拟化计算资源，如虚拟机、存储、网络和操作系统。IaaS是对计算、存储、网络等资源进行池化，通过自服务门户让客户便捷实用。

平台即服务（PaaS）：它为开发人员提供通过全球互联网构建应用程序和服务的平台，使得开发团队能够快速构建、分发和运行应用程序。

软件即服务（SaaS）：通过互联网提供按需软件付费应用程序，云计算提供商托管和管理软件应用程序，并允许其用户连接到应用程序并通过全球互联网访问应用程序。

按照部署模式来看，云计算可分为公有云、私有云和混合云。其中，公有云是云服务提供者拥有所有软硬件资产，使用者将数据导入其平台以运营企业的应用程序；私有云是企业完全拥有所有资产和数据，在自有的平台内使用；混合云是企业根据业务的关键性和数据的敏感性，同时使用公有云和私有云。

2. 云计算的发展历程

云计算这个概念首次在2006年8月的搜索引擎会议上提出，成了互联网的第三次革命。近几年来，云计算也正在成为信息技术产业发展的战略重点，全球的信息技术企业都在纷纷向云计算转型。我们举例来说，每家公司都需要做数据信息化，存储相关的运营数据，进行产品管理、人员管理、财务管理等，而进行这些数据管理的基本设备就是计算机了。

对于一家企业来说，一台计算机的运算能力是远远无法满足数据运算需求的，那么公司就要购置一台运算能力更强的计算机，也就是服务器。而对于规模比较大的企业来说，一台服务器的运算能力显然还是不够的，那就需要企业购置多台服务器，甚至演变成为一个具有多台服务器的数据中心，而且服务器的数量会直接影响这个数据中心的业务处理能力。除了高额的初期建设成本之外，计算机的运营支出在电费上的花费要比投资成本高得多，再加上计算机和网络的维护支出，这些总的费用是中小型企业难以承担的，于是云计算的概念便应运而生了。

追溯云计算的历史，可以追溯到 1956 年。克里斯托弗（Christopher Strachey）在国际信息处理大会（International Conference on Information Processing）上发表了一篇名为《大型高速计算机中的时间共享》（"Time Sharing in Large Fast Computer"）的学术报告，他在文中首次提出了"虚拟化"的基本概念。这篇文章被认为是最早的虚拟化技术论述，从此拉开了虚拟化发展的帷幕。虚拟化则是今天云计算基础架构的核心，是云计算发展的基础。而后随着网络技术的发展，逐渐孕育了云计算的萌芽。

在 20 世纪的 90 年代，计算机网络出现了大爆炸，出现了以思科为代表的一系列公司，随即网络出现泡沫时代。2004 年，Web2.0 会议举行，Web2.0 成为当时的热点，这也标志着互联网泡沫破灭，计算机网络发展进入了一个新的阶段。在这一阶段，让更多的用户方便快捷地使用网络服务成为互联网发展亟待解决的问题，与此同时，一些大型公司也开始致力于开发大型计算能力的技术，为用户提供了更加强大的计算处理服务。在 2006 年 8 月 9 日，Google 首席执行官埃里克·施密特（Eric Schmidt）在搜索引擎大会（SES San Jose 2006）首次提出"云计算"的概念。这是云计算发展史上第一次正式地提出这一概念，有着巨大的历史意义。

2007 年以来，"云计算"成了计算机领域最令人关注的话题之一，同样也是大型企业、互联网建设着力研究的重要方向。因为云计算的提出，互联网技术和 IT 服务出现了新的模式，引发了一场变革。在 2008 年，微软发布其公共云计算平台（Windows Azure Platform），由此拉开了微软的云计算大幕。同样，云计算在国内也掀起一场风波，许多大型网络公司纷纷加入云计算的阵列。2009 年 1 月，阿里软件在江苏南京建立首个"电子商务云计算中心"。同年 11 月，中国移动云计算平台"大云"计划启动。到现阶段，云计算已经发展到较为成熟的阶段。

3. 云计算的发展现状

近年来，全球云计算市场规模总体呈稳定增长态势（见图 5-2）。2018 年，以 IaaS、PaaS 和 SaaS 为代表的全球公有云市场规模达到 1 363 亿美元，增速 23.01%。未来几年市场平均增长率在 20% 左右，预计到 2022 年市场规模将超过 2 700 亿美元。

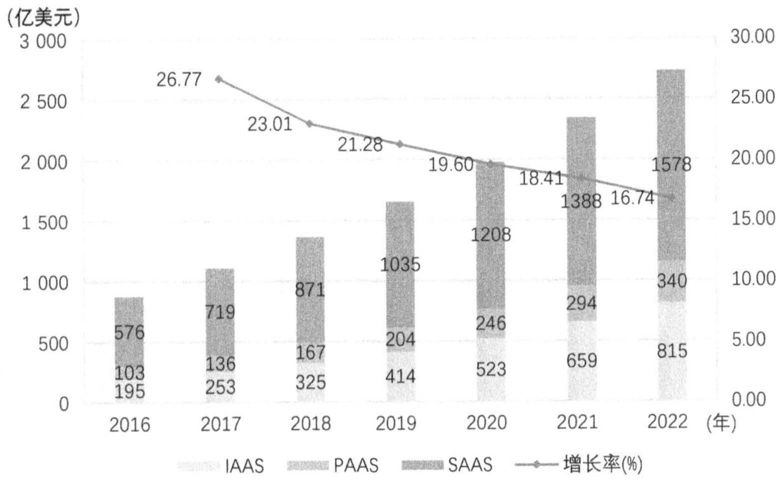

图 5-2　全球云计算市场规模及增速

数据来源:Gartner,2019 年 1 月

我国公有云市场保持高速增长(见图 5-3)。2018 年我国云计算整体市场规模达 962.8 亿元,增速 39.2%,其中,公有云市场规模达到 437.4 亿元,相比 2017 年增长 65.2%, 2019 年云市场规模达到 668.3 亿元, 2020 年达到 949.6 亿元,预计 2021—2022 年仍将处于快速增长阶段,到 2022 年市场规模将达到 1 731.3 亿元。

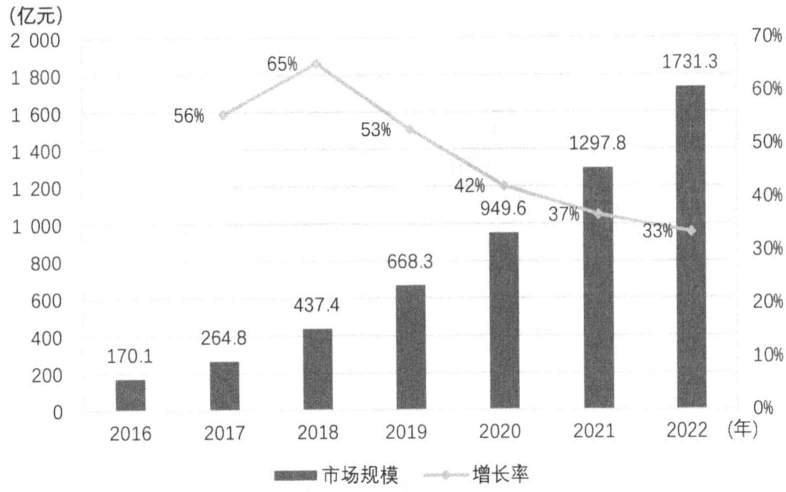

图 5-3　中国公有云市场规模及增速

数据来源:中国信息通信研究院 2019 年 5 月

我国私有云规模的增速放缓(见图 5-4)。私有云市场规模达 525 亿元,较 2017 年增长 23.1%,预计未来几年增速将稳中略降,到 2022 年市场规模将达到 1 172 亿元。其中, 2018 年私有云硬件市场规模为 371 亿元,占比 70.6%,较 2017 年有所下降; 软件市场规模为 83 亿元,占比为 15.8%,与 2017 年相比上升了 0.2%;服务市场规模为 71 亿元,占比 13.6%,提高了 0.3%。

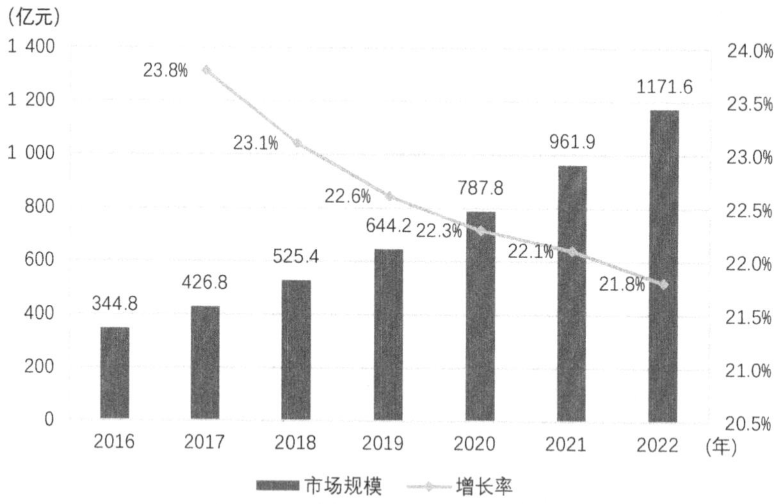

图 5-4 我国私有云市场规模及增速

数据来源:中国信息通信研究院 2019 年 5 月

市场份额方面(见图 5-5)。据中国信息通信研究院调查统计,阿里云、天翼云、腾讯云占据公有云 IaaS 市场份额前三,光环新网、UCloud、金山云(排名不分先后)处于第二集团;阿里云、腾讯云、百度云位于公有云 PaaS 市场前三;用友、金蝶、畅捷通位居公有云综合 SaaS 能力第一梯队;中国电信、浪潮、华为、曙光则处于政务云市场前列。

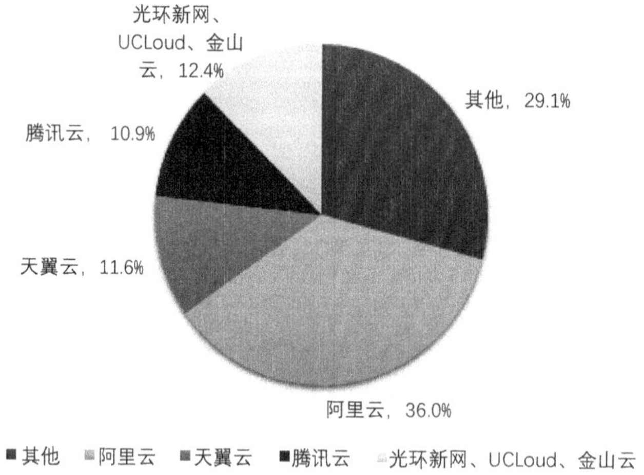

图 5-5 2018 年国内公有云 IaaS 市场份额占比

4. 云计算的应用

1)政务云

2018 年,我国政务云市场规模达 370.9 亿元,政务云已实现全国 31 个省级行政区全覆盖,地级市行政区覆盖比例达到 75%。整体来看,政务云行业呈现出三个特点:一是逐步走出"跑马圈地"的快速建设期,新增项目以扩容为主;二是应用成效不断提升,依托云平台有效推动"互联网+政务服务"建设,极大提升了政务服务的便捷性,同时,政务云在帮助政府节约信息化成本方面效果显著;三是政务云正在成为"数字城市"建设的关键基础设施,在政务云基础设施之上，结合大数据、物联网、人工智能等技术，为实现城市经济运行、城市综合管理、城市综合服务的精准数字化提供保障（见图 5-6 所示）。

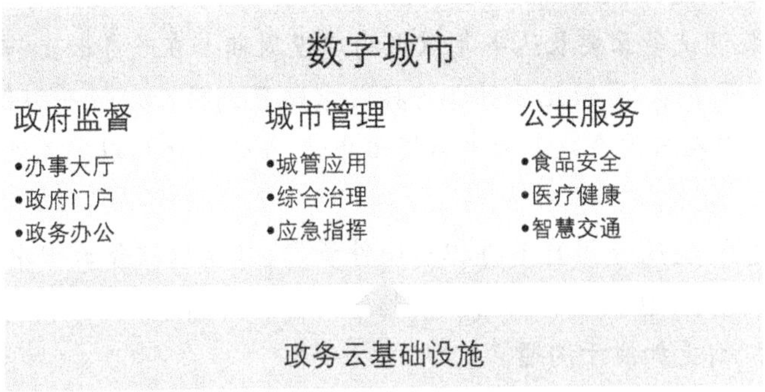

图 5-6　政务云为数字城市提供基础设施保障

案例：四川省政务云

近年来，四川省级政务利用信息化建设快速发展提高了政府运转效率，为行政效能提供了有力支撑。但是，也在一定程度上存在着重复建设、设备使用率较低以及设备闲置等问题。据不完全统计，2011—2014 年，四川立项建设的省级电子政务项目投资超 6 亿元。近年来省财政每年安排信息系统运行维护费近 5 亿元，省级部门信息化建设维护队伍投入人员 1 000 多人。尽管如此，政府部门依然存在数据难共享、业务难协同的情况。这就需要打破信息孤岛，将各部门的业务整合到一个基础平台上。所以，建设政务云是信息化发展趋势，越早建设越便于整合，可以更大程度减少浪费，实现政府精准服务、精细化管理，使政府与公众的距离更加接近。

四川省政务云领导小组结合前期调研和四川省实际需求，创新性地提出了“1+N+N+1”的总体架构。从体系架构上化解监管难题，从制度建设上保障服务质量。

（1）方案特色

开放线路：四川政务云建设之初就选定制定基于国际开放标准的“OpenStack+KVM+SDN+Overlay”的技术路线，在避免被单一厂商绑定的同时，还能保证不同云服务商之间良好的互迁移性。

“1+N+N+1”模式创新：一个云监管平台、多个云服务商平台、多个部门整合平台以及一个云灾备平台。云监管平台实时掌握所有云上的资源状况、运行状况和安全状况。政府按照相同规范标准向不同云平台服务商购买服务，供给方竞争合作，尽可能改造利用具备条件的部门数据中心，形成云整合平台。同时搭建异地云灾备平台，确保重大灾难发生时，政府重要数据安全可用。

云服务创新：四川省政务云平台采用硬件虚拟私有云（Virtual PC，VPC）架构，同时融合网站应用级入侵防御系统（Web Application Firewall，WAF）、入侵防御系统（Intrusion Prevention System，IPS）等安全资源池的云网融合方案，提供全面的云服务，包含云主机、云存储、云防火墙、云载负均衡、云数据库、云审计、云运维、云应用等诸多增值功能和服务，实现政务云服务“一站式”交付。

(2)价值

资源服务化交付:省级政务云的投入使用,大大缩短了资源配置周期。传统的审批立项、政府采购和安装调试等需要长达半年以上的建设周期。在政务云上,部门只需要登录统一门户进行简单操作下单,最短几分钟即可按要求配置到位。以往一个信息化项目要历时2至3年才能完成,现在只需在政务云平台提出申请,5分钟就可以完成硬件资源部署,大大缩短了建设周期。

建立部门沟通桥梁:政务用户不再担心硬件资源,只需从政务云中申请。不仅如此,部门之间实现了数据共享,为部门数据交换架起了桥梁。全省“一盘棋”,里面“棋子”之间的关系也变得更加紧密,更加便于沟通。

为大数据打好基础:省级政务云建设还促进了政府数据统筹管理,开启了政务大数据应用序幕。如通过省级政务云的公共数据交换平台,涉税部门数据得以快速集中整合。随着政务云上各类共享交换数据的增加和拓展,深度关联分析在创新政府管理、服务民生以及带动大数据产业发展方面将产生巨大价值。

(3)金融云

传统金融企业与云计算厂商共同发力金融云市场金融云四个细分领域在监管要求和业务需求上有显著区别,导致金融云在行业应用时产生了不同的侧重(见图5-7)。

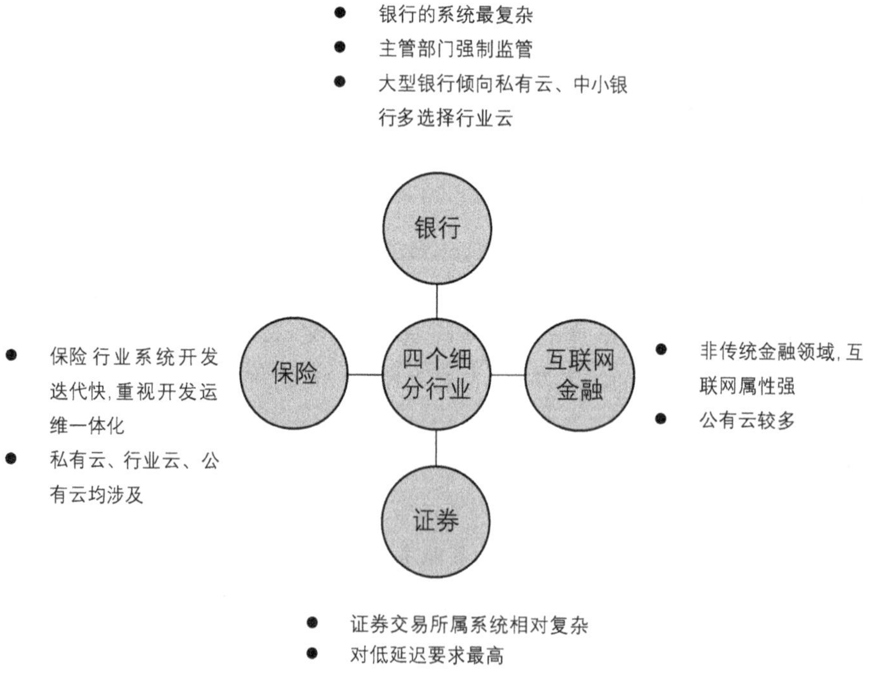

图5-7 金融细分行业监管要求和业务需求

银行方面。行业对服务可用性和数据持久性要求较高。银行科技公司成为银行云主体,兴业银行、招商银行、建设银行、民生银行、工商银行、光大银行、华夏银行、北京银行、平安银行等纷纷成立科技公司,提供包含IaaS、PaaS、SaaS的全方位的云计算服务,银行领域科技公司总注册资金超过 37 亿人民币。

证券方面。证券对交易系统的响应时延要求苛刻，系统上云不能显著影响交易速度。证券交易系统在数据库、操作系统和小型机等方面对传统部署方式依赖度较大，上云推进缓慢。但也有证券公司探索开启云平台建设，中信证券已经建设完成金融服务云平台和私募基金云服务平台，构建“平台 + 服务”新型商业模式；招商证券利用混合云架构实现系统弹性与数据安全，国泰君安证券搭建金融云平台提升灾备管理，赋能业务创新。

互联网金融方面。银行与信息通信技术（Information Communications Technology，ICT）服务商争相成立互联网金融公司。阿里成立蚂蚁金服，京东成立的京东金融，腾讯扶持的微众银行，为互联网金融企业提供定制化的云计算解决方案；民生银行、江苏银行、兴业银行、工商银行、浦发银行、北京银行、华夏银行等纷纷成立直销银行，进军互联网金融领域，利用“互联网 + 云计算”为客户提供理财、基金等服务；苏宁、海尔、国美等厂商纷纷成立消费金融公司，利用云计算技术为客户提供方便快捷的在线支付手段。

保险方面。云计算公司纷纷布局保险行业，阿里云、腾讯云、百度云、华为云、青云、云栈科技等云计算公司利用容器、微服务等技术手段构建核心架构的上云方案，实现保险系统的快速开发迭达。

（4）交通云

交通行业具有服务对象数量多、安全可靠性要求极高、信息化系统生命周期长等特点。现阶段，我国交通行业正向高速化、密集化发展，而基础设施利用率和共享度低，系统分散独立、可靠性低、扩容难、新系统上线周期长，数据缺乏统一管理部署安全性堪忧成为限制交通行业信息化发展的痛点。云计算技术特有的超强计算能力、动态资源调度、按需提供服务等特点将使交通行业在海量数据信息存储、应用负载波动需求、数据贡献、高可用性及高稳定性、综合交通业务融合、安全性上有突出的表现。

5.2.2　区块链

区块链开创了一种在不可信的竞争环境中低成本建立信任的新型计算范式和协作模式，凭借其独有的信任建立机制，实现了穿透式监管和信任逐级传递。区块链源于加密数字货币，目前正在向垂直领域延伸，蕴含着巨大的变革潜力，有望成为数字经济信息基础设施的重要组件，正在改变诸多行业的发展图景。

1. 区块链的内涵

1）区块链的定义

区块链（Blockchain）是一种由多方共同维护，使用密码学保证传输和访问安全，能够实现数据一致存储、难以篡改、防止抵赖的记账技术，也称为分布式账本技术（Distributed Ledger Technology）。作为一种在不可信的竞争环境中低成本建立信任的新型计算范式和协作模式，区块链凭借其独有的信任建立机制，正在改变诸多行业的应用场景和运行规则，是未来发展数字经济、构建新型信任体系不可或缺的技术之一。

区块链技术的原理主要围绕三个基本概念展开。

第一,交易。这是区块链参与方在区块链上进行所有操作的基本形式,从简单的付款到智能合约的执行。每次交易的操作都将导致当前区块链账本状态的一次改变,比如一笔付款交易导致中行户余额发生了改变。

第二,区块。区块链账本的单元形式,它记录了一段时间内发生的所有交易以及交易后状态改变的结果,此区块记录的内容需要得到所有参与方的共识。

第三,链。每个区块在得到所有参与方的共识后,按照发生顺序串联成链,是整个区块链账本状态变化的日志记录。相邻区块之间的链接方式主要是将前一个区块的哈希值放入下一个区块中,依此类推。

总体来说,整个区块链的运作机制就是各参与方发出各种交易,交易被区块生成者收到后,根据交易中包含的操作将当前区块链记录的相关状态进行改变,然后将新的状态结果和交易都记录到区块中,在区块链所有参与方达成共识后链接到当前区块链中。

2)区块链的特征

第一,去中心化。区块链数据的验证、记账、存储、维护和传输都不是基于中心机构,而是利用数学算法实现。去中心化使网络中的各个节点能够自由连接,进行数据、资产、信息等的交换。

第二,开放性。区块链具有源代码开源性,即网络中设定的共识机制、规则都可以通过一致的、开源的源代码进行验证。任何人都可以直接加入(公开链),或者通过受控方式加入(联盟链)。

第三,自治性。区块链技术采用基于协商一致的规范和协议,使得整个系统中的所有节点都能够在去信任的环境中自由安全地交换收据,任何人为的干预都不起作用。

第四,信息不可篡改。区块链使用了密码学技术中的哈希函数、非对称加密机制来保证区块链上的信息不被篡改。由于每一个区块都是与前续区块通过密码学证明的方式链接在一起的,因此当区块链达到一定的长度后,要修改某个历史区块中的交易内容,就必须将该区块之前的所有区块的交易记录及密码学证明进行重构,这一点有效实现了防篡改。

第五,匿名性。由于节点之间的交换遵循固定的算法,其数据交互是不需要信任的,区块链中的程序规则会自行判断活动是否有效。因此,交易对手无须通过分开身份的方式让对方对自己产生信任。

3)区块链是一台创造信任的机器

在区块链出现之前,我们通常依据法律规则、市场现状以及习惯和常识等因素来构建一套信任体系。比方说,我们使用支付宝付款,本质上是出于对阿里巴巴公司的信任;我们通过银行存钱理财,本质上是出于对银行的信任;我们相信买到的食品、药品是安全合规的,本质上是出于对国家监管及法律体系的信任。社会的稳定运行,需要大量的信任模型作为支撑。在区块链出现之前,这些信任模型其实都依赖于个人、公司、组织、政府之间的制约、担保、公证,以及社会法律法规等一系列明规则、潜规则。大多数情况下,信任模型的构建也基于多种信任因素的组合。在这信任体系中,一直以来承担信任成本的机构,被称作中心化系统。

区块链是创造信任的机器。区块链让人们在互不信任,并且没有中心化系统的情况下,能够做到互相协作。图 5-8 显示了传统方式下依靠第三方机构的中心化交易与区块链的不同。因为各参与方拥有共同的账本，所以当某项交易产生时，相关信息将通过 P2P 网络扩散到所有的节点，每个节点网络使用既定的算法来共同验证交易和用户状况并共担风险。这个验证结果会通过 P2P 网络方式扩散至全网。一旦被验证，这个交易会和其他的交易结合，在总账上形成一个新的区块链数据。新的区块被永久且不可改变地增加到已有的区块链顶端，至此整个交易完成。在本质上，区块链是一个共享、可信的公共总账，任何人都可以对它进行核查，但不存在一个单一的用户可以对它进行控制。区块链系统中的各参与方，将会共同维持总账的更新：它只能按照严格的规则和共识来进行修改。通过集合一系列技术，它能给公开、完全去中心化网络带来信任。

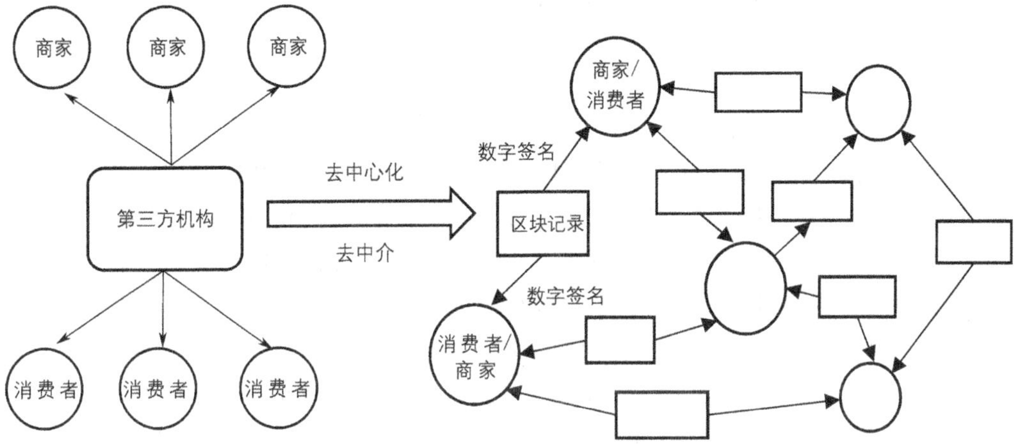

图 5-8　区块链的去中心化

图片来源：新华三大学《数字化转型之路》

严格来说，区块链的确实现了社会学层面的信任化，而且是“去基于人的信任化”。或者以更严谨的方式表述，区块链实现的其实是一种“基于代码的信任”。而这种基于代码实现的信任关系，是 100% 的。有人可能会说，代码也是由人来设计实现的，但在区块链的世界里，代码经过一次验证之后，就已经去除了人的因素，它面向的交互对象只有代码。可以说，这种信任模型是突破性的，它将使社会运行关系产生内部的、深刻的变化。

2. 区块链的演化历程

2008 年，神秘人物中本聪在“密码朋克”社区发布了白皮书《比特币：一种点对点的电子现金系统》，紧接着，2009 年中本聪挖掘出创始区块。支撑比特币体系的底层技术，如哈希函数、非对称加密、工作量证明等，构成了区块链技术的最初版本。经历了十年的野蛮生长，区块链已从少数人的玩具，逐渐向真实可用的技术解决方案靠近。区块链在多方参与、流程较长、信用成本较高的领域已经开始被探索性地应用。

1）区块链 1.0 阶段：区块链雏形阶段

在此阶段，比特币（BTC）最先进入人们的视野，大家纷纷效仿比特币底层技术发行各类数字货币（如莱特币、狗狗币等），使得基本的价值信息和数据进行 P2P 传输成为现实，区块链初见雏形。但此阶段仅限于简单的应用，并无实际价值。区块链也并未作为一种专门技术体系被提出，更多只是用来描述比特币记录交易的链式账本。

2）区块链 2.0 阶段：区块链体系化阶段

在此阶段，出现了以以太坊、NEO、QTUM 和 EOS 为代表的区块链底层平台，旨在对共识机制、智能合约、开发组件、交易处理速度和开发语言进行升级革新，并辅助以分片、跨链、侧链、数字身份、评审和设计的技术来进行创新，试图解决区块链商业应用的问题。但目前来看，诸多技术平台尚不完善或者正处于开发阶段，离真正进入商用阶段尚有差距。

3）区块链 3.0 阶段：区块链规模应用阶段

在此阶段，随着区块链技术的成熟，一些平台型项目将成为现实世界与区块链世界的连接器，能接入其他区块链系统，形成通用的区块链技术平台并能支持大规模的交易处理需求。基于这些成熟的区块链系统，将会出现更多的区块链应用，区块链技术也将真正走入现实生活之中。

3. 区块链的发展现状

1）全球区块链发展现状

应用落地方面，区块链源于加密数字货币，正向多领域延伸。2019 年以来，区块链在各领域应用落地的步伐不断加快，正在贸易金融、供应链、社会公共服务、选举、司法存证、税务、物流、医疗健康、农业、能源等多个垂直行业探索应用。截至 2019 年 8 月，由全球各国政府推动的区块链项目数量达 154 项，主要涉及金融业、政府档案、数字资产管理、投票、政府采购、土地认证 / 不动产登记、医疗健康等领域。其中，荷兰、韩国、美国、英国、澳大利亚等国的政府推动项目数排名前五，在探索区块链技术研发与应用落地方面表现更加积极主动。

产业规模层面，全球新增区块链企业数量出现减缓迹象。在经历了 2014 年和 2017 年的新成立区块链企业数量高峰后，2018 年起新成立企业数量开始下降。截至 2019 年 8 月，全球共有 2 450 家区块链企业，新成立区块链企业数量锐减。

行业应用方面，当前全球区块链企业 38% 集中在加密货币领域，23% 的企业专注于区块链技术研发，互联网、金融业是应用最多的两个领域。美国、中国、英国区块链企业数量分列前三位；加拿大、新加坡、瑞士等国由于相对宽松的产业监管环境，区块链企业数量也较多。

城市分布方面，旧金山、北京、伦敦是拥有区块链企业最多的 3 个城市；同时，我国深圳、上海、杭州排名也较为靠前。

专利方面，全球专利布局不断拓展，我国占比显著。截至 2019 年 7 月 25 日，全球公开区块链专利的申请数量高达 1.8 万余件。2015—2018 年申请量逐年快速递增，而进入 2019 年专利申请速度有所放缓。从 2013 年开始，布局的国家地区数量从 6 个逐渐增长到 35 个。中国仍保持快速增长趋势，在全球专利占比份额超过半数，是美国申请专利的三倍之多。全球区块链专利申请机构 Top20 中，阿里、联通等申请量分别以第一、第五位跻身全球前列。然而专利授权方面，虽然我国当前区块链专利申请量位居第一，但大多处于审查阶段，授权专利多为实用新型、边缘性的专利。截至 2018 年年底，全球有 771 件区块链发明专利获得授权，中国仅有 53 件。

2）中国区块链发展现状

聚焦数字经济创新，实践特色应用场景。各地积极出台相关政策，侧重点更加明确，具体规划更为清晰。据统计，截至 2019 年 5 月，北京、上海、广东、江苏、浙江、贵州、山东等全国超过 30 个省市地区发布政策指导文件，开展区块链产业链布局。2018 年各城市出台专项政策，其基本思路主要是"筑巢引凤"以培育区块链产业生态，但区块链扶持政策较为同质化。2019 年各地政府对待区块链的态度更加严谨、务实，聚焦于如何将区块链技术与地方特色相结合，寻找实际落地场景，在服务经济社会发展中发挥作用。截至 2019 年 5 月，全国已成立区块链产业园共计 22 家，杭州、广东、上海等沿海城市占比过半，其中 20 家为政府主导或参与推进。应用领域方面，政务民生类应用项目数量显著增多，司法存证、税务、电子票据、产品溯源等其他领域稳步发展。

布局工程技术研发，深度赋能实体经济。科技巨头纷纷将目光投向区块链云平台（BaaS），且侧重于不同的应用领域。百度发布的"度小满金融区块链开放平台"着眼于金融领域的企业区块链构建服务，该平台主要适用于支付清算、数字票据、银行征信管理、权益证明和交易所证券交易等领域。阿里云着手建立的阿里云区块链 BaaS 主要面向企业级客户，为客户搭建商品溯源、数据资产交易等 14 个应用场景中的信任基础设施，从而推动开发者生态的发展。腾讯推出的区块链 BaaS 平台的定位则是"以信息服务方的角色全面向合作伙伴开放"，腾讯自身则不参与供应链金融布局。京东推出的区块链 BaaS 平台与上述各巨头的定位都不同，将重点放在商品的防伪追溯上，商品的原料的生产、加工、物流运输、零售交易等数据都可以上链。华为的区块链服务 BCS 产品为企业及开发者提供公有云区块链服务，即是华为云 PaaS 服务的一次升级，也标志着华为云服务的生态版图进一步拓展。除了传统科技巨头，还有很多科技企业投身到区块链应用中，各种区块链技术创新成果层出不穷。截至 2019 年 3 月，中国区块链企业数量仅次于美国，分别达到 499 家和 553 家，主要集中在北京、上海、广东、浙江等发达地区。中国区块链发展的核心技术创新力正在不断提升，这为央企的区块链应用提供了坚实的技术基石。在央企的区块链现有成果中，大部分都是央企与互联网科技企业合作的产出。

4. 区块链的应用

区块链通过点对点的分布式记账方式、多节点共识机制、非对称加密和智能合约等多种技术手段建立强大的信任关系和价值传输网络，使其具备分布式、不可篡改、价值可传递和可编程等特性。在应用方面，区块链一方面助力实体产业，另一方面融合传统金融。在实体产业方面，区块链优化传统产业升级过程中遇到的信任和自动化等问题，极大地增强共享和重构等方式助力传统产业升级，重塑信任关系，提高产业效率。在金融产业方面，区块链有助于弥补金融和实体产业间的信息不对称，建立高效价值传递机制，实现传统产品价值在数字世界的流转，帮助商流、信息流、资金流达到"三流合一"等方面具有重要作用。

目前，区块链技术的应用场景不断铺开，从金融、产品溯源、政务民生、电子存证到数字身份与供应链协同，场景的深入化和多元化不断加深。然而，区块链的应用仍旧处于较为初级的阶段，各类应用模式仍在发展中演进，仍需持续探索。

1）金融服务领域

金融服务产业是全球经济发展的动力，也是中心化程度最高的产业之一。金融市场中交易双方的信息不对称导致无法建立有效的信用机制，产业链条中存在大量中心化的信用中介和信息中介，减缓了系统运转效率，增加了资金往来成本。区块链技术源自加密货币，凭借其开放式、扁平化、平等性的系统结构，操作简化、实时跟进、自动执行的特点，与金融行业具有天然的契合性，最早在金融领域发挥优势作用。目前国内已经一定数量的金融业应用已经通过了原型验证和试运营阶段，涉及供应链金融、跨境支付、资产管理、保险等细分领域。在实际业务运营取得的应用成果，可集中体现金融业运用区块链技术的思路：在多方协作的场景里，用来共享风控信息，跟踪合同类关键证据，进行资产交易和信用传递，目的是扩大规模、提升效率、改善体验，并降低风险和成本。典型案例见表 5-2 所示。

表 5-2 金融服务细分领域典型案例

领域	时间	案例
跨行/境支付	2017.12	招商银行联手永隆银行、永隆深圳分行，成功实现了三家银行间使用区块链技术的跨境人民币汇款。这是全球首笔基于区块链技术的同业间跨境人民币清算业务
	2018.1	中国建设银行浙江省分行与杭州联合银行合作实现业内首笔跨行区块链福费廷交易
	2018.8	中国银行通过区块链跨境支付系统，成功完成河北雄安与韩国首尔两地间客户的美元国际汇款，这是国内商业银行首笔应用自主研发区块链支付系统完成的国际汇款业务
	2018.10	中国银行、中信银行、中国民生银行三家设计开发的区块链福费廷交易平台成功上线，并于当日完成首笔跨行资产交易
	2018.12	由中国银行业协会联合国家开发银行等共同发起的“中国贸易金融跨行交易区块链平台”正式上线运行，中国工商银行和招商银行也完成了首笔跨行国内信用证链上验证
	2019.4	中国国投国际贸易有限公司所属南京公司完成了内地首笔基于区块链技术的跨境信用证交易
资产管理	2016.10	中国邮政储蓄银行携手 IBM（中国）有限公司推出的基于区块链技术的资产托管系统上线，这是中国银行业将区块链技术应用于银行核心业务系统的首次成功实践
	2017.11	中国银行与汇丰银行合作开发的基于区块链技术的抵押贷款估值信息共享发布，已处理超过 2 500 个物业估价案例
	2018.6	交通银行正式上线业内首个投行全流程区块链资产证券化平台“聚财链”。随后，交通银行 2018 年第一期个人住房抵押贷款资产支持证券（RMBS）基础资产信息完成上链
	2018.12	交通银行依托区块链技术打造的国内首个资产证券化系统——“链交融”上线。“链交融”作为国内市场首创、基于分布式理念和区块链技术的证券化系统，利用区块链技术实现 ABS 业务体系的信用穿透，使整个业务过程更加规范化、透明化及标准化
	2019.2	京东数字科技宣布推出资管科技系统“JT2 智管有方”，其证券化服务体系利用区块链技术，能帮助投资人认识底层资产状况，提高投资效率，能为机构投资者提供产品设计、销售交易、资产管理和风险评估等能力
供应链金融	2018.10	由腾讯与联易融共同合作，运用腾讯区块链技术打造的区块链供应链金融平台“微企链”成为《区块链与供应链金融白皮书》的首个入选案例
	2018.10	中国宝武钢铁集团与同济大学、上海银行合作建设“上海市大宗商品区块链供应链金融应用示范项目”。该平台基于同济大学的“梧桐链”底层区块链系统，以宝武产业链场景为切入点，为各参与方提供平等协作的服务入口，优化业务流程和用户体验
	2018.11	工商银行联合核心企业及第三方供应链金融服务平台，利用区块链技术将核心企业与各层级供应商间的采购资金流与贸易流集成到区块联盟平台上，成功发放了首笔数字信用凭证融资
	2019.1	蚂蚁区块链发布基于区块链技术的供应链协作网络蚂蚁双链通，这项应用将解决广大供应链上下游，特别是制造业中小企业的融资难题
	2019.3	腾讯云发布区块链供应链金融仓单质押解决方案，搭建了一个能够快速担保、可信确认的融资平台，仓单质押融资借贷过程中的金融风险以及风控管理的难度都将有效降低，融资效率得以大幅提升

数据来源：中国信通院

2）产品溯源领域

日益增长的商品溯源需求迅速推动了溯源行业的发展，区块链作为一种新兴技术打造了一种去中心、价值共享、利益公平分配的自治价值溯源体系。多家企业抓住机遇，进军区块链市场，主要分为两类：一类是新型的区块链创业公司。区块链技术所带来的新的产业与商业模式催生了大量的创业公司，他们先一步进入溯源市场，抢占市场份额。另一类是互联网巨头，他们试图将区块链技术与自己的传统产业相融合，解决企业实际问题，同时向平台化发展，提供多行业服务。根据其业务类型又可以分为两类，应用方案服务商多和业务方对接，基于需求提供应用解决方案，如阿里、京东、沃尔玛、中食链等；技术服务商为应用方案商提供区块链底层基础设施的搭建及相关开发合作，大多可同时服务于多个行业。产品溯源领域的典型案例如表 5-3 所示。

表 5-3　产品溯源细分领域典型案例

领域	时间	案例
农业溯源	2017.3	阿里巴巴与普华永道达成合作，宣布将应用区块链打造透明可追溯的跨境食品供应链，搭建更安全的食品市场
	2017.12	京东与沃尔玛、IBM、清华大学电子商务交易技术国家工程实验室共同成立中国首个安全食品区块链溯源联盟，旨在提升中国食品供应链的透明度
	2018.7	山东省寿光市新规划建设的 18 个重点农业园区全面推广区块链追溯系统，真正实现农产品源头可追溯、流向可跟踪、信息可查询、责任可追溯，由粗放分散发展向组织化、集约化发展转变
	2018.9	中国电信在区块链技术的基础上融合了物联网、大数据、人工智能技术，面向政企客户尝试基于区块链的农业溯源，提供定位、告警、溯源等一系列服务
	2018.9	百度推出“区块链＋大闸蟹”溯源应用，通过使用溯源工具对每只大闸蟹对应的蟹扣和蟹体进行扫描，即可追溯来源
	2018.12	国家数字农业建设试点项目——福建光阳蛋业股份有限公司蛋鸡养殖基地将利用物联网、区块链技术，完善“一品一码”追溯体系。从鸡苗开始的成长数据，通过设备采集后，传入云端，为消费者、监管部门和企业管理者提供准确可靠、不可更改的完整闭合数据链和视频记录
商品溯源	2017.11	天猫国际宣布升级区块链全球原产地溯源计划，未来将覆盖全球 63 个国家和地区，3 700 个品类，14 500 个海外品牌，也将向全行业开放，赋能整个行业
	2018.2	菜鸟和天猫国际达成了合作，启用区块链技术建立商品的物流全链路信息
	2018.1	深圳首个“保税＋社区新零售”顺丰优选项目“丰溯 Go”上线运营。“丰溯 Go”依托区块链技术，搭建商品供应链全程溯源体系，解决了跨境商品身份认证的行业痛点
	2018.8	“京东区块链防伪追溯平台”BaaS 正式上线，商品原料的生产、加工、物流运输、零售交易等数据都可以上链
	2019.1	由中国网“一带一路”网与中追溯源（北京）科技股份有限公司联合发起的基于区块链技术的“一带一路”可追溯商品数据库正式启动，确保每一件商品都能实现来源可查，去向可追，有力杜绝假冒伪劣产品
其他溯源	2018.5	百度百科上链，利用区块链不可篡改性来保证百科历史版本准确保留，从而增强词条编撰的公信力，实现信息溯源
	2018.5	京东物流主导创建了国内首个“物流＋区块链技术应用联盟”，旨在搭建国内外区块链技术互动平台，助力区块链技术在物流行业的标准化发展

3）政务民生领域

2018年7月31日国务院出台的《国务院关于加快推进全国一体化在线政务服务平台建设的指导意见》指出，要在2022年底前，全面建成全国一体化在线政务服务平台，实现"一网办"。区块链技术可以大力推动政府数据开放度、透明度，促进跨部门的数据交换和共享，推进大数据在政府治理、公共服务、社会治理、宏观调控、市场监管和城市管理等领域的应用，实现公共服务多元化、政府治理透明化、城市管理精细化。作为我国区块链落地的重点示范高地，政务民生领域的相关应用落地集中开始于2018年，多个省市地区积极通过将区块链写进政策规划进行项目探索。在政务方面，主要应用于政府数据共享、数据提笼监管、互联网金融监管、电子发票等；在民生方面，主要应用于精准扶贫、个人数据服务、医疗健康数据、智慧出行、社会公益服务等。政务民生领域的典型案例如表5-4所示。

表5-4 政务民生细分领域典型案例

领域	时间	案例
电子政务	2017.5	南京市政府上线的"房产交易与不动产登记一体化办理平台"使用区块链技术实现了"四减一升"目标：将房产、地税、国土等部门的咨询、受理、收费窗口合并，实现交易登记类业务一窗联办
	2018.1	广州开发区的"政策公信链"是全国首个实现落地的区块链政策兑现平台。该系统由金丘区块链为其打造，旨在提高政府政策兑现业务处理效率
	2019.4	北京市海淀区推出基于区块链等技术的"不动产登记+用电过户"同步办理的新举措，实现以二手房交易为主题的各项服务的联动办理
	2019.4	广州市黄埔区新上线了商事服务区块链平台，在全国首创"区块链+AI"企业开办服务模式，探索实现港澳企业商事服务"足不入境，离岸办理"
	2019.6	青岛市市北区运用区块链打造了"政务知识学习及考试平台"和"政务KPI考核平台"，将通证和绩效挂钩，在简化办事流程的同时将所有过程上链，保证透明可追溯
	2019.6	重庆与支付宝合作的区块链政务服务平台上线。该平台大大简化了营业执照申办流程，提高了政务人员的工作效率
发票/票据	2018.6	广州市黄埔区税务局推出了广州首个"税链"区块链电子发票平台，致力解决纳税人发票使用中的痛点堵点问题，构建发票管理开放性生态化的共治格局
	2018.8	国家税务总局深圳市税务局主导、由腾讯自研区块链技术支撑的区块链电子发票"税务链"项目上线。全国第一张区块链发票在深圳国贸旋转餐厅被开出
	2018.8	太平洋保险携手京东集团共同宣布——全国首个利用区块链技术实现增值税专用发票电子化项目正式上线运行，并在太保"互联网采购平台"试点应用
	2019.3	杭州地铁联合支付宝推出基于区块链技术的电子发票
	2019.4	招商港口开出全国港口第一张区块链电子发票，开启了中国航运业区块链电子发票新时代
	2019.6	全国首个区块链电子票据平台——浙江省区块链电子票据平台上线。该平台由浙江省财政厅发起，应用支付宝的蚂蚁区块链技术共同推进，旨在优化用户就医流程

续表

领域	时间	案例
便民服务	2018.9	蚂蚁金服和上海复旦大学附属华山医院合作推出全国首个区块链电子处方，能够解决医院处方防篡改、复诊患者拿着处方不遵医嘱在外面重复开药等多个问题
	2018.12	中国移动杭州分公司与杭州市政府合作，共同建设了基于区块链技术的“中小学直饮水系统”工程
	2018.12	北京顺义区住建委上线“棚改项目全生命周期智慧监管信息平台”，运用大数据、区块链技术让棚改项目更规范、更高效、更安全
	2019.4	佛山市禅城区教育局组织开展全区中小学生眼健康数字化管理暨“区块链＋视力”项目工作，计划实现儿童眼健康从筛查到治疗的全过程数字化管理
	2019.4	依托腾讯区块链，上海第一人民医院和安徽省立医院率先上线区块链电子病历，完成联盟电子卡的调通和开卡，制定了统一的电子病历展现标准
	2019.6	佛山市禅城区启动全省首个“区块链＋疫苗”项目建设，打造“区块链＋疫苗安全管理平台”，旨在实现疫苗流通全过程的可视化监管，并简化疫苗接种预约流程
社会公益	2017.4	公益中行互联网平台正式上线，同年 9 月覆盖 12 个省的 32 个贫困县。该平台借助区块链技术全面可持续地推进精准扶贫，是区块链技术在金融领域一次创新应用
	2017.5	贵阳红云社区携手网录科技，搭建红云社区区块链助困系统，通过区块链平台记录贫困、残障人员的身份信息，扶贫助残的服务信息，资金流向信息，实现精准扶贫、助残
	2018.1	贵州省扶贫基金会与 CROS 区块链技术公司合作搭建的区块链智慧公益平台正式上线，实现了公益活动过程中信息与行为的全流程存证、全周期追溯与审计
	2018.1	中国建设银行广东省分行推出农民工普惠服务平台并发布民工惠产品，运用区块链实现工资全流程、全线上定向发放、及时到账，有效缓解了企业融资难、民工工资发放难问题
	2019.3	上海静安区体育公益配送服务项目“静安体育公益配送”平台正式上线运行，引入了经认证的可信区块链系统，用于解决公益配送环节中的信用问题，保证配送资金的安全性、透明性
	2019.7	海口市龙华区启动了海南首个区块链＋志愿服务项目，即通过建立区委宣传部、团委、民政、司法等部门与志愿服务工作的衔接机制，在志愿服务平台上实现互联互通

数据来源：中国信通院

4）供应链协同领域

据公开资料统计，目前国内供应链管理和物流成本高达 20%，远远高于欧美国家供应链管理和物流 8% 的成本，国内企业的供应链管理和物流成本还有很高的改善空间，而这正是供应链协同发挥作用的地方。基于区块链的供应链协同应用将供应链上各参与方、各环节的数据信息上链，做到实时上链，数据自产生就记录到区块链中。典型的采购和销售供应链阶段包括：生产采购订单、仓库备货、物流运输、收货确认、商品销售等环节。通过供应链上各参与方数据信息上链，数据加密存储保证数据隐私，智能合约控制数据访问权限，做到数据和信息的共享与协同管理。区块链在供应链协同领域的主要应用方向包括：数据共享与可视性、去中间环节与数据安全、自动验证执行与高效协同。供应链协同领域的典型案例如表 5-5 所示。

表 5-5 供应链协同领域典型案例

时间	案例
2018.3	腾讯和中国物流与采购联合会(中物联)联合发布区块供应链联盟链及云单平台,以提升物流与供应链行业的效率,助力行业标准化运营,并帮助物流行业的小微商户解决融资困难等问题
2018.7	联想集团结合区块链打造可信的供应链管理体系,提出基于区块链的企业协同采购管理方案,利用区块链技术解决了供应链各方信息不透明,业务流程烦琐以及信息孤岛等问题,实现了供应链各个环节的实时信息共享和多方协同共赢
2018.11	阿里云 SupET 工业互联网平台发布,通过区块链提供制造质量可追溯性和供应链管理服务。该平台由阿里云物联网技术(Internet of Things, IoT)的区块链解决方案提供
2019.4	全链通有限公司提出工业制造业供应链协同应用,建立了基于区块链的以合同签订和履约跟踪为核心的企业信用机制和基于区块链的质量保障能力和履约综合能力认证应用,解决了多方数据共享的信任问题,实现供应链透明化管理
2019.6	青岛海尔有限公司提出企业协同海运保险,基于自主研发的 COSMOPlat 平台,利用区块链技术实现平台用户间数据(订单、报关、海上天气、船舶位置等)的实时可靠共享,保险公司可以快速承保,用户也可以实时理赔,生产企业也可据此实现一键快速通关
2019.8	新华三技术有限公司提出专门为光模块防伪建立的光模块溯源链 OMTrace,结合防伪标签技术提出了光模块溯源防伪的区块链解决方案,构建多方确认,不可篡改的共享数据信息及全流程交易记录,提供消费者及监管部分查询验真和审计。同时对不同数据进行隔离共享,保证企业数据的商业隐私
2019.8	上海分布科技信息有限公司提出了企业危化品协同供应链用以解决供应流程中的痛点问题,通过区块链技术整合多方数据、在保证信息安全的前提下,实现数据在行业上下游企业之前的多方流转,从而降低企业间的信任成本,提高协作效率

数据来源:中国信通院

5.2.3 人工智能

1. 人工智能的内涵

人工智能的概念到现在尚未有统一的定义,涉及计算机与生物仿生学的交织,涉及即时仿生反应系统与自主开展行动个体。总体来看,可以认为人工智能是以人类思维完成智能行为应用的统称。

微软人工智能科学家将人工智能划分为以下四个层次(见图 5-9)。

第一层即最底层是计算智能。在这一层,计算资源、存储资源、网络资源共同构成了基础资源。包括云计算、大数据、区块链和软件定义网络(Software Defined Network, SDN)在内的一系列技术支撑着计算智能的建立和发展。

第二层则是感知智能。目前,绝大多数的人工智能属于感知智能范畴,具体包括人脸识别、语音识别、机器翻译、AR/VR、机器人等。其实,从某种意义上说,致力于模仿或取代人类感知层面能力的智能技术都属于感知智能。

第三层是认知智能。计算机可以建立 0 和 1 之间的联系,但不知道为什么这样做。它只有视觉或者分类的功能,没有赋予结果以概念。"赋予概念"是我们人类做的事情。我们在做任何事情之前,首先会建立一个概念,然后用这个概念和我们的语言去对比、映射,再用逻辑去做推理。我们所谓的逻辑推理是构建在概念之上的。那么,这个概念是如何建立的？这不是感知层范畴所能解决的问题。目前整个 AI 行业的发展成果主要还是聚焦于感知层面，认知层面的突破则较为困难。认知层面的关键技术包括自然语言理解、语义网、知识图谱，这些技术主要应用于金融、聊天机器人与客服、智能音箱、搜索与大数据商务智能（Business Intelligence，BI）等领域。

第四层即最高层是创造智能，也成为通用层。这一层处于金字塔塔尖的位置。这一层对于现在的我们而言还是黑匣子，可望而不可即。我们无法获知当前的技术水平距离这一层还有多远的路要走。但我们可以知道，在这一层里，机器的智能或许将达到或超越人类的高度。

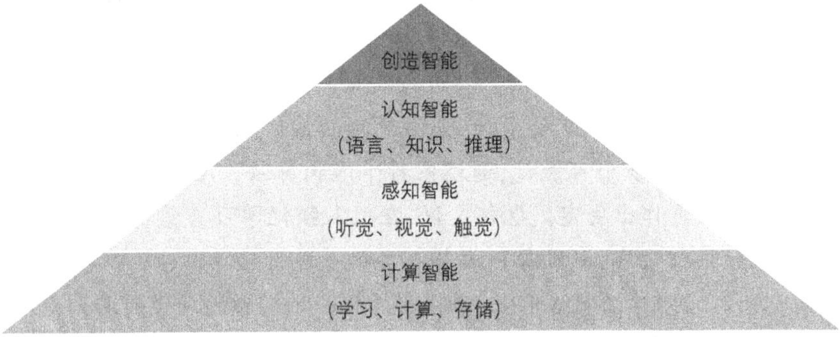

图 5-9　人工智能的四层图谱

案例：人工智能技术的应用——围棋世界冠军 AlphaGo

在 AlphaGo 推出之前，IBM 的超级计算机“深蓝”就曾战胜过国际象棋的世界冠军，那时候的计算机更多的是使用一种叫作“暴力搜索”的技术。所谓下棋，特别是信息完全的棋类游戏，本质上其实可以看作一种搜索——搜索一个巨大可行性空间里最可能获胜的一条路径。国际象棋的搜索空间相对比较有限，所以那个年代的计算机可以采用一种类似于暴力搜索的方式去找到一个最优解。但这种方法却不适用于围棋，因为围棋中有 19×19 的数量位置，穷尽所有可能性要比宇宙中所有原子的数量还要多，这意味着再强大的计算机也不可能完全搜索其所有的空间，技术发展到今天，我们可以通过智能化方案来解决这个问题。AlphaGo 也因此应势而生。

那么，AlphaGo 到底是如何下棋的呢？

AlphaGo 实际上选择了一种新的下棋方式。促使 AlphaGo 提高棋力、打败人类选手的秘诀主要有三个：深度神经网络、监督 / 强化学习以及蒙特卡洛树搜索。

深度神经网络指包含超过一个认知层的计算机神经网络，人们设计出不同的神经网络“层”来解决不同层次的认知任务。这种具备许多“层”的神经网络，被称为深度神经网络。AlphaGo 的核心算法中共包含两种深度神经网络：价值网络和策略网络。价值网络负责尝试每一手棋中的每一种可能性，然后再下一手棋的各个位置去标注胜率。实际上这个胜率是通过大量的模拟下棋操作后得到的一个综合胜率。通过综合胜率的集中，可以判断下一手应该走到哪儿，然后反复重复此过程。最终价值网络能够辅助 AlphaGo 抛弃不合适的路线。策略网络辅助 AlphaGo，对每一手棋的落子进行优化，左右局部“战术”，以减少失误。两种神经网络结合在一起，使得 AlphaGo 不需要过于庞大的计算也能够走出精妙的棋局，就像最顶尖的人类棋手一样。在研发的初始阶段，AlphaGo 需要收集大量的围棋对弈数据，通过大量的人类棋局数据来训练神经网络模型，形成自己独特的判断方式。但实验证明，通过大量的棋局训练出来的神经网络也只能让 AlphaGo 达到业余的水平，仅有深度学习网络还不足以打造专业水准的下棋机器人，去与人类的顶级专家进行对战。

故此，除了深度学习技术加持外，还需要大量的监督学习和强化学习技术辅助。监督学习和强化学习是机器学习的不同分支。监督学习是指机器通过人类输入的信息进行学习，而加强学习是指机器自主收集环境中的相关信息，以作出判断，并形成自己的“经验”，从而增强对整个棋局的判断。

最后，蒙特卡洛树是一种搜集算法。在进行决策判断时，它会从根结点开始不断选择分支节点，通过不断的决策使得游戏局势向 AI 所预测的最优点移动，直到模拟游戏胜利。每一次的选择都会同时产生多个可能性，通过蒙特卡洛树算法，AlphaGo 可以先进行仿真运算，推断出可能的结果再作出决定。也就是说，在引入强化学习与蒙特卡洛树之后，AlphaGo 能够在与自己做模拟对战，以及每一次与人类棋手进行对弈时，将对战的结果反过来再作为新的棋谱重新输入到神经网络中去做训练，得到一个更新的神经网络，然后再把这个过程不断循环，从而通过互相的对战提高棋谱质量，以生成新范式，实现棋谱质量的提升。因此，AlphaGo 最终能够打败人类顶尖棋手，不仅仅是一个单纯的深度学习训练所造就的，而是因为它综合应用了深度学习、监督 / 强化学习和蒙特卡洛树搜索这三种技术。

2. 人工智能发展的四个基础条件

人工智能发展所处的信息环境和数据基础正在发生深刻的变化。日益海量化的数据、不断优化的算法模型、持续提升的计算能力和不断扩展的应用场景，正在推动人工智能的迅猛发展（见图 5-10）。

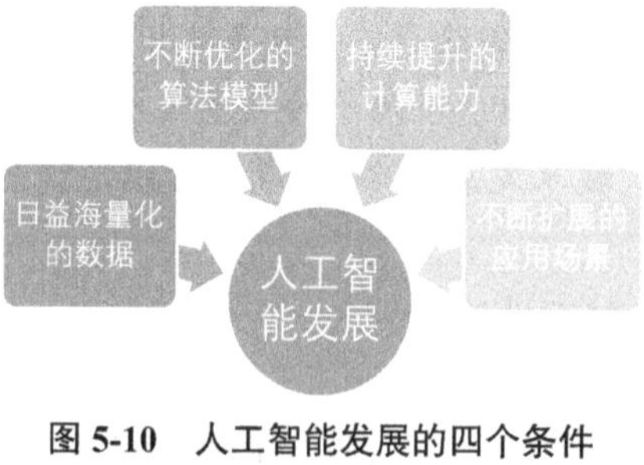

图 5-10　人工智能发展的四个条件

1）条件一：日益海量化的数据

IDC 研究预测 2025 年全球数据量将达到 163 ZB，其中 20% 的数据蕴藏有颠覆性潜力，注重数据价值的时代已经来临。

人工时代的大数据和传统意义上的海量数据是有一定区别的，主要表现在两个方面：第一，智能时代里大数据的本质是大连接。传统意义上的大数据更多的是指其数据体量大，数据处理复杂，数据属于结构化或非结构化。但在智能时代，我们更关注数据的内在关联性。

数据之间的关联性越强，意味着数据背后蕴藏的价值越大。第二，智能时代大数据的重要指标是标注性。目前，机器学习和深度学习主要集中于监督学习，标注数据对于模型训练意义非凡。在弱人工智能阶段，AI 能力输出的背后通常有大量人工成本在支撑着规模惊人的数据集的建造。

目前，人工智能正在从监督学习向无监督学习演进升级。在这一过程中，人工智能算法模型需要从各行业、各领域的海量数据中不断积累经验、发现规律、持续优化。可以说，数据是人工智能发展的基础。

2）条件二：不断优化的算法模型

作为人工智能发展的核心要素，从 20 世纪 80 年代开始到现在，“算法”一直在不断地更迭、演进。AI 领域的算法分为三种流派：符号主义流派、贝叶斯流派以及联结主义流派。目前，人工智能算法也已经广泛应用于自然语言处理、语音处理以及计算机视觉等领域，并在某些特定领域取得了突破性进展。在未来，上述三种算法流派的融合将成为主要发展趋势。

随着算法模型的重要性进一步凸显，全球科技巨头纷纷加大布局力度和投入，通过成立实验室、开源算法框架、打造生态体系等方式推动算法模型的优化和创新。OpenAI、CaffeOnSpark、DMTK 等多家公司已开源了深度学习基础计算框架以及专用领域算法框架（如人脸识别等），希望通过多方参与、资源贡献进一步推动技术创新。

3）条件三：持续提升的计算能力

计算能力是这一波人工智能浪潮的主要推动力。事实上，深度学习算法、神经网络是 20 世纪七八十年代就被提出来的概念，为什么一直到最近深度学习才有了飞跃式的发展？从技术角度来看，主要原因是原来的计算能力不够。所有深度学习、神经网络里用到的训练过程都可被归结为矩阵运算范畴，而传统的 CPU 并不能满足计算能力及效率的需求。近年来，更适于矩阵运算的图形处理器（Graphics Processing Unit，GPU）、云、GPU 集群的出现，使得使用海量数据训练一个庞大的模型真正成为可能。目前，Amazon、Google、百度、阿里都已经开始提供基于 GPU 的计算机集群服务。

除了 GPU 以外，将 AI 算法注入 FPGA 这样的轻量级可编程芯片中也能够极大地提高终端的运算速度，这也是人工智能未来发展的趋势之一。在专用人工智能领域，技术人员正致力于进一步优化芯片功能，尽量减少芯片在其他与计算无关的任务上所浪费的开销，包括缓存、存储的功能等。换言之，我们希望打造仅用于满足深度学习这一特定功能需求的专用芯片，然后再进行固化量产。

4）条件四：不断扩展的应用场景

在技术突破和应用需求的双重驱动下，人工智能技术已走出实验室，向产业的各个领域渗透，产业化水平大幅提升。图 5-11 展示了人工智能的产业链分布情况，可以看出，人工智能已在智能机器人、无人机、金融、医疗、安防、驾驶、搜索、教育等领域得到了较为广泛的应用。

3. 人工智能产业发展历程与现状

严格来说，AI 并不是新兴产物。AI 技术诞生于 20 世纪 60 年代，但之前的进展主要集中在技术层面。从产业层面来说,真正推动 AI 掀起蓬勃浪潮的是 2016 年李世石与 AlphaGo 的围棋人机大战。从这次围棋之战开始,智能技术所展现出来的前景吸引了全世界投资者的目光。

1)人工智能的发展历史

回顾人工智能的发展历史,不难发现人工智能总是随着新兴问题的解决和过难问题的难以解决,在发展的过程中呈现"热季"和"寒冬"相互交织的周期性螺旋式发展。整体经过了三个"热季"和两个"寒冬"(见表 5-6)。

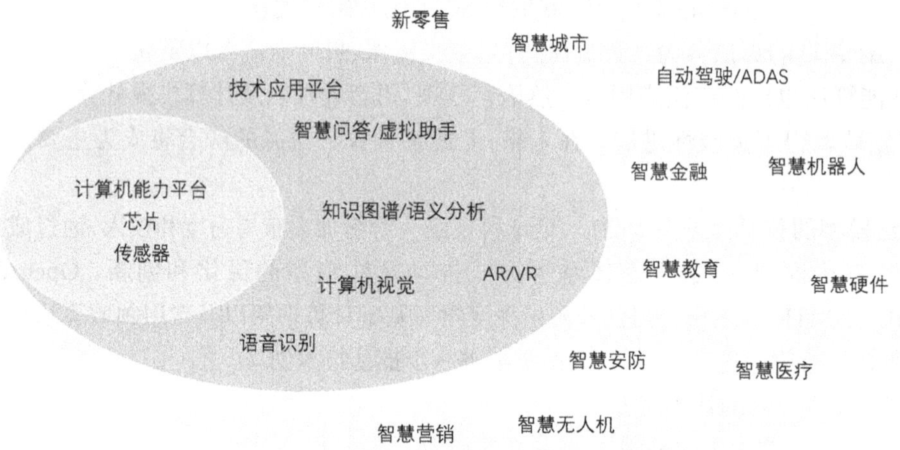

图 5-11 人工智能产业链分布示意图

表 5-6 全球人工智能发展阶段

1956—1974 年	1974—1980 年	1980—1987 年	1987—2006 年	2006 年至今
第一个"热季"	第一个"寒冬"	第二个"热季"	第二个"寒冬"	第三个"热季"
达特茅斯会议上智能新兴问题的提出	高层级产出的问题没有得到解决	知识体系架构模型提出	专家系统显示其局限性	提高数据可用性、联通性和计算能力、机器学习问题的突破
计算机内部逻辑系统推导智能化	减少对人工智能研究的资助和兴趣	解决机器智能化需要昂贵成本的问题	专业人员收入的崩溃	对人工智能回报和增长的乐观情绪

1956—1974 年,达特茅斯会议上智能新兴问题的提出,同年计算机内部逻辑系统推导智能化的解决促成了"热季"效应,提出政府有希望的、基于逻辑的解决资金问题的方法。

1974—1980 年,机器计算能力低下,如何实现高层级产出的问题没有得到解决,导致第一个"寒冬"的到来,人们大幅减少对人工智能研究的资助和兴趣。

1980—1987 年,通过知识体系架构模型可以系统解决机器智能化需要昂贵成本的问题,迎来了"热季"效应,研究重点发生变化和为知识架构智能提供资金。

1987—2006 年,专家系统显示其局限性并证明更新和维护成本高昂的问题没有解决,

“寒冬”由专业人员收入的崩溃引发，同时影响投入因素。

2006 年至今，提高数据可用性、联通性和计算能力机器学习问题的突破，带来了至今持续时间最长的“热季”，在神经网络和深度学习中，对人工智能回报和增长抱有乐观情绪，数据驱动、高计算能力的人工智能成为追逐的焦点。

2）全球人工智能产业发展现状

近年来，人工智能企业在全球范围内呈现井喷式增长，尤其 2016 年和 2017 年是人工智能企业快速增长的波峰期，如深度学习相关技术研究企业呈现惊人的增长速度，仅三年就增长了 175%，截至 2019 年 3 月底在全球范围内有 5 386 家核心人工智能企业。人工智能为主的智能时代革命逐渐成为评定大国能力的关键因素，大力发展人工智能战略逐渐变成各国新一轮科技竞争的焦点所在。

从人工智能企业的区域布局来看，全球人工智能企业数呈现双头领跑、多点分布的格局。美国人工智能企业继续以占全球总企业数的 40% 左右领跑世界，其次是中国奋力直追排在第二，其后是英国、加拿大、印度、以色列、法国和德国平分秋色，领跑者、紧随者、追逐者三个层次显而易见。从人工智能企业的领域布局来看，全球人工智能企业以应用层的垂直领域赋能为主轴，技术层的自然语言处理、视觉、智能机器人成为企业争相进驻的领域。此外，基础层的数据服务以及芯片硬件制造领域也设立多家企业。

从人工智能的技术创新来看，人工智能的技术创新最直观的体现就在于发明专利的申请和获得。世界知识产权组织（World Intellectual Property Organization，WIPO）在 2019 年发表的报告中称，自 2013 年起人工智能的专利申请数量呈现与日俱增的态势，在过去的 5 年申请的专利数量超过此前 60 年申请的总量，当年人工智能专利申请的总数已经超过 17 万件。专利备案量呈现两个特征：第一，日本、中国、美国占了全球人工智能专利申请量的 75% 以上，拥有绝对的话语权；第二，自 2014 年中国当年专利申请备案量超过美国之后，二者一直持续拉开差距，但中国企业在芯片设计制造类 IP 专利领域几乎是空白。

从人工智能的政府发展政策来看，2016 年起，各国政府与人工智能相关的国家级战略密集出台。美国战略规划偏向于产业升级再造和创新实践；欧洲的战略规划基于道德伦理拟在人工智能发展的关键环节创造可掌控的道德、理论标准；亚洲方面，中国继互联网发展之后顺承而下大力推进数字经济，拟在人工智能的理论、技术和应用多个层面拥有主导话语权；日本、韩国凭借已有机器人应用基础，在智能机器人和精密基础仪器方面发起冲击；印度则依托软件行业的优势和移动互联同步推进的大规模发展，拟实现人工智能对整个产业链的应用改变。

补充资料：中美人工智能产业链对比

从综合产业发展能力、企业发展动能、科技创新策源力等角度来看，目前人工智能产业发展以中国和美国为首，并且政策战略层面有相似的地方，即都是构建一个全方位的人工智能产业。

中国拥有仅次于美国的全球最多的人工智能核心企业。中国的 AI 层级企业主要集聚在应用领域和技术领域，占总企业数的 97.6%，在基础层的企业数量仅为美国的 42%。从行业分布来看，中国企业更多分布在计算层面，即计算机视觉与图像等成熟技术层面，美国则更多地关注后续突破发展层面——机器学习应用。即企业的分布和产业的发展相辅相成，中国拥有全球最大的互联网系统，在应用领域可以更快突破，美国拥有供给侧研发的基础（见图 5-12）。

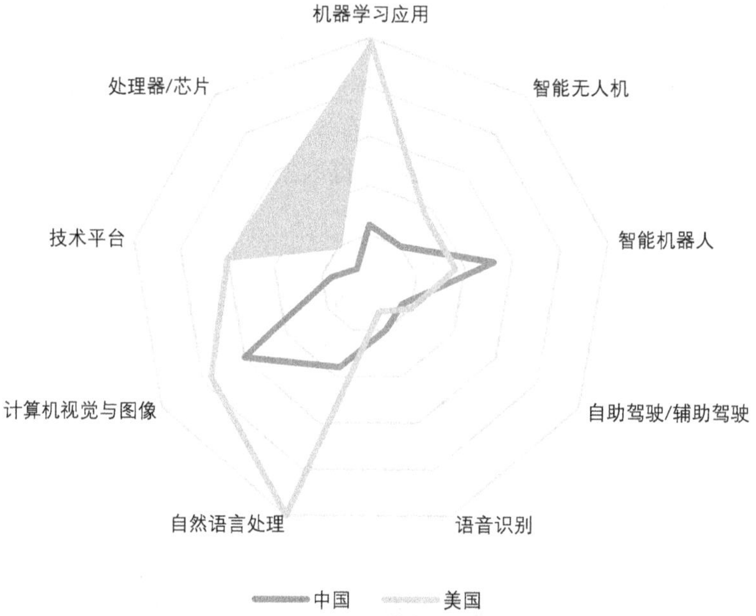

图 5-12 AI 产业中美企业分布情况①

中国在企业融资数量②和公众认知方面超越了美国，但是在基础层核心技术掌握上是望其项背的情况。中国和美国反映了两种不同的促进产业发展的模式。中国是从需求侧出发，在互联网结合人工智能技术层面的创新下，通过对于人工智能产业的需求来促进产业发展。美国则是从供给侧出发，通过理论基础层面大幅创新，带动相关产业变革，从而促进人工智能产业的认知以及后续发展。这两种模式也基本概括了全球人工智能发展的大致路径。

3）中国人工智能产业发展现状

中国人工智能企业从 20 世纪 90 年代开始逐步设立，并在 2012 年以后开始井喷式增加，大多数企业以信息服务业为依托，从“互联网 +”行业布局中转变为“AI+”的变革，集聚在以移动互联为基础的创新解决方案方面，并以此为契机布局线下生产。

从行业集聚度角度来看，创新设立企业都集中在大量数据支撑的企业中，呈现单边集聚效用。得益于信息化的率先完成，金融业、企业服务业、医疗产业设立了大量“AI+”式的新兴企业；得益于计算机视觉技术的突破以及政府智能化管理的需求，安防企业也大量组建。但是，新零售并没有想象中的火爆，近几年陆续设立的新零售企业总数不足 50 家；工业制造业企业远低于预期，甚至少于农业产业的企业数量。从产业链延伸引导情况来看，在人工智

① 曹祎遐，周庆运：《全球人工智能产业发展报告（2019）》，北京，社会科学文献出版社，2019。

② 2017—2018 年中国人工智能产业的单笔投融资数基本稳定在美国的 2.9 倍以上。

能集聚的行业仍属于轻资产、泛互联网化延续，尚未形成中国重点产业整体人工智能赋能的情况。

从企业设立数量角度来看，中国人工智能企业在 2013—2017 年密集设立，在各个领域都有新设企业，并在 2016 年达到新设企业增量的最大值。2017 年之后新设企业数呈现明显的滑坡，2018 年仅有机器人和行业服务领域企业数量增长势头有所减缓，创业浪潮持续减缓。人工智能企业从初创逐渐走向成熟，行业的进入门槛有所提升，细分行业中的隐形冠军逐步出现。2018 年有 10 家中国人工智能创业公司进入“独角兽”俱乐部，占到全球人工智能“独角兽”企业的 31.25%。2019 年，我国人工智能企业数量超过 4 000 家，位列全球第二，在智能制造和车联网等应用领域优势明显。实现基于人工智能的智能制造将是个长期过程，需要将管理创新和技术创新并重，来应对发展中的挑战，推动数字经济发展。

补充材料：中国人工智能重点产业发展应用及趋势

中国人工智能应用领域稳步拓展，“AI+”模式产业领域赋能成为最常见的产业发展应用模式。在众多产业领域中医疗、金融、安防、营销的人工智能化逐渐成熟。

“AI+”医疗。2014 年起，涌现一大批“AI+”医疗企业。目前，“AI+”医疗产业直击健康医疗领域的难点、痛点、赌点，业务几乎覆盖全产业链，形成服务于基础设施升级、医院能级提升、生物医药研发、健康管理等领域的重量市场。B 端创业企业、互联网巨头、传统医疗企业等纷纷参与人工智能布局。B 端创业最具创新活力，聚焦于医学影像、虚拟助理、辅助诊疗、药物挖掘等 B 端专业服务，供应商通过与医院的深度绑定，建立行业竞争优势（见表 5-7）。

表 5-7　互联网巨头布局“AI+”医疗情况

企业	布局	成效
百度	上线医疗大脑，基于数据运算、采集分析，仿真门诊楼流程，体验政策交流，经过反复问答、验证，形成结论	针对患者和医生推出两个平台，分别为患者自诊平台和医生辅助诊疗平台
阿里巴巴	ET 医疗大脑	以助手的身份在患者虚拟助理、医学影像、精准医疗、药效挖掘、新药研发、健康管理等方面给予帮助
	医疗人工智能应用 Doctor You	包含了临床医学科研诊断平台、医疗辅助检测引擎、医师能力培训系统
	与阿斯利康合作开发人工智能筛查和诊断系统	帮助临床医生改善慢性疾病管理和提高诊断效率
腾讯	腾讯觅影产品，具备人工智能医学图像分析和人工智能辅助诊疗两项核心能力	能对海量的影像数据进行学习分析，提高医生看片子的效率；构建“医学知识图谱”和诊断模型，为医生提供诊断决策
	人工智能辅诊引擎，将腾讯觅影人工智能辅诊引擎与医院的 HIS 系统融合	推动医院 HIS 系统具备人工智能辅诊能力

“AI+”金融。在金融行业发展的进程中完成了信息化、互联网化等升级，随着高端人才成本的剧增、公众对线上应用场景的认可，金融行业已然大步迈入智能化时代。智能投顾、

智能风控、智能投研、智能理赔、智能支付等应用场景发展迅速。除去智能投顾、智能风控已落地的发展热点，智能投研顺应精细化管理的趋势，在技术层面持续做深做广形成一批有竞争力的企业（见表5-8）。

表5-8 智能投研企业的“AI+”金融布局

企业名称	定位	产品及优势
庖丁科技	专注于金融文档语义理解	① AutoDoc：分析债券募集说明书、IPO招股书，实现交叉复核、勾稽关系检查、完备性审核等功能；② Scriber：在长文档中抽取要素；③ PDFlux：自动识别出段落、无框线表格、跨页、复杂编排页面等；④ Foundry：底层AI平台
文因互联	监管科技	①构建金融文本自动解析平台，实现搜索、问答、自动生成报告、财务审核等，从非结构化文本中提取结构化数据；②完成金融行业标准化流程的自动化应用
犀语科技	金融业的文本处理	①犀察：主要应用于金融文本的校验和检查；②犀文：主要是金融文档的提取和结构化处理，包括图片/扫描件；③犀见：主要用于舆情监测、事件影响等

“AI+”安防。中国的“AI+”安防产业在全球拥有绝对的话语权，如海康、大华这两家龙头企业占据全球市场41.7%的份额。得益于中国安防市场整体体量的庞大、政府的高度关注，以及“AI+”安防技术的先发优势，“AI+”安防成为人工智能应用落地的极佳试验田。同时，“AI+”安防正在逐渐改变原有渠道、模式以及格局，市场需求方从单纯的政府部门逐步拓展到企业和消费者，安防行业的发展模式也逐步被新技术所转变，从原先简单的对外摄影监控变更为对内的集合视觉、语音等效果的内部管理，并吸纳更多拥有视听核心技术、C端用户的企业入住竞争，带动整个行业内的触及更迭。

4. 人工智能的应用

如今，人工智能的核心特征不断被提取出来，与医疗、金融等各行业相融合，“AI+”正逐渐成为下一个改变大众生活的概念。AI在医疗、金融、新媒体等方面的应用详见服务业数字化的相关章节，这里以“AI+”安防为例进行介绍。

与其他行业相比，传统安防具有海量和层次丰富的数据，是人工智能最好的训练场，同时也是实现应用价值的领域。目前人工智能技术在安防领域已经有诸多成熟案例。

在公安、交管领域，车牌识别是图像识别技术应用相对较早且成熟度相对较高的场景。目前，已广泛应用于公路收费、停车管理、称重系统、交通诱导、公路稽查、车辆调度、车辆检测等各种场合。

人工智能在安防领域的另一个典型应用是通过以大数据分析为代表的智能分析技术，实现舆情监控和恶性袭击事件预警。其中最典型的有创业公司Palantir①。Palantir作为全球信息安全行业龙头，主要致力于为美国国防部门金融机构提供大数据监测和分析软件，这些软件一部分被用于美国联邦调查局（Federal Bureau of Investigation，FBI）、美国中央情报局（Central Intelligence Agency，CIA）、美国国防情报局（Defense Intelligence Agency，DIA）、美国海陆空三军以及美国警局等政府部门，以助力国防反恐；还有一部分则应用于对冲基金、银行等金融机构，以辅助开展金融分析业务，Palantir的用户主要集中在华盛顿，其中来自政

① 案例来源：https://www.leiphone.com/news/201511/05zd01EGkDYBg6zFhtml

府的业务占到了 70%。现在非政府行业客户开始逐渐增加。

Palantir 发展的核心理念是:分析工具固然重要,但人的判断也很重要,机器不能做高级决策,使用智能辅助人力进行完美的判断。目前,Palantir 平台把人工算法和强大的引擎(可以同时扫描多个数据库)整合到了几乎完美的境界。被誉为硅谷投资教父兼 Palantir 创始人之一的彼得·蒂尔曾表示:“有些事情是人可以做到的,但计算机做不到,比如在一堆东西中挑出某一件,人一眼就能看出来,而计算机却找不到。在数据分析方面,如果每一条数据都需要人来进行处理,那么人是忙不过来的,但数据处理分析又需要人的辨识能力,所以怎么样把人和机器的最强优势给发挥出来,然后将其结合好,这是 Palantir 最核心的目标。”

Palantir 曾发生过几个著名的分析事件,最为显著的“战绩”包括帮助多家银行追回了前纳斯达克主席 Bernie Madoff 所隐藏起来的数十亿美元巨款,以及在追捕本·拉登的行动中发挥的重要情报分析作用。2010 年,摩登大通成为 Palantir 的首批非政府客户,他们将 Palantir 的技术用于查找那些企图盗取客户账号的欺诈者,以往,他们花在售前咨询顾问人员身上的开支高达百万美元,而现在,他们只需付给 Palantir 三分之一的钱,就可以得到更快更好的服务。目前 Palantir 的估值已经超过 200 亿美元。

本章小结

数字经济的发展离不开数字基础设施和数字技术基础的支撑。数字基础设施主要包括以 5G 为代表的移动互联网、工业互联网中的物联网和大数据中心;数字技术基础主要包括云计算、区块链、人工智能和大数据技术。

互联网诞生于 20 世纪 60 年代,经历了从桌面互联网到移动互联网的发展,移动通信技术从 2G 逐步升级到 5G,光纤宽带已经跨入了千兆宽带时代。

物联网是在互联网基础上延伸和扩展至物和物之间的信息交换和通信的一种网络。在物联网中,物体之间无须人工干预就可以随意进行“交流”。其实质就是利用射频自动识别技术,通过计算机互联网实现物体的自动识别及信息的互联和共享。

云计算是分布式计算的一种,指的是以互联网为中心,在网站上提供快速且安全的云计算服务与数据存储,让每一个使用互联网的人都可以使用网络上的庞大计算资源与数据中心。狭义上讲,云计算是一种提供资源的网络;从广义上说,云计算是与信息技术、软件、互联网相关的一种服务。与传统的网络应用模式相比,云计算具有高灵活性、可扩展性和高性价比。按照服务模式来看,云计算可分为 IaaS、PaaS 和 SaaS 三种类型。

区块链是一种由多方共同维护,使用密码学保证传输和访问安全,能够实现数据一致存储、难以篡改、防止抵赖的记账技术,也称为分布式账本技术(Distributed Ledger Technology)。其特征包括:去中心化、开放性、自治性、信息不可篡改和匿名性。区块链是创造信任的机器。

人工智能是以人类思维完成智能行为应用的统称。人工智能发展的四个条件:日益海量化的数据、不断优化的算法模型、持续提升的计算能力和不断扩展的应用场景。

本章课后思考题：

1. 互联网的发展经过了哪些阶段？5G 技术的优势是什么？
2. 物联网指的是什么？简述物联网的技术原理。
3. 云计算的特点是什么？简述云计算的分类和应用。
4. 什么是区块链？区块链有哪些特征？区块链的主要应用领域有哪些？
5. 什么是人工智能？其发展的四个基础条件是什么？

第 6 章　数字服务业

本章学习要点：

- 理解数字金融的生态体系及对传统金融业态的冲击
- 了解数字旅游、数字创意和数字新媒体
- 理解数字教育的发展模式和发展趋势
- 理解数字医疗的优势和基本特征
- 了解数字交通的发展现状和趋势
- 掌握电子商务的定义和类型

数字产业是高渗透产业。工业经济时代，分工模式主要是产业间分工，这种模式决定了农业、工业以及服务业之间的界限明朗，彼此相互渗透较少，存在关联渗透的地方仅限于部分产品的交叉使用和服务对象的部分重叠。然而，在数字经济时代，数字产品的多样性和应用的广泛性特点决定了数字产品具有高渗透性。数字产品以互联网作为信息传输渠道，利用数字技术与传统产业融合，促进了传统产业效率的提升和量的增加。2016—2018 年中国数字产业化规模分别为 51 955 亿元、61 517 亿元和 64 119 亿元，同期产业数字化规模分别为 173 867 亿元、210 220 亿元和 248 815 亿元，后者与前者的倍数呈增长趋势，分别为 3.35 倍、3.42 倍和 3.88 倍，产业数字化的增速显著高于数字产业化规模[①]，这表明数字化技术产品及服务已与传统产业加速融合。第 6 章和第 7 章分别介绍数字服务业、工业互联网和数字农业。

6.1　数字金融

数字金融或者说 Fintech，它是金融（Financial）与科技（Technology）结合的产物。从早期利用穿孔卡片轴助数据处理到使用计算机实现会计电算化，从借助大型机进行综合业务处理到利用互联网开拓各类新业务模式，在其发展历程中，金融机构一直是信息技术最积极的应用者。经过十几年的发展，中国数字金融生态系统已经初具雏形。目前，数字金融涉及了中国信、贷、汇几乎所有的金融业务，成为金融体系中不可或缺的组成部分，它代表了未来金融业的发展方向。中国数字金融系统的发展具有自身独特的地方，同时也反映了数字金融发展过程中普遍存在的规律性。

6.1.1　数字金融的生态体系

数字金融作为一个生态体系不断发展（见图 6-1）。其中，科技企业逐渐向金融业渗透，

① 数据来源：《中国数字经济发展白皮书 2019》

积极进入传统金融企业的领地。与此同时,传统金融机构也加快应用新技术,通过现代科技加快金融创新步伐。例如,美国高盛公司号称自己就是一家科技公司,其技术工程师占所有员工人数的 1/3,总数比 Facebook 还要多。

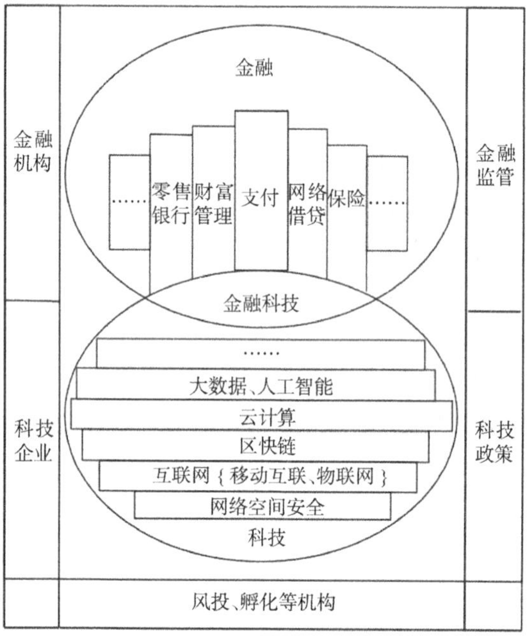

图 6-1 数字金融的生态体系架构

1. 第三方支付

支付是金融科技创新的重要领域。金融科技企业的支付业务不同于传统金融机构,前者以云计算、大数据、区块链等技术为依托,打造更加场景化和便捷的支付平台,并通过对海量交易数据进行精准分析来开展其他相关业务。当今时代,支付入口掌控者能够顺势控制融资场景和投资场景,形成汇、贷、存的金融生态闭环。目前, BAT(百度、阿里、腾讯)及第三方支付等非传统金融机构占据了很大一部分前端客户市场份额,如微信支付、支付宝、京东支付、百度钱包、万达快钱等,而银行逐渐演变为支付的后端通道。随着区块链技术的发展应用,银行甚至有可能失去支付后端通道。

2. 网络借贷

网络借贷促使资金需求方与供给方直接对接,极大地释放了中小企业和个人消费者的融资需求。网络借贷的优势在于借款方式灵活简便、借款条件宽松、门槛低。网络借贷打破了传统金融机构的信贷业务模式和框架,通过收集更为广泛的数据信息,采用大数据分析和机器学习算法进行信用评级,能够为客户提供更加便捷和个性化的信贷服务。

3. 财富管理

财富管理通过向客户提供现金、信用、保险、投资组合等系列金融服务,对客户的资产、负债、流动性进行管理,以满足客户不同阶段的财务需求,帮助客户降低风险,实现财富增值。随着云计算、大数据、人工智能等新兴技术的应用,财富管理正逐渐从银行等传统金融机构手中向科技公司转移。财富管理领域的商业模式创新主要集中在降低投资门槛和交易费用,简化投资决策流程,并保证交易的便利性和安全性。以智能投资顾问为例,它通过最基础的资产组合理论和其他衍生模型,利用云计算、大数据等技术,低成本、快速、精确地获得市场信息,结合投资者的风险偏好、财务状况与理财目标,通过算法自动为用户提供资产配置建议。智能投资顾问改变了客户和理财顾问面对面的传统服务模式,其优势在于成本低、易操作,可以避免投资人情绪化的影响,分散投资风险,信息相对透明,使普通客户也能够享受到过去只有金融机构高层才能享受的服务。

4. 互联网保险

以物联网、云计算、大数据、人工智能为代表的新兴技术发展对保险行业发展革新具有巨大的推动和促进作用。物联网技术的应用孕育了车联网保险等物联网保险新模式。云计算为互联网保险提供了安全、可靠、高效的基础技术平台。将大数据分析应用于保险产品设计、自动化出单、车险理赔、精准营销和风险管理等业务环节,可以针对网民定制个性化的互联网保险产品。人工智能使保险营销、服务、运营以及风控流程得到全面提升。

5. 零售银行

在传统银行业务中,零售银行一直是银行业最赚钱的业务之一。近几年,由于银行实体网点投资回报率逐渐下降,人力成本逐渐上升,而大部分业务成本可以通过自动化节省下来,导致金融科技创新企业正在一步步侵蚀零售银行业务。零售银行针对消费者和中小企业,具有交易金额小且分散的特点,主要通过银行网点、自动柜员机(ATM)、网上银行、手机银行等方式进行。在当前技术和制度环境下,科技与金融深度融合,新型零售银行正在探索纯线上的数字银行,不设立任何物理网点,实现远程开户,借助现代科技提供体验更佳的金融服务。

案例:网络第三方支付的巅峰对决——支付宝和微信钱包

2003 年 5 月,淘宝网(www.taobao.com)成立,它主要服务于个人之间或者消费者与小企业之间的交易。由于缺乏足够的商业信任,陌生个体之间通过互联网的商业交易很难达成,买方害怕付钱之后受骗,卖方也顾忌发货之后无法收到货款。在这样的情况下,为了帮助交易双方建立信任,推动陌生个体之间网络交易的发展, 2003 年 10 月,淘宝网推出了支付宝(Alipay)的业务。它以淘宝公司作为信任中介,买方把货款打到支付宝账户,验货通过之后,货款才由支付宝账户转到卖家账户。通过这种第三方的支付安排,建立起了交易双方的信任,个体之间的 C2C 交易随之在淘宝网迅速发展起来,淘宝网的市场占有率不断攀升。因此,可以说随着淘宝网的发展,支付宝也成为消费者认可的主要支付工具之一。利用支付宝通道,消费者之间、消费者与商家逐步发展出淘宝网交易之外的支付,支付宝逐渐脱离了淘宝网,它不仅服务淘宝交易,还可以提供各种商业环境下的支付功能。至此,支付宝作为互联网公司的业务闯入了传统的金融支付领域。支付宝的成功吸引了大批互联网公司和传统金融企业的目光,它们也纷纷模仿支付宝推出了第三方支付业务,如腾讯 2005 年推出的财付通。

2007年，苹果iPhone的出现开启了移动互联网的时代，大量基于移动手机的软件应用被开发出来。在这样的背景下，手机等移动终端完全有可能取代传统的POS机，成为新的支付工具。腾讯公司2011年成功推出了移动社交软件——微信（WeChat），在中国，它覆盖了超过80%的消费群体。2013年8月，微信添加了支付功能，但是，支付通道具有双边市场的属性，它必须达到一定的用户数量之后才能形成正反馈，从而强化它的市场地位，形成稳定的支付渠道。2014年春节，通过“抢红包”的社交活动，微信成功地吸引了大量消费者采用微信支付进行个体之间的转账、支付，培养了消费群体利用微信进行支付的消费习惯，并且成功地把微信支付拓展到其他的商业支付领域。至此，微信支付成为与支付宝并列的中国两大互联网支付渠道。支付宝是通过商业交易建立了互联网的支付渠道，而微信则是依靠社交建立了互联网的支付渠道。伴随着互联网公司进入金融支付领域，互联网小贷、P2P互联网金融和互联网众筹等新兴的金融模式也发展起来，数字金融生态系统开始在中国金融系统内生根发芽，并迅速向金融业的各个领域蔓延（图6-2）。

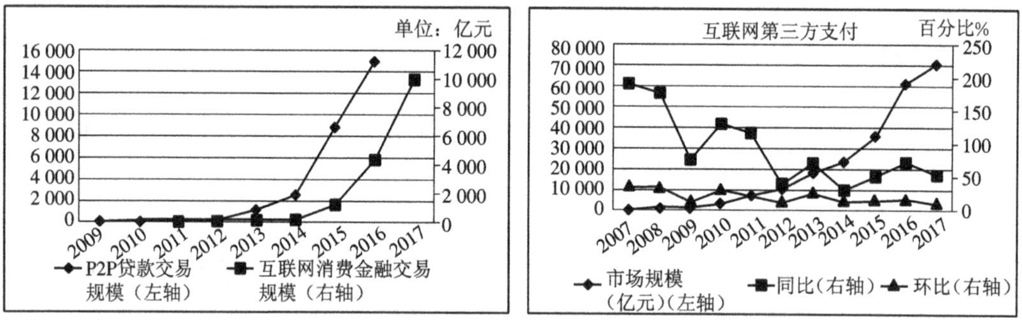

图6-2　P2P互联网金融与网络第三方支付发展趋势

思考题：

你认为是什么原因导致支付宝、微信钱包的盛行？请从数字金融对传统金融的冲击角度回答。

6.1.2　数字金融对传统金融业态的影响

1. 数字金融对传统金融业态的挑战

1）数字金融挑战传统的支付与清算结构

支付渠道和金融产品的销售渠道是传统银行的两大业务渠道，但是数字金融的发展改变了传统金融的渠道结构。金融产品和服务可以通过互联网渠道实现信息、产品和服务的传递。在支付宝和微信支付出现之前，消费者直接通过银行渠道实现资金支付和金融产品的购买。当互联网第三方支付渠道成为主流支付渠道之后，消费者直接面对的是第三方支付软件，软件后面挂的是不同的银行，银行已经退居支付渠道的后端，仅仅负责结算和清算工作，成为第三方支付的后台。互联网支付工具走向支付渠道的前端，屏蔽了传统银行与消费者的直接联系。相比传统线下的金融渠道，互联网金融渠道无论在成本和体量上都具有较大优势。比如支付宝和微信支付的发展，使中国消费者对于现金的使用量越来越少，现金使用量的减少降低了消费者对于传统线下金融渠道的依赖,传统银行在实体网点方面的优势将进一步被削弱,线下金融渠道也将随之萎缩。

在中国互联网第三方支付的发展过程中,传统金融清算与转接的结构也发生了变化。一直以来,中国银联(UnionPay)作为不同银行之间的转接清算组织,在市场中具有垄断的地位。随后第三方支付的发展大都绕开银联,采用与银行直连的方式,受到了银行的欢迎,并推动了中国转接清算的市场化进程。同时,为加强监管,2017 年中国央行清算中心组织成立了网联清算有限公司(网联),其主要职能是要为支付宝、财付通等非银行的第三方支付机构搭建一个共有的转接清算平台,即所有的第三方支付机构都必须取消与银行的直连,通过网联实现转接与清算。因此,中国金融系统形成两个转接清算机构,银联负责传统网下银行间的资金清算,网联负责非银行支付机构网络支付的转接与清算业务。

2)数字金融挑战传统金融业的信息匹配方式

金融行业的重要功能之一是资金的融通,即借贷业务。金融机构作为匹配中介,在借款人和贷款人之间进行资金数量、利率、期限、风险等因素的匹配,可以整合借款人(投资者)的需求,卖给贷款人,也可以整合贷款人的需求,寻找借款人。这个过程中,金融机构作为借贷信息匹配者的角色,通过借贷利息差或收取服务费的方式盈利。P2P 互联网金融出现之后,作为金融信息匹配的中介,同样具备金融媒介的功能,它能把大量个体之间的借贷需求直接对接在一起,实现了大范围内个体之间的直接借贷,成本低、效率高,能够满足民间个体之间的借贷,这是传统金融模式无法实现的,P2P 互联网金融的发展有效促进了金融信息的对称,降低了融资成本,推动了普惠金融的发展。同样,互联网众筹也是利用信息技术在匹配供需信息方面的优势进行的一项金融创新,即项目融资方通过互联网平台发布项目信息,向众多中小投资者募集资金,并给予投资者股权、利息或产品等方面的回报。因此,互联网改变了传统金融信息的匹配方式,降低了借贷双方的成本,提高了金融业的效率。

3)数字金融挑战传统金融业的数据优势

金融业本质上是关于风险和信用的行业,风险和信用的评估高度依赖于数据。没有征信数据,就无法做信贷,比如信用卡、信用贷、小额贷款等业务都需要征信的支持,而征信的核心是数据及其分析方法,因此,金融业是数据密集型行业。与金融业一样,互联网企业经营的也是数据。许多互联网公司都是信息服务企业,它们是信息媒介或者是信息中介,通过提供互联网交易、社交、搜索等服务掌握了大量的消费者数据,这些数据资源使得互联网公司能够非常容易地建立起自己的征信体系,从而进入金融行业。金融业与互联网公司掌握的数据类型不同,银行获取用户信息的渠道来自线下的门店,它们拥有更多的消费者资产数据;互联网企业通过网络获取消费者的交易数据和行为数据。随着线下交易逐步向线上交易迁移,消费者在互联网上停留时间的增加,互联网企业将获得更多的消费者数据资源。目前,互联网企业数据资源的特点不同,电子商务企业(如 Alibaba、Amazon 等)的交易数据较多,搜索引擎(如 Google、Baidu 等)拥有大量不同行业的企业数据以及用户行为数据,社交服务软件(如腾讯、Facebook 等)拥有社交关系链数据。这些数据仍然相互孤立,没有有效整合。未来,互联网公司中有可能形成数据同盟,几家大公司共享一部分数据,同时和银行等金融机构合作,共同开放征信,组建数据庞大的第三方征信体系。互联网企业与金融业在数据共享方面的合作将更加准确、全面地刻画消费者的信用水平，从而大幅提高金融行业的效率。这将是互联网企业与金融业融合的焦点，体现了数字金融未来发展的方向。

补充资料：金融科技的价值

在数字经济时代，金融业与科技业的强强联合使得金融科技领域蓬勃发展。金融服务是为经济和社会提供某些基本功能，因此金融科技的最终目的必须是以更好地满足客户需求和利益的方式提供金融服务功能。金融科技能够使传统的金融服务更便宜、更有效、更有针对性，同时能让更多的人获取金融服务，从而支持经济增长并实现更大的金融包容性。传统的金融服务具有货币和支付系统的形式、存储价值、提供资金、投资机会、风险管理等功能，金融科技利用数字技术的基础，在传统功能上提供了更多创新案例（见表 6-1）。金融科技产业的发展显著提高了金融服务的效率、便利性和可及性。传统的金融服务受益于金融科技的繁荣，使 2014—2017 年金融科技行业的投资价值和投资总额快速增长，4 年间几乎翻了一番，达到了 389 亿美元[①]。

表 6-1　金融科技的价值体现

金融服务的功能	金融科技创新的案例
货币和支付系统的形式	金融科技创新的一个主要领域，包括新的支付系统，如移动货币、数字银行服务和更有效的跨境支付方式
存储价值	加密货币有时被称为可以存储价值的新型资产类别
提供资金（通过银行或资本市场）	金融科技已经实现了筹集资金的替代方式，例如，点对点（P2P）贷款，新的资料来源可以提高信用评级，从而帮助个人或小企业更好地获得融资
投资机会	愈来愈多的金融科技创新设计更多的智能投资工具，如机器人建议
风险管理	金融科技可能会改变保险，例如，健康和机动车等领域的个性化保险产品

资料来源：ICAEW，《市场失败、市场解决方案》，2012。

2. 创新数字金融监管模式

数字科技有助于金融业的发展，同时对于整个金融行业具有变革作用，绝大多数国家和地区都要求数字金融创新必须遵循现有金融监管的基本原则，以确保一致性。面对日新月异的技术发展，各国政府也在积极调整监管战略，以保证数字金融在正确的方向快速发展。各国政府与时俱进摸索出来的监管方式主要有以下三大类。

1）限制型监管

限制型监管，代表性国家是美国。美国金融体系历史悠久，经历百年来多次金融风暴的洗礼，金融法规和监管相对成熟。面对新型的金融科技领域，虽然现有的法律法规无法覆盖到，但凭借完善的监管体系和立法系统，政府能及时调整立法，让其在规定的范围内活动。美国采用功能性监管，即不论数字金融以何种形态出现，抓住金融科技的本质，把金融科技涉及的金融业务，按照其功能纳入现有金融监管体系。例如，美国 P2P（点对点）行业代表 Lending Club 的业务涉及资产证券化，其相关业务就由美国证券交易委员会（SEC）监管。

① 王振，惠志斌，徐丽梅，等：《全球数字经济竞争力发展报告（2019）》，北京，社会科学文献出版社，2019。

2012年美国政府签署了《创新企业融资法案》,填补了股权众筹的监管空白。总体来说,数字金融在美国受到的监管是比较严格的。

2)主动型监管

主动型监管,代表性国家是英国和新加坡。采用这种监管类型的国家的典型特征是金融体系完善,有大量的金融人才,相应的法规也非常成熟。英国金融行为监管局(FCA)在2015年11月开创性地提出对金融实施"监管沙盒"计划,筹划6个月后,正式于2016年5月推出。新加坡金融管理局在研究FCA的计划后,于2016年6月推出新加坡版的"监管沙盒"。澳大利亚、中国香港和中国台湾地区也紧密追随英国和新加坡,创建各自版本的"监管沙"。通过监管"沙盒"机制,能够让政府在可控范围内进行多种金融创新,且能够让创业者放心尝试各种相关的创新业务;监管一改以往被动、潜后的形象,主动积极参与数字金融发展,为相关公司缩短创新周期、节省合规成本提供重要的帮助;监管机构从一开始就能监控和引导数字金融对金融系统的潜在风险,把系统风险扼杀在萌芽状态,而不是在事发之后亡羊补牢。

3)被动型监管

在一些发展中国家,金融体系法规相较于欧美国家还不太完善,在资本和市场驱动下,数字金融发展主要依靠市场和商业模式驱动,大部分都是经过金融科技企业试错之后,倒逼监管部门出台相应的监管措施。

6.1.3 数字技术在金融领域的应用

1.AI+金融

金融业是人工智能涉足最早、发展最成熟的领域,主要应用包括金融咨询、投资机会识别等。

人工智能在金融咨询中的一个典型应用是金融客服。将人工智能技术引入专家系统后,通过对80%用户的常见问题进行学习,辅助极少的客服人员,人工智能应用就可以识别客户的问题,并提供相应的候选解答,极大提高了客服处理效率。Bloomberg公司使用人工智能技术或者机器学习技术能够智能地分析用户的问题。它设计了一个类似于QQ的应用窗口,用户可以通过该窗口发送消息,如果AI非常确定(95%)能回答这个问题,那么它会自动作答。它的模式类似于微软小冰或者是Siri,但金融问题通常比较复杂,若这个机器判断自己的回答只有70%的正确性,那么它会给客服直接呈现出用户的问题及可能的答案。客服只需要快速判断出哪个是正确的答案,点击选择后就可以直接发送回去。这一应用大大缩短了服务流程、提高了服务效率。按照从前的人工服务方式,平均处理时间是40分钟,而人工智能客服应用可能将其缩小到4分钟,甚至更短的时间。

此外,在投资机会识别方面,人工智能技术也可以大显身手。传统的投资尽调工作全部由人工来完成,每个尽调人员通过阅读大量的资料信息,沉淀并过滤出相应的关键信息,从而形成投资调研报告。基于人工智能技术的投资机会识别应用则可以将网络爬虫抓取信息、基于自然语言分析引擎进行分词、数据降维(合并同类项)、提取词之间的相关性、进行趋势分析、提供分析报告等工作进行整合，大幅提高工作的效率与准确性。全球多家金融企业已经将人工智能应用投入实际中，例如，日本三菱 UFJ 摩根士丹利证券资深股票策略师发明预测日本股市走向的机器，四年测试模型正确率为 68%。于 2009 年成立的对冲基金 Cerebellum 旗下管理着资产 900 亿美元，一直使用 AI 进行辅助交易预测，并且自 2009 年以来每年均是盈利。

2. 基于区块链的供应链金融解决方案

区块链实际上是由多方参与共同维护的一个持续增长的分布式账本，其核心在于通过分布式网络、时序不可改的密码学账本及分布式共识机制，建立彼此之间的信任关系，利用由自动化脚本代码组成的智能合约来编程和操作数据，最终实现由信息互联向价值互联的进化。区块链引起金融界的一致关注。

区块链技术具有提升金融机构协同服务能力的潜力。银团贷款、供应链金融、贸易融资等业务可能涉及不同国家的多家金融机构、多家企业，需要相互之间较长时间的协调，业务办理过程也较为复杂。很多业务还使用纸质单证，需要在多方参与下由人工进行查验和处理。对于这类涉及众多参与主体、过程复杂的金融服务，区块链技术具有提升不同金融机构间开展业务的自动化程度、简化协同流程、加快协同效率的潜力。

区块链技术具有降低金融运营成本的潜力。金融机构各个业务系统与后台工作，往往流程长、环节多。现今如维萨、万事达、支付宝，都是中心化机构运营，资金转移要通过第三方机构，这使得跨境交易、货币汇率、内部核算等成本过高，并给资本带来风险。区块链技术能够优化金融机构业务流程，减少前台和后台的交互，节省大量的人力和物力，降低金融运营成本。

区块链技术具有改善业务审计系统的潜力。当前在业务审计过程中，需要花费大量的人力、物力去核查被审单位资金余额和交易合同等数据的真实性。区块链的技术特点使得所有交易数据都公开透明、不可篡改地记录在区块中，任何交易数据都是可以被查询和追溯的，从而提高审计效率，降低审计成本，提升审计结果的可靠性。

区块链技术有助于金融监管与合规性检查。区块链技术的公开透明、时序不可改等特性可以帮助金融监管机构监控每一笔资金的流入与流出情况，从而有助于管控金融资产，增强打击反洗钱、地下黑产交易等违法犯罪活动的力度，防范金融市场的系统性风险。通过区块链的智能合约技术可自动验证交易和用户合规性，提高合规性检查效率，降低合规性检查成本及出错概率。

区块链技术在供应链金融领域可以解决多场景的痛点。比如中小企业融资难的问题，就可以利用区块链共识机制、智能合约、密码学的关键技术来解决。

目前，在企业融资领域，长尾效应较为严重。在当前供应链企业的融资环境下，市场提供得更多的是一级供应商的融资方案，传统的应收类供应链金融模式只能满足一级供应商的融资需求。如图 6-3 所示，核心企业信用“堰塞”导致一级之后的供应商无法依托核心企业的信用进行融资，2~N 级中小企微客户的融资需求常被忽略。据统计，占到 GDP 总量 60% 的 5 500 万家小微企业无法获得融资，中小企业融资难、融资贵是一个长期存在且较为棘手的问题。

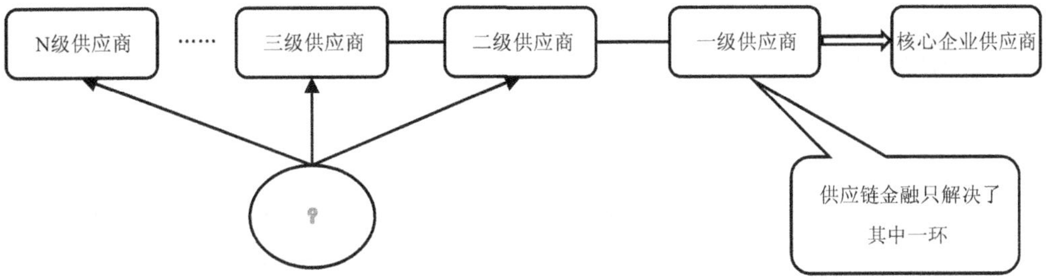

图 6-3　传统供应链金融存在的问题

2018 年 10 月,某区块链科技公司联合大型保险公司发布了"基于区块链的中小企业信用险增信平台",开创了破解中小企业融资难的融资增信新模式。如图 6-4 所示的平台通过利用区块链技术的共享机制、智能合约引擎、可视化监控平台、多级加密机制、给管理以及业务隔离,不仅提高了保险业务的实时性和高效性,同时让整个信用险的各业务环节更加透明,并且实现了更完善的监管,降低了运营成本和 IT 方面的投入成本。

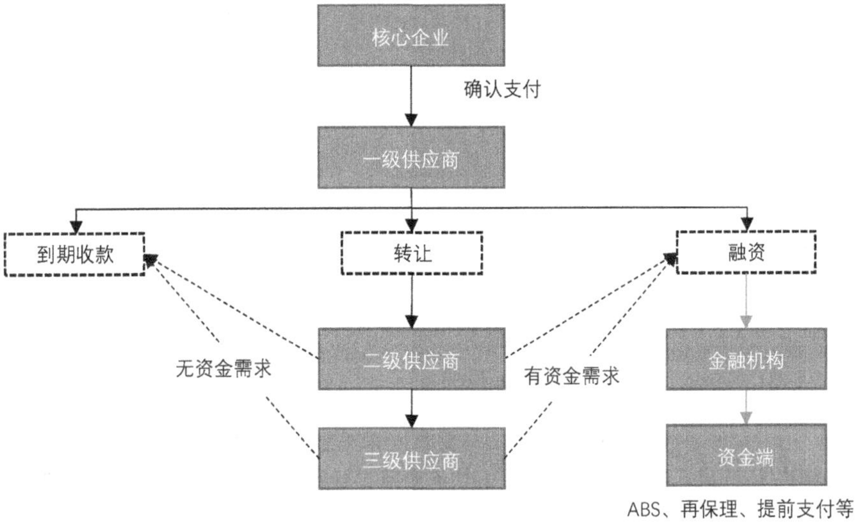

图 6-4　基于区块链的中小企业信用险增信平台

该平台围绕中小企业风险评价和增信两大领域,通过构建"交易—风险定价—增信—融资"环节,打通了中小企业融资的最后一公里。关于该平台,一方面在传统的供应链金融中引入信用险,实现风险缓释和标准化企业信用的功能;另一方面利用区块链技术可以实现供应链金融体系信用的层层穿透。每家企业作为商品的买方或卖方存在于供应链上,在交易的过程中,通过信用险定价企业信用风险,起到风险缓释的作用,又在这个过程中利用区块链技术实现每笔交易真实、可见、不可逆,加强企业信用的建设,最终缓解中小企业融资难,实现地区信用体系建设,推动地区经济持续健康发展。

6.1.4 典型案例

1. 阿里巴巴的供应链金融模式

互联网供应链金融模式主要依托农业龙头企业或综合电商平台的资源整合能力，串联起多个服务主体，对农村农户进行综合金融服务的创新模式。目前采用该模式的机构有综合电商代表阿里巴巴，以及新希望、大北农等农业产业龙头。

图 6-5 为阿里集团整合了蚂蚁金服、农村淘宝、天猫超市、易果生鲜等生态资源，为特色农产品专业合作社量身定制的“互联网供应链金融方案”。天猫超市的供货电商为易果生鲜，其与某果蔬专业合作社签订采购协议。蚂蚁金服对该采购订单进行识别确认后，由网商银行为合作社下属果农成员提供信贷支持。果农可以基于上述授信额度，通过信用支付方式在农村淘宝上进行指定农资的购买。最后果品通过易果生鲜 + 天猫超市进行销售，相关货款优先匹配贷款申请进行自动平账。

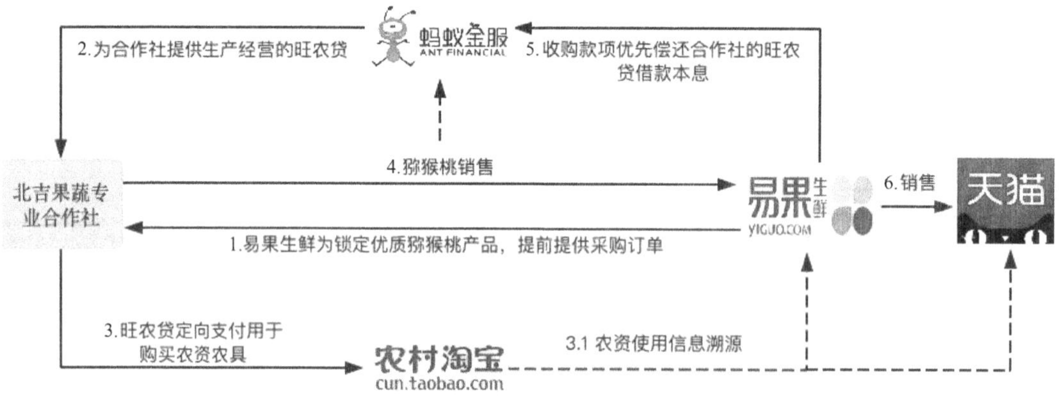

图 6-5 蚂蚁金服与易果生鲜供应链金融模式

资料来源：天风证券研究所，《Fintech 如何变革农村金融？详解蚂蚁金服农村战略》

分析：上述互联网供应链金融模式，通过互联网技术将金融服务和供应链服务切入到农业产业链的各环节，从根本上改变了传统农村金融机构只注重前期放贷而忽略后期管理和帮扶的被动局面。在这种模式中，核心企业在前期可以利用资金流、信息流以及物流等信息优势，运用大数据和云计算等技术来预测农产品的生产规模和市场价值，指导农户的生产经营；中期可以利用自己的网络平台和客户资源帮助农户获得农业生产所需的生产资料，在提高借贷资金使用效率的同时全程监督农户的生产和销售情况，有效降低信用风险；后期通过帮助农户实现农产品变现及时收回贷款，实现多赢。随着我国农业专业化和产业化步伐的加快，依托农业生产中的核心企业，为其上下游提供供应链金融服务将成为农村互联网金融最主要的运作模式。总体来看，农村互联网金融正在成为金融服务乡村振兴的重要补充力量，并且驱动着传统农村金融机构积极向“互联网 +”方向加快转型，例如中国农业银行在 2018 年推出“惠农 e 通”平台，全面推进互联网 + 农村金融综合服务体系的建设。

2. 拍拍贷的 P2P 模式

拍拍贷创建于 2007 年 6 月，全称为“上海拍拍贷金融信息服务有限公司”，总部位于上海，是 P2P 网络信贷行业第一家拿到金融信息服务资质的公司。截至 2019 年 6 月 30 日，拍拍贷累计注册用户数达到 9 902 万人。累计借款用户数为 1 340 万人；累计投资用户数为 64.44 万人，实现持续增长；复借率较 2018 年同期提升了 2.4%，达到 69.8%。

拍拍贷有三大特点：第一，让投资人和借款人在线交易，平台不介入交易，不为投资人提供担保，只是提供信息匹配、工具支持等服务，赚取交易佣金；第二，定位于个人小额消费信贷市场，目标借款人是互联网用户中相对低端的个人，他们中 90% 没有信用卡，而对于投资者，他们则提倡小额分散投资的理念以降低投资风险；第三，单笔交易规模小，平台上 80.2% 的单笔借款金额小于 5 000 元。因此，直到 2015 年 5 月底，平台的半年成交额才突破 13 亿元。不过，发展到 2017 年第 1 季度，平台的累计成交量已达 105.48 亿元，环比增长 40.32%，远超过同行业 3.61% 的环比增速，公司处于盈利状态。

拍拍贷这种定位于个人小额消费信贷市场、基于互联网的纯信用无担保借贷平台模式，并不是其创立之初就确立的，而是在其多年发展试错的过程中，伴随着中国 P2P 行业的发展不断迭代演进而来。虽然后来阿里、腾讯之类的互联网巨头开始试水 P2P 行业，但拍拍贷凭借其对于风控的准确把握，能够向各类人群提供借贷服务，成为这个领域中当之无愧的佼佼者。

拍拍贷纯线上、定位于个人消费群体的 P2P 模式之所以能在一波三折中坚持下来，归功于其用心打造的大数据风控模型——“魔镜”系统。基于大数据模型，“魔镜”可以预测借款标的的风险概率，并能基于风控评级制定风险定价。2007 年以来，拍拍贷已经在“魔镜”系统上投入超过 5 000 万元人民币，并且还在加大投入中。同时，拍拍贷的还款逾期率除了 2013 年之外都在逐年下降（见图 6-6）。截至 2018 年 12 月 31 日，拍拍贷 15~29 天、30~59 天、60~89 天的逾期率分别是 0.92%、1.63% 和 1.41%。拍拍贷的用户量和用户黏性也获得了进一步提升。根据财报数据，截至 2018 年 12 月 31 日，拍拍贷累计个人出借用户数达到 66.77 万人，累计借款用户为 1 444 万人，复借率由 2017 年的 68.9% 增至 73.6%。这意味着经过 12 年的积累和沉淀，拍拍贷的用户体验和口碑都得到了广大用户的肯定。

图 6-6　拍拍贷 2007—2015 年上半年的逾期率

资料来源：拍拍贷

（一）风控能力

“魔镜”系统分为四大块：第一，反欺诈，就是剔除骗子；第二，信用评分和评级，这里包含对用户建立信用档案，采集数据为用户做信用评分，并据此对用户做信用评级；第三，风险定价，就是针对不同信用等级的人制定不同的新低价格和借款额度；第四，贷后监控，包括贷后行为预警、逾期信息曝光、催收等。

这套系统首先对用户评定信用等级，依据用户的还款记录、账户认证、上传资料等信息计算用户的信用分，并据此将用户按照信用高低分为 A 到 F 六级，风险依此上升。在这个信用等级的基础上，这套系统还会针对每一笔借款产品确定风险等级。拍拍贷的每一款产品都会被归到 AAA 到 F 的 10 个等级中的一级。AAA 风险最低，逾期率小于 0.1%。F 风险最高，逾期率大于 10%。风险越低，借款项目的利率就越低。

每个风险级别的具体利率定价是由市场行情倒推而定的。比如，拍拍贷认为 10% 的投资回报收益在某段时间的市场上有竞争力，那么他们就倒推每个风险等级的产品应该对应的最低借款利率。定价不仅定利率，还定额度，信用等级高的人，可以获得较高额度的借款。每个借款人在发布借款申请前，就被告知了他的借款额度和最低借款利率。发展到 2015 年 6 月，这套系统已经自动处理了 80% 的借款业务。需要人工介入的，主要是那些信用等级居中的项目，比如 C、D、E 级。之所以要人工介入，一方面是系统无法判断；另一方面也是为了测试一些不同变量从而修正风控模型。

交易完成后，这套系统还接着进行贷后监控，借款成功后的 15 天内，系统会对用户在互联网上的行为进行监控，如果发现异常，就会向系统和拍拍贷的催收团队发出预警；如果没有异常，系统就在还款日的前 5 天、3 天和 1 天向用户发短信提醒。如果逾期 1 天，用户信息就会被曝光给借钱给他的投资人；如果逾期 30 天，用户就会被曝光到网站黑名单中；而他们的催收团队则在逾期 4 天后就会跟进去催收。

（二）“魔镜”的打磨

相较于传统金融，互联网金融 P2P 在风险管理上虽然要面临缺乏央行征信、信用数据有限，以及政策不确定性的挑战，但互联网的机遇是在于数据、技术及其可拓展性。通过互联网，我们可以解读庞大的用户群，能够收集海量的碎片化数据。这样的数据非常适合运用各类大数据与机器学习软件技术去分析提炼。

“魔镜”的大数据模型，目前包括 400 个数据变量，这些数据来源于拍拍贷近 2 000 个数据维度，后者来源于互联网、社交关系链、网络黑名单以及其他第三方数据源。之所以要以这样的冗余量来储备数据，是为了更精确地实现风控。

对风控模型的打造，在拍拍贷是一个从定性到定量的过程。一开始早期进行数据积累时，不可能做到定量分析，只有后面随着数据积累多了，有了足够的样本，才有了定量分析的基础。定量分析的时候，也是从简单的线性模型发展到二叉树模型，再发展到后面具有大数据分析和功能的神经网络模型。

从 2009 年起，拍拍贷开始有意识地通过互联网搜集借款人尽可能多的信息。拍拍贷对信息的搜集，一方面通过向借款人提供一张注册表，让其填写相关信息（包括个人基本资料、财力证明和工作信息等）；另一方面，拍拍贷在获得客户授权后，主动去互联网上抓取客户其他信息。

2009 年，公安部对外开放了数据，随后教育部也开放了数据。这些开放加速了拍拍贷的大数据积累过程。当数据量累计到一定程度时,拍拍贷便进入定量分析阶段。比如他们得出结论:社交账号粉丝数在 50 人以上的违约率只有粉丝数在 50 人以下的 1/3;凌晨两点之后上网的借款人的违约率是两点之前借款的两倍多等。由此,关于信用和风险的定量分析模型也逐步建立起来。

2014 年,90 后群体借款需求同比增长 768%,拍拍贷的用户量也在同一年呈正增长。大量的用户让拍拍贷的风控模型如鱼得水。数据模型、风控系统的准确性,是建立在巨大的用户量上的。用户越多,每个用户借款频次越高,所产生的数据就越多,系统对用户风险的判断也越准确。

(三)风控系统的门槛

这套风控系统相对于同行的门槛不同的是大数据的量以及积累数据所用的时间。迄今为止,没有谁可以积累 60 亿条数据,也几乎很少有人愿意花这么长时间积累的。这也正是拍拍贷与同行的不同定位。

大部分同行都会选择小(微)企业客户,这群客户不是主要的互联网用户,他们的行为数据不太容易通过互联网的方式获取;而且很多同行因为依赖线下人工审核,所以用户量也不可能太大,因此,他们宁愿选择借款量大的客户。按照拍拍贷的数据,拍拍贷 1 亿元贷款,可以服务 18 000 人,而这些企业最多只能服务几百人。

不过拍拍贷的这个模式短期内很难像同行那样赚大钱。积累数据是一个长期的过程,需要耐得住寂寞,更要有坚持活着的本事。好在拍拍贷有风险投资相助,创业 8 年时,已经获得了 3 轮过亿美元的融资。

拍拍贷之所以走这条寂寞之路,是因为他们相信自己这套建立在大数据基础上的风控系统将会更有竞争优势。这里面最难做的就是征信,征信其实是一个机器学习过程,积累的数据越多,征信就越准确。随着他们不断向大用户量的市场推进,随着数据的不断积累,他们每走一步,都是在强化下一步的正确性。

案例思考题:

1. 请简述阿里巴巴的供应链金融模式。
2. 你认为,拍拍贷的 P2P 模式为什么会成功?

6.2 数字文旅

6.2.1 数字旅游

在旅游行业,运用大数据可以开展游客客源分析、游客行为分析,对景点景区人群踩踏进行预警,对旅游市场进行精确监管,科学、合理地开展旅游景区规划和评价。2015 年 1 月,国家旅游局出台了《关于促进智慧旅游发展的指导意见》,提出建立完善旅游信息基础数据平台,推进数据开放共享。规范数据采集及交换方式,逐步实现统一规则采集旅游信息,统一标准存储旅游信息,统一技术规范交换旅游信息,实现旅游信息数据向各级旅游部门、旅游企业、电子商务平台开放，保证旅游信息数据的准确性、及时性和开放性。加快改变旅游信息数据逐级上报的传统模式，推动旅游部门和企业间的数据实时共享。开放有关旅游行业发展数据，建立开放平台，定期发布相关数据，并接受游客、企业和有关方面对于旅游服务质量的信息反馈。鼓励互联网企业、在线旅游 (Online Travel Agency，OTA)企业与政府部门之间采取数据互换的方式进行数据共享。鼓励旅游企业、航空公司、相关企业的数据实现实时共享，鼓励景区将视频监控数据与国家智慧旅游公共服务平台实现共享。

数字旅游是旅游信息化的一个重要领域，指的是整个旅游活动过程的数字化和网络化。数字旅游是以 3S(RS、GIS、GPS)技术、分布式计算技术、三维可视化技术、虚拟现实技术、数据库技术、数据挖掘和数据融合技术、宽带网络技术、通信技术(如 5G)、云计算技术、服务导向框架(SOA)等技术作为支撑。数字旅游体系是一项系统工程，其输入的是各种旅游信息，包括空间信息和非空间信息，信息处理是对数字旅游体系中各种应用功能的实现，输出是数字旅游体系提供的所有服务。

近年来，数字化应用为旅行预定行业发展新动能。一是旅游行为的线上化趋势重塑用户旅行预订决策习惯。60.8% 的用户在过去一年中有过旅游经历分享行为，通过在景点拍摄照片和短视频进行分享、为旅行预定平台导入更多的用户流量。二是数字化虚拟景区催生“云游览”现象。虚拟现实(Virtual Reality，VR)/ 增强现实(Augmented Reality，AR)、AI、5G 等数字化技术向旅行预订应用场景渗透，实现虚拟景区游览，提升消费体验。以百度百科数字化博物馆为例，共上线 300 家博物馆，累计 1.17 亿参观者使用。蓬勃发展的数字化应用激发旅游行业增长潜力，不断塑造未来旅行预订模式(2015—2020 年在线旅行用户规模及使用率见图 6-7)。

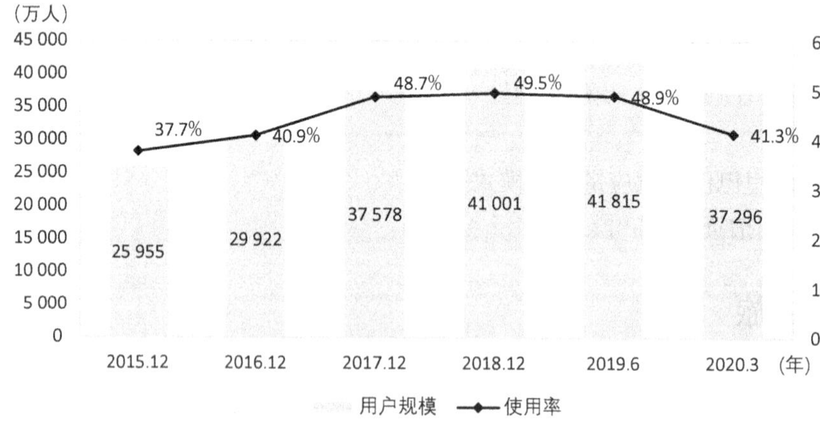

图 6-7　2015—2020 年在线旅行用户规模及使用率

对于旅游主管部门，要开展旅游大数据试点示范工作。运用大数据提高旅游市场监管水平，推进旅游市场治理现代化。开放旅游行业的公共数据资源，发展全域旅游大数据。对于旅游景区管理部门，要积极运用物联网、云计算、移动互联网、大数据等新一代信息技术，构建智慧景区。运用大数据开展旅游目的地精准营销，优化景区规划建设，提高景区管理水平，提升游客服务水平。对于旅游大数据产品和服务提供商，要深入分析旅游行业的痛点(黄牛、黑导、枪店、欺客宰客等)，提供相应的解决之道。基于后台大数据，通过 App 为游客提供全程的、基于位置的、一体化的信息服务，让游客省钱、省力、省心，提高游客满意度。

6.2.2 数字创意

数字创意产业是现代信息技术与文化创意产业逐渐融合而产生的一种新经济形态，以计算机动画（Computer Graphics，CG）等现代数字技术为主要技术工具，强调依靠团队或个人通过技术、创意和产业化的方式进行数字内容开发、视觉设计、策划和创意服务等。目前数字创意产业的应用主要体现在会展、虚拟现实、产品可视化等领域。2016 年 11 月底，国务院印发了《"十三五"国家战略性新兴产业发展规划》，提出促进数字创意产业蓬勃发展，创造引领新消费。以数字技术和先进理念推动文化创意与创新设计等产业加快发展，促进文化科技深度融合、相关产业相互渗透。具体包括以下几个方面。

第一，提升创作生产技术装备水平。加大空间和情感感知等基础性技术研发力度，加快虚拟现实、增强现实、全息成像、裸眼三维图形显示（裸眼 3D）、交互娱乐引擎开发、文化资源数字化处理、互动影视等核心技术创新发展，加强大数据、物联网、人工智能等技术在数字文化创意创作生产领域的应用，促进创新链和产业链紧密衔接。鼓励企业运用数字创作、网络协同等手段提升生产效率。

第二，增强传播服务技术装备水平。研发具有自主知识产权的超感影院、混合现实娱乐、广播影视融合媒体制播等配套装备和平台，开拓消费新领域。大力研发数字艺术呈现技术，提升艺术展演展陈数字化、智能化、网络化应用水平，支持文物保护装备产业化及应用。研究制定数字文化创意技术装备关键标准，推动自主标准国际化，完善数字文化创意技术装备和相关服务的质量管理体系。

第三，促进优秀文化资源创造性转化。鼓励对艺术品、文物、非物质文化遗产等文化资源进行数字化转化和开发。依托地方特色文化创造具有鲜明区域特点和民族特色的数字创意内容产品。加强现代设计与传统工艺对接，促进融合创新。提高图书馆、美术馆、文化馆、体验馆数字化、智能化水平，加强智慧博物馆和智慧文化遗产地建设，创新交互体验应用。

第四，鼓励创作当代数字创意内容精品。强化高新技术支撑文化产品创作的力度，提高数字创意内容产品原创水平，加快出版发行、影视制作、演艺娱乐、艺术品、文化会展等行业数字化进程，提高动漫游戏、数字音乐、网络文学、网络视频、在线演出等文化品位和市场价值。鼓励多业态联动的创意开发模式，提高不同内容形式之间的融合程度和转换效率，努力形成具有世界影响力的数字创意品牌，支持中华文化"走出去"。提升创新设计水平，挖掘创新设计产业发展内生动力，推动设计创新成为制造业、服务业、城乡建设等领域的核心能力。

第五，推动数字创意在电子商务、社交网络中的应用，发展虚拟现实购物、社交电商、"粉丝经济"等营销新模式。推动数字创意在教育领域的应用，提升学习内容创意水平，加强数字文化教育产品开发和公共信息资源深度利用，推动教育服务创意化。提升旅游产品开发和旅游服务设计的文化内涵和数字化水平，促进虚拟旅游展示等新模式创新发展。挖掘创意"三农"发展潜力提高休闲农业创意水平，促进地理标志农产品、乡村文化开发，以创意民宿推动乡村旅游发展和新农村建设。推动数字创意在医疗、展览展示、地理信息、公共管理等领域应用。构建数字创意相关项目资源库和对接服务平台,创新使用多种形式的线上线下推广手段,广泛开展会展活动,鼓励行业协会、研究机构积极开展跨领域交流合作,形成创意经济无边界渗透格局。

6.2.3 数字新媒体

数字娱乐是指基于数字技术的娱乐产品动漫、卡通、网络游戏等。随着互联网产业的蓬勃发展,数字娱乐涉及移动内容、互联网、游戏、动画、影音、数字出版和数字化教育培训等多个领域,数字娱乐产业以强力的发展支持了新经济,在新兴的文化产业价值链中,数字娱乐产业是创造性最强、对高科技的依存度最高、对日常生活渗透最直接、对相关产业带动最广、增长最快、发展潜力最大的部分。2017 年 10 月,党的十九大报告提出加强互联网内容建设,建立网络综合治理体系,营造清朗的网络空间。

近年来,网络新闻、网络音乐、网络文学、网络游戏、网络视频、网络直播等基于互联网的数字娱乐产业快速发展。根据中国互联网络信息中心发布的第 4 次《中国互联网络发展状况统计报告》,截至 2019 年 6 月,我国网络新闻用户规模达 6.86 亿,占网民整体的 80.3%;网络音乐用户规模达 6.08 亿,占网民整体的 71.1%;网络文学用户规模达 4.55 亿,占网民整体的 53.2%;网络游戏用户规模达 4.94 亿,占网民整体的 57.8%;网络视频用户规模达 7.59 亿,占网民整体的 88.8%;网络直播用户规模达 4.33 亿,占网民整体的 50.7%。

数字新媒体的典型应用场景主要有以下几个。

1. 新闻聚合

新闻聚合是根据用户行为数据进行分析,实现定向推送和偏好匹配的平台,它们从不生产新闻内容,可以形象地称之为"新闻搬运工",这种模式的出现是信息爆炸时代的必然产物。

目前,新闻聚合类 App 正迅速占领移动端新闻阅读的入口,最经典的如"今日头条"已遍布全球。自 2012 年成立以来,今日头条一直深耕国内市场,在国际化上少有突破,直到 2016 年下半年重点布局国际化。今日头条推出的海外版本 TopBuzz 在美国、英国、加拿大这几个英语系国家均排在了前十位,用户总计超过 4 亿,用户的付费能力强,互联网发展程度高,有利于产品的变现。

除了今日头条,猎豹移动收购的 News Republic 被称为"世界上第一家没有记者的新闻媒体",其与全球超过 2 500 家新闻机构构建版权合作,为读者提供丰富的订阅内容,包括新闻文章、图片和视频。还有 UC 优视科技的 UC News 新闻聚合平台、面向英文市场的移动资讯 App News Break、聚合阿拉伯地区的新闻内容资讯 App Wonder News、主打土耳其的媒体聚合平台 GUNDEM。

2. 网络视频

直播和短视频是自 2016 年以来国内互联网创投圈的热点领域,例如,前面提到的今日头条推出的海外版本 TopBuzz,内置了短视频和 Gif 动图,其在美国、英国、加拿大、巴西表现都十分抢眼。国内盛行的 App 有抖音、快手、西瓜视频等。

YY 旗下的出海直播应用 BIGO LIVE 平台 2016 年 3 月 12 日上线，主要面向 18~25 岁群体。用户可在 BIGO LIVE 上观看全球热门直播，打赏主播并实时互动。目前 BIGO LIVE 估值已超过 4 亿美元，共完成融资 1.8 亿美元，月活跃用户近 3 000 万。

抖音是一款可以拍摄短视频的音乐创意短视频社交软件，由今日头条孵化，该软件于 2016 年 9 月上线，是一个专注年轻人音乐短视频社区平台。用户可以通过这款软件选择歌曲，拍摄音乐短视频，形成自己的作品。2019 年 12 月，抖音入选 2019 中国品牌强国盛典榜样 100 品牌。发布《2019 抖音数据报告》，报告披露了抖音最新的成绩单：截至 2020 年 1 月 5 日，抖音日活跃用户数已经突破 4 亿，作为国内最大的短视频平台，继续领跑市场。

在数字经济时代，数字娱乐是重要的消费品和财富载体，随着数字经济的发展，数字娱乐创业将会越来越多。

案例：AI+ 新闻媒体

在互联网时代，新闻消息传播便捷、鱼龙混杂，未经验证的假新闻往往极具舆论导向性，且能掀起轩然大波。Facebook 就曾一度深陷虚假新闻的泥潭中，不但被指控影响了美国总统大选结果，甚至引发了德国政府的巨额罚款。基于此，MIT 人工智能实验室于 2018 年 10 月份宣布已经研究出了一种能够鉴别信息来源准确性和个人政治偏见的 AI 系统。

MIT 的研究人员用这个 AI 系统创建了一个包含 1 000 多个新闻源的开源数据集，这些新闻源被标注了“真实值”和“偏见”分数。据称，这是全球类似数据集中收录新闻源数量最多的数据集。根据该团队所述，该 AI 系统只需检测 150 篇文章就可以确定一个新的新闻源代码是否可靠。该系统使用支持向量机训练来评估事实性和偏差，真实性分为：低、中、高；政治倾向分为：极左、左、中偏左、中偏右、右、极右。实验表明，该系统在检测一个新闻来源是否具有“真实性”方面的准确率为 65%，在检测其政治倾向性方面的准确率为 70%。这一 AI 系统的新颖之处主要在于它对媒介的评估结果是基于广泛的语境理解，没有单独从新闻中提取特征值（及其学习模型所训练的变量），而是兼顾了维基百科、社交媒体，甚至根据 URL 和 Web 流量数据的结构来确定可信度。

6.3　数字教育

随着信息通信技术的发展，以及应用范围日益扩大，互联网的普惠、便捷、共享的特性已经逐步渗透到教育领域，助推教育全民共享、全面共享，促进教育公平，激发个性教育，重塑教育业态。

6.3.1　数字教育的发展模式

从全球范围看，在以互联网为代表的新技术的推动下，教育产业正逐步朝着数字化、智能化的方向发展，呈现出多样化教育新模式。

1. 人工智能＋教育

随着人工智能技术的不断成熟，人工智能与教育行业结合得也更加紧密。以人工智能为核心的教育科技开始从数据采集（语音识别、图像识别、传感器等）、数据处理（语义识别、大数据、自适应、认知计算、情感计算等）和人机界面（AR/VR、机器人、3D 打印）三方面与教育行业开展深度结合及应用，逐步提高教学的智能性及互动性，开启数字教育新模式。融合应用主要集中在作业自动批改、拍照搜题类在线答疑、智能测评和个性化学习四个方向。

随着更多维度和更大量级的数据采集与数据汇聚，更高效的数据处理方法，以及更具互动性的人机界面的发展，今后人工智能在教育领域将形成点面结合的产品演进模式与系统化、智能化的产品应用潮流，人工智能将不断革新传统教育的学习范式，开启数字教育新模式。例如，从学习者角度出发的自适应学习系统将为学生生成智能化的学习内容，通过大数据分析与数据反馈，制定个性化的学习方案；从教学者的角度出发，依托人工智能实现口语语音测评、学情智能测评、虚拟学习助手等应用，有效提升教学反馈，提高教学质量。

2. VR/AR+ 教育

日臻成熟的 VR/AR 技术与应用融合数字环境，建立平衡有深度的学习框架，提供更丰富生动的线上教育场景和"实操"机会，实现教师、学生、环境多维交互，带来更加沉浸式的体验，优化学习者的学习方式，增加学习的主动性和创新活力，甚至改变学习者的思维方式，影响对自我、世界和时空的看法，推动数字教育新变革。例如，教师讲授星空、星系，学生戴上虚拟现实头盔，能更好地体验场景且直观感知。沉浸式教学极大地提高了学习效率，降低实训成本和风险，如医疗手术、模拟驾驶、现场救援等，还能够百分之百地还原三维立体影像等。

3. STEAM 教育

STEAM 教育是集科学（Science）、技术（Technology）、工程（Engineering）、艺术（Art）和数学（Mathematics）多学科交叉融合发展的综合性教育，提倡"动手动脑的探索式"学习过程，是数字教育新理念。STEAM 教育具有重实践、重跨界、重创新的突出特点。人工智能、VR/AR、3D 打印技术与 STEAM 倡导的教育方式相结合，能使小学、初中、高中各个阶段的学生在更多的智能化场景中锻炼逻辑思维，提高动手能力，培养创新精神，开启素质教育新模式。

6.3.2 数字教育的发展现状

1. 国外数字教育的发展现状

在新技术的引领下，教育产业的数字化程度正成为各国数字化普及程度的重要体现。提高教育数字化，是各国普惠民生、改革创新教育产业的重要举措。在经济合作与发展组织国家中，数字教育是数字战略的一个重要内容，其目标是促进信息和通信技术在教育中的利用，提高教育系统的有效性，确保基本和高级的信息与通信技能发展。

在美国，主流的 K12（K12 是幼儿园和中小学年的基础教育阶段的统称）在线学习已经基本由各个州或学区主管部门推进，且都有相应的法规和标准。"学校及图书馆项目"计划每年投资 39 亿美元给学校和图书馆以提供稳定的高速宽带。2014 年，美国联邦通信委员会提供了高额的项目资金，以缩小学校和图书馆在支持个性化学习的宽带连接与硬件上的差距，特别是在农村地区，并尽量增加人们能负担得起的高速连接宽带的数量。

澳大利亚的全国数字经济战略旨在为注册的培训机构（RTO）、大学和更专业的教育机构提供链接，以在创新和提供灵活的教育方式上发展与协作，将在线学习资源扩展到家庭、工作场所和公共设施，为学生和其他学习者提供在线的虚拟学习机会。

英国的信息经济战略描述了一系列促进信息和通信技术在教育中应用的措施，以确保人们拥有基本的信息和通信技术水平。它还呼吁成立一个结合供求双方的技术小组，以制定数字技术战略，包括扩大大型开放式网络课程（MOOC）所带来的好处，对工人进行再培训，进行数字扫盲。此外，还包括鼓励私营部门和教育机构支持提升与电脑科技相关的毕业生的就业率，缩短电子技术的学徒期。

印度政府大力推动“数字印度”国家战略，印度数字教育增长率居全球首位。移动技术和云计算的出现，以及新兴人口的不断增长和市场对熟练劳动力的巨大需求，驱动印度数字教育市场快速发展。数字教育是继网络零售之后，印度互联网产业发展的下一个重心。

2. 我国数字教育的发展现状

中国教育长期面临着资源分配不均、投入产出失衡、素质教育水平较低等困境，在国家政策的大力支持与引导、数字经济的催生与带动等众多因素的作用下，互联网与教育领域逐渐渗透融合，形成数字教育新业态，并在优化教育资源配置，促进教育公平，尊重学生个体差异，满足学生个性化需求，突破学习时空限制，加快教 / 学方式变革，丰富学科内容上取得了显著成效。随着全民学习、终身学习、个性化学习的理念日益深入人心，以互联网为载体的信息通信技术为传统教育的创新改革带来崭新的机遇。

1）政府鼓励数字教育发展

《教育信息化十年发展规划（2011—2020 年）》《国务院关于积极推进“互联网 +”行动的指导意见》《教育信息化“十三五”规划》等系列政策文件都表明，教育信息化已逐渐成为教育现代化指标体系的重要指标。我国目前的教育信息化及数字教育建设，继续保持以政府为主导，以学校和企业为主体的发展模式，学校积极应用“三通两平台”和最新的数字教育资源，传统教育机构、教育科技公司、互联网企业等侧重数字教育平台、数字教育应用的研发。2019 年《政府工作报告》明确提出发展“互联网 + 教育”，促进优质资源共享。在相关政策指引下，在线教育逐渐延伸至广大农村和边远地区。

2）数字教育理性探索发展模式

越来越多的互联网公司进入教育领域。2014 年，在线教育爆发热潮。2015 年底，近七成的企业面临亏损，教育 O2O 严重遇冷，行业开始回归理性。2016 年，政府继续加强教育信息化基础设施建设，企业逐步探索在线教育的发展模式，寻求创新与突破。截止到 2019 年在线教育稳速发展，以大数据、云计算、人工智能、AR/VR 为代表的新技术应用，将越来越创造性地突破教育外延，促使线上线下融合加深，互联网逐步重塑传统教育。

3）移动数字教育大幅增长

随着移动互联网技术的广泛应用、4G 网络的深入普及，中国在线教育用户规模持续稳步增长，互联网教育的移动规模大幅增长。中国互联网络信息中心公布的第 44 次《中国互联网络发展状况统计报告》显示，截至 2020 年 3 月，中国在线教育用户规模达 4.23 亿人，较 2018 年底增长 2.22 亿人，占网民总体的 46.8%。手机在线教育用户规模达 4.20 亿人，较 2018 年底增长 2.26 万人，占手机网民的 46.9%（见图 6-8）。

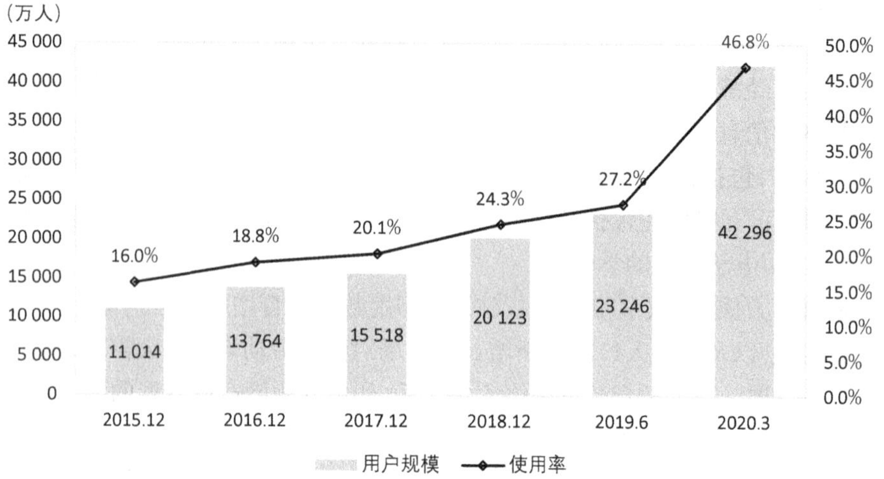

图 6-8　2015—2020 年我国在线教育用户规模及使用率

4）教育直播逐渐升温

直播技术逐渐与教育领域结合，成为数字教育创新发展的新风口。数字直播教育与传统教育相比，获取方式更加便捷高效，而且更适合碎片化学习，一对一直播、一对多直播、直播录播相结合等方式不断满足定制化的学习需求。教育直播让专而精的名师及内容资源得到更为广泛的传播与分享，人人都能享受到与名师面对面、在线互动的机会。

6.3.3　数字教育的发展趋势

数字教育的发展对于促进教育公平，实现全民教育和终身教育，追求个性化教育作用巨大。我国数字教育需从制度、技术、模式等多个维度进一步加强探索创新，依托互联网新技术实现数字教育改善民生、增进社会福利的长远目标。

1. 营造健康、有活力的市场创新氛围

加快制定数字教育和数字教育资源质量标准，推动建立数字教育资源的准入和监管机制，完善数字教育资源知识产权保护机制。鼓励企业和其他社会力量开发数字教育资源，研发数字教育产品及应用，形成公平有序、健康、有活力的市场环境；鼓励互联网新技术、新应用在教育领域的创新发展；探索建立数字教育管理规范，发展数字教育服务新业态；出台教育数据管理规定，健全安全管理制度，形成教育数据资源开放共享机制，确保网络安全与教育资源内容安全。

2. 拓宽数字教育资源覆盖面

加大对偏远及欠发达地区的教育投入力度，优化资源配置逐步建立优质数字教育资源的共建共享机制，提高数字教育资源的覆盖水平，加快优质教育资源向农村、边远、贫困、民族地区覆盖，让互联网的便捷、共享真正普惠于人民大众，逐步实现教育公平。完善学校教育信息化设施，加强"无线校园"建设，进一步普及网络教学环境、无线网络全覆盖，完善国家教育资源公共服务平台，推动形成覆盖全国、互联互通、协同服务的数字教育资源公共服务体系。

3. 推动线上线下教育相结合

在数字教育中，互联网是主要载体，线上化、互联网化是手段与工具，优质的教学内容与师资力量是关键，线下的教学互动仍是重点。要使线上线下有机结合，鼓励学校和地方通过与具备资质的企业合作，推动在线开放资源平台建设和移动教育应用软件研发。整合各类优质教育资源，推进资源普遍开放共享，加快推动线上线下相结合的教育服务模式和学习方式的变革。

6.4　数字医疗

医疗作为最基本的民生需求，直接关系到人民群众的健康安危，在数字民生领域占据非常独特的地位。数字医疗是把现代计算机技术、信息技术应用于整个医疗过程的一种新型的现代化医疗方式，包括数字化的医疗设备，数字化设备构成的网络、网络之上的数字化医疗系统以及基于数字化的医疗系统的服务，是公共医疗的发展方向和管理目标。

6.4.1　数字医疗的基本特征

医疗设备的数字化。所谓数字化的医疗设备，即数据采集、处理、存储与传输等过程均以计算机技术为基础，在计算机软件下工作的医疗设备，已逐渐取代常规设备成为临床设备的主流。

医疗设备的网络化。数字化医疗可以实现医院内部设备资源的共享，实现影像及文档资料的传输、远程教学及电视会议、远程会诊及手术、网上查询及求助，以及网上挂号、预约，从而实现全球资源的共享。

医院管理的信息化。管理者可以通过网络随时了解医院的运营情况及各部门的工作情况，使医院始终处于最佳运行状态。而且，医院可以随时为病人提供各种所需信息。

医疗服务的个性化。基于互联网、有线电视等私人医疗保健服务和公众医疗咨询服务，随时提醒大众进行身体检查、预测某种疾病的发生和发展，向病人推荐新的治疗方法，使病人可以足不出户享受个人医生的医疗保健服务。

6.4.2　数字医疗的优势

数字化医疗的实施可以提高医院的诊疗质量、提高服务效益、增强医院管理透明度，对提高医院竞争力会产生极大的影响。其优势表现在以下几个方面。

改革了医院的运营模式。医院的经营模式将由一个看病的场所发展成为集医疗、保健及健康咨询为一体的服务型机构。医院的经营理念从原来的只注重设备及医疗水平,转为既要注重设备及医疗水平又要注重医院的现代化管理水平和服务水平。

改变了医院的管理方式。医院实现的无纸化办公及无胶片存储,大大地降低了医院的成本,提高了医院的工作效率。

改进了对大众的服务。人们可以省去在医院排队挂号、划价、检查及取药的时间;可以选择自己信任的专家来为自己诊治;可以在家中向医生做健康咨询;可以随时得到医生的健康提醒;病人将真正成为被医院服务的中心。

改善了医院的医教研工作。医生可以通过网络了解当天病人的流量,利用先进的数字化诊疗设备进行的影像检查数据准确,及时对病人能做出诊治。远程会诊及远程监护使医生实现足不出户就行医,医生的才能可以得到更大的发挥。同样数字化医疗赋予了医院日常教育和科研新的内涵,开辟了新的途径。

6.4.3 全球数字医疗的发展趋势

1. 以优化工作流程为基础

通过信息化手段实现医疗服务的数字化、智能化和自动化,优化就诊过程中的工作服务流程,从供给侧释放医生劳动资源,在一定程度上缓和医疗资源的供求失衡矛盾,将成为中短期内数字医疗行业的发展方向。

在美国,患者通常需要花上几周或几个月才能预约上某项医疗服务,中国“看病难、挂号难”的问题也十分突出。医疗资源供不应求是一方面,但传统工作流程不完善也是消耗医疗资源的一大杀手。数字医疗技术将提供更加智能的数据录入方式、更加灵活的医患沟通途径、更加全面的数据监测方法,颠覆传统的医疗工作模式;还将提供更加全面科学的决策支持和人工智能分析工具,减少医护劳动力成本,实现医疗服务的全面自动化、智能化发展。

2. 以开放医疗数据为途径

数据作为信息社会底层的资源,在数字经济中将发挥越来越基础性的作用。通过开放医疗健康大数据资源,激发社会各界的创新活力,对深入挖掘数据价值、真正释放数据医疗活力具有十分重大的意义。

在医疗信息化的推进过程中,医院机构、电子病历、智能终端等数字化健康非结构化数据采集已初步成型。如何集成、分析、应用这些海量数据,挖掘数据背后的价值将是数字医疗从业者的研究重点。数据资源的开放激活了社会各界的创新活力,社会资本、科研团体及个人积极以众筹、众包、众智的创新模式加入医疗数据分析。谷歌 Deep mind 与伦敦帝国理工学院和伦敦皇家自由医院展开合作,将机器学习技术推向健康保健领域。IBM Watson 与全球知名的 MSKCC 癌症中心合作,目前已有 21 家中国医院应用 IBM Watson 肿瘤解决方案。

3. 以医疗价值导向为指引

以固定成本获得最佳疗效的市场竞争规则将重塑全球医疗市场的价值导向，为数字医疗行业的健康可持续发展保驾护航。

当前医疗体系以医疗数量等同于医疗价值，以手术药品或收费服务为基础的支付和供应系统高度分散，公共费用和私人支付医院以及行业间缺少协调，导致全球每年约有20%~40% 的医疗资源被浪费。在各国努力控制医疗成本的大趋势下，医疗体系将越来越多地关注医疗“价值”，即以一定的成本获得最佳疗效，推动医疗市场的竞争规则向“基于疗效竞争”的方向转变。疗效竞争相比数量竞争，优势在于将竞争焦点放在对患者真正重要的事情上，即提供高性价比、高质量的医疗服务，这才是所有医疗体系存在的根本。2015 年，美国卫生和公众服务部（United States Department of Health and Human Services，HHS）制定了目标：到 2018 年底，通过替代支付模式将传统 50% 的医疗费用，或者收费服务、医疗社保与质量或价值相绑定。新的激励措施将用于奖励优质的医疗服务，而非单一注重数量。通过实现患者疗效数据的透明化，统筹优化激励机制，让医疗服务的支付者、提供者、制造商和患者为同一个目标共同努力，也让市场能够有效地在管理成本和服务质量之间进行平衡。

4. 以数字平台为抓手

全球数字医疗产业正处于成长期，市场规则及行业主体尚不稳定。数字医疗行业必须聚拢更多的人才、技术、产品、创新资源，以平台经济为抓手，汇聚更多的参与者加入平台网络，整合产业资源与市场资源，构建良性的生态环境，协同创新，互利共赢。美国数字医疗初创公司手中握有将近 1 700 项专利，聚拢了来自谷歌、微软、雅虎的顶尖技术人员，大型传统医疗信息技术公司对此虎视眈眈，成为秃鹫投资者，通过买进财务困难的初创公司的革新产品，拓展业务边界，从而赚取回报。

5. 以医生多点执业为突破

医护人员的多点执业，切合医疗行业虚拟化及去中心化的趋势。促进专业劳动力资源流动，将在中短期内缓和医疗资源供需失衡的矛盾。

伴随着全球人口老龄化、慢性病规模增加等外部挑战，加之医疗专业门槛高、从业人员少、薪资激励机制不明、医患矛盾激化等内部挑战，医护人力资源的供给相对需求而言，存在相当大的缺口。完善医生多点执业制度规范，可有效缓解人才供给压力。目前，美国联邦政府医学委员联合会已在全美 18 个州颁布立法，允许医护人员签定州际执照契约。英国医师多点执业是“四加一”模式，公立医院医生每周 5 个工作日内 4 天在医院工作，剩下 1 天可以选择在其他医院或者基层医疗机构行医。澳大利亚公立医院的非全职医师允许到国立医院和私立医院以兼职的形式执业，通常一位医师可以同时在三四家医院执业。随着各国医师多点执业制度的完善，依托于互联网、社交媒体等的新型医疗模式的能量将被真正激发，互联网远程医疗将突破制度和法律的限制，有效改善医护资源供需失衡的问题。

6. 以个人信息安全为保障

为促进数字医疗行业的稳定健康和可持续发展，以隐私信息安全为基础保障，明确权责界定，完善责任追溯体系，培养企业的数字信任和道德责任十分关键。

数字医疗信息化建设势必走向数据开放共享，让数据在“流动”中发挥真正的价值，但如何驱动数据的有序流动、合理利用和安全分享是业界非常关注的问题。欧盟和美国都对个人健康医疗信息进行了立法保护，且在近十年中都因互联网技术的迅速发展，颁布了新的法律以适应新的情景和需求，主要包括美国2003年生效的《健康保险携带和责任法案》(HIPAA)隐私规则和安全规则，2013年生效的HITECH Omnibus Rule，以及欧盟2015年颁布的《一般数据保护条例》，强调个人对于自己的健康医疗信息拥有支配权、决定权和控制权。《中华人民共和国网络安全法》于2016年11月7日通过，于2017年6月1日正式施行。数据流动的背后，伴随着巨大的商业利益，完善数据保护立法，明确数据使用过程中的权责界定，结合各国信用体系建设，完善对违法违规行为的责任追溯体系十分必要。同时，企业也应该努力培养数据使用过程中的道德责任，完善自身网络及数据安全建设。

6.4.4 我国数字医疗的发展方向

1. 鼓励信息技术应用创新和新业态培育

积极鼓励数字医疗技术研发，推进产品创新及临床应用，加强疑难疾病等重点方面的研究。积极鼓励社会力量创新发展健康医疗业务，促进健康医疗业务与大数据技术深度融合，加快构建数字医疗产业链，不断推进健康医疗与养生、养老、家政等服务业协同发展。

2. 建立健全的分级诊疗系统

结合我国的国情，应推进分级诊疗体系建设，促进优质医疗资源有序有效下沉。完善以全科医生为重点的基层医疗卫生人才队伍建设，提高基层医疗卫生人员的服务能力；完善基层首诊、双向转诊、急慢分治、上下联动的分级诊疗模式，以健康医疗服务集成平台为依托，推进大医院与基层医疗卫生机构、全科医生与专科医生的数据资源共享和业务协同；完善远程会诊、远程影像、远程病理、远程心电诊断服务，延伸放大医疗卫生机构的服务能力，有针对性地促进“重心下移、资源下沉”。

3. 完善数字医疗标准体系和数据保障制度

我国应加快健康医疗数据安全体系建设，确立数据安全管理责任制度，制定标识赋码、科学分类、风险分级、安全审查规则。相关机构应开展大数据平台及服务商的可靠性、可控性和安全性评测，以及应用的安全性评测和风险评估，建立安全防护、系统互联共享、公民隐私保护等软件评价和安全审查制度。同时，加强大数据安全监测和预警，建立安全信息通报和应急处置联动机制，建立健全“互联网＋健康医疗”服务安全工作机制，完善风险隐患化解和应对工作措施，加强对涉及国家利益、公共安全、患者隐私、商业秘密等重要信息的保护，加强对医学院、科研机构等的安全防范。

6.4.5 典型案例

案例1:AI+医疗

人工智能在医疗图像诊断方面的应用被全球创业公司看好。其一，由于图像识别技术的飞速发展，在 2015 年的 Image 挑战赛上，机器的图像识别率就已经超过人类；其二，由于医疗行业天然产生的大量有标注的数据；其三，由于市场对医生这一职业的巨大需求。下面以 Google 为例，简单介绍下 Google 在人工智能眼科诊断上的进展。

Google 研究者曾在 Research 博客上更新了一篇文章，介绍他们在自动识别糖尿病性视网膜病变（Diabetic Retinopathy, DR）研究上的最新进展，相关论文已经发表在《美国医学会》杂志上。

糖尿病性视网膜病变是现在增长最快的致盲病因，全世界大概有 4.15 亿糖尿病患者存在失明风险。如果发现得早，这个疾病是可被治愈的。但如果发现得晚，那么它就可能导致不可逆转的失明。不幸的是，世界上很多糖尿病高发地区还缺乏有能力检测这种疾病的医学专家。Google 提出了一种可以解读视网膜照片中 DR 发病迹象的深度学习算法，这有望能帮助资源有限地区的医生正确地筛选出更多的病人。

通过与印度和美国的医生的紧密合作，Google 创建了一个包含 128 000 张图像的数据集，其中每一张图像都得到了全部 54 位眼科医生中 3~7 位医生的评估。这个数据集被用来训练出一个可以检测可诱发糖尿病视网膜病变的深度神经网络。之后，他们在两个互相独立的、包含大约 12 000 张图像的临床验证集上测试了该算法的表现。该测试所参考的标准是一个由 7 至 8 位美国认证眼科医生给出的综合意见。为验证集所选择的眼科医生的意见与训练集原来的 54 位医生的意见表现出了高度的一致性。

案例来源：谷歌研发人工智能眼科医生：用深度学习诊断预防失明，http：//www.sohu.com/a/120266727_465975，（2016-11-30）。

案例 2：依“数”为“术”——思路迪的精准医疗

2015 年初，美国提出“精准医疗计划”（Precision Medicine Initiative，PMI）；与此同时，中国政府也开始加大在精准医疗领域的财政投入，并于 2016 年底正式将精准医疗写入“十三五”规划。精准医疗行业迎来了前所未有的市场前景。根据美国国立卫生研究院（National Institutes of Health, NIH）的报告定义，精准医疗是针对每个人的基因、环境和生活方式等个体差异，进行疾病预防和治疗的新兴方法。它使医生和研究人员能够更准确地预测特定的预防和治疗策略将对哪些群体起作用，与“将一种药物用于所有患者”的传统医疗方式相比，在疗效和安全性上有明显优势。

总部位于上海浦江高科技园区的上海思路迪生物医学科技有限公司（以下简称思路迪），自 2010 年成立伊始就将目标定位于成为肿瘤精准医疗领域的综合性平台。依托中国庞大的基因数据和患者样本资源，思路迪不仅提供肿瘤诊断产品和服务，也逐步开拓健康管理和个性化药物研发管线。

思路迪选择将肿瘤早期筛查、精准诊疗和精准新药研发三大业务整合起来，形成“三位一体”的商业模式。由于医疗行业巨大的资金与人才投入需求，这种模式在国内甚至国外同行业中都非常少见，尤其是对于一家刚刚成立的初创企业来说，更非易事。但这种平台化商业模式也可以带来种种协同优势：其一是渠道协同，由于肿瘤的早筛、同伴诊断和用药面向的是同一批肿瘤医生，销售团队可以建立统一的营销渠道；其二是品牌协同，同一集团推出的产品和服务品牌，可以让消费者的感知在不经意间得到强化；其三是数据协同，就像B2C网站天猫后台收集的用户大数据那样，通过挖掘和综合运用肿瘤基因组数据、临床诊疗数据和药物研发数据，可以为企业的业务发展带来更多可能。

6.5 数字交通

数字交通是数字经济发展的重要领域，是以数据为关键要素和核心驱动，促进物理和虚拟空间的交通运输活动不断融合、交互作用的现代交通运输体系，满足数字经济社会中民众不断增长的出行与运输需求，是当今世界交通运输发展的热点和前沿。

6.5.1 数字交通业的概述

1. 构建网络化的传输体系

数字交通是依赖于数据驱动的交通管理与服务，既包括对交通的精细、动态、智能管理与控制，也涵盖了便捷安全的交通出行服务，是数字经济在民生服务与社会治理中的交集，也是工业社会向信息社会转型的过程中具有代表性的行业领域。数字交通最理想的状态是达到人、车、路、环境的全方位综合智能连接。具体而言，数字交通是基于现代信息通信技术，面向交通运输的服务系统，由人、车、路、环境等多个子系统构成，以交通工具、道路、服务信息的收集、处理、发布、交换、分析、利用为重点，通过多层级、多方式、智能化的手段，为交通运输参与者和乘客、货物、运输工具、从业人员等提供高效的互联、最佳的匹配、多样性的服务。

推动交通运输基础设施与信息基础设施一体化建设，促进交通专网与“天网”“公网”深度融合，推进车联网、5G、卫星通信信息网络等部署应用，完善全国高速公路通信信息网络，形成多网融合的交通信息通信网络，提供广覆盖、低时延、高可靠、大带宽的网络通信服务。

2. 构建智能化的应用体系

打造数字化出行助手。促进交通、旅游等各类信息充分开放共享，融合发展。鼓励平台型企业深化多源数据融合，整合线上和线下资源，鼓励各类交通运输客票系统充分开放接入，打造数字化出行助手，为旅客提供“门到门”的全程出行定制服务。倡导“出行即服务（Mobility as a Service，MaaS）”理念，以数据衔接出行需求与服务资源，使出行成为一种按需获取的即时服务，让出行更简单。打造旅客出行与公务商务、购物消费、休闲娱乐相互渗透的“智能移动空间”，带来全新出行体验。推动“互联网+”便捷交通发展，鼓励和规范发展定制公交、智能停车、智能公交、汽车维修、网络预约出租车、互联网租赁自行车、小微型客车分时租赁等城市出行服务新业态。

推动物流全程数字化。大力发展“互联网+”高效物流新模式、新业态，加快实现物流活动全过程的数字化，推进铁路、公路、水路等货运单证电子化和共享互认，提供全程可监测、可追溯的“一站式”物流服务。鼓励各类企业加快物流信息平台差异化发展，推进城市物流配送全链条信息共享，完善农村物流末端信息网络。依托各类信息平台，加强各部门物流相关管理信息互认，构建综合交通运输物流数据资源开放共享机制。

推动行业治理现代化。完善国家综合交通运输信息平台，提高决策支持、安全应急、指挥调度、监管执法、政务服务、节能环保等领域的大数据运用水平，实现精确分析、精准管控、精细管理和精心服务。完善资源目录与信息资源管理体系，实现行业信息资源的汇聚融合，提升信息资源共享交换和开放服务能力。建立大数据支撑的决策与规划体系，推动部门间、政企间多源数据融合，提升交通运输决策分析水平。采用数据化、全景式展现方式，提升综合交通运输运行监测预警、舆情监测、安全风险分析研判、调度指挥、节能环保在线监测等支撑能力。进一步推进交通运输领域"互联网＋政务服务"，实现政务服务同一事项、同一标准、同一编码。延长网上办事链条，推动政务服务向"两微一端"等延伸拓展。加快完善运政、路政、海事等政务信息系统，推进交通运输综合执法、治超联网等系统建设，提高执法装备智能化水平，推进在线识别和非现场执法。

6.5.2 数字交通的发展现状

数字交通产业作为数字经济的一个重要方向，近年来保持高速增长态势。我国交通运输部、发改委等相关部委在数字交通、"互联网＋"交通等方面相继出台政策。2016 年，交通运输部发布《交通运输信息化"十三五"发展规划》；2017 年 1 月，交通运输部发布《推进智慧交通发展行动计划（2017—2020 年）》；2017 年 3 月，国务院发布了《"十三五"现代综合交通运输体系发展规划》，提出促进交通产业智能化变革，推动智能化运输服务升级，优化交通运行和管理控制，健全智能决策支持与监管，加强交通发展智能化建设五项任务。2019 年 7 月交通运输部发布《数字交通发展规划纲要》，提出到 2025 年，交通运输基础设施和运载装备全要素、全周期的数字化升级迈出新步伐，数字化采集体系和网络化传输体系基本形成。截至 2020 年 3 月，我国网约车用户规模大约 3.62 亿人，占网民整体的 40.1%（见图 6-9）。

数字交通基础设施和技术推广应用稳步推进。一方面，支撑数字交通的智能型基础设施取得长足发展。无线通信网络、传感设施和智能计算等信息技术综合应用于道路基础设施，极大地提升了车辆运行的安全保障和智能感知交互。另一方面，数字交通技术应用推广取得显著进展。随着物联网、移动互联网等技术的广泛部署和大数据的充分应用，当前数字交通系统更强调通过数据分析支持交通调度决策。杭州市构建"城市数据大脑"，通过全面监控并积极利用政府开放的交通大数据资源，自动优化、有效调配交通资源，实现道路车辆通行速度平均提升 3%~5%，部分路段提升 11% 的良好效果。

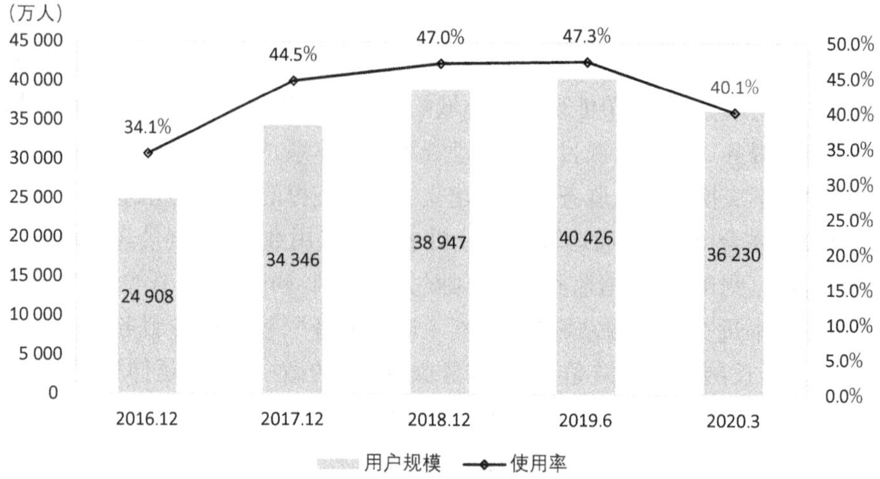

图 6-9 2016—2020 年我国网约车用户规模及使用率

6.5.3 数字交通的发展趋势

1. 以智能汽车为基础的自动驾驶

智能汽车已经不是传统意义上的交通运输工具，而是融合了智能交互、自动控制、对外通信、人工智能等各类能力的综合型科技产品，同时也成为创新汽车服务的新型硬件载体。各国开展自动驾驶立法研究，2016 年 3 月，《联合国道路交通公约》对“驾驶员在车辆行驶全过程中必须完全掌控汽车”的原有规定进行了修订，改为“允许那些应用了自动驾驶技术的汽车参与道路交通活动”。这为智能汽车尤其是自动驾驶汽车融入人类的日常生活铺平了道路。

2. 车联网成为重要发展方向

联网化和智能化是未来数字交通，尤其是智能汽车的两大重要发展方向。其中，车联网借助新一代的信息通信技术，实现车内、车与人、车与车、车与路、车与服务平台的全方位网络连接，促进信息通信、汽车、交通运输等行业转型升级，解决社会突出问题。车联网无线通信技术将感知范围扩展到车载传感不可及的范围，有力提升了驾驶辅助功能。

3. 城市交通动态精准感知与智能向导

利用手机通信数据、停车数据、电子不停车收费系统（Electronic Toll Collection，ETC）收费数据、气象数据等多元和多维度的数据，实现城市范围内交通数据的充分融合和精确感知，有助于城市交通运行的智能化控制。2016 年，美国交通部与谷歌旗下的 Sidewalk Labs 共同发起了一项名为 Flow 的交通信息平台开发计划，Flow 平台汇聚了共享汽车、出租车、自行车和公交车等交通工具以及道路交通流量等方面的信息，根据城市交通运行状况和停车场闲置情况，给市民提供最佳的出行建议，对城市交通流量产生主动、积极的引导作用。

4. 智能即服务成为一种新的服务业态

在信息技术的全面应用和渗透下，交通出行逐渐成为一种新型服务，形成了多种基于大数据分析的交通出行规划，方便出行者从出发到目的地的交通工具和交通路径的灵活选择。

按照出行者每次出行的时间、换乘次数、费用开销、碳排放量等指标定义交通出行服务的质量，这强烈依赖于交通数据的采集、分析和挖掘。互联网企业更积极地拥抱“交通即服务”的理念，通过“互联网 +”交通维形，创造出诸如共享打车、专车服务、车货匹配、定制公交、停车 O2O、综合交通信息服务 App 等多种“交通即服务”。

6.6　电子商务

6.6.1　电子商务的定义

广义上讲，电子商务就是通过电子手段进行的商业事务活动，包括企业间和企业内部的商务活动。通过使用互联网等电子工具，使公司内部、供应商、客户和合作伙伴之间，利用电子业务共享信息，实现企业间业务流程的电子化，配合企业内部的电子化生产管理系统，提高企业的生产、库存、流通和资金等各个环节的效率。

狭义上讲，电子商务是指通过使用互联网等电子工具在全球范围内进行的商务贸易活动，侧重指企业间的商务活动。它是以计算机网络为基础所进行的各种商务活动，包括商品和服务的提供者、广告商、消费者、中介商等有关各方行为的总和。人们一般理解的电子商务是指狭义上的电子商务。

6.6.2　电子商务的类型

根据电子商务发生的对象，可以将电子商务分为四种类型：企业与消费者之间的电子商务（Business to Customer，B2C）。这是消费者利用因特网直接参与经济活动的形式，类同于商业电子化的零售商务。企业与企业之间的电子商务（Business to Business，B2B）。B2B 方式是电子商务应用最多和最受企业重视的形式，企业可以使用 Internet 或其他网络对每笔交易寻找最佳合作伙伴，完成从定购到结算的全部交易行为。消费者与消费者之间的电子商务（Consumer to Consumer，C2C）。C2C 商务平台就是为买卖双方提供一个在线交易平台，使卖方可以主动提供商品上网拍卖，而买方可以自行选择商品进行竞价。C2B 是电子商务模式的一种，即消费者对企业的电子商务 C2B（Customer to Business，C2B）。

6.6.3　电子商务的发展与现状

从宏观的角度来看，电子商务的发展非常的迅速。例如美国的电子商务发展就十分的成熟，从专业化的程度和电子商务相关产业上来说都做得十分的优秀，在整个世界属于领先的国家。相较于国外，我国的电子商务起步比较晚。不过这并不影响我国电子商务的迅速发展。1994 年互联网接入中国，1999 年电商开始萌芽，这一年 8848 网、易趣网、阿里巴巴、当当网相继成立。经过不断地探索与更迭，电商从无到有，从雏形到成熟，用了将近 20 年。

目前我国电子商务拥有庞大的消费群体以及先进的互联网技术,这为电子商务的发展提供了主要基础和动力。

自 2003 年电子商务开始崛起,到今天为止,电商的出现无疑把传统零售业压得喘不过气来。电商的功能和作用主要是让用户能够迅速地买到价格低廉的商品,更多的是倾向于一种手段,只要能实现买到,就达到了目的,这种高效便捷的模式一经出现,便代替了传统零售,成为人们购物的新形势。以淘宝、京东等为代表的电子商务平台开始破土而出,网上购物成了现代人们生活的主流,如今,在互联网不断的冲击下,"新零售"模式逐步落地,线上和线下从原来的相对独立、相互冲突逐渐转化为互为促进、彼此融合,电子商务的表现形式和商业路径必定会发生根本性的转变。当所有实体零售都具有明显的"电商"基因特征之时,传统意义上的"电商"将不复存在,而人们经常抱怨的电子商务给实体经济带来的严重冲击也将成为历史,新零售时代正式开启。

所谓新零售就是以消费者体验为中心数据驱动的泛零售形式。个人、企业以互联网为依托,通过运用大数据、人工智能等先进技术手段,对商品的生产、流通与销售过程进行升级改造,进而重塑业态结构与生态圈,并对线上服务、线下体验以及现代物流进行深度融合的零售新模式。新零售可总结为"线上 + 线下 + 物流,其核心是以消费者为中心的会员、支付、库存、服务等方面数据的全面打通"。

"新零售"的核心要义在于推动线上与线下的一体化进程,其关键在于使线上的互联网力量和线下的实体店终端形成真正意义上的合力,从而完成电商平台和实体零售店面在商业维度上的优化升级。同时,促成价格消费时代向价值消费时代的全面转型。"新零售"模式打破了线上和线下之前的各自封闭状态,线上线下得以相互融合、取长补短且相互依赖,线上更多履行交易与支付的职能,线下通常作为筛选与体验的平台,高效物流则将线上线下相连接并与其共同作用形成商业闭环。基于该种模式,消费者既能获得传统线下零售的良好购物体验,又能享受到传统线上电商的低价和便利,而各种新兴科技对人们购物全过程的不断渗透将使企业提供的商品与服务得以融入更多的智慧因子,进一步产生 1+1>2 的实际效果。在"新零售"模式下,消费者可以任意畅游在智能、高效、快捷、平价、愉悦的购物环境之中,购物体验将获得大幅提升。

当线上的流量成本越来越高,线下的流量就成了一块宝藏。在新零售领域,对于线下流量的争夺体现得尤为明显。阿里巴巴和腾讯纷纷加速线上、线下场景的融合。阿里巴巴在新零售方面采取双线布局的策略,一方面,通过自有项目如盒马鲜生、银泰,探索新零售改造的方法论;另一方面,通过入股等方式,进行零售资源的积累。腾讯系之前是以京东为新零售模式占据主力市场,另外也从入股"永辉超市"开始走向前台,在多领域与阿里巴巴形成对垒之势。从实际的落地效果来看,是阿里巴巴走得更稳也更扎实的,截至 2019 年 1 月,阿里巴巴的盒马鲜生在线下的门店数量已经达到了 116 家,而它的 App 月活跃规模已经达到了 860 万人,同比上涨了 377%。

本章小结

在数字经济时代，数字产品的多样性和应用的广泛性特点决定了数字产品具有高渗透性。数字产品以互联网作为信息传输渠道，利用数字技术与传统产业融合，促进了传统产业效率的提升和量的增加。

数字金融的生态体系包括第三方支付、网络借贷、财富管理、互联网保险和零售银行等。数字金融的发展对传统金融业态造成了冲击，一方面数字金融对传统金融业态带来了挑战，另一方面推动了数字金融监管模式的创新。数字技术在金融领域的应用，主要包括"AI+金融"和基于区块链的供应链金融解决方案。

数字教育的发展模式包括"人工智能+教育""VR/AR+教育"和"STEAM教育"。数字教育在国外和国内都呈现蓬勃发展的态势。

数字医疗的基本特征包括医疗设备的数字化、医疗设备的网络化、医院管理的信息化和医疗服务的个性化。数字化医疗的实施可以提高医院的诊疗质量、提高服务效益、增强医院管理透明度，对提高医院竞争力会产生极大的影响。

数字交通表现在网络化的传输体系和智能化的应用体系。数字交通的发展趋势包括以智能汽车为基础的自动驾驶、车联网成为重要发展方向、城市交通动态精准感知与智能向导，以及智能即服务成为一种新的服务业态。

广义的电子商务是通过电子手段进行的商业事务活动，包括企业间和企业内部的商务活动。狭义的电子商务是指通过使用互联网等电子工具在全球范围内进行的商务贸易活动，侧重指企业间的商务活动。根据电子商务发生的对象，可以将电子商务分为四种类型：企业与消费者之间的电子商务（Business to Customer，B2C），企业与企业之间的电子商务（Business to Business，B2B），消费者与消费者之间的电子商务（Consumer to Consumer C2C），消费者对企业的电子商务（Customer to Business，C2B）。

本章课后思考题：

1. 数字金融的生态体系由哪几部分构成？数字金融对传统金融业态造成了哪些冲击？
2. 数字教育的发展模式有几种？其未来的发展趋势是什么？
3. 数字医疗具有哪些基本特征和优势？
4. 简述数字交通的发展现状及趋势。
5. 什么是电子商务？电子商务如何分类？与传统电子商务相比，新零售的特点是什么？

第 7 章　工业互联网和数字农业

本章学习要点：

- 掌握工业互联网的概念
- 理解工业互联网平台的基本架构
- 理解数字经济对欠发达地区的作用
- 了解工业互联网和数字农业的典型应用

7.1　工业互联网

按照目前的共识，工业 1.0 是蒸汽机时代、工业 2.0 是电气化时代、工业 3.0 是信息化时代，工业 4.0 则是利用信息化技术促进产业变革的时代，也就是智能化时代。工业互联网是工业 4.0 时代的集大成模式（见图 7-1）。

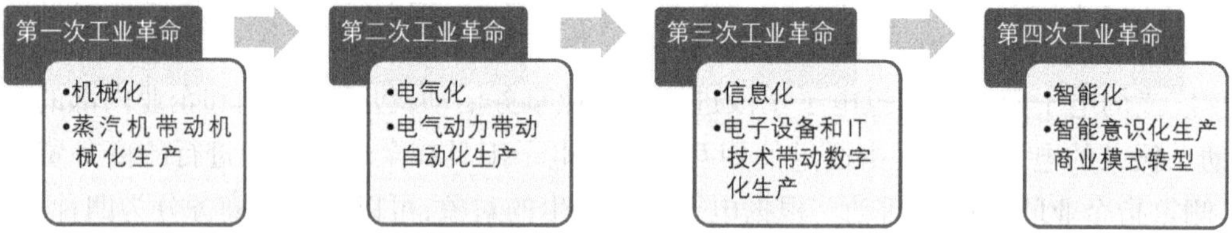

图 7-1　历史上的四次工业革命

7.1.1　工业互联网的概念

1. 工业互联网的定义

2012 年底，美国通用电气（GE）公司提出了“工业互联网”（Industrial Internet）的概念，并在航空、石油、天然气、运输、医疗与能源行业等领域迅速推出 9 个工业互联网项目。2014 年 3 月，GE 联合 AT&T、Cisco（思科）、IBM 和 Intel（英特尔）4 家行业巨头成立工业互联网联盟，重新定义制造业的未来。该联盟旨在打破行业、区域技术壁垒，加速现实物理世界和虚拟数字世界全面融合。目前，工业互联网联盟已经成为最具影响力的国际化工业互联网组织之一。此外，在工业互联网联盟与工业 4.0 平台于 2016 年展开合作后，“工业互联网”与“工业 4.0”的概念也正式进行了官方对标，工业互联网作为更广范围的概念，将工业 4.0 包含其中。

工业互联网是新一代网络信息技术与制造业深度融合的产物，是实现产业数字化、网络化、智能化发展的重要基础设施，通过人、机、物的全面互联，全要素、全产业链、全价值链的全面链接，推动形成全新的工业生产制造和服务体系，成为工业经济转型升级的关键依托、重要途径、全新生态（阿里研究院，2020）。

工业互联网是互联网发展的新领域，是在互联网基础之上、面向实体经济应用的演进升级。通常所说的互联网一般是指消费互联网，与之相比，工业互联网有三个明显特点。

一是连接对象不同。消费互联网主要连接人，应用场景相对简单，工业互联网实现人、机、物等工业经济生产要素和上下游业务流程更大范围的连接，连接种类、数量更多，场景复杂。

二是技术要求不同。消费互联网网络技术特点突出体现为尽力而为的服务方式，对网络时延、可靠性等要求相对不是特别严格。但工业互联网既要支撑对网络服务质量要求很高的工业生产制造，也要支撑高覆盖高灵活要求的网络化服务与管理，因此在网络性能上要求时延更低、可靠性更强，同时由于直接涉及工业生产，工业互联网安全性要求更高。

三是发展模式不同。消费互联网应用门槛较低，发展模式可复制性强，完全由谷歌、脸书、亚马逊、阿里、腾讯等互联网企业主导驱动发展。工业互联网涉及应用行业标准杂、专业化要求高，难以找到普适性的发展模式，通用电气、西门子、航天科工等制造企业发挥至关重要作用。同时，互联网产业多属于轻资产，投资回收期短，对社会资本吸引大。而工业互联网相对重资产，资产专用性强，投资回报周期长，且还存在一些认知壁垒。

工业互联网包括网络、平台、安全三大功能体系，其中网络体系是基础，平台体系是核心，安全体系是保障。工业互联网平台是工业互联网体系的核心，是工业智能化的“神经中枢系统”，是为数据汇聚、建模分析、应用开发、资源调配、检测管理等提供支撑，实现生产智能决策、业务模式创新、资源优化配置、产业生态培育等功能的关键载体。

工业互联网平台是面向制造业数字化、网络化、智能化需求，构建基于海量数据采集、汇聚、分析的服务体系，支撑制造资源泛在连接、弹性供给、高效配置的工业云平台（中国电子信息产业发展研究院，2019）。其本质是在传统云平台的基础上叠加物联网、大数据、人工智能等新兴技术，构建更精准、实时、高效的数据采集体系，建设包括存储、集成、访问分析和管理功能的使能平台，实现工业技术、经验、知识等的模型化、复用化，以工业 App 的形式为制造企业提供各类创新应用，最终形成资源汇集、多方参与、合作共赢、协同演进的制造业生态。

目前，我国工业互联网平台已经从早期建设阶段步入应用推广阶段。近年来，我国的工业互联网平台建设在技术支撑、解决方案、应用体系、业态模式等方面取得了可喜的成绩。

一是创新发展工程有力支撑产业创新，多次系统化平台体系建设成效显著。截至 2019 年 7 月底，重点平台平均工业设备连接数达到 65 万台、工业 App 达到 1 950 个、工业模型数突破 830 个、平台注册用户数突破 50 万人。

二是融合带动技术创新，涌现一批以平台为核心的解决方案，为工业互联网创新发展开拓了新空间。“平台 +5G”实现低时延、高通量、高可靠的数据集成利用；“平台 + 高清视频”实现高精度、异构化图像与视频数据的充分利用；“平台 +VR/AR”实现三维图像快速生成与分析利用。

三是多层次全方位应用体系初步形成，行业赋能效果开始显现。平台企业深化分工合作，通过“平台套平台”模式加速行业落地，显著带动行业转型升级。平台落地合作由省级向地市级拓展，平台应用由点及面普及，工业互联网示范区建设成为区域合作新契机。

四是平台商业模式持续创新，平台生态不断壮大。制造企业、自动化企业、ICT 企业等以数据开放为纽带，积极打造价值共享的生态网络，加快形成创新引领、协同发展的产业体系。但同时，发展过程中也存在技术基础不牢、缺乏龙头企业、区域发展不均等问题。

2. 发展工业互联网的意义

工业互联网是一个开放的、全球化的网络，能够将人、大数据和传感器有机结合起来，突破智慧和机器的界限，实现工业生产的网络化、智能化和服务化。工业互联网综合集成了机器学习、大数据、物联网和机器之间（Machine to Machine，M2M）通信等技术，可以消化来自机器的数据，分析这些数据（往往是实时数据），并以此改进操作。通用电气认为，通过智能机器间的连接并最终将人机连接，结合软件和大数据分析，工业互联网最终将重构全球工业。埃森哲预计，到 2030 年，全球工业物联网市场价值将达到 14.2 万亿美元。

近年来，全球经济增长动能不足，传统增长引擎对经济的拉动作用减弱，新的经济增长点尚未形成。在这种经济低迷的情形下，发达国家纷纷高度重视虚拟经济和实体经济的协调发展，变革传统的经济增长模式，重塑制造业竞争新优势。工业互联网通过技术创新促进生产力发展，通过模式创新重塑生产关系，成为各国打造经济新动能的共同选择。

加快推进制造业数字化转型是我国国家战略要求。国家十分重视制造业的转型升级，自 2015 年以来，先后出台了《中国制造 2025》《机器人产业发展规划（2016—2020 年）》《关于深化制造业与互联网融合发展的指导意见》《信息化和工业化融合发展规划（2016—2020 年）》《智能制造发展规划（2016—2020 年）》和《大数据产业发展规划（2016—2020 年）》等重要文件，加快推进制造业数字化转型。党的十九大提出加快建设制造强国，加快发展先进制造业。2017 年 11 月，国务院印发了《关于深化“互联网 + 先进制造业”发展工业互联网的指导意见》，提出夯实网络基础，打造平台体系，加强产业支撑，促进融合应用，完善生态体系，强化安全保障，推动开放合作。2018 年以来，我国工业互联网相关政策密集出台，发展环境持续优化。工业和信息化部发布了《工业互联网发展行动计划（2018—2020 年）》《工业互联网专项工作组 2018 年工作计划》《工业互联网平台建设及推广指南》《工业互联网平台评价办法》和《工业互联网 APP 培育工程方案（2018—2020 年）》。在这些政策的指引下，未来制造业的数字化转型将进一步深化，制造业将成为实施“互联网 +”行动、发展数字经济的主战场。

工业互联网是新工业革命的关键基础设施，是制造业转型升级的路径，是各国塑造竞争力的重要手段。随着工业互联网平台的逐渐发展，以工业互联网为核心的制造业数字化转型之争已成为世界主要国家新的竞争焦点。

7.1.2 工业互联网平台的基本架构

工业互联网平台包括技术维度、数据维度和应用维度三个层面，整体架构见图 7-2 所示。工业互联网平台通过支持制造资源的泛在连接、弹性供给、高效配置（边缘层），汇集数据资源向云端汇聚（IaaS 层），提供应用和工业 App 开发环境（PaaS）层，实现工业知识经验、技术的模型化、软件化、复用化，构建工业机理模型和大数据分析模型，以工业 App 的形式（应用层）为制造企业提供各类创新应用。

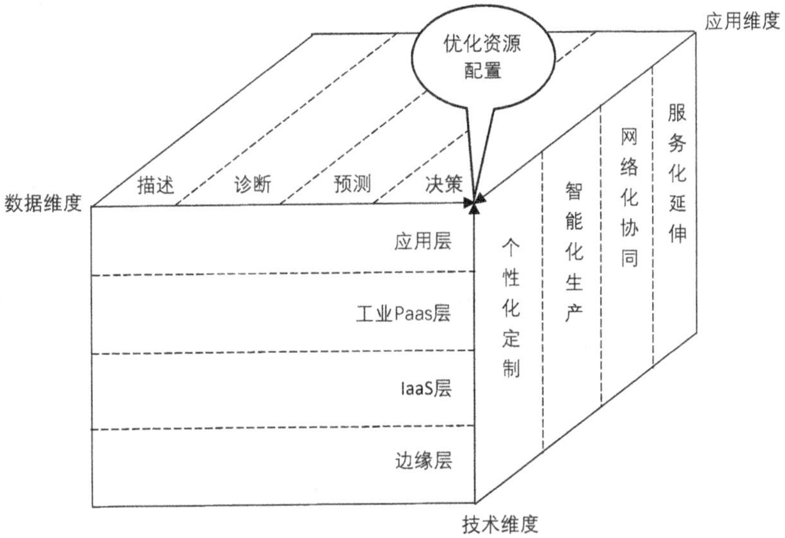

图 7-2　工业互联网平台的整体架构

数据来源：《2018—2019 年中国工业互联网发展蓝皮书》

1. 技术维度

从技术维度看，工业互联网平台主要包括边缘层、IaaS 层、平台层和应用层。

1）边缘层

对海量数据的全面感知是工业互联网平台功能的核心。工业互联网平台的边缘层数据采集的本质是利用泛在的传感器和感知技术，对多源设备、异构系统、运营环境等设计和生产及运营等要素设计的海量数据进行采集、集成处理，并向平台端汇聚进行大数据分析计算，或者在边缘端进行边缘计算[①]。根据大数据分析计算结果，实现对生产现场状况、设备运营情况、市场客户需求等的评估，从而实现机器控制、智能决策、优化管理等功能。

边缘层的要素构成包括：数据分析能力、网络传输能力和协议转换能力。

2）IaaS 层

IaaS 是基础设施即服务。工业互联网平台的 IaaS 层基于虚拟化技术、分布式存储、并行计算、负载调度等技术，将计算、存储、网格等计算机资源池化，向用户提供可计量、弹性化的资源服务，并确保资源使用的安全与隔离，为用户提供云基础设施服务，实现工业大数据的存储、计算、分发功能。

工业云基础设施的核心价值包括：提供大规模分布式资源，实现虚拟化，具备高可靠性和扩展性，提供资源调度，按需服务。

① 边缘计算实质基于高性能计算、实时操作系统、边缘分析算法等技术支撑，在靠近设备或数据源头的网络边缘侧进行数据预处理、存储及智能分析应用，提升操作响应灵敏度、消除网络堵塞，并于云端数据分析形成协同。

3)工业 PaaS 层

工业 PaaS 层是工业互联网平台的核心,是构建基于工业互联网平台的制造业生态的核心。其本质是在现有成熟的 IaaS 层上构建一个可扩展的操作系统,为工业应用软件开发提供一个基础平台,实现对软硬件资源和开发工具的接入、控制和管理,为应用的开发提供必要接口及存储计算、工具资源等支持。

工业 PaaS 层最核心的价值是将大量工业技术原理、行业知识、基础工艺、模型工具等规则化、软件化、模块化,并封装为可重复使用的组件,具体包括通用类业务功能组件、工具类业务功能组件、面向工业场景类业务功能组件等。工业数字化模型主要包括工业机理模型与大数据分析模型两大类。

4)应用层

应用层为工业互联网使用者提供能够满足不同行业、不同场景的工业应用服务和工业 App,形成工业 App,形成工业互联网的最终价值。应用层的主要功能有两个:一是构建工业 App 和工业微服务的开发创新环境;二是提供设计、管理、服务等一系列创新性业务应用。应用层通过新商业模式的打造,不断汇聚应用开发者、软件开发商、服务集成商、工业用户和平台运营商等各方资源,正在成为行业领军企业和软件巨头,构建、打造共生共赢生态系统的关键。

工业 App 是应用层的关键,主要表现为:面向特定工业应用场景,整合全社会资源推动工业技术、经验、知识和最佳实践的模型化、软件化、再封装。工业 App 面向企业客户提供各类软件和应用服务,能极大地提升制造业供应链协同能力、资源配置效率和创新水平。

2. 数据维度

随着海量数据汇聚到工业互联网平台上,工业知识、经验、技术等将以工业机理模型和大数据分析模型的形式沉淀在平台上,可以用来解决工业领域的 4 个基本问题:一是描述发生了什么事情,即状态感知;二是诊断为什么会发生,即实时分析;三是预测下一步将发生什么,即科学决策;四是决策应该怎么做,即精准执行。描述、诊断、预测、决策体现了人与机器智能的 4 种协同状态。当人工判断占决策的比重越来越少时,系统的自动化、智能化程度就越来越高。

数据的第一道流程是描述,即描述设备、工艺发生了什么。描述型分析一般通过计算数据的各种统计特征,把各种数据以便于人们理解的可视化方式表达出来。在工业互联网平台数据流中,这可以被理解为状态感知,通过各种各样的传感器感知物质世界的运行状态。

数据的第二道流程是诊断,即通过对工业大数据的实时分析,实现数据、信息、知识的转化。在对描述性数据进行评估时,诊断将有助于分析人员针对生产、销售、管理、设备运行等过程中出现的问题和异常,找出导致问题的原因所在,从而在根本上解决问题。利用工业大数据分析技术和建模仿真技术,对实时采集到的数据进行多种形式的分析,包括设备故障诊断、质量事故分析等。

数据的第三道流程是预测,即针对生产、运营中的各种问题,根据当前的数据与分析,预测未来可能发生的结果,包括预测需求、预测制造、化解和避免不可见的风险。在这个充满不确定性的世界,预测能够使人做出更好的决策。例如,在制造系统中,如果可以预测到设备的老化对质量的影响，就可以在制造过程中对质量风险进行补偿和管理，增加制造系统的弹性和坚韧性。

数据的第四道流程是决策，其核心在于如何把海量工业数据转化为信息，信息转化为工业知识，工业知识转化为精准决策，以解决制造过程中的复杂性和不确定性等问题。数据分析和预测的重要目的是决策支持，这是以往的控制系统所不具备的特性，也是工业互联网平台功能的本质。

3. 应用维度

制造业与互联网融合的主线是激发制造企业创新活力、发展潜力和转型动力，融合的目的就是要推动新旧发展动能和新旧生产体系的转换，融合的重要标志是形成了新模式、新业态和新产品。目前已经展现出如下特征。

第一，从大规模生产到个性化定制。个性化定制是从传统工业过渡到智能制造阶段的重要标志。个性化定制的本质是满足客户个性化需求的按需生产，应对随着需求升级而产生的制造业体系的升级。从需求侧看，随着消费升级，消费者愿意为范围更广、定制程度更深的个性化产品付费；从供给侧看，定制企业亟须寻找一个新的个性化定制运作模式，能使企业以较低的价格、较短的时间提供给顾客所需要的个性化产品和服务。

第二，从独立型制造到网络化协同。网络化协同模式是指企业借助工业互联网平台或工业云平台，集成生产制造、企业管理、上下游供应链等的先进制造系统。网络化协同使企业的价值链从单一的制造环节向上游设计与研发环节延伸，企业的管理链从上游向下游生产制造控制环节拓展，企业合作模式向协同化发展，有效降低资源获取成本，大幅延伸资源利用范围，从而促进产业整体竞争力提升。

第三，从传统式生产到智能化改造。智能化生产是指利用先进制造工具和网络信息技术对生产流程进行智能化改造，实现数据的跨系统流动、采集、分析与优化，完成设备性能感知、过程优化、智能排产等智能化生产方式。智能化生产的本质在于以数据的自动流动化解复杂系统的不确定性，提高制造资源配置效率。

7.1.3 工业互联网平台的典型案例

案例1：长安汽车自主创新，构筑全球协同研发体系①

长安汽车拥有155年历史底蕴，34年造车积累，目前在全球拥有12个生产基地、32个整车及发动机工厂，是中国汽车四大集团阵营企业，创立了中国品牌乘用车年产销量过百万辆的新纪录。围绕打造世界一流汽车企业的宏伟愿景，长安汽车在发展过程中始终坚持自主创新，基于全球视野，以流程为牵引，以组织为载体，以数据为驱动，以年销售收入5%的资金为保障逐渐探索和走出了一条从“技术引进、消化吸收”到“以我为主、联合开发”，再到“以我为主、自主开发”的渐进式发展之路，从2009—2018年连续10年获得中国汽车行业科技研发实力第一的殊荣。

① 马化腾，孟昭莉，闫德利，等：《数字经济：中国创新增长新动能》，北京，中信出版社，2017。

其主要做法中值得肯定的亮点是，搭建平台，实现全面协同在线研发。建立全球分布式在线协同研发平台及机制，实现了基于唯一数据源全球多地的企业内部协同及与供应商的外部协同。具体来说，

（1）搭建产品数据管理（Product Data Management，PDM）系统，实现数据驱动研发

长安汽车早在2003年就开始部署PDM系统，并逐步建立起全球分布式协同架构。其中，重庆本地设置PDM主服务器，存储管理整个网络用户的账号、权限等，并控制所有工程数据；异地研究院则建立PDM从服务器，存储异地研究院相关工程数据。各地系统间则利用路由器、防火墙设备、VPN或专线网络，通过加密、认证和访问控制等方法实现网络安全联通。

经过多年的实践和升级，基于PDM系统柜的研发管理机制也逐步成熟，真正推动实现多地、多用农户、全流程协同的数据驱动研发。一是以《在线研发工作机制》等在线研发标准和规范为准则，以研发流程为依托，实现数据的全面应用与管控。方案阶段，要求零部件设计师在专业三维设计软件中进行设计，并随时将数据保存至PDM系统；设计 / 验证阶段，设计完成后，要求将数据检入系统并支持系统总师、工程师等进行检查、迭代、审签等工作，之后对系统所有零件进行发布；投产启动阶段，要求增加验证数据，经过验证和确认后进入变更流程设计。由此充分明确数据的产生、上载、改动、存储和利用机制，保证数据源的唯一及基于该数据源的团队协同。二是以用户权限为窗口，实现数据管理的多方拓展。随着研发涉及领域的不断拓展，长安汽车的数据管理也在逐步向生产基地和合作伙伴拓展。如在供应商协同数据方面，按照与供应商的关系对供应商实行分层次分体系的授权机制，其中核心供应商直接访问PDM系统进行共享，一般供应商通过供应商发放系统进行数据交换，体系外供应商则采用邮件模式和进行数据传递，由此实现企业内外数据共享和供应链研发协同。

（2）加强信息化辅助，实现高效精益研发

围绕协同研发，长安汽车还全面实施了多维度的信息化辅助建设，有效解决了系列关键瓶颈问题，极大提高了研发水平。

一是深度利用数字化技术，快速提高研发效率。在新产品设计开发过程中，全面采用数字化技术，使用的数字化软件达50多种共1 000多套，同时大量开展数字化工具软件二次开发工作，规范设计过程，更好地将设计方法、标准和规范集成融合到数字化工具软件中，沉淀企业知识。

二是建立高性能计算系统，提供强有力计算保障。通过自主优化，长安高性能计算平台总计算能力高达每秒十几万亿次，长期满负荷运算，是支持汽车研发的核心系统之一。除有效支持计算机辅助工程（Computer Aided Engineering，CAE）软件种类的快速扩展外，还对强度分析、碰撞分析、多体动力学仿真、整车外流场分析、发动机外流场分析、空调系统分析等提供重要支撑。

三是引进推广轻量化技术，推动研发可视化。为及时跟踪研发设计进度，了解项目风险，长安汽车引进和推广了轻量化电子样机（DMU）技术，自动将PDM系统中存储的专业三维设计软件数模转换为轻量化数据格式（文件大小只有原来的1/10），解决了异构数据兼

容和不同坐标系机车下整车和发动机匹配等技术难题,实现研发车型可视化模型的实时查看,保证跨部门、跨专业、跨地域的高耦合协同工作。

随着互联网的快速渗透和信息化建设的稳步推进,未来长安研发体系还将取得深度拓展。在参与方面,将依托互联网吸纳广大的潜在用户共同参与产品设计和开发,充分释放用户活力,提升用户体验,推动产品创新。在覆盖环节方面,将逐步建成覆盖产品生命周期管理的协同研发平台,从"基于PDM的协同研发"扩展到"基于PLM(产品生命周期管理)的协同研发",全面实现研发生产制造一体化。

思考:工业数字化转型给长安汽车的成功带来了哪些优势?

案例2:海尔——以用户为中心的工业4.0落地尝试

在海尔商城(Haier.com)的首页,有一个醒目的"我要定制"标签,只需要五步选择,用户就可以定制一台具备个性化功能组合的空调,这种基于模块化的定制服务,是海尔近年来实践工业4.0落地的成果之一。工业4.0不仅是制造设备的智能化升级,更是一场管理理念、管理体系的变革,是在物理与信息融合的时代,对资源组合方式的新探索。

工业4.0可用两个词来概括——"互联"与"融合",在工业4.0中,人、设备和产品将通过互联技术实现融合,在企业内部实现人与人、人与机、机与产品的无对接,在组织层面实现企业与企业、企业与消费者的对接,以物理信息系统为基础,实现信息技术与制造技术深度融合,是产品设计过程、制造过程、服务过程以及企业管理的数字化、网络化和智能化,这是工业4.0最突出的主线。

1.重塑:工业4.0引发的管理变革

海尔正在打造的"双胞胎系统",是将物理世界和虚拟世界有机结合的尝试,通过"海立方""众创汇""海达源"等交互平台,海尔将用户的需求经由虚拟设计和装配系统转化为产品方案,再通过互联工厂的制造和智慧物流将它们配送到用户家中。

(1)重塑战略思维:从一体化走向生态圈

工业4.0战略希望构建一个高度灵活、个性化、数字化的智能制造模式,互联网和虚拟技术的应用,将产品制造从规模效应逐渐转为更快、更好地满足用户的个性化需求。承接工业4.0的互联工厂是一个涵盖设计、采购、制造、营销和服务的全流程生态图,是一种满足用户需求的体系和能力。

海尔集团通过网络化和平台化的变革,对组织结构和流程进行了彻底的重构,在内部实现全流程的并联,同时保证外部资源能够无障碍进入。通过构建一个内外融合的生态圈,工业4.0的构想正在海尔手中变为现实。

(2)重塑生产方式:从大规模制造走向定制化

对于企业来说,智能制造不仅意味着有能力为每一名顾客提供定制化产品,更意味着只有能够发现并满足每一名顾客的需求,才能保证自己的生存。在定制化生产中,顾客是产品的购买者和使用者,更是产品的发起者和设计者。工业4.0为企业提供了真正了解用户需求的渠道,也将产品差异化的竞争上升为对用户选择权的竞争。工业4.0从大规模制造走向个性定制化。

在通过模块化实现大规模定制能力的基础上，海尔变革组织流程，将用户接入产品设计、制造交付的全流程之中。模块化使产品结构大为简化，用户只需要进行几个简单的选择，就能搭配出一台个性化的产品。比如海尔郑州互联工厂，通过11个通用模块和4个个性模块，可以组合出200多种用户定制方案，满足用户个性化的需求。用户在网站上选择自己想要的功能和体验，互联工厂通过对模块的组合，就可以组装出一台符合用户个性化需求的产品。

2015年3月，海尔生产出了首台用户定制空调，空调的颜色、外观、性能、结构等全部由用户决定。在智能制造技术的支撑下，完全不懂技术的用户，和苦恼于不了解需求的设计师、供应商，在海尔平台上开启了一个“人人自造”的时代。

2. 切入：以用户为中心驱动智能制造体系建设

智能制造时代，以“企业为本”的观念将难以生存，个性化定制要求企业真正理解用户，智能制造体系的搭建，必须是以用户为中心来驱动的。

海尔集团自2012年起进入网络化变革，已经初步建立起一套完整的智能制造体系。海尔在沈阳、佛山、郑州和青岛新建的四个互联工厂，已经能够生产空调、冰箱、洗衣机和热水器四大品类的定制化产品。在组织转型和搭建互联工厂的实践中，海尔集团董事局主席、首席执行官张瑞敏对所有员工提出了一项核心要求：与用户零距离。互联工厂就是要“互联出用户的最佳体验”，实现大规模定制，这已经是海尔内部的共识。互联工厂具有三个基本特征：

①从用户角度出发，用户全流程参与，实现用户的个性化定制和全流程的可视化；

②与用户实时互联，研发、制造、供应和物流的全流程全供应链整合；

③自动化生产和用户的个性化相结合，从为库存生产转型为用户生产。

3. 全流程的零距离接触

工业4.0带来的不只是企业生产能力上的提升，也是用户购买和使用产品体验的提升。上文所描述的用户定制和用户设计，就是工业4.0带来的进阶体验之一。海尔认为，从产品设计直到用户真正用上产品的整个研发、生产和交付的流程，都可以通过“与用户零距离”提升用户的体验。

在产品设计环节，模块商、小微研发和小微生产，围绕着用户及其特定需求组织起来，在多方、实时、零距离的交互中形成一套个性化的解决方案。当方案确定后，直接进入互联工厂的生产系统，此时用户还可以随时查询产品的生产状态和物流状态，直到产品交付到用户手中。海尔认为，将整个定制化生产的流程完全开放给用户，使个性化产品的生产处于用户的掌握之中，是对用户体验的一大提升。

对用户个性化需求的同步共享和生产线的协同，依靠的是“一横一纵”两个方向的数字化整合，横向的整合，即通过互联技术的应用，将用户需求、产品设计、制造、物流和服务等全流程供应链体系整合起来。纵向的整合，指的是搭建物联网，实现企业、工厂、车间、设备和人的物物互联。

4. 海尔工业4.0的经验启示，从海尔的经验中至少能够得出以下三点启示

①工业4.0不只是构建智能工厂，以智能工厂为基础创造超预期的用户体验才是最终

目的，要牢牢牵住“以用户为中心”的牛鼻子。

②工业 4.0 不只是制造系统的智能化升级，更重要的是背后的管理变革。

③工业 4.0 不只是冷冰冰的智能设备，还需要构建一个能够自行“生长”的生态图。一方面，海尔以开放生态图的方式汇聚全球领先资源，弥补技术上的差距；另一方面，将用户需求置于工业 4.0 升级的核心位置，通过高水平的用户交互和用户参与，以用户需求推动融合。“以用户为中心”就是海尔在工业 4.0 落地尝试中得出的答案。

思考题：

①海尔是如何实施工业 4.0 战略的？

②海尔工业 4.0 给我们带来的经验启示有哪些？

7.2　数字农业

数字农业是将遥感、地理信息系统、全球定位系统、计算机技术、通信和网络技术、自动化技术等高新技术与地理学、农学、生态学、植物生理学、土壤学等基础学科有机地结合起来，实现在农业生产过程中对农作物、土壤从宏观到微观的实时监测，以实现对农作物生长、发育状况、病虫害、水肥状况以及相应的环境进行定期信息获取，生成动态空间信息系统，对农业生产中的现象、过程进行模拟，达到合理利用农业资源，降低生产成本，改善生态环境，提高农作物产品和质量的目的。数字农业使信息技术与农业各个环节实现有效融合，对改造传统农业、转变农业生产方式具有重要意义。

近年来中国“互联网＋农业”加速发展，互联网和信息技术在农业生产经营中被广泛应用，农业生产智能化已初见雏形，农业电子商务迅猛发展，大数据应用不断深化，“互联网＋”推动农业转型升级的成效初步显现，有力地促进了中国数字农业与数字乡村的发展。

7.2.1　数字技术在农业中的应用

1. 农业＋物联网技术

物联网技术在农业的应用，是通过应用各类传感器设备和感知技术，采集农业全产业链的相关信息，通过无线传感器网络、移动通信网和互联网进行信息传输，将获取的海量农业信息进行数据清洗、加工、融合、处理，最后通过智能化操作终端，实现农业产前、产中、产后的过程监控、科学决策和实时服务。智能传感器作为通用的系统前端感知器件，可以助推传统农业产业的升级，推动创新应用，农业智能传感技术是农业智能制造和农业物联网的先行技术。“十三五”期间，农业农村部在全国 9 个省市开展农业物联网工程区域试点，截至 2018 年底，已形成了 426 项节本增效农业物联网产品技术和应用模式。围绕设施智能化管理的需求，我国自主研制出了一批设施农业作物环境信息传感器、多回路智能控制器、节水灌溉控制器水肥一体化等技术产品，对提高中国温室智能化管理水平发挥了重要作用。

2. 农业＋大数据和云计算技术

农业大数据是大数据理念、技术和方法在农业领域的实践与应用。一般认为农业大数据是指农业产业维度内全要素、全时段、全区域、全样本的数据集合,农业大数据的获取来源广泛、数据类型多样、结构复杂,并且融合了农业产业和农产品的地域性、季节性、多样性、周期性等特征。农业大数据的收集分析难度较大,同时也具有巨大的潜在价值。近年来,农业大数据技术逐渐深化,用大数据决策指挥、管理服务、引导产销的方式也逐步得到应用。2018 年 5 月,农业农村部开始建设重要农产品单品种全产业链大数据,并率先建设苹果产业大数据中心。在农业农村部的支持下,由农业农村部信息中心会同陕西省果业管理局等涉农大数据和苹果产业相关企事业单位、社会组织成立了全国苹果大数据发展应用协作组,建设了国家级苹果产业大数据中心,以期为苹果产业链主体提供高效协同的经营服务。

云计算可以采集、存储具有物联网特性的资产和用户数据,目前也已经在农业领域开始应用。如京蓝科技采用阿里云提供的云计算资源、大数据分析计算能力,成功研发出“作物全生育期灌溉大脑”“京蓝物联网平台”“京蓝灌溉云平台”等涉及现代农业的 SASS 型产品,在内蒙古、宁夏、山东、广西、河北等地投入使用,取得良好成效。

3. 农业 + 人工智能

人工智能是研究、开发用于模拟、延伸和扩展人的智能的理论、方法、技术及应用系统的技术科学。农业数据获取技术的不断成熟完善,海量农业数据的累积,加速了农业领域人工智能的实现,包括机器人、语言识别、图像识别、自然语言处理和专家系统等都在农业领域加快研发和应用,其中农业机器人技术是多项人工智能技术在农业领域的集成应用。农业机器人本质上是由不同程序软件控制作业,能感知并适应作物、畜禽种类或环境变化具有检测和演算等功能,并进行自动操作的人工智能机械装备。农业机器人在智能种植、智能养殖、质保、监测巡查等方面都有应用,现已开发出采摘机器人、耕耘机器人、农田信息采集机器人、施肥机器人、除草机器人、喷药机器人、嫁接机器人、分拣机器人等。农业机器人的研制和应用推动机械化农业向智慧农业初步转变。

根据应用地点的不同,农业机器人大致可分为两类,一类是行走类农业机器人,另一类是机械手类农业机器人。行走类农业机器人主要用于大田作业中耕耘、播种、植保、施肥、收获等作业,无人驾驶农机是研发行走类农业机器人的核心技术,华南农业大学罗锡文院士团队和中国农业大学的毛恩荣团队分别以东方红 X-804 拖拉机、铁牛 654 型号拖拉机和雷沃 TG1254 拖拉机为研究平台研发了自动导航控制系统。机械手类农业机器人主要有育苗机器人、喷药机器人、蔬菜嫁接机器人、果树采摘机器人等,我国在果蔬采摘机器人、嫁接机器人等方面都有较好的发展。如国家农业智能装备工程技术研究中心开发出了贴接法嫁接机器人,华南农业大学研发了荔枝采摘机器人,中国农业大学研发了黄瓜采摘机器人,这些均在生产上有了实际应用工作效率显著提高。

农业智能装备、无人遥感飞机等装备的应用实现了农业智能监测、智能喷洒、智能施肥和智能勘察。我国已成功地将现代电子技术、控制技术、传感器技术、农机工程装备技术集成应用于精准农业智能装备中。在农业生产中经常应用的典型智能装备技术主要有自动导航技术、播种监控技术、土地精细平整技术、智能产量监测技术、变量施肥技术和农药变量喷洒技术。此外,无人机的应用也逐渐由军事领域转入农业领域。当前在我国,除了传统的航空植保农药喷洒之外,无人机在土地确权、标准农田管理、航空植保和农田测损方面的应用越来越广泛。

案例:数字技术在农产品质量安全追溯领域的应用

我国从 2005 年开始开展农产品质量可追溯制度建设,首先在北京、江苏、陕西、福建、天津、浙江等省市启动试点工作,在建立产地编码、生产基地档案、规范包装标识等方面做了大量工作,打造了全过程质量追溯系统,联合原料基地、物流基地、销售终端共同建立了农产品产前、产中、产后相配套的技术标准体系。近年来,自动识别技术、传感器技术、移动通信技术、智能决策技术和物联网技术等的不断发展,为构建集全面感知、实时传输、智能决策为一体的农产品及食品全供应链追溯系统奠定了基础。目前,不仅实现了全产业链产前、产中、产后的全程追溯,实现了有机生产的产前提示、产中预警和产后检测,还实现了不同农产品基于蔬菜瓜果、畜禽和水产等农产品特性的追溯关键技术,做到了"环境有监测、生产有标准、操作有规程、产品有检测、应急有预案、品牌有诚信"的科学、安全生产。

2017 年 6 月 8 日,京东集团宣布成立"品质溯源防伪联盟"。该联盟将运用区块链技术搭建"京东区块链防伪追溯开放平台",逐步通过联盟链的方式,实现线上线下零售的商品追溯与防伪,更有效地保护品牌和消费者的权益,帮助消费者持续提升在京东的品质购物体验。

据该电商企业介绍,区块链所具有的数据不可篡改和时间戳的存在性证明等特质可以很好地支持商品的溯源防伪。以生鲜食品为例,未来的用户在京东购物后,只需打开京东 App,找到订单,点击"一键溯源"或直接扫描一下产品上的溯源码,就可以溯源信息。拿牛肉为例,通过所购买牛肉的唯一溯源编码,我们可以看到所购买的牛肉来自哪个养殖场。这头牛的品种、口龄、喂养的饲料、产地检疫证号、加工厂的企业信息、屠宰日期、出厂检测报告信息、仓储的到库时间和温度以及抽检报告等,直至最后送达的配送信息也都可以一一追溯展示。这一功能让非法交易和欺诈造假无处遁形,可以保证用户吃到放心的食品。

该电商企业表示希望将线上区块链防伪追溯平台的应用经验逐步导入线下零售,借助私有云、非对称加密等技术手段在保证品牌商自有数据私密性的同时,帮助品牌商实现全渠道的防伪追溯整合与智能化,结合大数据分析和人工智能自动化,引领科技零售、可信购物的新风尚。

案例来源:新浪网,http://finance.sina.com.cn/roll/2017-06-08/doc-ifyfzhpq6209513.shtml.

思考题:

有哪些数字技术在农产品质量安全追溯领域获得了应用?它们发挥了什么作用?

7.2.2　数字经济对欠发达地区发展的作用

党的十九大报告提出实施乡村振兴战略。推进农业农村数字化转型,是实施乡村振兴战略的重要内容。根据农业农村部信息中心发布的《2019 全国县域数字农业农村发展水平评价报告》,2018 年全国县域数字农业农村发展总体水平达到 33%。全国已有 77.7% 的县(市、区)设立了农业农村信息化管理服务机构;县域财政总计投入数字农业农村建设资金

129亿元；县域城乡居民人均电信消费突破500元；农业生产数字化水平达18.69%；行政村电子商务服务站点覆盖率达64%；县域农产品网络零售额为552亿元，占农产品交易总额的98%；益农信息社覆盖49.7%的行政村。截至2018年底，全国行政村宽带普及率超过99%，行政村通光纤比重达到98%，行政村通4G比重超过95%，贫困村通宽带比重达到97%。

1. 数字经济助力农业现代化

数字农业理念的产生给农业发展带来了新的机遇，让农业生产由靠“天”收向靠“智”收转变，让传统农业由结构调整，再实现转型升级，推进农业供给侧结构性改革，大力推进规模化经营、标准化生产、品牌化营销，向农业的深层次、多层次进军。以数字化、智能化、信息化为主要内容的数字农业兴起，有利于形成大批高效、生态、安全型技术和技术产品。

数字农业的发展，一方面得益于物联网等新信息技术日渐成熟，另一方面也是现代农业未来发展的需要。通过物联网与精细农机相结合，特别是较大规模的现代化农场，对企业的经济效益和管理都有很大提高。数字农业的应用价值包括：①建立无线网络监测平台，对农产品的生长过程进行全面监管和精准调控；②开发基于物联网感应的农业灌溉控制系统达到节水、节能、高效的目的；③构建智能农业大棚物联网信息系统，实现农业从生产到质检和运输的标准化和网络化管理。另外，数字农业能够极大便利客户迅速、稳定、低成本地部署业务，为其提供一揽子解决方案。

根据《2019全国县域数字农业农村发展水平评价报告》，2019年全国县域数字农业农村发展总体水平达到33%，县域财政总计投入数字农业农村建设资金129亿元；县域城乡居民人均电信消费突破500元；农业生产数字化改造快速起步，2018年农业生产数字化水平达18.6%；全国已有77.7%的县（市、区）设立了农业农村信息化管理服务机构。目前我国数字农业发展与数字乡村建设已取得显著成就，促进农业转型升级的成效初步显现。

据国际咨询机构研究与市场（Research and Market）预测，到2025年，全球智慧农业市值将达到3 001亿美元，发展最快的是亚太地区（中国和印度），2017—2025年年复合增长率（Compound Annual Growth Rate，CAGR）达到11.5%，主要内容包括大田精准农业、智慧畜牧业、智慧渔业、智能温室，主要技术包括遥感与传感器技术、农业大数据与云计算服务技术、智能化农业装备（如无人机、机器人）等。

2. 数字经济助力扶贫攻坚

2019年4月，中央网信办、国家发展改革委、国务院扶贫办、工业和信息化部联合印发《2019年网络扶贫工作要点》，提出要充分释放数字红利，加大网络扶贫工作力度。网络赋能扶贫攻坚，成效显著。

近年来，农村通信和互联网基础设施建设加快，为扶贫攻坚奠定了基础。我国“村村通”和“电信普遍服务试点”两大工程深入实施，中国广大农村及偏远地区贫困群众逐步跟上互联网时代的步伐，同步享受信息社会的便利。2019年10月，我国行政村通光纤和通4G比例均超过98%，贫困村通宽带比例达到99%，实现了全球领先的农村网络覆盖；试点地区平均下载速率超过70M，基本实现了农村城市“同网同速”。农村及偏远地区学校网络接入条件不断改善，全国中小学校联网率超过96%，助力实现教育均等化，为网络扶贫奠定坚实基础。截至2018年12月，我国农村网民规模约2.22亿人，增速为6.2%（见图7-3）。

2020 年 3 月农村地区的互联网普及率达到 46.2%，城乡地区互联网普及率差异进一步缩小。

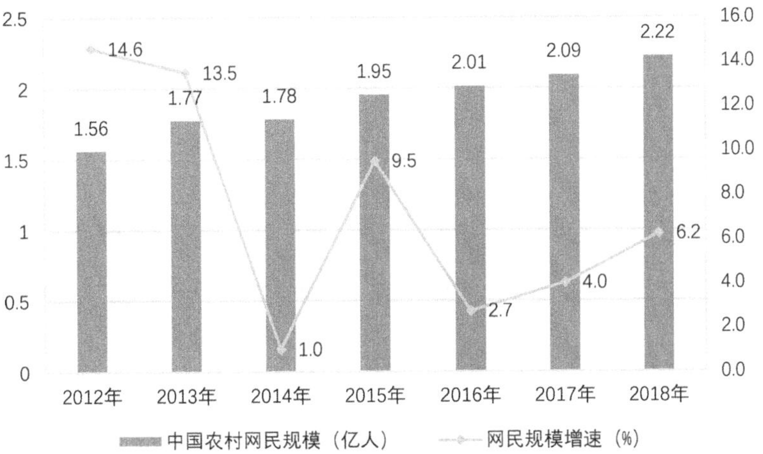

图 7-3　2012—2018 年 12 月中国农村网民规模及增速

电商扶贫在扶贫攻坚过程中发挥了不可替代的作用。以始于 2000 年的阿里巴巴电商扶贫为例，其核心思路是用商业模式扶持贫困地区经济发展，通过电商赋能使他们具备致富脱贫的能力。"淘宝村"和"农村淘宝"是阿里巴巴电商扶贫战略体系的"双核"。"淘宝村"以市场为主要推动力量，核心是"大众创业、万众创新"，依靠市场激发出的草根创新力。"农村淘宝"以"平台 + 政府"为主要推动力量，核心是建设立足农村的电子商务服务体系，培育电商生态，完善电商基础设施，推动贫困群众对接电子商务，助其增收节支，进而改变其生产和生活方式，从物质层面和精神层面双双脱贫。先期成长起来的"淘宝村"，是由市场需求驱动建立起来的电商服务体系，可以帮助"农村淘宝"为农村居民提供更多的服务；而依托"农村淘宝"培育和建立的电商生态和基础设施，未来在农村也有机会生长出更多的"淘宝村"。加上阿里平台上诸多的涉农业务，如"特色中国""满天星""农村金融"等，共同构成了阿里巴巴"双核 +N"的农村扶贫战略体系。2015 年，以阿里巴巴、京东、苏宁为首的电商巨头在全国范围内铺开农村网点，开始在农村市场扎根，这一年被称为"农村电商元年"。

2018 年，农村电商逐渐告别野蛮生长时代走向转型发展的新阶段。农村电子商务的快速发展让越来越多的农民脱贫致富，尤其是迅速兴起的各类"淘宝村""电商村"，显示了农村借助互联网实现跨越式发展的巨大潜力。2017 年，国务院扶贫开发领导小组办公室支持 260 个县级地区开展"电商进农村"综合示范工作，其中包括 237 个国家级贫困县；2018 年新增示范县 260 个，其中国家级贫困县 238 个（含"三区三州"深度贫困县 64 个），欠发达革命老区贫困县 22 个。截至 2018 年第 3 季度，综合示范项目已累计支持 1 016 个县，覆盖国家级贫困县 737 个，占国家级贫困县总数的 88.6%，其中的深度贫困县为 137 个。根据《中国电子商务发展报告 2018》，2018 年全国农产品零售额达 2 305 亿元，同比增长 33.8%，比全国零售额增速高 9.9 个百分点。农村各类经济主体与大型电商企业协调发展的格局初步形成，为农村特别是贫困地区的经济发展、增加农民收入和改善人民生活发挥着积极作用

（见图 7-4）。仅在 2019 年上半年，国家级贫困县网络零售额实现 1 109.0 亿元，同比增长 29.5%，较农村整体增速高 7.1 个百分点。

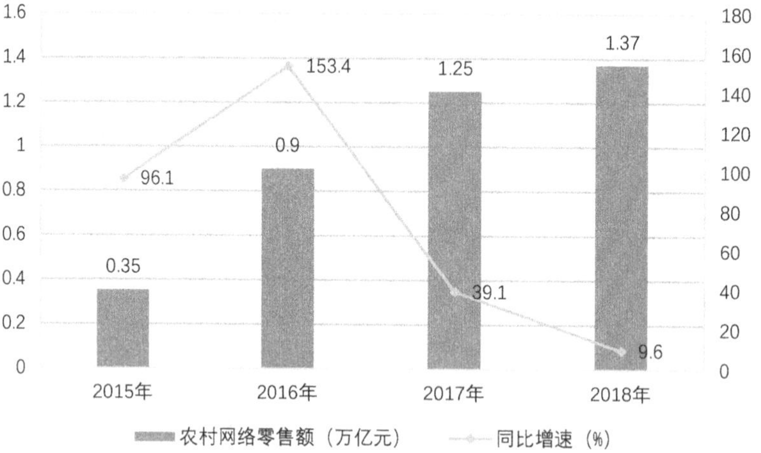

图 7-4　2015—2018 年中国农村网络零售额

在旅游扶贫方面，乡村旅游成为我国贫困人口脱贫的重要途径之一。国家乡村旅游监测中心数据显示，设在全国 25 个省（区、市）的 101 个脱贫监测点（建档立卡贫困村），通过乡村旅游经济实现脱贫的人数为 4 796 人，占脱贫人数的 30.49%，通过乡村旅游实现监测点贫困人口人均增收 1 123 元。在此过程中，旅游扶贫通过短视频进行宣传，进一步激发乡村旅游消费潜力，使更多的民众参与到扶贫助农活动中来，推扶行动纵深发展。随着农村互联网基础设施的完善、智能终端的普及，简单易用的短视频成为农民的娱乐、生产工具。贫困地区群众通过拍摄家乡自然风光、风土人情的短视频，吸引游客，推动乡村旅游，带动当地经济发展。同时，越来越多的农民转变为视频博主，在短视频的帮助下解决乡村特产的销售问题。截至 2019 年 9 月，已超过 190 万人在快手平台上获得收入，其中超过 500 万人来自国家级贫困县，有 15 万人通过在快手平台卖货，年销量总额达到 193 亿。四川凉山族自治州"悬崖村"利用短视频实现脱贫，陕西杨凌、山东泰安等地的短视频乡村创业、扶贫等活动，均取得了较好成果。

2019 年 5 月，中共中央办公厅、国务院办公厅印发了《数字乡村发展战略纲要》，提出加快乡村信息基础设施建设，发展农村数字经济。在发展农村数字经济方面的主要任务如下。

第一，夯实数字农业基础。完善自然资源遥感监测"一张图"和综合监管平台，对永久基本农田实行动态监测。建设农业农村遥感卫星等天基设施，大力推进北斗卫星导航系统、高分辨率对地观测系统在农业生产中的应用。推进农业农村大数据中心和重要农产品全产业链大数据建设，推动农业农村基础数据整合共享。

第二，推进农业数字化转型。加快推广云计算、大数据、物联网人工智能在农业生产经营管理中的运用，促进新一代信息技术与种植业、种业、畜牧业、渔业、农产品加工业全面深度融合应用，打造科技农业、智慧农业、品牌农业。建设智慧农（牧）场，推广精准化农（牧）业作业。

第三，创新农村流通服务体系。实施"互联网+"农产品出村进城工程，加强农产品加工、包装、冷链、仓储等设施建设。深化乡村邮政和快递网点普及，加快建成一批智慧物流配送中心。深化电子商务进农村综合示范，培育农村电商产品品牌。建设绿色供应链，推广绿色物流。推动人工智能、大数据赋能农村实体店，促进线上线下渠道融合发展。

第四，积极发展乡村新业态。推动互联网与特色农业深度融合，发展创意农业、认养农业、观光农业、都市农业等新业态，促进游憩休闲、健康养生、创意民宿等新产业发展，规范有序发展乡村共享经济。对于欠发达地区的地方政府来说，在实施乡村振兴战略过程中，要大力发展农业数字化和设施农业，提高农业生产效率；大力发展精准农业、智慧农业、互联网+农业、农业农村大数据，促进农业农村现代化；大力发展"互联网+乡村旅游"，促进全域旅游发展；大力发展农村电商推进农产品上行，让农民不但把农产品卖出去，还能卖个好价钱。通过农村农业大数据和农村电子商务推进欠发达地区农业数字化转型。

第五，农业农村大数据。在农业领域，大数据可以应用于农产品产量预测、农业病虫害预警、农产品价格走势分析等领域，有利于精准农业和智慧农业的发展，促进农业组织化、规范化、品牌化。我国已进入传统农业向现代农业加快转变的关键阶段。突破资源和环境的制约，需要运用大数据提高农业生产精准化、智能化水平转变农业生产方式。突破成本"地板"和价格"天花板"双重挤压的制约，需要运用大数据推进农业供给侧结构性改革，提高农业全要素生产率。提升我国农业国际竞争力，需要运用大数据分析全球农业发展情况，增强我国农业在国际市场上的话语权、定价权和影响力。引导农业发展，需要运用大数据提升农业综合信息服务能力，让农民有更多的获得感。推进农业主管部门的治理能力现代化，需要运用大数据分析掌握农业经济运行情况，促进决策科学化。

第六，发展农村电子商务。农村电子商务是指农产品、农业生产资料、农民消费品和服务的网上交易活动。农村电子商务是转变农业发展方式、促进农业现代化的重要手段，是精准扶贫的重要载体。发展农村电子商务，可以推动农民创业就业、开拓农村消费市场、带动农村扶贫开发，有利于推动农业升级、农村发展、农民增收，破解"三农"问题。

第七，建立和完善县乡村三级电商服务体系，以"互联网+"整合。目前，在农村电商领域活跃多股力量，如阿里巴巴、京东等大型电子商务平台运营商，赶街网、乐村淘等专业农村电商企业，供销社、邮政等传统力量。不少地方虽然建立了县级电商运营中心、乡镇电商服务中心和村级电商服务站，但没有形成合力。需要建立县、乡、村三级电商服务信息平台，整合农村电商资源，以信息流带动订单流、物流、资金流、人才流等。采用"农民+公司+电商平台"的方式，可以促进农产品网上销售。通过团购方式，可以使农民以比较低的价格买到生活用品和农业生产资料，让农民得到实惠。要通过"互联网+物流"的方式解决农村电商物流"最后一公里"问题，把农产品上行物流和工业品下行物流结合起来，充分利用当地农民的拖拉机、三轮车、小货车、小轿车以及农村公交车等运输车辆、以捎带的方式减少空驶率，以集中装车发车的方式降低农村电商物流成本。

第八，着力解决"痛点"问题，保障农民权益，方便农民生活。传统农户分散经营，无法形成规模效应。对于有特色农产品或产业集群的地方，可以打造区域品牌，发展产业互联网。农村集贸市场和农产品批发市场要进行互联网化转型，采取 O2O 经营方式。采用 B2B

的农产品批发模式，比农民自己网上零售能更快、更多地把农产品销售出去，解决农产品滞销问题。同时，建立监管机制，解决网上假货问题。农村电商与“互联网+”为农民提供便利服务，如交费、购票、医疗、教育等。

案例：农业数字化——京东“跑步鸡”项目

“跑步鸡”项目是京东集团开展的创新型电商扶贫项目，将鸡雏交由已在扶贫办建档立卡、征信记录良好的贫困户进行散养，科学记录每只鸡的自然生长周期，养殖4个月以上上市销售。结合智能监控、批量屠宰、加工运输等环节，为消费者提供绿色健康的“跑步鸡”食品，不仅帮助贫困户脱贫致富，也体现了京东社会责任与品质生活的企业理念。2016年5月，“跑步鸡”扶贫养殖贷款试点项目在河北省武邑县启动。目前，1万只“跑步鸡”已经出栏。经初步测算，除去成本，贫困户每只鸡赚取30元左右，平均每户增收3 000元以上。

在扶贫“跑步鸡”的营销过程中，通过前期的养殖、屠宰环节，确保在纯天然、无污染的环境下，“跑步鸡”成长为天然无公害的肉鸡，以每只188元的价格，通过京东自营销售。扶贫“跑步鸡”一经销售，虽然价格是市面普通肉鸡价格的五六倍，但依然被一抢而空。一方面，消费者信赖京东品质电商的理念，相信京东的扶贫“跑步鸡”质量安全。另一方面，通过消费扶贫理念的传播，越来越多的消费者认可“扶贫没有旁观者”，愿意通过购买、消费贫困地区的产品，支持国家扶贫工作。通过扶贫“跑步鸡”的试点，证明打造绿色放心食品、塑造农业知名品牌、回馈贫困家庭的模式是有效果的。下一步，京东计划在国务院扶贫办的指导下，在江苏、河北、贵州等省，继续扩大扶贫“跑步鸡”的试点范围，并在此基础上，试点扶贫游水鸭等更多精准扶贫项目，覆盖更多的贫困家庭，建立全产业链扶贫的新模式。这类项目不是囿于一般意义上的电商销售、收益分配，而是把平台和技术支撑作为后盾，主要聚焦于线下的农业产业链与价值链的改造。这个实践模式，提出让贫困户成为农产品产业链利益主体的“新农商”机制，通过选择一些特色产业带的贫困县落地资助项目，同时配套供应链管理、品牌设计、产业扶持等资源，核心是通过人才培养、合作社建设、电商平台优势资源匹配来进行产业链改造和价值链重建。

在中国，这些景象的形成，其背后至少有两大事实性的经验作为支撑。

第一，由多元主体分担成本以趋向互联网普惠和减贫条件。政府公共政策的定向扶持、社会组织和私营部门等社会主体的成本共担，提供了互联网趋向普惠与减贫的必要条件和动力。中国的互联网发展经验较好地遵循了这一点，新型平台经济模式渗透到广大农村及贫困地区，为互联网减贫铺就了商业基础设施。目前一系列政策和战略规划，事实上承认了政府作为成本承担的重要主体地位，并在积极为提高普惠性而负担这类成本，尤其体现在弥合已有的城乡差距方面。信息进村入户试点、电子商务进农村综合示范、数字乡村发展方面的战略纲要，都是由政府承担成本、加快互联网服务公共基础设施建设的典型例证。

第二，政府部门、私人部门、社会组织等通过多种形式赋能促进互联网普惠和减贫。在互联网可及性大幅提升之后，对人群的赋能程度将决定互联网普惠和减贫的最终效果。全国层面来看，信息进村入户计划2020年实现在全国所有行政村的基本覆盖，农村“信息高速公路”即将全面修通，而凭借较低的组织化成本优势，拼多多、快手、字节跳动等平台在农村也打下了广泛的群众基础，一些基于技术优势、商业可持续、公益与扶贫理念的实践越发广泛。当前有意识的普惠措施和扶贫实践，正在呈现不同层面的赋能努力。

特别需要强调的是，贫困地区增收难并非因为缺乏优质农产品，而是缺乏良性循环的产业链和价值链分配机制，农户在产业链中的组织化水平低、在价值链中的收益占比低，无法跳脱增产不增收的市场诅咒。在“互联网 +”背景下，其根本任务依然在于优化线下的利益分配机制，并通过利益分配反向刺激和改造产业链。在此过程中，“互联网 +”可以成为这种反馈和激励机制的推动因素和实现平台。

当互联网逐渐被视为一种减贫途径时，一方面是政府、社会组织和私营部门积极铺就硬件设施和软件基础，另一方面则是基于商业可持续与公益理念叠加的赋能式创新实践的不断深化。正是由于互联网扩张本身无法自动消解和跨越传统的组织成本、交易成本等而实现对边缘地区和边缘群体的覆盖，所以有效的经验和未来的方向都是为克服这些障碍而做出努力。

思考题：

农业数字化对精准扶贫有哪些促进作用?

本章小结

工业互联网平台是面向制造业数字化、网络化、智能化需求，构建基于海量数据采集、汇聚、分析的服务体系，支撑制造资源泛在连接、弹性供给、高效配置的工业云平台。工业互联网平台是工业互联网体系的核心，是工业智能化的“神经中枢系统”，是为数据汇聚、建模分析、应用开发、资源调配、检测管理等提供支撑，实现生产智能决策、业务模式创新、资源优化配置、产业生态培育等功能的关键载体。

工业互联网是新工业革命的关键基础设施，是制造业转型升级的路径，是各国塑造竞争力的重要手段。随着工业互联网平台的逐渐发展，以工业互联网为核心的制造业数字化转型之争已成为世界主要国家新的竞争焦点。目前，我国工业互联网平台已经从早期建设阶段步入应用推广阶段。

工业互联网平台包括技术维度、数据维度和应用维度三个层面。工业互联网平台通过支持制造资源的泛在连接、弹性供给、高效配置（边缘层），汇集数据资源向云端汇聚（IaaS 层），提供应用和工业 App 开发环境（PaaS）层，实现工业知识经验、技术的模型化、软件化、复用化，构建工业机理模型和大数据分析模型，以工业 App 的形式（应用层）为制造企业提供各类创新应用。

数字农业是将遥感、地理信息系统、全球定位系统、计算机技术、通信和网络技术、自动化技术等高新技术与地理学、农学、生态学、植物生理学、土壤学等基础学科有机地结合起来，实现在农业生产过程中对农作物、土壤从宏观到微观的实时监测，以实现对农作物生长、发育状况、病虫害、水肥状况以及相应的环境进行定期信息获取，生成动态空间信息系统，对农业生产中的现象、过程进行模拟，达到合理利用农业资源，降低生产成本，改善生态环境，提高农作物产品和质量的目的。

数字经济对欠发达地区的发展有着举足轻重的作用。数字经济助力农业现代化,助力扶贫攻坚。

本章课后思考题:

1. 什么是工业互联网?为什么要发展工业互联网?

2. 工业互联网平台的基本架构是什么?

3. 数字经济对欠发达地区发展能发挥什么样的作用?

4. 数字技术在农业中的典型应用都有哪些?

第 8 章　中国数字经济发展概况

本章学习要点：

- 理解中国数字经济的发展特点
- 了解中国数字经济、数字基础设施和数字技术创新现状
- 了解中国产业数字化和数字产业化的发展
- 理解中国数字经济发展中存在的问题及发展方向

2018 年，中国数字经济规模达到 31.29 万亿元，占 GDP 比重高达 34.8%，是全球第二大数字经济体。2018 年度中国数字经济竞争力得分为 63.05 分，排名同样是全球第二。我国数字经济发展进入虚拟经济与实体经济有机融合的务实阶段，更有力地助推了传统产业的数字化转型，成为产业转型升级助力经济高质量发展的新引擎。

当前，数字经济发展已从技术创新驱动向应用创新驱动转变，中国的网民优势就显得格外重要。中国数字经济步入成熟发展阶段，传统行业互联网化趋势明显，基于互联网的模式创新不断涌现，数字经济与传统制造业加速融合。庞大的网民和手机用户群体，使中国数字经济在众多领域都可以在全球排名中拔得头筹。

8.1　中国数字经济发展概况

8.1.1　中国数字经济的发展特点

2016—2019 年，中国数字经济产业总体规模持续扩张，增长幅度显著高于 GDP 增速，数字经济在各行业渗透程度不断加深，但行业渗透差异较大。智能制造方面，产业规模不断扩大。电子商务方面，在交易额增速持续下降的背景下，跨境电商表现抢眼。互联网金融方面，P2P 网贷行业进入规范调整阶段，第三方支付和移动支付行业保持平稳增长。空间分布方面，各省区市数字经济增速仍保持两位数增长，京津冀、长三角、珠三角形成区域数字经济发展的三大“增长极”。

1. 中国数字经济规模持续快速增长

上海社会科学院信息研究所《全球数字经济竞争力发展报告（2018）》比较了腾讯研究院、中国信通院、新华三集团、财新 BBD、波士顿咨询公司、美国商务部经济分析局在数字经济规模测算中所采用的不同方法，认为其中针对中国数字经济总体规模的估算差距较小。本书选择中国信通院《中国数字经济发展与就业白皮书（2019 年）》的数据（见图 8-1）。2016—2018 年，中国数字经济的规模分别为 22.58 万亿元、27.17 万亿元和 31.29 万亿元，占 GDP 的比重分别为 32.10%、32.90% 和 34.80%。可见，中国数字经济总体规模增长态势良

好，在 GDP 中的重要性不断提高。

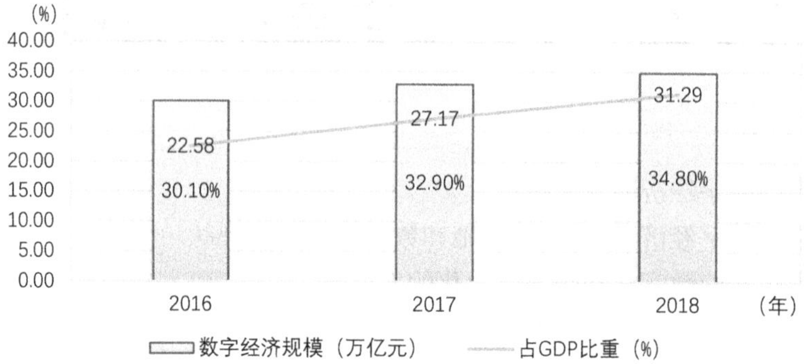

图 8-1　2016—2018 年中国数字经济规模

2. 数字经济与实体经济加速渗透融合

从数字经济内部结构来看，数字经济与实体经济加速渗透融合，产业数字化蓬勃发展，通信产业为各行各业信息化、数字化、智能化发展提供了坚实的服务和技术支撑，不断推动经济社会成本的降低和效率的提升。2016—2018 年中国数字产业化规模分别为 51 955 亿元、61 517 亿元和 64 119 亿元，同期产业数字化规模分别为 173 867 亿元、210 220 亿元和 248 815 亿元，后者与前者的倍数呈增长趋势，分别为 3.35 倍、3.42 倍和 3.88 倍，产业数字化的增速显著高于数字产业化规模（如图 8-2 所示）。这表明数字化技术产品和服务已与传统产业加速融合，有利于增强对传统产业效率提升的拉动效应，而产业数字化在数字经济中所占比重的提升也体现了中国数字经济内部结构正在不断优化。

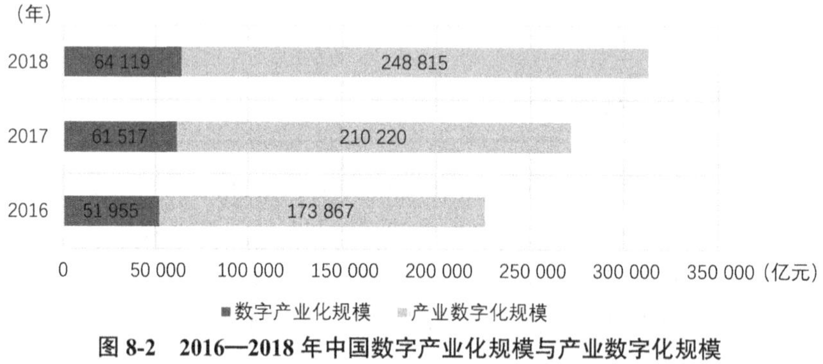

图 8-2　2016—2018 年中国数字产业化规模与产业数字化规模

3. 数字经济的空间分布呈现集聚效应

中国数字经济的空间区域分布表现出明显的集聚效应，且在城市群层面表现出新特点。

（1）区域层面

京津冀、长三角、珠三角三大区域重心继续保持引领态势，逐渐形成区域数字经济发展的三大“增长极”。特别是珠三角依托粤港澳大湾区战略机遇和制度创新优势，在现代服务业和电子信息制造业领域表现抢眼；长三角一体化上升至国家战略也为当地互联网经济和高端装备制造业发展提供了更好的创新环境。长三角区域先后成立了国家集成电路创新中心、国家智能传感器创新中心，并完成了全国首个跨省四城 5G 视频通话互联，有利于促进产业资源跨区域流动；京津冀产业优势则聚焦在软件和信息服务业，优化了区域内产业链协同格局。

（2）省（区）级层面

综合各类机构发布的报告，可以看出我国数字经济发展区域分布梯次明显（见表 8-1）。其中，广东省数字经济发展靠前，深圳、广州等城市数字经济发展表现突出，包括湖北、湖南、四川在内的中部地区和西部地区部分省份在数字产业层面展现出强劲的发展动力。山东、四川、福建、河南、湖南、上海为数字经济发展的第三梯队。

表 8-1　2017 年省级层面数字经济指数的排名情况

排名	腾讯研究院		财新智库	新华三集团
	“互联网 +”指数	数字经济指数	数字经济指数	数字经济指数
1	广东省	广东省	广东省	上海市
2	江苏省	江苏省	北京市	深圳市
3	浙江省	浙江省	江苏省	北京市
4	北京市	北京市	上海市	广州市
5	山东省	福建省	浙江省	成都市
6	四川省	四川省	四川省	杭州市
7	福建省	山东省	湖北省	武汉市
8	河南省	上海市	山东省	宁波市
9	湖南省	湖北省	天津市	无锡市
10	上海市	河南省	安徽省	贵阳市

资料来源：腾讯研究院，《中国互联网 + 指数报告（2018）》；财新智库，《数字经济的供给侧——中国数字经济指数 2018 年度报告》；新华三集团数字经济研究院，《中国城市数字经济指数白皮书（2018）》。

（3）城市层面

数字经济的区域辐射效应已经显现，中心城市周边城市的数字经济产业发展态势普遍优于非周边城市。新华三集团数字经济研究院发布的《中国城市数字经济指数白皮书（2018）》指出，当前我国城市数字经济发展呈现显著的“三中心五热点”格局，在全国范围内形成 8 个数字经济城市生态群。中心模式的典型特征是区域内城市的数字经济双向协同、互补发展，核心城市较多且分布集中，区域内热点多样化，城市间形成生态互动，其以环渤海、长三角、珠三角城市群为代表。热点模式则是以热点城市的单极突破为主，建设发展区域数字经济高地核心城市突出，但带动作用尚待挖掘，数字经济产业特色初步形成，但整体均衡性仍有待提升。热点区域包括以成都、重庆、贵阳为核心的西南热点，以武汉、郑州为核心的华中平原热点，以福州、厦门为核心的闽东南热点，以西安为核心的关中平原热点，以及以济南、青岛为核心的山东半岛热点。

8.1.2　中国数字基础设施发展现状

当前，数字经济基础设施在经济社会发展大局中的战略性、基础性、先导性作用日益凸显,已成为当前和今后一段时期推进发展方式转变、促进经济结构优化、加快增长动力转换、塑造国际竞争优势的战略基石。近年来,中国加速构建高速、泛在、安全、智能的新一代信息基础设施,数字经济基础设施能力和服务水平显著提升。光纤宽带、4G 网络达到全球领先水平,下一代互联网加快规模部署和商用,云计算、内容分发网络等应用设施加速升级演进,5G、物联网、工业互联网等新型基础设施稳步推进,为数字经济创新发展提供了有力支撑。

1. 宽带网络设施

固定宽带网络全面迈入光纤时代。我国光纤化进程已基本完成,光纤宽带覆盖城乡,千兆宽带示范已全面展开。根据工业和信息化部统计数据,截至 2018 年底,我国固定宽带接入端口数达 8.86 亿个,光纤到户网络端口总计 7.8 亿个,居全球首位。宽带用户普及水平持续快速攀升,截至 2019 年 12 月,光纤接入(FTTH/O)用户达到 4.17 亿户,占固定宽带接入用户总数的 92.9%(见图 8-3)。高速率宽带加快普及,截至 2019 年 12 月, 100 Mps 及以上接入速率的固定互联网宽带接入用户总数占固定宽带用户总数的 85.4%,主流宽带接入速率已迈入百兆时代。用户上网实际体验速率大幅提升,截至 2019 年第三季度,全国固定宽带平均可用下载速率达到 37.69 Mbit/s,已接近全球第一梯队,移动宽带用户使用 4G 网络访问互联网时的平均下载速率达到 24.02 Mbit/s[①]。

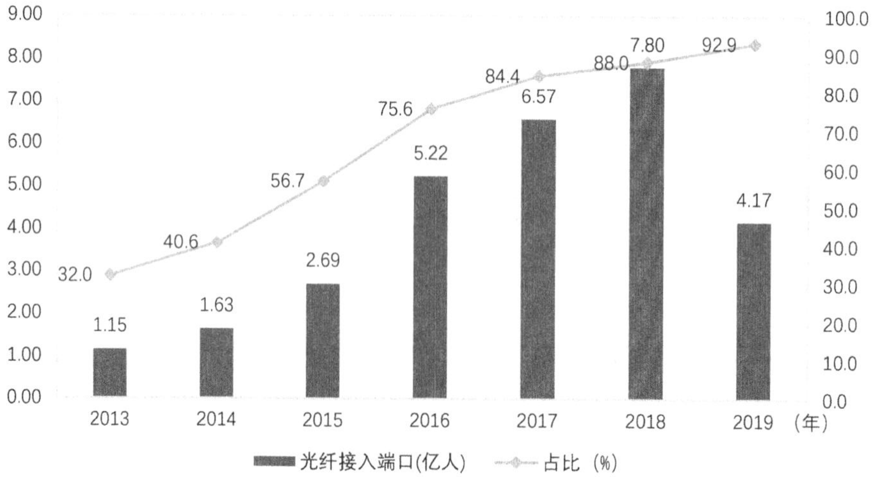

图 8-3 2013—2019 年我国固定宽带光纤端口总数及渗透率情况

移动宽带网络建设后发赶超。近年来中国持续深入推进 4G 网络建设, 4G 网络深度覆盖和广度覆盖取得显著进展,覆盖盲点不断消除,服务质量持续提升。根据工业和信息化部统计,截至 2018 年底,全国 4G 基站总规模超过 372 万个,占移动通信基站总数的 57%, 4G 网络实现了全国所有乡镇以上的连续覆盖、行政村的热点覆盖,以及高铁、地铁、重点景区的全覆盖(见图 8-4)。自 2012 年手机上网网民首次超过台式计算机以来,移动互联网用户规模一直保持两位数增长。根据中国统计年鉴的数据, 2018 年移动宽带用户(即 3G 和 4G 用户)总数达 13.1 亿户,移动宽带人口普及率达到 93.9%,其中 4G 用户总数达到 117 亿户,4G 用户占移动电话用户总数比重达到 74.4%,4G 普及程度已经进入全球领先行列。

① 数据来源:宽带发展联盟。

5G 商用部署全面开展，商业化应用进入实践阶段。2019 年 6 月，工信部正式向中国电信、中国移动、中国联通、中国广电发放 5G 商用牌照，标志着中国进入商用元年。我国重点城市 5G 规模组网建设试点工作有序开展，截至 2019 年 4 月，已有 16 个省（区、市）实现了 5G 通话；截至 2019 年 10 月，已有 52 座城市实现 5G 商用；截至 2019 年 12 月，建成 5G 基站超过 13 万个。5G 有力支撑了传统产业数字化、网络化、智能化发展，并为自身加速商业化提供驱动力。

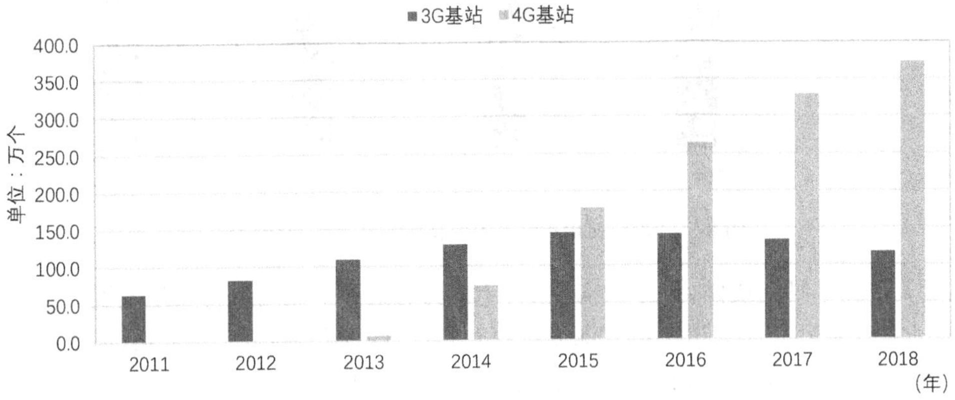

图 8-4　2011—2018 年我国 3G/4G 基站建设情况

2. 数据中心和云计算

中国数据中心和云计算平台的建设处于快速增长阶段。"企业上云"行动取得积极成效，IDC 资源供给规模持续增长。根据工业和信息化部发布数据，截至 2017 年底，全国在用数据中心机架规模达到 166 万架，总体数量达到 1 844 个，规划在建数据中心机架规模 107 万架，数量 463 个。经济发达的京津冀、长三角、珠三角等地区数据中心和云计算设施需求旺盛，数据中心机架资源仍相对较集中，大型超大数据中心在向资源富集、气候条件适宜地区布局的速度明显放缓，机架资源利用率不高。同时，我国龙头数据中心及云服务企业不断加快全球化布局步伐，中国电信全球数据中心数量超过 700 个，阿里云也在全球部署数据中心及云计算平台设施，全球有 11 个地域节点、44 个可用区，业务拓展至亚太、美国、中东、欧洲等地，形成对全球主要互联网市场覆盖。

云计算作为在线数据存储、处理、分析的主要技术，是数字经济发展的基石之一。从用云量数据来看，国内市场正处于高速增长阶段。2016—2018 年，中国私有云的市场规模一直高于公有云，但二者差距逐渐缩小（如图 8-5 所示）。互联网企业需求的高速增长以及传统企业上云进程的持续加快，拉动了公有云市场的快速扩张。

3. 人工智能和物联网

人工智能是新一轮科技革命和产业变革的重要驱动力量。我国各部门、各地方不断完善人工智能政策环境，关键技术应用日趋成熟，并引领各行业数字化变革。尤其是一线城市，作为技术、人才和产业发展最具优势的区域，成为我国人工智能发展的中心，有效带动了周边区域的发展。

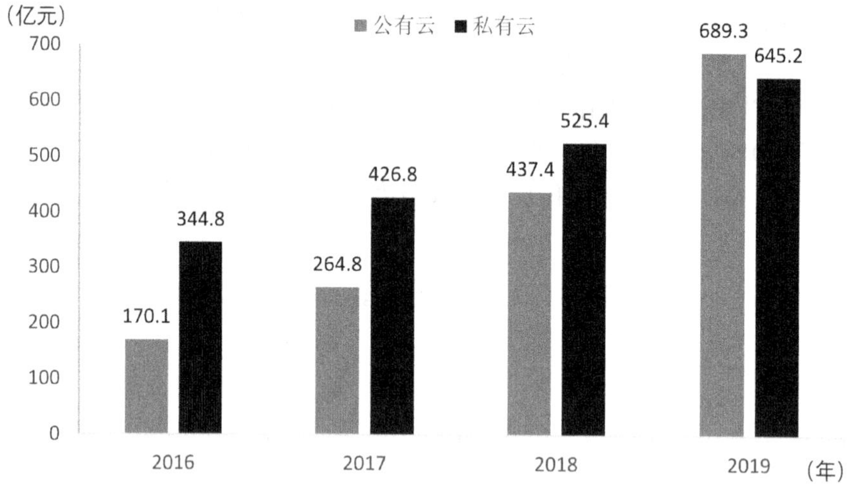

图 8-5　2016—2019 年中国公有云和私有云市场规模

AI 关键技术日趋成熟,语音识别技术、计算机视觉等领域均取得长足发展。一是语音识别技术快速成熟。科大讯飞拥有深度全序列卷积神经网络语音识别框架,输入法的识别准确率达到 98%。搜狗语音识别支持最快 400 字每秒的听写,阿里巴巴人工智能实验室通过语音识别技术开发了声纹购物功能。二是计算机视觉技术应用场景广泛,在智能家居、增强现实、虚拟现实、三维分析等方面有长足进步。

推进行业数字化改革,人工智能助力产业转型升级。2019 年我国人工智能企业数量超过 4 000 家,位列全球第二,我国企业在智能制造和车联网等应用领域拥有较大优势,在高端芯片等基础领域取得一定突破。在智能制造领域应用场景主要有产品智能化研发设计、制造和管理流程智能化、供应链智能化三类,其中在产品质检领域,汽车零部件商开始利用具备机器学习算法的视觉系统识别部件;在互联技术及无人驾驶测试两个领域,我国技术水平已处于国际领先地位,华为的 5G 技术将为互联技术 V2X(vehicle to everything,车联网)提供全球一流的通信支持,同时与国内外车厂进行了合作与测试;百度 Apollo 自动驾驶全场景在国家智能网汽车(长沙)测试区进行测试,完成了全国首例 L3、L4 等级车型的高速场景自动驾驶车路协同演示;在芯片领域,清华大学实现基于忆阻器矩阵芯片卷积网络的人工神经网络芯片,能效比 GPU 高出两个数量级,同时以阿里巴巴、百度和华为为代表的我国高科技公司逐步进入人工智能芯片的研发竞争阶段。

2018 年中国物联网进入快速发展阶段,中国成为全球物联网产业规模最大最活跃的地区之一,物联网及智慧家庭等新业务增长迅猛。窄带物联网网络(Narrow Band Internet of Things, NB-IoT)基本实现全国覆盖,中国电信 NB-IoT 基站规模超过 40 万个,基本建成精品网, NB-IoT 连接数已达到千万量级,在 20 个城市展开 eMTC 试商用;中国联通建成超过 33 万个 NB-IoT 基站。2018 年我国物联网业务收入比上年增长 72.9%,中国电信、中国移动、中国联通三家基础电信企业发展蜂窝物联网用户达 6.71 亿户,全年净增 4 亿户。4G、AI 等技术的发展为物联网的创新提供了新的支撑,万物互联正向万物“智”联发展。

4. 区块链

当前,我国区块链政策与监管体系已初步构建,技术研究持续深入,并在多个行业落地应用。

在政策方面,区块链相关政策环境更加优化。一是政策密集出台鼓励区块链技术发展。中央政府将区块链技术作为战略性前沿技术进行提前布局,在《国务院关于印发"十三五"国家信息化规划的通知》《国务院办公厅关于积极推进供应链创新与应用的指导意见》等政策性文件中多次提到对于区块链技术的研究利用。地方政府从鼓励应用创新、加强产业引导、引进专业人才等方面着手,出台优惠政策推动辖区内各部门对区块链技术的研究和落地。截至 2019 年底,国内已有 29 个省(区、市)发布了区块链发展指导意见或相关政策。二是区块链监管框架已初步形成。区块链应用风险和概念炒作问题受到我国监管机构高度重视,监管框架已经基本形成。《关于防范代币发行融资风险的公告》《关于开展为非法虚拟货币交易提供支付服务自查整改工作的通知》《关于防范境外 ICO 与"虚拟货币"交易风险的提示》等文件先后出台。2019 年 1 月,国家互联网信息办公室发布《区块链信息服务管理规定》,并上线运行区块链信息服务备案管理系统,为区块链信息服务的推出、使用和管理等提供有效的法律依据,进一步推动了我国区块链相关领域管理规定的细化落实。

在技术方面,区块链关键技术取得进展。一是底层技术创新持续提升。2019 年,我国重点探索区块链存储、智能合约、共识算法和加密技术等方面,全年分别累计公开有效专利 964 件、420 件、101 件和 42 件。从底层平台技术代码开源角度来看,目前完全开源的底层平台有 13 个,占 15%;部分开源的底层平台达 47 个,占 54%。二是加密算法重视自主可控。安全多方计算同态加密、零知识证明等密码学算法不断融合应用,隐私保护方案创新涌现。国产密码算法在区块链技术各环节创新融合,支持国产密码算法的比例达到 67%。三是跨链技术成为研究热点。我国共有相关组织机构 35 家,较 2018 年增加 23 家。其中,国家级研究机构 8 家,企业研究机构 19 家。

在应用方面,区块链技术与各行各业加快融合。区块链技术已经被广泛应用于政务、金融供应链管理等多个领域,其助力我国传统产业高质量发展与转型升级、推动我国构建诚信社会体系的作用得到初步体现。一是区块链政务应用在民生办事领域落地。区块链技术为跨级别、跨部门的政府数据互联互通提供了安全可信任的环境。依托区块链技术的政府数据系统可以对数据调用行为进行记录,在出现数据泄露事件时准确追责,从而大幅降低政府与企业数据在共享时的安全风险,提高了办事效率。2019 年 12 月,深圳市统一政务服务 App 发布了区块链电子证照应用平台,实现身份证、户口本等 24 类常用电子证照上链,支持 100 余项高频政务服务事项的办理。二是区块链技术应用取得阶段性成果。区块链自动化智能合约和可编程的特点能够极大降低成本和提升效率,避免烦琐的中心化清算交割过程,方便快捷地实现金融产品交易。截至 2019 年 12 月,中国人民银行贸易金融区块链平台应用已上链运行供应应收账款多级融资、跨境融资等多项业务,业务量超过 900 亿元。此外,我国央行的数字货币研发工作也得到国务院正式批准,预示着我国数字货币研发进入加速期。三是基于区块链的供应链系统已被应用于实际业务中。基于区块链技术的供应链系统加强了供应链上下游沟通,优化系统效率,同时支持各方实时查看产品信息,降低了管理和信任成本。阿里巴巴、京东等电商平台目前均已依托区块链技术搭建了产品防伪追溯平台。

8.1.3 中国数字技术的创新现状

在创新成果方面，创新投入和PCT专利申请量继续保持增长①。在人才发展方面，数字经济高价值创造使人才待遇显著提高，在就业岗位创造方面也有突出贡献。

1. 创新成果

创新投入方面，我国数字技术创新取得跨越式进步，数字技术创新投入快速增长。根据中国信通院发布的《2018年中国数字经济发展与就业白皮书》，数字经济R&D经费支出占GDP比重由2011年的1.2%增长到2017年的1.5%，人均数字经济R&D经费支出增长到864元，较2011年翻了一番。我国在数字经济等更多领域的技术创新已从跟跑为主转向并跑、领跑的新阶段。但从研发投入比例来看，国内企业研发投入比例与发达国家企业仍有差距。以互联网行业为例，表8-2总结了2016年中美互联网企业研发投入占比的情况，从表中可以看到，百度2016年研发投入占收入的比例为15%左右，仅为Facebook的约五成，仍有很大的上升空间。

表8-2 2016年中美主要互联网企业研发投入占比 单位：%

中国	研发投入占收入比例	美国	研发投入占收入比例
百度	15	Facebook	27
阿里巴巴	14	Alphabet	16
网易	9	Salesforce	15
腾讯	9	Amazon	12
京东	2	eBay	11

资料来源：中国信通院，《互联网发展趋势报告(2017—2018年)》。

PCT专利申请方面，根据世界知识产权组织(World Intellectual Property Organization，WIPO)公布的统计结果，2018年中国PCT专利申请量排名前五的企业均为数字经济相关领域企业，其中华为的PCT专利申请量高达4 466件，排名第一，几乎是排名第二的中兴通信的2.5倍，京东方、欧珀移动通信、腾讯科技(深圳)分列第3~5位(见表8-3)。

表8-3 2018年中国PCT专利申请量前十名的企业 单位：件

排名	企业名称	申请量	排名	企业名称	申请量
1	华为	4 466	6	大疆	517
2	中兴通信	1 801	7	美的	386
3	京东方	1 190	8	深圳市华星光电	367
4	欧珀移动通信	781	9	武汉华星光电	335

① PCT是《专利合作条约》(“Patent Cooperation Treaty”)的英文缩写，是有关专利的国际条约。根据PCT的规定，专利申请人可以通过PCT途径递交国际专利申请，向多个国家申请专利。

续表

排名	企业名称	申请量	排名	企业名称	申请量
5	腾讯科技（深圳）	545	10	惠科	233

2. 人才发展

人才是数字经济发展的关键所在。中国数字经济的人才分布整体表现出“北弱南强”的状态，长三角和珠三角是数字人才的两大集中地。根据 2019 年 8 月领英发布的《中国数字人才报告》，数字人才分布最多的城市分别是：上海、北京、深圳、广州、杭州、成都、苏州、南京、武汉、西安、大连、天津、重庆、东莞、沈阳；其中上海数字人才最多，占全国数字人才的 16.6%，北京排名第二，占比为 15.6，其他城市均不超过 10%。

案例：浙江的数字经济

浙江从数字化、智能化深度融合起步，到以互联网为核心的信息经济，再到云计算、大数据、人工智能，数字经济推动浙江经济一浪高过一浪。

（一）数字经济多点均衡发展

植根于民营经济形态的浙江数字产业优势在于综合化的全面发展，在电子商务、物联网、云计算、大数据、互联网金融创新、智慧物流、数字内容产业中心等均取得了较高的成就，形成了较为完善的信息经济产业链。浙江有以阿里巴巴、天猫商城、淘宝网为代表的电子商务产业享誉全国乃至世界，是电商产业链最完整的地区之一，移动电子商务、农村电子商务、跨境电子商务快速发展。阿里云是全国公有云的“一哥”拥有 2 300 多万用户，覆盖全球 200 多个国家和地区，业务成长全球最快，目前仍以百分之百左右的速度突飞猛进。

（二）加大创新投入，扩大创新人才队伍，鼓励信息经济创业

数字经济依靠的是创新驱动，需要创新投入、创新扶持、创新环境和创新动力，以实现技术、产业模式、产品等多维度的创新。一方面浙江加大财政扶持，给予创新企业在税收、场地等各项优惠条件。另一方面加快创新人才培育，除了依靠浙江大学等传统名校培养优秀人才、吸收引进海外高层次人才外，浙江也加快了数字经济专业领域的技术人才培养。浙江随处可见众多高新技术开发区内公共技术服务平台、科技孵化器、创新创业基地等为推动创新作支撑和基础的平台。政府方面正在打造一大批有浙江特色的创业平台，比如互联网创业小镇、天使基金小镇、云计算小镇等等，进一步集聚风投、基金和创业人才，鼓励更多拥有梦想的人到浙江创业。

（三）基础设施建设是平台，信息消费是支撑，互联网发展是引擎

目前，浙江省互联网普及率处于全国领先水平，这也为信息消费的扩大提供了支撑。全省范围内已启动 20 个智慧城市建设示范试点项目，遍及智慧健康、智慧旅游、智慧安居、智慧交通等领域。打造中国首个云计算产业生态小镇，已成功引进阿里云、威锋网、元云科技等 100 多家涉云互联网信息企业，引进云商基金、银杏谷基金等 10 家以上创投机构、初步形成云计算产业生态。

（四）区域协调发展，数字经济深入农村

浙江县域经济的发展与信息经济紧密相连。浙江金华以电子商务为主的数字经济是它的一号产业，电商交易额占全球比重超过3%。金华已经连续3年获评中国电子商务十强城市，是跻身该榜单中的唯一一个地级城市，截至目前金华的数字经济企业高达9 800家，第三方电子交易平台近30家，淘宝卖家超过12万家；5173、9158等一批具有“金华特色”的视频娱乐、网络游戏、文化创意类数字经济企业已成为行业的领头羊。浙江遂昌县，近年来大力发展农村电子商务，将生产的茶叶、猪肉、禽肉，通过网络远销国内外，全县1 300多个淘宝店，带动了全县农民的增收，已经连续7年农民增收超过了全省的农民增收平均水平被电商界称为遂昌模式。缙云县壶镇的小山村——北山村，有90%的村民从事与电商相关的行当，开设的网店超300家，截至2014年11月，全村电商销售额已超1.15亿元。2014年7月，首届中国县域经济与电子商务峰会在杭州召开，峰会上阿里巴巴宣布，启动千县万村计划，在3~5年内投资100亿元，建立1 000个县级运营中心和10万个村级服务站，而浙江省成为第一个与阿里巴巴达成“千县万村”合作的省份。

思考题：

①浙江数字经济发展的特点是什么？

②你认为，浙江的数字经济为什么能够蓬勃发展起来？

8.2 中国产业数字化的发展现状

近年来我国产业数字化快速增长，作为数字经济增长主引擎的地位不断凸显。2018年，产业数字化规模达到24.9万亿元，远超数字产业化，对数字经济增长的贡献度高达79.5%。2005年以来，产业数字化年均增速超过25%，远超同期GDP增速。新一代信息技术是创新最活跃的领域之一，其与传统产业深度融合，产业数字化转型正在拓展出无穷无尽的新空间，迸发出源源不断的新动能。

数字化转型是指产业与数字技术全面融合，提升效率的经济转型过程，即各产业利用数字技术，把产业各要素、各环节全部数字化，通过对数字世界的仿真模拟、设计优化等操作，推动技术、人才、资本等资源配置优化，推动业务流程、生产方式重组变革，从而提高产业效率。

要素、过程和产出的数字化是数字化转型主要内容（见图8-6）。数字化转型贯穿创新链、产业链、价值链全过程，具体体现在三个方面：一是要素数字化，包括推动数字技术创新，推进生产设备的数字化改造、培育融合型数字化人才，最重要的是发掘数据这个独立生产要素的潜力。二是过程数字化，主要涉及研发、设计、采购、生产、销售等业务流程的数字化升级。三是产品数字化，体现为产品的智能化升级和服务模式的数字化创新。

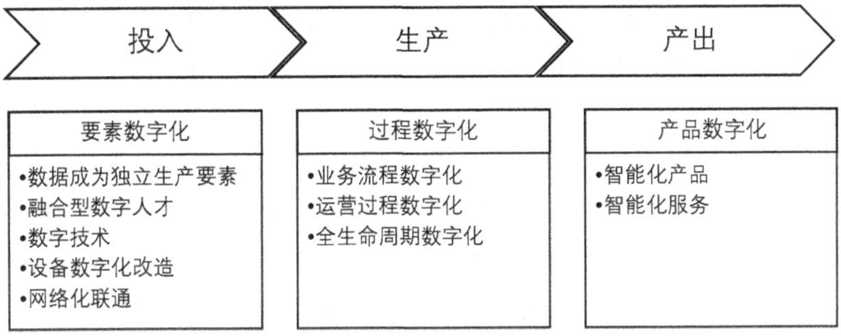

图 8-6　产业数字化转型的主要内容

各行业数字经济发展水平存在较大差异（见图 8-7），表现出三产优于二产、二产优于一产的特征。2018 年，服务业、工业、农业中数字经济占行业增加值的比重（简称为“数字经济比重”）分别为 35.9%、18.3% 和 7.3%。

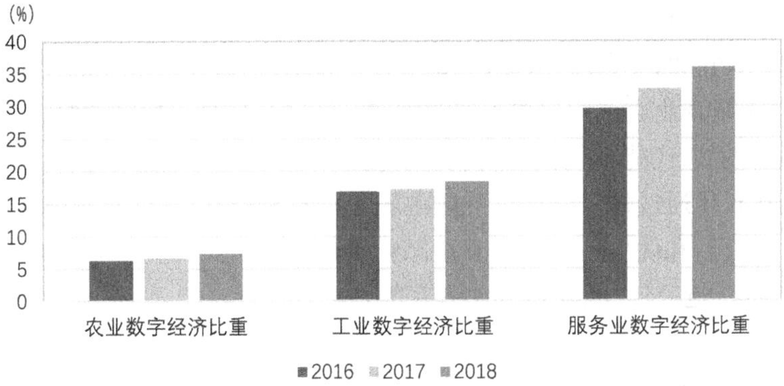

图 8-7　2016—2018 年我国三种产业的数字经济比重

8.2.1　工业数字化快速推进

工业数字经济比重提升，且呈现加速增长态势。2018 年，工业数字经济比重为 18.3%，介于服务业和农业之间，较上年提升 1.09 个百分点。工业各细分行业数字经济发展水平差异较大，约 12% 的行业数字经济比重超过 20%，约 28% 的行业数字经济比重为 10%~20%，超过 60% 的行业数字经济比重不足 10%，工业数字化的典型行业包括：石油和天然气开采产品、黑色金属矿采选产品、纺织服装服饰、家具、医药制品、钢铁及其铸件、汽车整车和家用器具。

制造业数字化转型整体推进。在汽车、航空、电子等产品设计和生产高度复杂的离散型行业中，领军企业内外兼顾，全面推进数字化转型。对外通过网络化平台，有效整合全球的设计、制造、服务和智力资源，大幅缩短产品研制周期；对内通过建立生产现场设备、生产管理和企业决策系统纵向集成的数字车间 / 智能工厂，提高生产柔性化水平和生产效率。如上海商飞建立的全球网络化协同研发平台通过国内跨地区协同研发和制造，使 C919 飞机研制周期缩短 20%，生产效率提高 30%，制造成本降低 20%，质量问题发生率降低 25%。在家电、服装、家具等需求个性化突出的离散型行业中，领军企业正在探索利用互联网平台打通生产现场与客户端，获取分析海量客户数据，实现自主设计、自动排产，大幅降低设计成本和库存，提高供需匹配效率，提高盈利能力。如维尚家居通过构建“新居网”互动开放式设计平台，建立“大规模家具设计定制生产系统”，实现消费驱动生产，企业也得以快速扩张。在工程机械、机床装备、风机制造等对已售设备运维要求高的离散型行业中，领军企业通过在装备和产品中集成传感、控制、通信等功能，对设备进行全面联网，打造大数据监测分析的服务平台，实现设备在线状态监控、远程运维和全生命周期管理，加快向服务化转型。如金风科技建立风机远程运维服务平台，实现风机和风电场的智能监控、故障诊断、预测性维护，比传统方法维护成本减少 20%~25%，故障预警准确率达 91% 以上，发电效益提高 10%~15%。在制药、化妆品等对生产过程流程控制极为严格的行业中，领军企业通过全流程可视化监测、全过程集中化精密控制，形成一体化的智能生产和运维系统，提高产品质量和生产效率。如康恩贝药业建立覆盖采购、仓库、生产、质检、销售等全流程的数字化管控系统，实现了对药物生产过程的全程有效监控和自动控制，改善了生产工艺，降低了药物生产质量风险，提升了药品的安全性、有效性、稳定性。在冶炼、石化等对能源控制要求高的重化型流程行业中，领军企业通过构建覆盖能源供、产、转、输、耗全流程能源综合监测系统，建立生产与能耗预测模型、产能优化模型，实现能源生产和消耗一体化优化和协同，提高能源生产效率。如九江石化通过建立一体化的能源管控中心平台，以及针对高附加值用能的氢气和瓦斯产耗平衡模型和优化系统，对能源计划、能源生产、能源优化、能源评价的闭环管控，从而实现节能降耗，近三年，能源利用效率提高了 4%。

8.2.2 服务业数字化持续领先

2018 年，服务业数字经济比重为 35.9%，较上年提升 3 .28 个百分点，显著高于全行业平均水平，数字经济发展快于工业和农业（见表 8-4）。保险，广播、电视、电影和影视录音制作数字经济占据半壁江山，比重分别达到 56.4% 和 55.5%，资本市场服务等约 30% 的行业数字经济比重介于 30%~50%，另有约 61% 的行业数字经济比重介于 10%~30%，建筑装饰和其他建筑服务、餐饮业数字经济比重最低，仅分别为 9.3% 和 6.4%。

表 8-4　2018 年服务业典型行业数字经济比重　　单位：%

排序	行业	数字经济比重
1	保险	56.4
2	广播、电视、电影和影视录音制作	55.5
3	资本市场服务	48.7
4	货币金融和其他金融服务	48.6
5	公共管理和社会组织	46.0
6	专业技术服务	44.6
7	邮政	42.7

续表

排序	行业	数字经济比重
8	教育	40.0
9	社会保障	39.1
10	租赁	35.5

服务业数字经济一直延续良好发展势头，并加快向规范提质方向发展。在消费零售领域，《中华人民共和国电子商务法》正式出台，对电商纳税、海外代购、虚假评价等当前存在的突出问题进行了回应，标志着电子商务进入规范发展阶段。2018 年，我国实物商品网上零售额 70 198 亿元，比上年增长 25.4%，占社会消费品零售总额的比重为 18.4%，比上年提高 3.4 个百分点。在智慧物流领域，区块链、人工智能等技术在物流领域优先应用取得显著成效，2018 年 2 月，菜鸟网络宣布已经启用区块链技术跟踪、上传、查证跨境进口商品的物流全链路信息，这些信息涵盖了生产、运输、通关、报检、第三方检验等商品进口全流程，将给每个跨境进口商品打上独一无二的“身份证”，供消费者查询验证。在电子支付领域，移动支付等技术的普及应用大大节约交易双方成本，有助于激活交易和提升效率。2018 年，移动支付业务量快速增长，移动支付业务 605.31 亿笔，金额 27 039 万亿元，同比分别增长 61.19% 和 36.69%。移动支付平台已经成为一种重要的便捷交易设施，以蚂蚁金服的收钱码为例，据统计，这项服务可以将收银效率提升 60%，节约 1% 的交易成本。在社交娱乐领域，短视频行业进入爆发期，以抖音和快手为代表的短视频正在深度影响和改变着我们的生活，据统计，我国短视频用户规模达 6.48 亿人、用户使用率为 78.2%。在线上教育领域，教育部印发了《教育信息化 2.0 行动计划》，努力构建数字经济条件下的人才培养新模式、发展基于互联网的教育服务新模式、探索数字经济时代教育治理新模式。

8.3　中国数字产业化的发展现状

我国数字经济持续高速增长，在推动经济高质量发展中的战略地位和引擎作用不断凸显。数字产业化保持稳定增长是全球共同的发展规律，21 世纪以来，OECD 国家数字产业化与 GDP 增长基本同步，占 GDP 比重稳定维持在 4%~8%。近年来，我国数字产业化占 GDP 比重基本维持在 7% 左右。数字产业一般涵盖信息产业（包括硬件、电子信息制造业和软件、信息通信服务业、软件和信息技术服务业）、电子商务和数字内容产业，下面分别从这三个方面进行分析。

8.3.1　中国信息产业发展现状

近年来，中国信息产业发展总体呈现稳中有进态势，信息产业内部结构趋于稳定，并持续优化。信息产业具有产业规模大、产业关联度强、细分行业多、技术进步快等特征，主要包括电子信息制造业、信息通信业、软件和信息技术服务业等。其中，电子信息制造业主要包括通信设备制造业、电子元件及电子专用材料制造业、电子器件制造业和计算机制造业等；信息通信业主要包括基础电信业务和以互联网为主的增值电信业务等；软件和信息技术服务业主要包括基础软件、应用软件，以及信息系统集成等业务①。

电子信息制造业发展呈现总体平稳态势，产值和投资增速在工业经济中保持领先（见图 8-8）。2011—2018 年，电子信息制造业增加值平均增速为 12.36%，同期工业增加值增速仅为 8.24%，前者高于后者 4.12 个百分点，并且二者的差距从 2 个百分点逐渐扩大至 6.9 个百分点，说明电子信息制造业呈现加速成长态势。

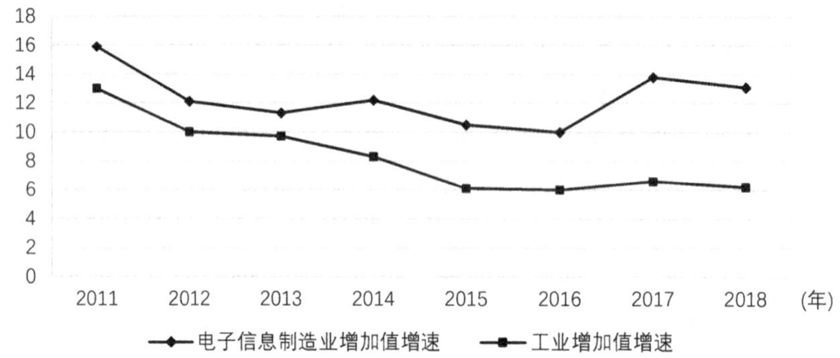

图 8-8　2011—2018 年中国电子信息制造业增加值与工业增加值增速（%）

资料来源：国家统计局、工业和信息化部运行监测协调局

我国信息通信业发展稳中有进，信息服务结构不断优化，产业基础不断夯实。2011—2018 年中国电信业务总量的平均增速不断加快，2018 年累计达到 65 556 亿元（2015 年不变单价计算），同比增长 137.9%；电信业务收入累计完成 13 010 亿元（见图 8-9）②。东中西部地区电信业务收入份额基本稳定，东部地区占比超过一半，2013 年至今东部地区份额略有下降，而西部地区的份额略有上升（见图 8-10）。

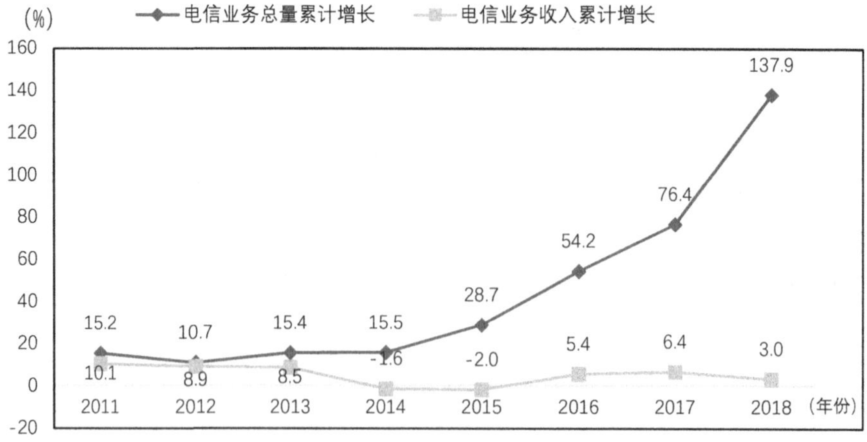

图 8-9　2011—2018 年中国电信业务总量与电信业务收入增长情况（%）

① 《信息产业发展指南》，http://www.cac.gov.cn/2017-01/19/c-1120346635.htm。

② 2010—2015 年电信业务总量按照 2010 年不变单价计算；2016—2018 年按照 2015 年不变单价计算。

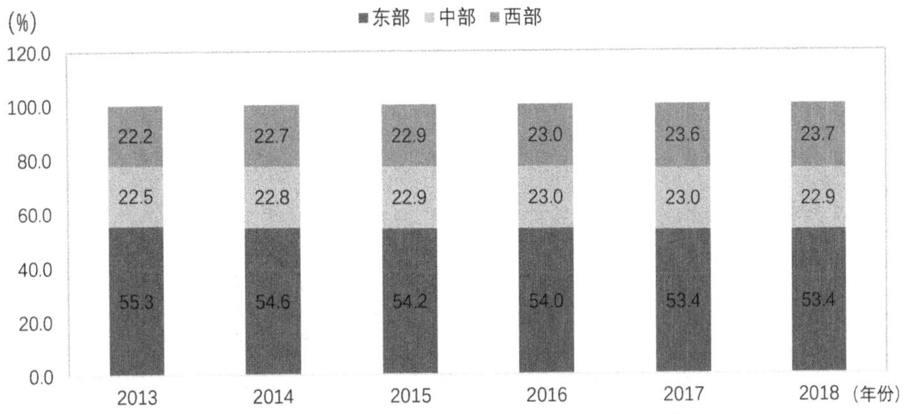

图 8-10 2013—2018 年东、中、西部地区电信业务收入比重(%)

我国软件服务业总体保持较快平稳发展，产业规模迅速扩大，行业盈利能力稳步提升，创新发展、融合发展态势更加明显。2011—2018 年软件业务收入从 18 849.0 亿元增长至 63 060.9 亿元，年均增速为 23.01%(见图 8-11)。2018 年全国软件和信息技术服务业规模以上①企业 3.78 万家，软件与信息技术服务业从业人数 643 万人②。软件创新能力大幅提升，2011—2018 年软件著作权登记量从 10.9 万件增加到 110.5 万件③，年均增长 39.49%(见图 8-12)。从 2017—2018 年软件服务业收入的区域分布来看，东部地区占据绝对优势，东北地区发展缓慢，中部地区和西部地区发展势头强劲(见图 8-13)。

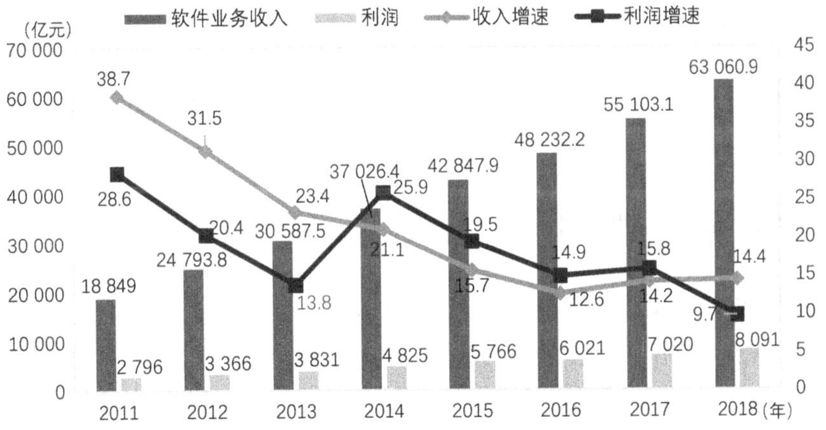

图 8-11 2011—2018 年中国软件业务收入发展情况

虽然我国信息产业发展取得显著成绩，但产业基础、创新能力仍然薄弱，关键技术如芯片、操作系统、核心零部件等对外依存度过高，信息产业关键领域原始创新、应用创新及协同创新能力不足。与发达国家相比，呈现“应用强、技术弱、市场厚、利润薄”的倒三角式产业结构，信息产品供给数量和质量都不高，仍然处于产业链低端。

---

① 规模以上指主营业务年收入 500 万元以上的软件和信息技术服务企业。

② 前瞻产业研究院，前瞻经济学人网，https://www.qianzhan.com/analysit/detail/220/190506-084eaa86.html。

③ 国家版权局:《关于 2018 年全国著作权登记情况的通报》，http://www.ncac.gov.cn/chinacopyright/contents/483/394383.html。

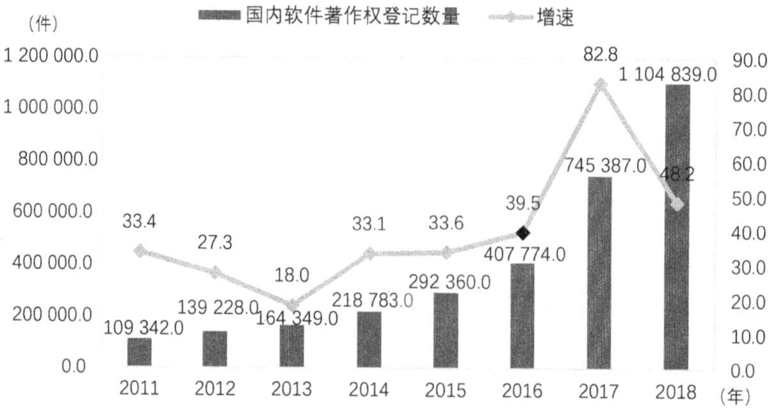

图 8-12　2011—2018 年中国软件创新发展情况

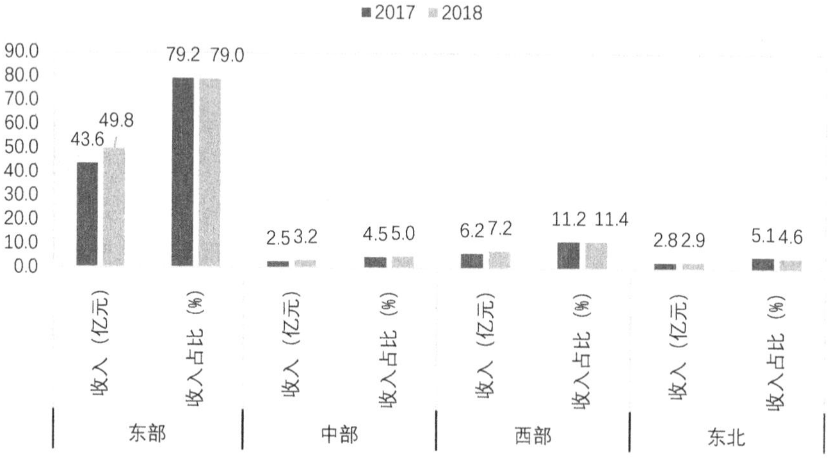

图 8-13　2017—2018 年软件服务业收入分区域发展情况

8.3.2　中国电子商务发展现状

近年来我国电子商务发展迅猛，在促进消费、带动出口、拉动就业及促进传统行业转型升级等方面发挥了突出作用，已经成为我国数字经济的重要组成部分和先导性产业。

中国电子商务自 1998 年开始起步，2003 年之后呈现出快速发展态势，2018 年全国电子商务交易额为 31.63 万亿元。但近年来增速逐渐回落，原因是，一方面，网民数量增长趋缓，网络零售增速下降；另一方面，受宏观形势影响，占 B2B 交易较大份额的钢铁、能源等原材料电商交易增长缓慢。分地区来看，经济相对发达的东部地区得益于产业集聚度高、电商配套环境完善等因素，在电商交易额中占据主导地位。2018 年，东部地区电商交易额占比为 65.0%，中部地区为 17.5%，西部地区为 14.1%，东北地区为 3.4%。分交易类型来看，电商交易中以 B2B 模式为主，2018 年中国电子商务交易模式结构中 B2B 占比为 63.5%，B2C 和 C2C 模式合计占比为 36.5%。中国连续七年成为全球最大的网络零售市场。

跨境电商保持快速发展。2010—2018 年中国跨境电子商务交易额（含跨境 B2B 和跨境网络零售）从 11 945 亿元增加至 88 600 亿元（见图 8-14），年均增速达到 30.28%，2018 年跨境电子商务交易额在我国进出口总额中的比重已达到 29%[①]。跨境电商成为促消费、稳外贸的重要力量。

农村电商发展潜力不断释放。伴随政府开展的电子商务进农村综合示范县工作推进及市场资源的持续投入，我国农村电子商务服务网络加速普及，物流等电商基础设施进一步完善，农村网络零售额再创新高。2014—2018 年全国农村网络零售额从 1 800 亿元增加到 13 679.4 亿元，2015—2018 年的年均增速达到 79.75%（见图 8-15），2018 年全国农村网络零售额占全国网络零售额的 15.2%。

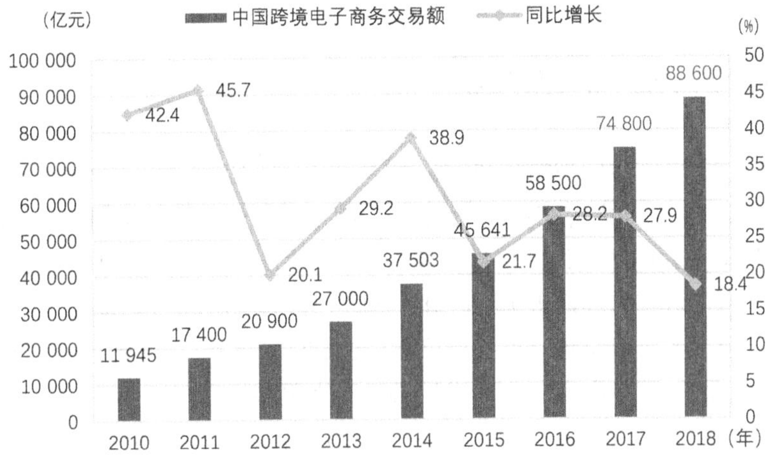

图 8-14　2010—2018 年中国跨境电子商务交易额

图 8-15　2014—2018 年全国农村网络零售额及增长情况

社交电商、直播电商成为网络消费增长的新动能。作为网络消费模式创新——社交电商和直播电商有效满足了消费者的多元需求，成了网络消费重要支撑。一是社交电商增长势头迅猛，已发展成为网络消费的新生力量。数据估算显示，2019 年社交电商交易额同比增长超过 60%，远高于全国网络零售整体增速。社交电商借助社交媒体或互动网络媒体，通过分享、内容制作分销等方式，实现了对传统电商模式的迭代创新。二是直播电商不断拓展

① 按国家统计局公布的数据，我国 2018 年全年货物进出口总额为 305 050 亿元。

网络消费空间。截至2020年3月,电商直播用户规模达2.65亿人,占网购用户的37.2%,占直播用户的47.3%。直播电商通过"内容种草"、实时互动的方式激活用户感性消费,提升购买转化率和用户体验。

2019年1月1日《中华人民共和国电子商务法》正式实施,标志着中国电子商务发展进入规范发展新阶段。在当前数字经济浪潮奔涌而来、新一代信息技术加速成熟的时代背景下,我国电子商务作为具备国际领先优势的先导性产业,规范化、国际化、融合化、多元化发展将成为主题,将成为我国践行"以人民为中心"发展思想、实现普惠化发展的重要力量,助力建设强大国内市场,推动新一轮全球化深入发展。

8.3.3 中国数字内容产业发展现状

伴随网络强国、数字中国战略加快实施推进,我国数字经济发展正不断迎来新的发展高峰,成果显著。其中,数字内容产业作为数字经济的重要组成部分,近年来保持高速增长势头,尤其受到我国互联网基础设施建设不断完善、通信资费水平下降、城乡居民收入水平提高等因素推动,网民数字内容需求更加旺盛,产业发展环境更加优越,动力更加充足。当前,随着智慧城市、数字乡村建设陆续被提上议程,大数据、云计算、人工智能、AR/VR等前沿技术应用愈发广泛深入,数字内容产业[①]发展必将迎来更多机遇。

在数字出版领域,随着传统产业的数字化转型走向深入,数字阅读在我国网民群体中愈发受到欢迎,数字出版领域近年来也实现了快速发展。在不断提高数字出版质量的同时,也为网民提供了更加丰富的数字阅读选择。《第十六次全国国民阅读调查结果》显示[②],2018年我国成年国民的数字阅读使用率为76.2%,数字阅读产业规模为254.5亿元,数字阅读用户人均阅读量达到12.4本,人均数字阅读数量增长较快。

在数字视听领域,我国媒体发展升级继续提速,媒体融合也不断向纵深推进,以互联网尤其是移动互联网为支撑的新媒体平台成为数字内容尤其是数字视听内容最重要的集散地,且得益于技术赋能,网民群体成为数字视听内容的巨大贡献力量,推动着数字视听产业的快速发展。中国互联网络信息中心所发布报告显示,截至2020年3月,我国网络视频(含短视频)用户数量达到8.50亿人,网络音乐用户规模为6.35亿人,使用率分别为94.1%和70.3%;与此同时,短视频领域表现突出,已成为仅次于即时通信的第二大互联网应用类型。短视频平台在努力扩展海外市场的同时,与其他行业的融合趋势愈发显著,尤其在带动贫困地区经济发展上作用明显。

在数字学习领域,我国在线教育需求依旧保持旺盛状态。同时得益于技术驱动,在线教育的用户体验不断优化,在线教育行业呈现显著增长活力。一方面,伴随我国居民收入水平不断提高,以及各类人群对知识的需求不断增强,尤其是在各细分知识或技能领域,人们愿

① 参照高诚在《数字内容产业内涵界定》一文中对数字内容产业的类别划分与范围界定,将数字内容产业分为数字出版、数字视听、数字学习和数字娱乐四大类。数字出版包括数字报纸、数字期刊、电子图书、数字地图、电子数据库、数字图书馆等;数字视听包括数字广播、数字电视、数字电影、数字音乐等;数字学习包括网络教育、学习内容制作工具软件、建置服务、课程服务等;数字娱乐包括网络游戏、数字动漫等。

② 中国新闻出版研究院:《第十六次全国国民阅读调查结果》,2019年4月。

意投入更多时间、精力进行学习，在线教育碎片化、轻量化、可选择性等特点使其被认可度和被接受度不断提高，成为人们进行知识学习时的重要选项，有效促进了在线教育消费升级。另一方面，随着人工智能、ABVR 等技术更加深入地被运用到在线教育领域，丰富和满足了用户的多样化、差异化的学习体验，同时也弥补了线下教育的弱势与不足，在知识学习过程中赋予用户更多的自主性。中国互联网络信息中心发布数据，截至 2020 年 3 月，我国在线教育的用户规模已经达到 4.23 亿人，较 2018 年年底增长 110.2%，占网民整体的 46.8%。2020 年初，全国大中小学校推迟开学，2.65 亿在校生普遍转向线上课程。数据显示，疫情期间多个在线教育应用的日活跃用户数达到千万人以上。

在数字娱乐领域，随着数字娱乐的渗透力和影响力不断增强，其愈发成为数字内容产业的重要组成部分，并持续贡献较大比重。在丰富人们娱乐生活的同时，有效促进和激发了消费活力，推动数字娱乐产业健康快速发展。在数字游戏领域，中国互联网络信息中心发布数据，截至 2020 年 3 月，我国网络游戏用户规模达到 5.32 亿人，即有 58.9% 的网民都是网络游戏的使用者，用户基数庞大，且保持较快增长。在数字动漫领域，作为数字内容产业的重要垂直细分领域，其整体呈增长趋势，但同样面临挑战。一方面，数字动漫用户数量规模庞大，为动漫内容生产带来强大的需求动力；另一方面，数字动漫领域出现一定程度的分化现象，寻求有效的变现模式、提升变现能力是动漫企业或平台当前面临和迫切需要解决的关键问题。

8.3.4　农业数字化相对滞后

2018 年，我国农业数字经济比重平均值仅为 7.3%，较上年提升 0.72 个百分点，农业生产数字化水平仍较低，大大低于全行业数字化平均水平，农业数字化发展潜力仍然很大。数字经济比重由高到低依次为林、渔、农、畜，比重最高的林产品行业数字经济比重仍不足 13%，远低于服务业和工业平均水平，比重最低的畜牧产品数字经济比重不足 5%，低于绝大多数服务业和工业行业，农业数字化转型仍相对滞后，存在较大提升空间（见图 8-16）。

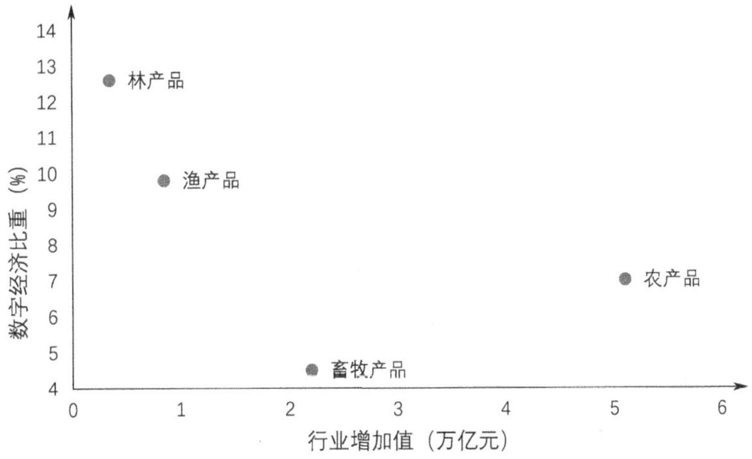

图 8-16　2018 年农业各细分行业数字经济比重

资料来源：中国信息通信研究院

8.4 中国数字经济的发展方向

8.4.1 中国数字经济发展中存在的问题

1. 数字鸿沟

数字鸿沟(信息鸿沟)指由于信息和通信技术的全球发展和应用,造成或拉大的国与国之间以及国家内部群体之间的差距。数字鸿沟现象存在于国与国、地区与地区、产业与产业、社会阶层与社会阶层之间,已经渗透到人们的经济、政治和社会生活当中,成为在信息时代突现出来的社会问题。我国的数字鸿沟主要表现在以下几个方面。

(1)城乡网民分布不均衡

网民指过去半年内使用过互联网的6周岁及以上中国居民。农村网民是指过去半年主要居住在我国农村地区的网民。城镇网民指过去半年主要居住在我国城镇地区的网民。2010年,我国城镇网民约有3.33亿人,农村网民1.25亿人,占整体网民数的37.5%。近年来,城乡网民规模均在稳定增长,城镇的增速快于农村。截至2019年6月,我国农村网民规模为2.25亿人,占网民整体的26.3%,较2018年底增长305万人;城镇网民规模为6.30亿人,占网民整体的73.7%,较2018年底增长2 293万人。(见图8-17)。虽然近些年来城乡网民数都在不断攀升,但是城镇网民的增长速度快于农村,因此城乡网民规模之间的差距也越来越大,且这一差距在2015年至2017年的增长显著加快,这两年的增长率达10.7%、7.3%。虽然我国城镇化加快推进、城镇人口逐新增加,不可避免地影响到该指标,但近两年的增速加快仍值得我们注意。

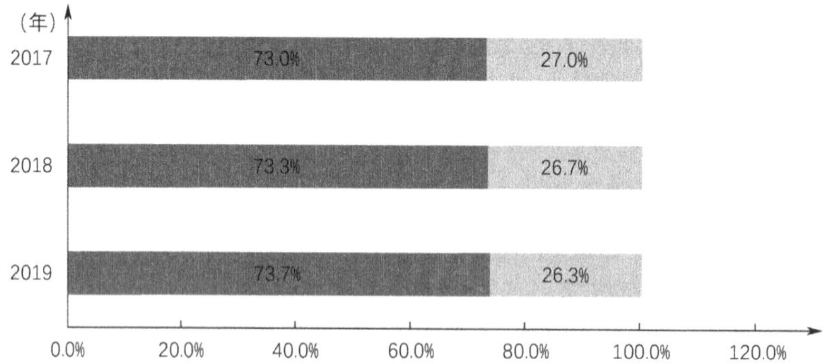

图8-17 城乡网民数量对比

数据来源:中国互联网络发展状况统计调查

(2)城乡互联网普及率存在差异

农村互联网普及率指农村网民数占农村人口总数的百分比。城镇互联网普及率指城镇网民数占城镇人口总数的百分比。2013年,我国城镇互联网普及率为60.3%,农村为28.1%。6年间,城乡的互联网普及率逐年上升,截至2020年4月,我国城镇互联网普及率为 76.5%，农村地区互联网普及率达到 46.2%。依数据起始点和终点来看，2020 年的农村互联网普及率仍不及 2013 年的城镇互联网普及率，但二者的差距正在缩小（见图 8-18）。

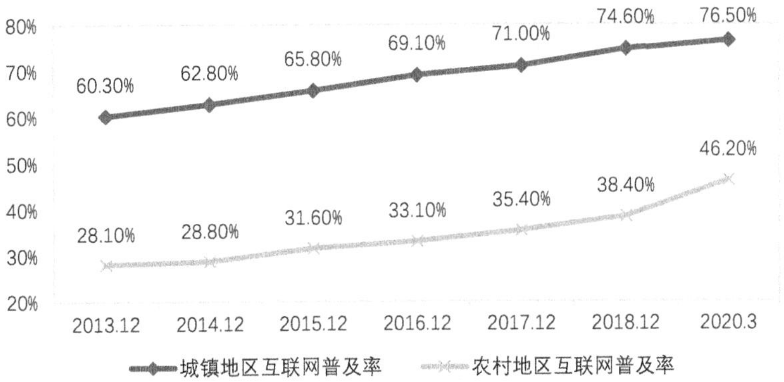

图 8-18　城乡地区互联网普及率

数据来源：中国互联网络发展状况统计调查

（3）网民地区分布不均衡

至 2016 年 12 月，中国内地 31 个省、自治区、直辖市中网民数量超过千万规模的为 267 个，与 2015 年持平。其中，网民规模增速排名靠前的省份为江西省和安徽省，增速率分列为 15.7% 和 13.6%。但是由于各地区经济发展水平、互联网基础设施建设方面存在差异，数字鸿沟现象依然存在。我国各地区互联网发展水平与经济发展速度关联度较高，普及率排名靠前的省份主要集中在华东地区，而普及率排名靠后的省份主要集中在西南地区（见表 8-5）。根据表 8-5 数据显示，截止到 2016 年 12 月，全国有 19 个省、自治区、直辖市互联网普及率未达到全国水平，其中互联网普及率最高的北京市（77.80%）比互联网普及率最低的云南省（39.90%）高出 37.9 个百分点，二者相差近 1 倍。

表 8-5　2016 年底分省区网民规模及互联网普及率比较

省份	网民规模（万人）	互联网普及率（%）	普及率排名
北京	1 690	77.80%	1
上海	1 791	74.10%	2
广东	8 024	74.00%	3
福建	2 678	69.70%	4
浙江	3 632	65.60%	5
天津	999	64.60%	6
辽宁	2 741	62.60%	7
江苏	4 531	56.60%	8
山西	2 035	55.50%	9
新疆	1 926	54.90%	10
青海	320	54.50%	11
河北	3 956	53.30%	12

续表

省份	网民规模(万人)	互联网普及率(%)	普及率排名
山东	5 207	52.90%	13
山西	1 989	52.40%	14
内蒙古	1 311	52.20%	15
海南	470	51.60%	16
重庆	1 556	51.60%	17
湖北	3 009	51.40%	18
吉林	1 402	50.90%	19
宁夏	339	50.70%	20
黑龙江	1 835	48.10%	21
西藏	149	46.10%	22
广西	2 213	46.10%	23
江西	2 035	44.60%	24
湖南	3 013	44.40%	25
安徽	2 712	44.30%	26
四川	3 575	43.60%	27
河南	4 110	43.40%	28
贵州	1 524	43.20%	29
甘肃	1 101	42.40%	30
云南	1 892	39.90%	31
全国	73 125	53.20%	—

(4)不同群体数字鸿沟显著

低学历群体依然是数字时代的“弱势群体”。国外数字鸿沟研究显示,数字鸿沟的存在不仅取决于网络设施普及程度,更取决于人们运用数字技术的知识与能力。这种现象在我国当前的数字鸿沟中表现十分明显。2010 年我国小学及以下学历和初中学历人口上网率分别为 10.7% 和 28.8%,而高中学历和大专及以上学历人口的上网率高达 86.7% 和 88.5%。不同学历群体间存在巨大的数字鸿沟,这主要是因为低学历群体缺乏必要的网络知识技能和更强的学习能力。第 45 次《中国互联网络发展状况统计报告》数据显示,使用技能缺乏、文化程度限制和年龄因素是非网民不上网的主要原因。数据显示,因为不懂电脑 / 网络技能而不上网的非网民占比为 51 .6%;因为不懂拼音等文化程度限制而不上网的非网民占比为 19.5%;因为年龄太大、太小而不上网的非网民占比为 14.0%;因为没有电脑等上网设备而不上网的非网民占比为 13.4%;因为不需要、不感兴趣、缺乏上网时间等原因不上网的非网民占比均低于 10%。

2. 网络安全

随着移动互联网各种新生业务的快速发展,网民网络安全环境日趋复杂。为此,政府需要加强法律制度建设，提高网民网络安全意识，维护社会公共利益，保护公民、法人和其他组织的合法权益，促进经济社会信息化健康发展。

虽然近些年来我国政府、公安机关对于互联网安全问题的犯罪问题网络越治越密，治理手段也趋于完善，但是还有很多不法者进行互联网犯罪。因此网络安全事件依然对大部分网民构成影响。根据第 45 次《中国互联网络发展状况统计报告》数据显示（见图 8-19），截至 2020 年 3 月，43.6% 的网民过去半年在上网过程中遭遇过网络安全问题，虽然有所下降，但仍是一个比较高的比例。其中 23.3% 的网民遭遇过个人信息泄露，21.2% 遭遇过网络诈骗，12.0% 遭遇过设备中病毒，还有 12.5% 遭遇过账号或密码被盗。

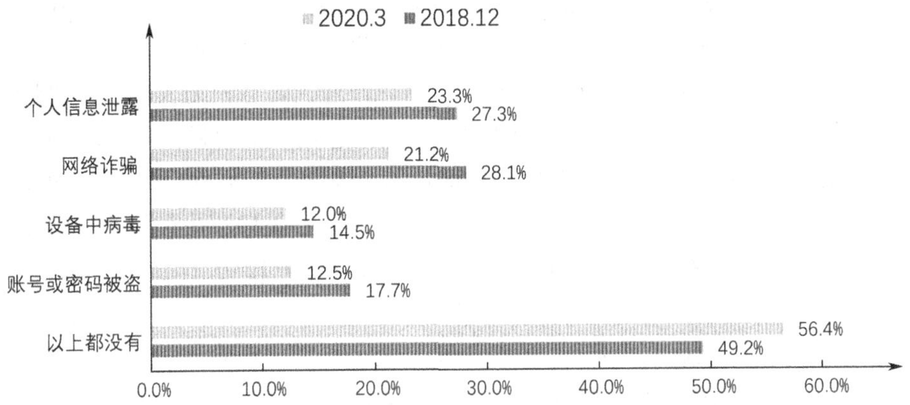

图 8-19　2018—2020 年我国网民遭遇各类网络安全问题的比例

8.4.2　中国数字经济发展的趋势

未来几年，数字经济总量仍将保持较快的发展，在全球数字经济中的比重会进一步提升，数字经济在推动中国经济社会发展、构建全球竞争新优势方面发挥的作用将更加凸显。全球主要国家表现出数字经济增速高于同期本国 GDP 增速的共同特征，如 2016 年美国数字经济增速高达 6.8%，同期 GDP 增速 1.6%；日本数字经济增速 5.5%，高于同期 GDP 增速 0.9%；英国数字经济增速 5.4%，高于同期 2% 的 GDP 增速。中国信息基础设施体系将更加完善，数字经济将全方位影响经济社会发展，数字经济市场将逐渐从新兴走向成熟，创新和精细化运营成为新方向。

1. 信息基础设施体系更加完善

《国家信息化发展战略纲要》提出，到 2020 年，固定宽带家庭普及率要达到中等发达国家水平，3G、4G 网络覆盖城乡，5G 技术研发与标准取得突破性进展。互联网国际出口带宽达到每秒 20 太比特（Tbps），支撑"一带一路"建设实施，与周边国家实现网络互联、信息互通，建成中国—东盟信息港，初步建成网上丝绸之路，信息通信技术、产品和互联网服务的国际竞争力明显增强，移动互联网连接规模超过 100 亿个，占全球总连接的比例超过 20%，"万物互联"的时代开始到来。到 2025 年，新一代信息通信技术得到及时应用，固定宽带家庭普及率接近国际先进水平，建成国际领先的移动通信网络，实现宽带网络无缝覆盖，互联网国际出口带宽达到每秒 48 太比特（Tbps），建成四大国际信息通道，连接太平洋、中东欧、西非北非、东南亚、中亚、印巴缅俄等国家和地区。到 21 世纪中叶，泛在先进的信息基础设施为数字经济发展奠定坚实的基础，陆地、海洋、天空、太空立体覆盖的国家信息基础设施体系基本完善，人们通过网络了解世界、掌握信息、摆脱贫困、改善生活、享有幸福。

2. 传统产业的数字化转型成为重点

以信息技术为代表的技术群体性突破是构建现代技术产业体系、引领经济数字化转型的动力源泉，先进的信息生产力将推动我国经济向形态更高级、分工更优化、结构更合理的数字经济阶段演进。按照国家信息化发展战略要求，到 2020 年，核心关键技术部分领域将达到国际先进水平，重点行业数字化、网络化、智能化取得明显进展，网络化协同创新体系全面形成，以新产品、新产业、新业态为代表的数字经济供给体系基本形成；信息消费总额将达到 6 万亿元，电子商务交易规模达到 38 万亿元，信息产业国际竞争力大幅提升，制造业大国地位进一步巩固，制造业信息化水平大幅提升，农业信息化水平明显提升，部分地区率先基本实现现代化。到 2025 年，根本改变核心关键技术受制于人的局面，形成安全可控的信息技术产业体系，涌现一批具有强大国际竞争力的数字经济企业与产业集群，数字经济进一步发展壮大，数字经济与传统产业深度融合；信息消费总额达到 12 万亿元，电子商务交易规模达到 67 万亿元；制造业整体素质大幅提升，创新能力显著增强，工业化与信息化融合迈上新台阶；信息化改造传统农业取得重大突破，大部分地区基本实现农业现代化。预计到 2025 年中国互联网将促进劳动生产率提升 7%~22%，对 GDP 增长的贡献率将达到 3.2%~11.4%，平均为 7.3%。到 21 世纪中叶，国家信息优势越来越突出，数字红利得到充分释放，经济发展方式顺利完成数字化转型，先进的信息生产力基本形成，数字经济成为主要的经济形态。

3. 分享经济成为数字经济的亮点

经历了萌芽、起步与快速成长，分享经济即将进入全面创新发展的新时期，成为数字经济最大的亮点。国家信息中心发布的《中国共享经济发展年度报告（2019）》显示，2018 年共享经济市场交易额为 29 420 亿元，比上年增长 41.6%；平台员工数为 598 万，比上年增长 7.5%；共享经济参与者人数约 7.6 亿人，其中提供服务者人数约 7 500 万人，同比增长 7.1%。共享经济推动服务业结构优化、快速增长和消费方式转型的新动能作用日益凸显。2016-2018 年，出行、住宿、餐饮等领域的共享经济新业态对行业增长的拉动作用分别为每年 1.6、2.1 和 1.6 个百分点。随后三年，我国共享经济仍将保持年均 30% 以上的增长速度，在稳就业和促消费方面的潜力将得到进一步释放。

一是更多人的参与。随着互联网应用的普及，会有更多的中老年人群、农村居民参与到分享经济中来；二是更广泛地分享。从无形产品到有形产品、从消费产品到生产要素、从个人资源到企业资源，物物皆可纳入分享经济的范畴；三是更深入的渗透。分享经济将深入渗透到各个行业领域，分享经济不仅活跃在交通、住房、教育、医疗、家政、金融等与人们生活息息相关的服务业领域，还将迅速渗透到基础设施、能源、农业、制造业等生产性领域。四是更活跃的创新。未来，中国分享经济将进入本土化创新的集中爆发期，分享经济企业将加速从模仿到原创、从跟随到引领、从本土到全球的质的飞跃。

4. 人工智能领域成为新增长点

过去一个阶段内，互联网行业无疑是中国数字经济的核心产业和典型代表。随着中国数字经济深度融合的加速开展，虚拟经济与实体经济、互联网与制造业将进一步融合。根据中国信通院的统计，我国制造业数字经济的发展稳步推进，制造业数字化水平由 2015 年的 14.2% 增长到 2017 年的 17.2%，数字化生产设备联网率近 40%，生产设备数字化率和关键工序数控化率分别达到 44% 和 46%。实现网络化协同的制造业企业超过 30%，开展服务型制造的企业超过 20%。此外，前期大数据和云计算行业的发展为当前人工智能领域的繁荣提供了良好基础，使人工智能成为中国数字经济的新增长点。同时，人工智能也是全球信息通信领域的最大热点。国务院出台《新一代人工智能发展规划》后，各省区市积极响应，并相继出台了地方层面的人工智能发展规划，为中国数字经济走向以人工智能为重点的发展路径提供了政策基础。目前，国内人工智能行业总体上仍处于爆发增长阶段，风险投资热情持续高涨，初创企业和产品数量快速增长，算法和算力突破为技术创新奠定了良好基础。国内人工智能企业优势领域明显，在计算机视觉、语音和自然语言处理方面，国内领军企业处于全球并跑和领跑地位。但与国外相比，国内企业关注焦点仍在人工智能的应用环节，对领域内基础技术的研究和开发不足，特别是在智能芯片设计和制造方面，亟待进一步加大研发投入力度，尽快掌握核心技术并获得自主知识产权。可以预见，在全球宏观环境的影响下，未来中国人工智能技术的应用端市场将迎来一次规模较大的"洗牌"，仅靠"概念"支撑的企业将不可避免地被快速淘汰，基础算法和智能芯片设计方面的突破将使人工智能产业进一步发力，加快人工智能与垂直行业的深度融合。

5. 数字经济核心技术攻关将加速

自美对华经贸战略发生根本性变化以来，特别是"中兴事件"之后，国内数字经济相关高端制造业大而不强的局面引起了政府、企业和社会各层面的重视和反思，针对核心技术攻关的投入、扶持政策可能会进入密集落地期，促使国内龙头企业加大技术研发投入力度，尽快取得自主知识产权，摆脱受制于人的境地。2018 年 4 月，中共中央政治局召开会议分析当前经济形势时提出，我国要加强关键核心技术攻关，积极支持新产业、新模式、新业态发展，并将"加强关键核心技术攻关"列入供给侧结构性改革的重点任务。随着"中国制造 2025"战略计划的深入实施，依托"互联网 +"行动计划、人工智能发展规划，未来一个阶段内，提高自主创新和基础技术研发能力将成为中国数字经济发展的重点。在上年的报告中我们就指出，自主创新是中国数字经济发展的生命线，以往"以市场换技术"的方式难以实现对核心技术的全面掌握，中国半导体企业海外并购也屡遭国外政府阻挠，使自主研发成为获得关键核心技术的唯一可行路径。企业作为创新主体，在中国数字经济核心技术创新活动中应居于主导地位，但就目前情况而言，企业研发支出多用于应用技术研发，企业基础研究投入依旧是短板，与发达国家领先企业相比，仍有较大差距。中美贸易摩擦的持续，使中国数字经济发展所面临宏观环境的不确定性大幅上升，对数字经济基础层的影响尤为广泛，中国数字经济已经告别黄金发展期，迎来挑战与机遇并存的多极竞争阶段。

8.4.3 中国数字经济发展的战略方向

1. 做好宏观层面的战略规划

1)推进国家信息化战略

信息化是数字经济发展的基础。信息化解决信息的到达(网络)和计算能力的廉价(云计算)及到达和计算能力的可靠性、安全性保障。具体表现为信息化对企业具有极大的战略意义和价值,能使企业在竞争中胜出,同时企业信息化的积极性最高,因此在信息化中企业占据主导地位。如近几年出现的云计算、人工智能、虚拟现实等信息化建设,均以企业为主体。数字经济的特点之一就是信息成为普遍的商品,其中主要的任务就是要跨越从信息资源获取到信息资源应用的鸿沟。

我国尚处于信息社会的初级阶段,年人均信息消费(包括信息技术消费和通信技术消费)只有 300 美元左右,不到美国的 1/10。《国家信息化发展战略纲要》要求 2020 年信息消费总额达到 6 万亿元,人均信息消费约 700 美元。这仅相当于巴西 2014 年的信息消费水平,发展数字经济惠及大众还有很长的路要走。因此,在未来一段时间内,我国要加快数字经济发展,培育经济新增长点,必须加快推进国家信息化战略(见表 8-6 和图 8-20)。

表 8-6 加快推进国家信息化战略的时间表

三步走	具体目标及指标
到 2020 年	固定宽带家庭普及率达到中等发达国家水平,第三代移动通信(3G)、第四代移动通信(4G)网络覆盖城乡,第五代移动通信(5G)技术研发和标准取得突破性进展。信息消费总额达到 6 万亿元,电子商务交易规模达到 38 万亿元。互联网国际出口带宽达到 20 太比特 / 秒(Tbps)
到 2025 年	固定宽带家庭普及率接近国际先进水平,建成国际领先的移动通信网络,实现宽带网络无线覆盖。信息消费总额达到 12 万亿元,电子商务交易规模达到 67 万亿元。互联网国际出口带宽达到 48 太比特 / 秒(Tbps)
到本世纪中叶	信息化全面支撑富强民主文明和谐的社会主义现代化国家建设,网络强国地位日益巩固,在引领全球信息化发展方面有更大作为

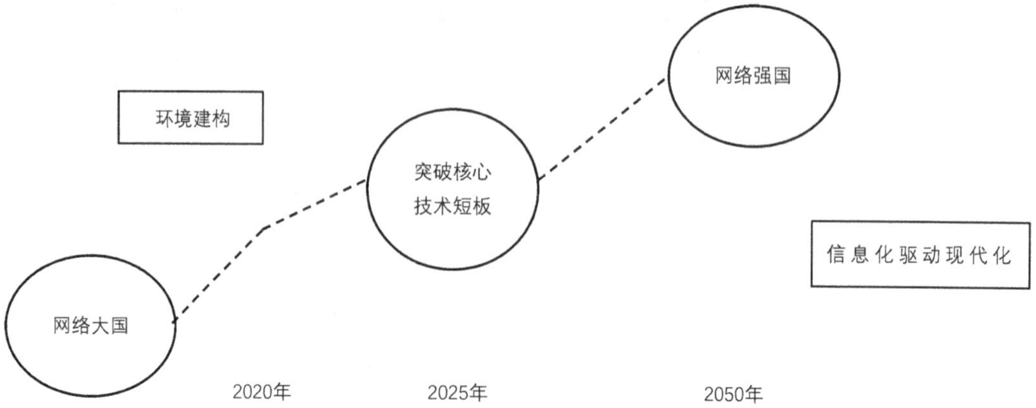

图 8-20 国家信息化战略路线图

2016 年 11 月，中央网信办、国家发改委共同批复同意浙江省设立国家信息经济示范区。浙江省国家信息经济示范区建设将着力加强深化供给侧结构性改革，落实 G20 杭州峰会数字经济发展与合作倡议成果，着力探索适合信息经济创新发展的新体制、新机制和新模式，以信息化培育新动能，用新动能推动新发展。要着力打造各具特色的试点城市；以世界互联网大会永久会址为载体，创建乌镇互联网创新发展试验区，努力推动浙江在“互联网+”、大数据产业发展、新型智慧城市、跨境电子商务、分享经济、基础设施智能化转型、信息化与工业化深度融合、促进新型企业家成长等方面走在全国前列，创造可复制、可推广的经验。

2）推进国家大数据战略

国务院于 2015 年发布了《促进大数据发展行动纲要》（以下简称《纲要》）。《纲要》提出用 5~10 年时间，实现打造精准治理、多方协作的社会治理新模式，建立运行平稳、安全高效的经济运行新机制，构建以人为本、惠及全民的民生服务新体系，开启大众创业、万众创新的创新驱动新格局，培育高端智能、新兴繁荣的产业发展新生态等五大发展目标。《纲要》提出重点完成加快政府数据开放共享，推动资源整合，提升治理能力；推动产业创新发展，培育新兴业态，助力经济转型；强化安全保障，提高管理水平，促进健康发展三个方面的任务要求。《纲要》就上述目标任务提出加快建设政府数据资源共享开放工程、国家大数据资源统筹发展工程、公共服务大数据工程、工业和新兴产业大数据工程、现代农业大数据工程、万众创新大数据工程、大数据关键技术及产品研发与产业化工程、大数据产业支撑能力提升工程和网络大数据安全保障工程等十大系统工程。

2. 加快数字基础设施建设

当前我国互联网经济基础设施发展已进入新阶段，信息通信技术快速革新，网络范畴不断扩展，涉及的建设企业和管理部门不断增加，经济社会各领域的数字化转型对互联网经济基础设施发展也提出全新的要求。为适应新形势下发展需求，亟须研究制定顶层发展战略，对互联网经济基础设施发展进行整体统筹规划和顶层设计，明确发展目标和方向，协调各种网络和各方力量，确保未来五到十年我国互联网经济基础设施建设跟上互联网经济发展步伐。

1）加快立法强化基础设施保护

加快推进《电信法》立法进程，在立法中进一步强调互联网经济基础设施是国家经济社会发展的战略性公共基础设施的定位，强化其公共服务属性。同时，增加配套建设政策和相关保护措施等，强化信息基础设施的保护。如在城乡改造建设中涉及通信设施拆除和改迁的，应按照有关标准予以补偿；依法惩处危害基础设施安全的违法行为，严厉打击盗窃、破坏信息基础设施的犯罪活动，严肃查处野蛮施工破坏信息基础设施的行为，组织相关部门开展通信基础设施保护宣传，确保宽带网络安全建设运营等。

2）降低互联网经济基础设施建设运营成本

多渠道增加互联网经济基础设施建设资金投入。研究改革互联网经济基础设施建设投资体制，在保证安全的底线下，允许更多主体参与互联网经济基础设施投资建设。成立互联网经济基础设施发展投资基金，支持互联网经济基础设施的基础技术、重点产品、服务和应用的发展。引导社会资金设立一批相关投资基金，加大对互联网经济基础设施的投入。加强政策协调，不断降低互联网经济基础设施建设成本。强化互联网经济基础设施作为公共基础设施的理念，推进城市互联网经济基础设施规划及控制性详规的落地执行。制定政策明确公共资源的开放、租金和赔偿补偿款标准，解决选址难、进场难、多方协调难、公共资源不开放、收费高等问题。统一互联网经济基础设施用电标准，保障云计算数据中心、移动基站等用电需求。减免公路、铁路、机场、码头、轨道交通等财政投资的工程项目和市政设施中收取的管孔租赁费、隧道和涵洞管线穿越费、管理费、资源占用费等费用。

3）积极营造鼓励国际设施建设的政策环境

国际通信设施是我国参与国际合作的重要保障，应从国家层面重视国际海缆建设，加强顶层规划和政策设计。一是优化投入机制。国际海缆布局除了要考虑项目盈利情况，还应从网络强国建设目标考虑，对具有战略意义的海缆项目，应积极给予融资、考核、审批等配套支持政策。二是鼓励海缆产业上下游合作。完善海缆路由勘测和施工的产业链薄弱环节，提升海缆产业国际竞争力。基础电信企业建设网络服务提供（POP）点、互联网企业建设云计算数据中心和内容分发网络（Content Delivery Network，CDN）节点以及互联网企业业务推广等，可参考我国国际海缆等设施布局，协同部署。三是优化行业监管政策。建议参考美国、日本、新加坡等发达国家做法，建立外资企业安全审查机制，在确保安全的前提下，适当扩大我国对外资开放电信业务范围，吸引国际互联网流量向我国汇聚，增加外国运营企业或互联网服务提供商（Internet Service Provider，ISP）在我国落地或转接的业务量，提升我国在国际网络中的地位。

3. 优化数字经济发展的市场环境

我国企业数字化建设仍然处于基础设施建设阶段，深层次应用与创新有待进一步提高。

根据 2017 年《中国互联网络发展状况统计报告》数据显示，受访企业对云计算、物联网与大数据三类新技术的认知程度分别为 57.9%、53.4% 和 52.1%，有近 40% 的企业对新技术认知不够。企业对云计算、物联网和大数据技术的采用 / 计划采用比例，相比 2015 年明显提高，但是大体比例均在 20% 左右，企业技术创新步伐有待提高，直接影响企业置换型升级发展。服务企业对一站式服务、个性化服务、社会化协作平台等创新服务模式的认知比例分别为 65.9%、51.3% 和 41.7%，基本与 2015 年水平持平（见表 8-7）。

表 8-7 2011—2016 年中国企业互联网基础设施建设情况

年份	2011 年	2012 年	2013 年	2014 年	2015 年	2016 年
计算机使用比例	88.8%	91.3%	93.1%	90.4%	95.2%	99.0%
互联网使用比例	82.1%	78.5%	83.2%	78.7%	89.0%	95.6%
固定宽带接入互联网使用比例	74.7%	71.0%	79.6%	77.4%	86.3%	93.7%

因此，加强企业数字化建设，是企业发展数字经济、抢占新经济“蓝海”当务之急。鼓励企业加大数字化建设投入，积极开展数字经济立法，不断优化市场环境和规范市场竞争，是加快我国企业和市场数字化创新步伐的必然要求。

案例:西南地区大数据产业发展的差异化路径分析

在西南地区发展大数据产业,会面临诸如经济水平、产业结构、人才创新等一系列资源约束。应对这些约束,要破解发展难题,需要当地政府深化改革体制机制,善用资源禀赋,实现差异化发展。

以钦州为例。钦州是一个有特殊资源禀赋的西南地区非省会城市,位于广西壮族自治区。对于钦州而言,制约大数据产业发展的资源瓶颈很多。当前钦州仍处于结构调整的爬坡过坎阶段,第三产业比重连续两年呈下降趋势,未来要完成去库存、去产能,加快对僵尸企业的淘汰速度。经济发展水平和产业结构决定了当前钦州发展大数据产业会面临要素缺失的问题,其中人才和资金的缺乏尤为突出。由于缺乏知名高校,当地企业很难以合意的薪资水平就地招聘从事科学研发、产品设计和企业管理的高质量人才。除人才缺失外,钦州还缺乏国家级科研机构、研发平台、企业孵化器和众创空间,产学研合作机制不够成熟且局限于本地机构之间。一些政府部门对创新驱动的支持力度不够,也从制度上促使当地企业忽视创新追求短期效益。相对于发展大数据产业的需求,钦州金融业发展较为滞后,社会融资规模偏小,特别是直接融资渠道缺乏,中小企业融资困境较为突出,生产性服务业不足,导致面向中小企业、高新技术创新企业的供应链融资市场仍处于较不发达阶段。此外,财政收支矛盾也较为突出,新增税源企业和项目少,严重影响地方财政收入增长。总体而言,钦州大数据产业要实现突破式发展并非易事,必须对现有资源进行充分挖掘和灵活运用,并创建新的资源优势,实现差异化发展。

钦州大数据产业的差异化发展,可以从两方面给西南地区其他城市提供借鉴。

第一,当地政府与大数据龙头企业合作形成新的资源优势。在中国的大多数地区,地方大数据产业发展还处于起步阶段,但大数据业务已经经历了长时间的发展,在招商引资方面出现了具有品牌效应的龙头企业。在推进地方发展大数据产业方面,地方政府可以通过政策制定,吸引大数据龙头企业入住,实现深度政企合作。这种方法不仅在经济基础相对薄弱的西南地区适用,在经济发达的东部地区也可以找到证据,比如杭州的云栖小镇。该小镇是杭州西湖区计划依托阿里巴巴云公司和转塘科技经济园区两大平台打造的一个以云生态为主导的产业小镇和产业生态聚集地,重点是依托大数据计算将简单数据变成生产要素,围绕云计算产业的特点,着力构建共生、共荣、共享的生态体系。

第二,对特殊自然环境禀赋的集中运用。钦州依托港口城市的特殊禀赋、中国—东盟信息港数据节点的战略定位,集中力量发展与智慧港口、对外贸易有关的大数据产业,并取得明显成效。西南地区地理环境复杂多样,这在传统经济发展模式中被视为发展的阻碍,但在大数据产业发展中,自然禀赋的多样性也带来了更多的机遇与可能。例如,贵阳原本处于交通不便的多山环境中,虽然不利于农业和制造业的发展,但全年气候凉爽,冬无严寒,夏无酷暑,工业用电价格优势明显,能够满足大数据中心对电力、冷却能力和信息设备储存的高要求。贵阳独特的自然资源优势,能够与大数据产业结合产生综合优势,使其发展成为独一无二的国家大数据中心。大数据产业的发展壮大,又进一步推动了贵阳原有的劳动密集、资源密集型产业向集约型转化,加速了贵阳产业结构升级的步伐。

通过对西南地区大数据产业发展环境的系统梳理，可以得出，西南地区要实现大数据产业的差异化发展，必须灵活运用资源禀赋，注意以下两条重要路径：一是当地政府与大数据龙头企业合作形成新的资源优势；二是对特殊自然环境禀赋的集中运用。

案例来源：王德庆：《中国西南地区大数据产业差异化发展研究》，载《区域经济评论》，2019(6)，60~65。

思考题：

①钦州市发展大数据产业有哪些典型做法？

②借鉴钦州市的经营，你认为西部经济欠发达地区应如何发展大数据产业？

本章小结

不论是从规模上还是从竞争力上来看，中国的数字经济在全球均位列第二名，有力地助推了传统产业的数字化转型，成为产业转型升级助力经济高质量发展的新引擎。当前，中国数字经济规模持续快速增长，数字经济与实体经济加速渗透融合，并在空间上呈现出明显的集聚效应。

近年来，中国加速构建高速、泛在、安全、智能的新一代信息基础设施。光纤宽带、4G网络达到全球领先水平，下一代互联网加快规模部署和商用，云计算、内容分发网络等应用设施加速升级演进，5G、物联网、工业互联网等新型基础设施稳步推进，为数字经济创新发展提供了有力支撑。

我国产业数字化快速增长，作为数字经济增长主引擎的地位不断凸显。2018年，产业数字化规模达到24.9万亿元，远超数字产业化，对数字经济增长的贡献度高达79.5%。2005年以来，产业数字化年均增速超过25%，远超同期GDP增速。新一代信息技术是创新最活跃的领域之一，其与传统产业深度融合，产业数字化转型正在拓展出无穷无尽的新空间，迸发出源源不断的新动能。

未来中国数字经济的发展趋势是，信息基础设施体系更加完善，传统产业的数字化转型成为重点，分享经济成为数字经济的亮点，人工智能领域成为新的增长点，数字经济核心技术攻关将加速。但是在数字鸿沟和网络安全领域仍旧存在着诸多问题，需要从宏观层面做好战略规划，加速数字基础设施检核，优化数字经济发展的市场环境。

本章课后思考题：

1. 中国数字经济的发展呈现出哪些特点？
2. 中国数字经济快速发展的原因有哪些？存在的短板有哪些？
3. 请你针对中国数字经济的短板提出相应的建议。
4. 中国数字经济的短板和优势是我国所特有的吗？与其他国家有何异同？
5. 结合你们当地的实际情况，你认为应当如何推动当地数字经济的发展？

第 9 章　企业数字化转型

本章学习要点：

- 掌握企业数字化转型的内涵和必要性
- 掌握企业数字化转型的原则和内容
- 理解企业数字化转型的行业差异
- 掌握数字营销的基本理论
- 理解数字化供应链管理的特点
- 理解数字化企业的组织结构变革

数字经济逐渐渗透至商业世界的每个角落，新的商业模式和颠覆式创新不断涌现，产业边界日益模糊，身在其中的微观个体主动或被动地卷入这场浪潮，只有积极地进行数字化变革才能在竞争中赢得一席之地。在数字时代，所有机构都要积极进行数字化转型，其中最主要的组织机构是企业。

企业数字化转型的价值是实实在在的。相关研究表明，那些能够积极提升数字化能力，推动企业变革的企业，其利润要高于同行业 26%。IBM 针对 5 个行业、1 089 名企业家的调查显示，那些善用大数据与分析的企业，在开发客户和市场洞察方面，比一般企业优秀 3 倍；在根据分析结果实现流程和决策自动化方面，它们比一般企业高出两倍之多。

企业数字化转型是大势，越来越多的企业投入数字化转型之中。相关研究表明，有 78% 的企业的首席执行官认为，企业数字化转型对其企业未来 3~5 年的发展是至关重要的；IDC 访问了世界 2 000 强企业的首席执行官，有 2/3 的首席执行官表示数字化转型是他们未来发展战略的核心[①]。这些都已经表明，越来越多的企业在拥抱数字技术升级自己的企业，从而在市场竞争中保持优势，不至于因落后而出局。

基于行业和业务的不同情况，为了避免落后于竞争对手，组织需要重新考虑它们如何在数字化时代发展壮大。高速的产品更迭以及技术更新和人类需求的不断改变，那些跟不上时代步伐的企业将失去业务竞争的能力。因此，企业开发数字战略和开始数字转型宜早不宜迟（Halo，2016）。

9.1　企业数字化转型概述

9.1.1　企业数字化转型的含义

企业的数字化转型是指以数字化技术为基础，以数据为核心，以产品 / 服务转型为流程

① 赵兴峰：《数字蝶变——企业数字化转型之道》，北京，电子工业出版社，2019。

优化重构为手段，从而实现企业绩效与竞争力的根本性提升的一系列变革。数字化转型旨在借助数字世界里强大的可连接、可汇聚和可推演的能力来进行产品、业务和商业模式创新，以更低的成本、更高的效率为客户提供更好的服务和体验。

企业的数字化与20世纪90年代开始的信息化是有区别的。传统的信息化，就是将业务数据化，也就是将手工的过程搬进电子系统，用数据将整个业务过程记录下来。最典型的就是各种订单数据、财务凭证，简单来说，就是“记录做了什么”。而数字化是将数据业务化，通过大量的运营数据分析，对企业的运作逻辑进行数学建模和优化，甚至通过机器学习、系统反复学习数据和行为模式，用以指导企业日常运行。信息化时代的首席信息官（Chief Information Officer，CIO）主要关注降低成本、机房维护、网络建设、硬件管理、流程优化等；而数字化时代的CIO更关注业务创新、收入增长、行为分析、数据挖掘、人工智能、业务价值、多云管理、自动运维、移动互联、安全态势等。可见CIO的使命已经从技术管理者转变为业务领导者。

我们在过去的十多年里大力推进信息化，是因为有太多的领域都存在效率低下的问题。借助信息化的推进，大量的手工信息整理和传递被应用程序和网络轻松搞定。产供销各个环节的信息流转更加高速，也使商业决策有了充足的信息来源。订单处理和库存周转加快，但生产方式还没有发生重大变化。可以说，信息化是以提升既有体系的效率为核心的，但它并没有根本性地改变产品的形态。以汽车为例，通过ERP、MES、WMS、PLM等体统的建设，极大地提升了汽车的生产效率，但汽车作为一个产品，对客户而言并没有发生颠覆性的变化。而近几年云计算、大数据、人工智能、物联网等新兴技术的不断发展和数字经济时代各种商业模式的创新，让企业管理者看到了业务创新与技术相融合的巨大能量。汽车企业数字化战略的引入，将是贯穿整个企业运营以及产品生产全过程的数字化进程，人工智能所打造的自动驾驶将颠覆130多年以来的汽车驾驶方式。智能制造的构建将实现人与机器人无隔离的协作，虚拟现实和3D打印等技术也将颠覆产品设计以及人员培训的方式，等等。

案例：智能驾驶引领传统汽车企业数字化转型

2018年4月，工信部、公安部、交通运输部联合出台了《智能网联汽车道路测试管理规范（试行）》政策，政策指出，各省、市级政府相关主管部门可以依据当地实际情况，依据该规范实施细则，具体组织展开智能网联汽车道路测试工作。

在此之前，国内仅有北京、上海、广州、深圳等少数一线（准一线）城市启动智能网联/自动驾驶汽车示范区，并在示范区内进行小规模路测。

两年时间过去，近30个智能网联汽车示范区开始在全国各个城市落地，排除一线城市与新一线城市，诸如沧州、保定、无锡、襄阳等大众认知中的小城（本文特指一线与准一线之外的城市）也开始跟上自动驾驶的潮流（见表9-1）。

表 9-1 截至 2020 年 1 月国内 13 座小城自动驾驶布局情况

序号	城市	自动驾驶政策	政策颁布时间	自动驾驶测试区	开放时间
1	保定	《保定市自动驾驶车辆道路测试管理实施细则》	2018.12	保定市自动驾驶道路测试服务中心	2018.11
2	平潭	《平潭综合实验区无人驾驶汽车道路测试管理办法(试行)》	2018.5	平潭无人驾驶测试基地	2018.3
3	肇庆	《肇庆市自动驾驶车辆道路测试管理实施细则(试行)》	2018.5	肇庆自动驾驶城市路测示范区	2018.7
4	襄阳	《襄阳市智能网联汽车道路测试管理规定(试行)》	2018.11	襄阳智能网联汽车封闭测试区	2019.4
5	德清	《德清县全城城市级自动驾驶与智慧出行示范区建设实施方案(2019—2020)》	2019.4	德清县全域城市级自动驾驶与智慧出行示范区	2019.1
6	常州	《江苏省智能网联汽车道路测试管理细则(试行)》	2018.9	常州市天宁区自动驾驶半开放测试区	2019.4
7	无锡	《江苏省智能网联汽车道路测试管理细则(试行)》	2018.9	无锡自动驾驶高速公路封闭环境测试区	2019.1
8	沧州	《沧州市智能网联汽车道路测试管理办法(试行)》	2019.9	沧州经济开发区自动驾驶测试路网	2019.1
9	柳州	《柳州市智能网联汽车道路测试专家委员会章程(试行)》	2019.7	柳州自动驾驶测试区	2019.7
10	雄安	《雄安新区智能网联汽车道路测试管理规定(试行)》(研究中,未发布)	2018.11	雄安新区自助驾驶测试区	2018.3
11	银川	《智能网联汽车道路测试管理规范(试行)》	2018.4	银川智能网联汽车测试与示范运营基地	2018.2
12	许昌	《许昌市新能源及网联汽车产业发展行动方案》	2019.1	许昌芙蓉湖自动驾驶示范区	2019.4
13	曹妃甸	《智能网联汽车道路测试管理规范试行)》	2018.4	曹妃甸自动驾驶测试区	2018.3

数字化赋予产品与服务新的价值与魅力。传统的产品与服务,加上最新的数字化技术,产生的“化学反应”让人震惊。汽车绝对算得上是“传统”的产品,世界上第一辆汽车诞生于 1885 年 10 月,它一举奠定了汽车设计的基调。人类历史上真正的大批量汽车生产是福特公司的 T 型车,而这是 20 世纪初的事情了,距离现在已有 100 多年了。在这漫长的时间长河里,汽车并没有发生本质的变化。而到了数字化技术不断发展的今天,汽车突然发生了质的飞跃,智能汽车走进人们的视野。尽管智能汽车目前还处于概念阶段,但也足以引起业界的狂欢,众多的车企和科技巨头公司均投入大量的人力、物力来研究智能汽车,Google、百度、阿里、腾讯和苹果这些看似与汽车没有关系的组织纷纷杀入这个领域,智能汽车前景广阔。未来的汽车可以自己找路,自己开到目的地,到了目的地自己去停车,在行车途中它可以和其他车辆、交通标示、信号灯通信,不再需要人的干预。人在车里面可以办公、听音乐、购物、打游戏、睡觉等,做任何自己喜欢做的事情,未来的车不再仅仅是代步工具,它将成为一个可以移动的生活空间。

思考题:

你认为,传统的汽车企业应当如何应对智能驾驶技术所带来的行业变革?

9.1.2 企业数字化转型的必要性

传统企业实施数字化转型的难度极高,它需要企业在组织结构、商业模式、生产流程、企业文化等诸多方面做出调整。当然转型带来的优势同样十分明显，从实践来看，成功实施数字化转型的企业能够在5年内将企业利润提高50%。

在数字化背景下开展商务活动，企业面临与以往截然不同的经营环境。身处全新的经营环境，受到数字化相关技术的影响，企业商务活动主体的行为特征、产品属性等都发生了巨大的变化，如图9-1所示。

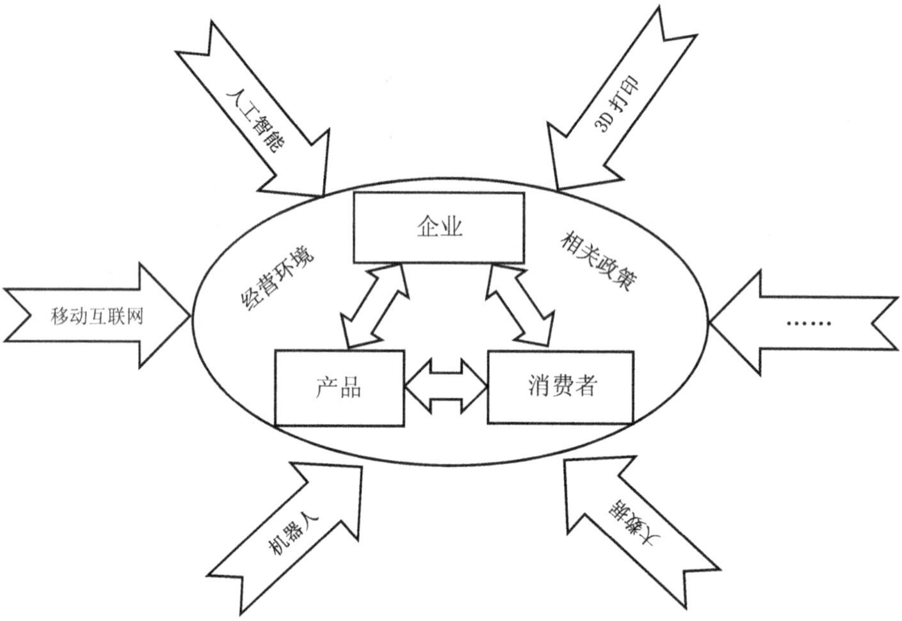

图9-1 数字化环境下企业商务管理面临的变化

1. 数字化背景下企业商务活动环境的变化

传统上，企业的商务活动是在实体环境中进行，其中的时间、空间、连接等要素都相对稳定，企业通常只能在特定的时间点，为特定范围内的某些消费者提供服务，正因如此，类似选址、布局这样的问题在运营管理中就显得特别重要。随着数字化程度的提升，这个环境发生了巨大变化，建立在数字化基础上的虚拟部分在环境中所占的比例越来越大。实体与虚拟的不断融合，丰富了商业实践，带来了更多创新机遇。为便于理解虚拟环境，表9-2从时间、空间、连接等要素出发，将实体与虚拟环境进行了比较。从时间要素看，数字化背景下外部环境变化加速进行，使得企业很难保持自己的竞争优势；而对于消费者而言，数字化技术释放了消费者的时间，消费者拥有更多的闲暇时间，可以按照自身特点发展兴趣，开发潜能。时间维度的扩展，使得消费者对产品/服务的需求更趋个性化。

从空间要素看，数字化技术将实体店面转移到虚拟的网络空间，可以展示的商品种类不再受到物理空间的限制，帮助企业更好地应对需求长尾现象；而对于消费者，依托互联网，地理位置不再成为限制其消费的因素。

表 9-2　从时间、空间、连接要素对实体和虚拟环境的比较

要素	实体环境	虚拟环境
时间	流程相对稳定；在特定时间窗口提供产品 / 服务；竞争速度较慢	产品生命周期缩短；随时满足消费者需求；竞争速度加快
空间	存在实体店面；提供有限产品；服务有限对象	无须实体店面；服务全球消费者；提供更多产品选择
连接	供应链成员相对稳定；产品以相对孤立状态存在	与不同成员连接形成生态圈；产品 / 消费者之间以多种方式互联

从连接要素看，企业之间、产品之间、消费者之间、产品 / 消费者与企业之间的连接都远比过去丰富。虚拟空间中供应链成员之间的交互更加频繁，企业更容易接触到新的交易伙伴；越来越多的智能互联产品，使得产品之间、产品与企业之间、企业之间的联系日益密切；对于消费者，在传统的线下关系中，他们只能维持有限的社会关系网络，而虚拟空间中的社交成本大幅下降，这导致了虚拟空间中的连接数量远大于现实生活。丰富的连接创造了商业价值，推动了以生态圈为代表的创新商务模式的涌现。

以上分析指出，相对于实体环境，虚拟环境中时间、空间、连接等要素都发生了质的变化。然而需要指出的是，这两个环境是并存而非对立的，只是在不同行业实体与虚拟环境的程度有所区别。虚拟环境的出现，一方面为企业传统的运营模式带来了冲击，另一方面也为企业的运营管理模式的创新带来了机会。

2. 数字化环境中商务活动主体的行为变化

数字化改变了商务环境的时间、空间和连接要素，也改变了商务活动主体的行为。下面分别从企业和消费者两个核心商务主体的角度出发，探讨其行为变化。

首先看企业的行为变化。如表 9-3 所示，过去企业聚焦于自己的竞争优势与其他企业竞争，以实现自身利润最大化为目标。在数字化时代，它们则需要以创新消费者价值为最终目标，将与其他企业的竞争关系转变为合作共生关系。在这个过程中，企业的目标变得更为多元化，为消费者提供综合的数据—服务—产品包。企业创造价值越来越多地依托于其所处的生态系统。

表 9-3　数字化环境中企业行为的变化

	传统企业	数字化环境下的企业
目标	明确、直接且相对单一；实现利润最大化	多元、不单纯以部分业务单元盈利为目标，而是整体生态系统健康发展
向市场提供	从提供产品到提供“产品 + 服务包”	从提供产品，到提供服务包，再到提供“数据 + 服务 + 产品包”
竞争与合作	以竞争为主，聚焦自己的竞争优势	以合作为主，选择合作企业，共同为消费者创造价值

再看消费者的行为变化。深入剖析数字化环境下消费者的行为变化，有助于企业更好地了解其面临的市场环境，是企业正确制定其运营管理决策的基础。数字化环境下消费者的行为变化可以归纳为移动化、社会化和个性化，如图 9-2 所示。

图 9-2 数字化环境下消费者的行为变化

3. 数字化环境中产品的变化

无论身处什么样的时代,企业总是通过为消费者提供产品来创造消费者价值。因此,企业运营的核心仍然要围绕着企业所提供的产品展开。

在以数字化为标志的新时代,产品的一个重要特征是智能化。通过大量的传感器、处理器、存储器等电子元器件,智能产品实现了对使用数据的实时抓取。这些数据被企业用于分析消费者的使用行为,或者用于智能产品的自主学习,以便为消费者提供更好的使用体验;而配套的操作系统和应用软件,使得消费者能够在买到产品后,自行完成最后的定制环节,从而可以按照个性化需求控制和使用智能化产品。

数字化环境下产品的另一重要特征是不断增强的连接性。事实上这种连接不但发生在产品之间,而且发生在所有事物之间。各类智能产品进行数据的交互,共同为消费者提供了一个无缝的使用场景。通过智能产品之间的连接,将看似不相关的活动主体连接起来,能够创造出更多的商业机会。智能互联产品的出现,使得企业由过去提供“产品 + 服务包”发展为向消费者提供“数据 + 服务 + 产品包”,即企业通过分析相关数据,发现甚至创造需求;随后设计相应的服务满足需求;最后以智能互联产品为工具,向消费者提供创新服务,创造价值。

以上分别探讨了数字环境下企业商务活动的环境、主体、产品特征等方面的变化,这些变化对传统的企业管理提出了挑战。例如,经典的预测方法无法充分利用更丰富多源的异构数据,现有的生产流程优化方法也没有考虑到智能设备的自主性和 3D 打印等技术的影响,已有的供应链协调理论很少涉及生态圈等新的商业模式。一方面,企业必须适应这种变化,综合运用各种数字化相关技术,改进原有方法,优化流程,提高运营效率;另一方面,数字化环境改变了企业竞争的范式,企业应该主动去迎接甚至引导变化,通过管理创新实现价值的创新。

9.1.3　企业数字化转型的行业差异

麦肯锡的研究表明，企业所处行业的数字化程度越高，企业的盈利也越高。通过对美国的行业分析可以看到，高数字化行业平均利润增长率是低数字化行业的 2 至 3 倍。而且通过开展数字化，到 2030 年中国或可转变并创造 10%~45% 的行业总收入。因此，数字化已成为行业升级、企业竞争的重要手段，成为新产品、新服务及新商业模式的催化剂。

但需要注意的是，产业互联网并非包治百病的“灵丹妙药”，需要各方理性对待，既不能脱离具体情况盲目跟风，也不能“逆势而为”。2017 年 12 月麦肯锡全球研究院（MGI）发布的报告《数字时代的中国：打造具有全球竞争力的新经济》中，产业按照数字化程度分为五个集群，见下图 9-3 所示。

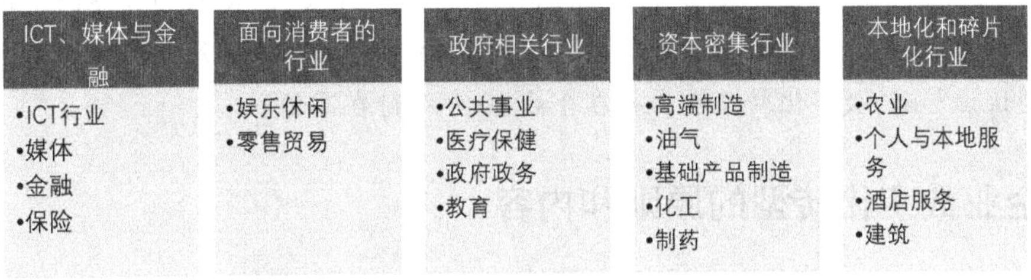

图 9-3　按数字化程度划分的五个产业集群

这五个集群中数字化程度从左至右逐级降低，这是由行业本身的特点和发展过程导致的。但就算是数字化程度最低的本地化和碎片化行业，其数字化解决方案也在逐渐普及。例如，农业可以结合物联网技术构建数字化农业管理系统，并应用于土壤修复等新兴领域。

其实，产业互联网的价值更多体现在技术、思维、模式等方面的创新上，而一些基本的商业运营原则并没有改变，甚至其在产业互联网的发展中能够得到更好的体现。例如，以用户中心、注重产品或服务品质、以科技创新驱动发展，等等。因此，企业应基于自身情况，找到融合互联网的最佳切入点，探索合适的互联网化转型路径。

例如，企业可以借助统一的管理平台促进不同产品模块之间的交互融合，以帮助企业增强内部组织协同、推动产品的移动化；着力搭建开放性的平台生态系统（电商平台、云计算平台、软件应用服务平台等），通过多种方式有效引导企业用户参与到平台生态中，增加平台内容的丰富性、多样性，并以整个平台生态的力量帮助传统企业更好地进行互联网化转型升级。

对于准入门槛较高的行业，互联网企业可以首先与龙头企业进行合作，成为该领域的“玩家”，以深刻理解行业运作形态，为后续布局奠定基础；同时，借助龙头企业的经验、渠道、资源优势，互联网企业还能够大大提升自身产品和品牌在该行业领域的知名度和影响力，从而吸引更多企业接入平台生态中。

推动传统行业中企业的互联网化转型升级，是产业互联网发展的主要内容和目标。对这些企业而言，面对风起云涌的互联网大潮，首先需要明确三个问题：需不需要互联网化？

哪些环节需要？如何操作？避免在没有合理规划、没有具体方向的情况下盲目跟风进入产业互联网领域。

专栏 IDC:全球数字化转型支出将不断增加

国际数据公司（IDC）发布《全球半年度数字化转型支出指南》，分析了191个数字化转型案例和12个技术类别在19个行业和9个地区的企业支出，旨在帮助IT决策者更好地了解未来五年内数字化转型投资的范围和方向。

2019年全球数字化转型支出1.25万亿美元，其中离散制造业（220亿美元）、流程制造业（1 350亿美元）、运输业（1 160亿美元）和零售业（980亿美元）将近占总支出的一半。对于离散和流程制造行业，重要的数字化转型支出是智能制造，投入超过1 670亿美元，同时在数字创新和数字供应链优化方面也进行大量投资，分别为460亿美元和290亿美元。到2023年全球用于实现业务实践、产品和组织数字化转型（DX）的技术和服务的支出预计将达到2.3万亿美元，数字化转型在全球技术投资总额中的比例将达到53%。随着企业对数字化转型认识加深，数字化转型支出将在今后10年维持在高位。

9.2 企业数字化转型的原则和内容

9.2.1 企业数字化转型的原则

关于企业数字化转型，许多企业有一个误区，就是混淆了信息技术（Information Technology，IT）和数字技术（Data Technology，DT）的概念。很多企业认为只要通过系统升级，就能够建立大数据体系，就能够实现数字化。即使企业提出了数字化转型，但在做规划时还是由IT部门负责，最后做成的是IT规划，而不是DT规划。IT和DT是不同的。IT规划以IT基础设施和信息系统为核心，服务于企业的业务流程，提升的是流程的效率；而DT规划则要以数据为中心，以数据管理为内核，以数据开发和数据应用为内容，以数据分析和挖掘为手段，服务于企业的经营和管理决策，提高决策的质量和效率（见图9-4）。

消费需求的实时动态变化迫使广大企业不得不借助移动互联网、大数据、云计算等数字技术，精准高效地获取用户需求，从而实现产品及服务的定制化生产。毋庸置疑的是，数字技术正在向各行各业不断渗透，那些只顾眼前利益而不主动进行变化的企业将会被后来者所颠覆。当然对于正在积极向数字化转型的企业而言，找到一条行之有效的转型路径就显得尤为重要。需要注意的是，企业的数字化转型是一个庞大而复杂的系统工程，很难在短时间内完成。一般说来，企业在数字化转型过程中，需要遵守以下三条原则。

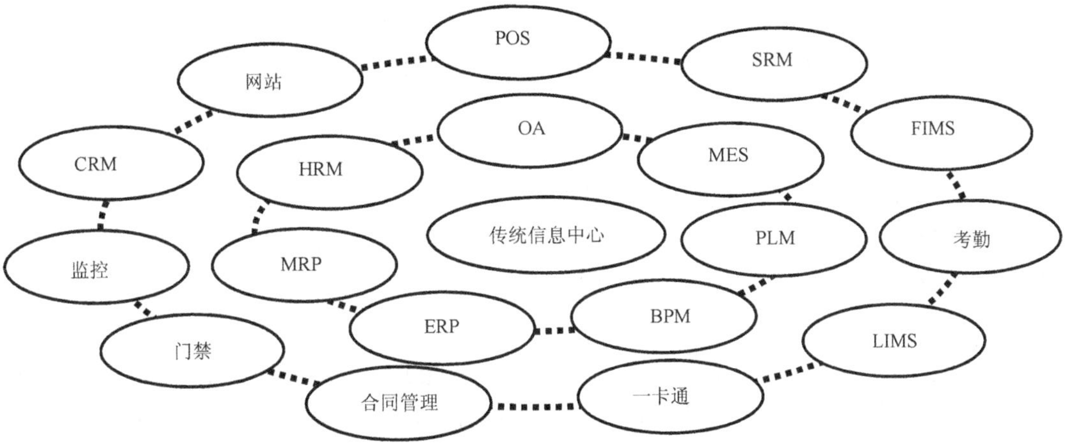

(a)

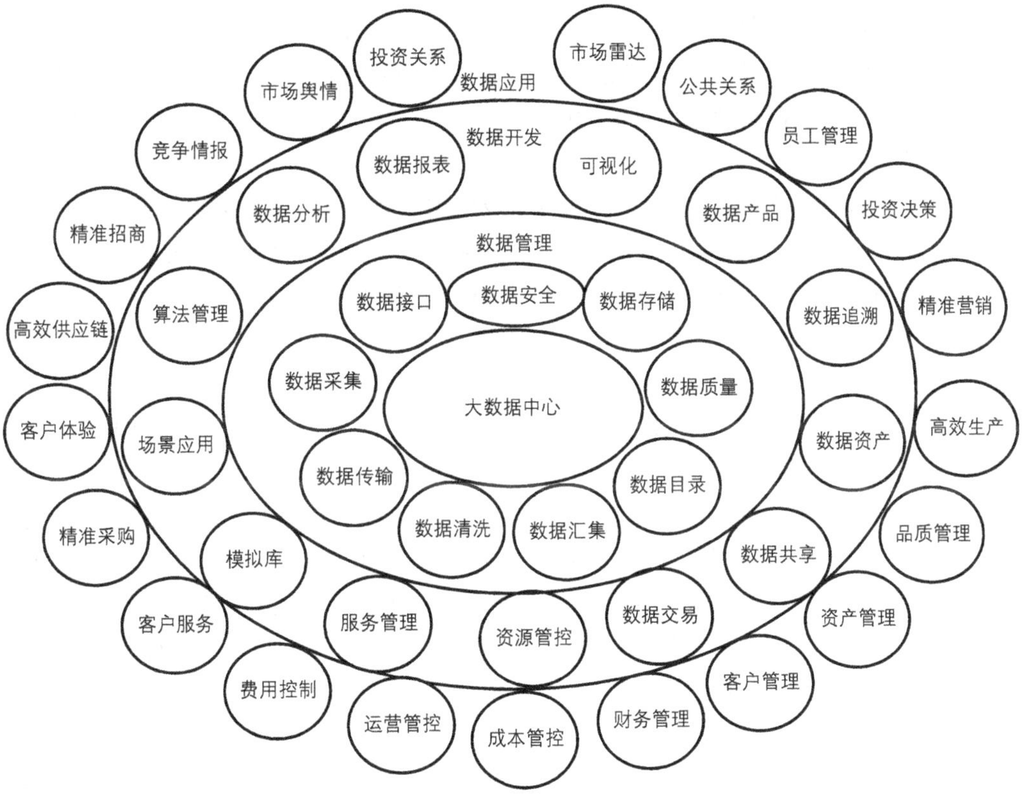

(b)

图 9-4　IT 规划与 DT 规划的逻辑差异

1. 满足用户的消费需求

1973 年，现代管理学之父、管理学大师彼得·德鲁克（Peter Drucker）表示："满足消费需求是每一个企业的宗旨及使命。"这是一个十分简单的道理，但在现实中，从工业时代延续至今的很多行业巨头，依仗自己拥有的垄断性资源及渠道而忽略了消费需求。在为用户提供个性化服务方面，创业公司及中小企业要好得多，当然这和其组织结构相对简单，决策者能够真正掌握用户需求存在较大的关联。在数字经济时代，各个行业之间的界限被打破，很多在一个领域内深耕多年而发展壮大的行业巨头开始向其他领域不断扩张。例如，通过电子商务发展壮大的阿里巴巴，如今已经向支付、物流、金融、文娱和健康等领域不断扩张。要将自身转型为以消费需求为核心的数字化企业，企业不仅要具备优秀的数字技术人才，更要变革组织机构及流程，让每一个组织成员积极接受并推动数字化转型，培养用户服务意识，最终使企业在激烈的市场竞争中成功突围。

2. 善用大数据及物联网等技术

随着数字技术的不断普及推广，越来越多的企业能够获取庞大的数据资源。如何将这些存在巨大价值的宝贵资产完成价值变现，就成为衡量一家企业数字化能力的重要标志。在现实中，一些拥有海量数据信息却缺乏变现渠道的企业还不少。在通常情况下，企业绝大部分的数据都是“暗数据”（它代表了那些需要企业花费一定的资金及人力成本来存储及管理，但没有有效的手段能够将其完成价值变现的数据）。而且这些“暗数据”通常被分散在不同的数据库中，缺乏强大数据处理能力的企业，很难利用这些数据描绘出清晰的用户画像。因此，一旦那些掌握暗数据处理能力的创业公司或者跨界行业巨头进入该领域时，这些企业就很容易被颠覆。

因此，企业需要强化自身的数据处理、分析及应用能力，实时高效地利用数据，从而有效应对市场变化及各种各样的竞争对手。运动品牌阿迪达斯在欧洲市场设立的线下门店为用户提供定制跑鞋服务，这种个性化服务就是以 3D 扫描及 3D 打印技术作为支撑。此外，阿迪达斯还在鞋中加入了传感器芯片，帮助自身搜集更多的用户数据，以便于进一步优化完善产品及服务。

我国政府实施的“中国制造 2025”及“互联网 +”战略，使大量的创业者和企业获得了前所未有的重大发展机遇。以华为、海尔为代表的传统企业，在这场巨大的产业革命中，积极实施转型变革，抓住时代发展机遇，使自身焕发出了强大的活力及生命力。而物联网、智能化等新技术的推广普及必将在各行各业掀起创新热潮。在我国从制造大国向制造强国的转变过程中，物联网等数字技术将扮演十分关键的角色。物联网也是“工业 4.0”的重要组成部分，随着我国制造业水平的不断提升，越来越多的企业将会打造出自动化、智能化、高效灵活的智慧工厂，从而极大提升产品的附加值。

3. 全力打造数字化价值链

数字经济使企业可以拓展的业务范围大幅度增加，产业价值链的多个环节都能成为企业拓展新业务时的切入点。当然，企业要想具备这种能力，需要更加高效灵活地运用数据，这关系到企业能否成功实现数字化业务运营、获取新的利润增长点。一旦一家企业的价值链信息传递不及时、流程不通畅、系统缺乏灵活性，就意味着这家企业在市场竞争中已经丧失了主动权。更为关键的是，企业无法及时获取动态变化的需求信息，并制定相应的策略。企业不但会丧失众多的发展机遇，而且还会导致内部人才由于无法实现自我价值及社会价值，核心人才出现集体流失的现象。

复杂性是困扰企业对价值链进行优化的一大阻碍，而随着企业数字化转型进程的不断深入,再加上企业通过数字化技术获取海量的数据资源,企业价值链的复杂性会提升至前所未有的高度。此时,企业需要打造出一个强大的数字化平台,这将帮助企业更加高效地处理设计生产、供应链管理、财务等核心业务,真正实现企业智慧化、便捷化、低成本运营。

通过大数据、云计算等高科技技术,企业可以打破传统业务流程存在的诸多痛点。数字化平台可以帮助企业优化组织结构及业务流程,最大限度地发掘数字化业务存在的巨大价值。以数字化平台为核心的数字化价值链,将帮助企业极大地提升产品及服务的溢价能力。数字化平台使企业具备了对其所有的业务进行实时高效决策的能力,从而使企业能够在数字化价值链中源源不断地获取高额回报。这样企业就能够将自身的资源及精力集中到为用户创造价值方面,而不是花费到对企业的运营管理活动之中。

进入移动互联网时代后,相继涌现出了海量的数字化企业,也推动诸多行业内的传统企业进行数字化转型。目前,许多企业正在积极培养数字化人才,寻找数字化转型路径,从而应对竞争对手的激烈竞争。但企业管理者需要明白的是,企业的数字化转型是不能一蹴而就的,不可盲目追求速度而忽略转型质量。为了提升转型的成功率,企业可以尝试与专业服务商进行合作,争取在较短的时间内成功转变为数字化企业。

9.2.2　企业数字化转型的内容

1. 企业数字化转型的四个维度

数字化转型贯穿产品设计、智能制造以及增值服务交付的全过程,因此会设计企业的方方面面。从顶层设计角度看,数字化转型应从四个维度展开。

1)客户

数字化转型的四大领域中,最重要的就是客户领域的数字化转型。对于组织而言,无论是否进行数字化转型都需要持续关注客户,投入大量的经历来满足客户的期望,以提升客户对组织的满意度和忠诚度,这是组织利润的唯一来源,也是组织保持竞争力的关键所在。数字化技术在客户相关领域的应用,能够将组织在客户领域的能力提升到一个新的高度。

数字化提升了组织对客户的洞察力。许多组织不惜花重金去了解客户的真实需求和市场的变化趋势。它在某种程度上决定了组织的战略方向,决定了组织的产品与服务是否能够获得市场的认可,也决定了组织是否能够获得商业利益。为此,越来越多的企业都在理解客户、挖掘客户需求方面应用了大量的数字化技术。例如,利用数字化对客户进行“画像”,从各个维度对客户进行分析,把握客户的喜好和消费倾向;利用社交媒体挖掘客户的新需求,了解客户对自己产品的满意程度及“槽点”;建立在线的社区,并与客户保持互动,倾听客户的想法和意见,并及时给出回应。

企业在数字化转型中首先可以考虑扩大业务流程对客户的开放。例如,航空公司通过开通自助值机不仅为客户提供了便利,提升了客户体验,还降低了柜台服务的运营成本。再者就是借助互联网的连接,让客户更多地参与到产品/服务的优化和推广中。因为数字化实现了消费者和企业的直接对接,消费者对产品/服务的体验和建议可以快速反馈,使得产品优化改进的节奏加快。小米开启的粉丝经济模式便是一个经典的案例,数百万的粉丝以社区为基地，既圈定了产品投放的潜在用户群，也能汇集消费者对产品的设计和改进建议。

在某种程度上，企业应对数字化冲击必须迅速地采取行动，掌握使用数字技术，通过移动、社交、互联网（物联网）和大数据来缩短产品和服务进入市场的时间。但只有这些技术本身是不够的，在内部，还要求企业应用程序管理数字体验必须无缝连接到应用程序和系统之中；在外部，供应商、消费者和其他第三方中介需要形成供应链合作伙伴系统。为了抓住机遇，需要适用的技术平台，如果信息系统和业务流程太过落后，则不能利用新技术和新的市场机会，很多公司尚不具备数字技术经验，因为它们缺少必要的信息系统之间的联系。如客户信息通常存储在多个数字化载体之中，如电子邮件、社交论坛、博客等，这么多类型的数据源很难形成有凝聚力的竞争资源，这种差异可能导致不一致的客户体验。在当今多元化的行业拓展有效市场业务，需要的不仅仅是一个统一的客户数据来源，还需要能够迅速将匿名用户转化为“已知”客户，这样他们才可以进一步被发展成为实际消费者。这需要在海量信息里收集丰富、准确的客户信息，维持供应商与消费者服务端体验的互动循环。

企业应该学会预测客户的需求，提供动态的、引人入胜的交互，并通过每个客户首选的联系方式进行无缝对接。一般来说，有三种成功的经验：一是无缝交付客户体验，通过多个设备和渠道的一致性提高品牌效应；二是为客户进行量身定制，利用数字化技术和设备匹配用户；三是创新，在数字领域利用新颖的形式、潜移默化的“声音”，吸引顾客区分品牌、增加忠诚度、增加收入。虽然企业可能已经接受了一种新的业务流程管理，这个高度响应系统汇集了所有数字转换的元素，如移动设备、云、大数据和物联网，这些平台允许开发人员可操作地分析嵌入业务流程，并允许用户与企业应用程序和系统的记录智能交互，建立一个真正的数字业务。但企业仍需要解决的问题是这些数据能说明什么问题？这些问题产生的主要原因是什么？如何做才能有效解决这些问题？例如理解客户的担忧、适时举办商业活动、消除内部障碍并增加灵活性、利用商业机会和对市场的变化做出反应，做出更好的决策。

2）产品

产品与服务是组织的立身之本，是组织的核心竞争力。数字化技术在产品与服务领域的应用，为组织注入了新的增长动力。

产品的转型体现为功能和形式的设计能够密切贴合客户的需求，因此需要满足丰富的个性化需求，基于智能制造快速跟进消费节奏，并且考虑通过增值服务实现最大收益。同时，数字化将重塑商业模式。企业存在的目的就是盈利，利从何来？传统模式下，因为组织能够连接的客户数量有限，所以组织必须把成本分摊到有限的连接中赚取足够的利润，这是普遍的商业模式。如今，数字化技术可以让组织突破连接的数量限制，量变产生质变，当连接足够多的时候，获利的逻辑就发生了本质的变化。

以按摩椅为例来看传统产业的商业模式转型。在商场、影院、车站、机场等众多公共场所都会发现共享按摩椅的身影，按摩椅这种价格昂贵、可有可无、买来放在家里占地方的产品，一直以来在国内的销量都不好。按摩椅的生产商意识到销售的局限性，把按摩椅变成按摩服务，投放在人容易疲劳的场景中，用户花很少的钱就可以享受一段时间的休息、放松，同时由于使用的人数足够多，因此给企业带来了远超单纯销售按摩椅的收益。本案例中商业模式转变的核心在于将“卖商品”转变为“卖服务”，同时构造出适宜消费该服务的多元化场景，诱导大量消费者购买服务以盈利。这种模式成功的关键在于"连接"，基于移动互联网和智能手机终端，将按摩椅与潜在消费者联系在一起，成功将潜在消费者与按摩服务进行匹配，实现了买卖双方的共赢。

3)运营

在组织的内部运营领域，同样需要进行数字化转型。组织需要从内部进行改变，以支持对外的竞争，从而保证更大利益的实现。运营优化的目的是提升企业决策效率，实现消费端快速反馈，改进服务的客户体验并合理降低运营成本。由于企业间的竞争呈现出从技术、产品等单方面竞争向平台化生态系统竞争转变的趋势，因此企业需要关注构建资源聚集、合作共赢的生态系统。

数字化将进一步提升流程绩效。很多公司为了提升流程的能力和绩效，借助数字化技术来实现流程效率的提升，同时使流程更加富有弹性，可以随时应对组织外部环境和业务变化，这样，组织就能够将注意力集中在更为重要的战略任务上。

数字化技术让组织运营绩效更加公开透明。借助数字化工具，企业可以轻而易举地将运营绩效向公司内的所有相关人员公布，使得组织范围内的所有管理人员对客户以及产品与服务的特性了解得更加深入，这样一来，他们在做出决定时会更加符合真实情况。

流程的数字化还会生成大量的数据流，这些数据流经过数据挖掘将产生更大的价值。除了获得更多、更精确的信息外，数字化转型将在很大程度上改变组织战略决策的过程。大量的、经过加工的数据将给决策制定提供更多的参考，甚至在未来，机器学习这类新技术也可能应用到战略决策领域，代替人进行决策，让这个决策过程更加智能化。

4)人力

作为数字化转型的执行主体，人员也需要相应赋能。人员的数字素养将极大地影响变革的进程，也会成为企业的核心竞争力之一。而且人员的赋能并不仅仅针对企业员工本身，它还应该包括企业所构建的生态系统中的相关人员。数字化对人的连接，不仅拓展了人与人的沟通方式，同时让人与人的连接突破了时间、空间和数量的限制，这样的改变也给组织在人力管理上带来了新的挑战。如果组织还保持传统思维来对待人力，那么组织的发展将会受到阻碍。

员工需要随时随地地工作。在这个时代，还有没有必要在特定的时间将员工集聚在一个特定的场所一起工作呢？坚持这种传统的做法固然有好处，但这种做法也有着成本高和效率低下这两个弊端。现在的市场环境变化太快，快到组织必须利用一切时间去追赶这种变化。如果组织无法通过数字化手段做到让员工随时随地地工作，那么对组织和员工而言都是痛苦的煎熬：组织无法高效、及时地应对市场变化，慢竞争对手一步；而员工也不得不每天将大量的时间花费在去办公室的路上，同时为了及时完成工作而留在办公室加班。事实上，许多走在数字化转型前列的公司很早便已尝试利用邮件、即时通信工具、视频会议系统、VPN、移动办公平台等数字化工具解决工作的空间和时间的限制，再配合弹性工作制度，在带来效率大幅提升的同时，也吸引了大量人才的加入。

2. 企业数字化转型的五个层级

企业架构框架中全面涵盖了从业务战略到关键基础设施的所有层次，其中的每一个层次都应结合数字化转型开展不同的工作(见图9-5)。

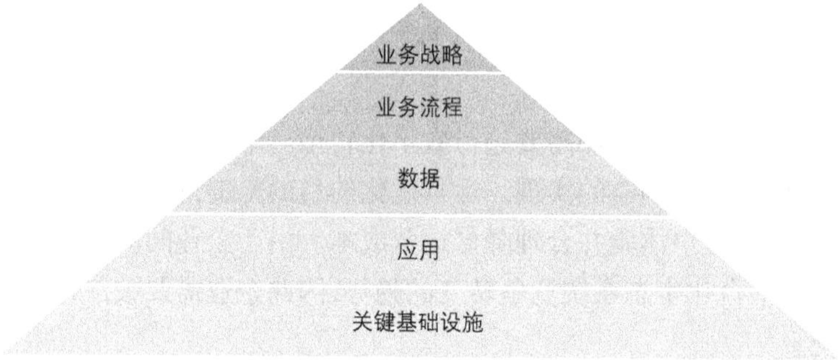

图9-5 企业数字化转型的五个层次

1)业务战略

作为数字化转型的起点,企业经营者需要依据数字经济的发展契机思考并明确业务的战略。这将涉及制定企业经营理念、经营策略和产品策略,以及明确数字化生态系统的构建策略。管理层也需要完成数字化领导力转型,更新企业的决策模式,使数据成为决策的关键因素。

2)业务流程

业务流程将以价值流为基础进行优化,从而在保证最大客户价值交付的同时,也能提升流程的执行效率并合理控制企业的经营成本。数字化时代的一个趋势便是业务流程开发。一方面向上下游合作伙伴开放,从而构建支持共享、支持创新的生态系统平台;另一方面向客户开放,让客户更多地参与到业务流程的执行,不仅提升了客户体验也有助于客户意见的快速反馈。当前银行、运营商的业务开通、服务受理、信息查询等流程都极大地开放给了客户,其成效是非常显著的。

3)数据

数据之所以重要,是因为数据将支撑上面的业务战略和业务流程。企业需要制订一个基于价值的数据治理计划,确保企业经营者可以方便、安全、快速、可靠地利用数据进行决策支持和业务运行。因此,企业需要借助大数据和人工智能等技术,构建组织的数据能力,充分挖掘数据的价值。此外,企业也可以利用区块链技术的特点,让数据在数字生态系统中安全可靠地流转,实现不可篡改的产品溯源、机构间结算等丰富的模式。

4)应用

应用程序是业务流程的执行载体,也是数据加工的“工厂”。企业既可以在云计算平台开发满足高并发、大规模运算的分布式应用程序,也可以基于区块链开发DApp(即分布式应用或去中心化应用),从而实现关键的智能合约。

企业需要发挥云计算的优势,构建整合计算、网络、存储等硬件的统一资源池,打造涵盖数据库、应用SDK、中间件、消息列队、网络文件等系统组件的平台和API接口。企业的数字化基础架构也要合理规划与社会数字基础设施的对接,从而构建灵活、可靠的基础架构平台。

5）关键基础设施

随着中国的数字中心建设高潮消退，企业更多地开始关注如何利用新兴的技术和理念，实现关键基础设施的绿色运营。企业要利用有限的预算投入来实现基础设施的稳定运营并不断降低电力使用效率（Power Usage Effectiveness，PUE）。

9.3　数字营销

9.3.1　数字营销的概念和基本理论

20 世纪 90 年代中期以来，随着互联网的广泛应用与大众参与度的大幅提升，数字科技在突破传统传播技术的基础上创造出庞大的数字媒体渠道，消费者的生活方式也发生了巨大的变化。传统的营销模式已跟不上时代的步伐，适用于互联网时代的数字营销营运而生。

1. 数字营销的定义

对于数字营销的定义，专家学者莫衷一是，随着时代的变迁和技术的发展，数字营销的内涵和外延也在不断更新。Parsons，Weisser 和 Wait man（1998）认为数字营销包括两类活动：其一是利用新的交互式媒体（如互联网）在消费者和营销商之间建立新的互动和交易形式；其二是将交互式媒体与营销组合的其他工具结合起来。美国数字营销协会（2007）将数字营销定义为利用数字技术开展的一种整合、定向和可衡量的传播，以获取和留住客户，同时与他们建立更深层次的关系。Cristian，Elena 和 Camelia（2008）把数字营销界定为：用相关的、个性化和成本效益的方式使用数字分销渠道到达消费者以促进产品和服务销售的一种营销方式。Smith（2011）认为数字营销是利用数字分销渠道推广产品和服务的实践。Kannan 和 Li（2017）则认为数字营销是一种适应性强、数字技术支持的流程，通过该流程，企业可以与客户及合作伙伴协作，共同为所有利益相关者创造、沟通、交付和维持价值。

综合以上观点，本书将数字营销定义为：使用大数据技术推广产品和服务的营销传播活动。主要包括社交媒体营销、搜索引擎营销、短视频营销和社会网络营销等方式，下面将对代表性数字营销模式进行介绍。

2. 数字经济时代消费者的行为特征

随着智能手机等数字设备的逐渐普及，消费者在数字媒体上花费的时间日益增加，对于以消费者为中心的现代营销而言，“消费者在哪里，营销就要到哪里”的基本原则始终未变。为了更好地触达和影响消费者，企业需要充分研究消费者使用数字媒体的习惯以及数字营销的各种工具和策略，并加大在数字营销领域的投入力度。

1）信息获取渠道多样化

互联网平台上的应用更是数不胜数。除了各种生活服务类、新闻类等应用之外，传统媒体也在朝数字化方向转型，开设微博、微信公众号和 App 等打造新媒体矩阵。同时各种自媒体也层出不穷，改变了用户获取信息的方式，使其由传统的被动接受转变为主动筛选。大数据和人工智能技术可以帮助数字媒体实现精准化和个性化传播。一方面，消费者可以随时随地获取自己需要的信息;另一方面,消费者通过数字媒体接触到的信息也更加符合自己的兴趣和爱好。

2)"互联网+"融入消费者生活

"互联网+"是互联网繁荣发展下新兴技术与传统行业融合的必然结果。在"互联网+"的大环境下,人们的生活形态发生了质的变化,如今,消费者的衣食住行依靠一部手机就能解决,例如网上订票、网上订外卖、网上购物等。消费者的日常生活全方位地依赖互联网,给数字营销带来了旺盛的生命力。人们生活离不开手机,移动端应用程序的多样化是一个重要体现。中国互联网络信息中心第45次《中国互联网络发展状况统计报告》显示,截至2019年12月,我国国内市场上监测到的App数量为367万款,其中本土第三方应用商店App数量为217万款,苹果商店(中国区)App数量超过150万款。其中,游戏类App数量达90.9万款,占全部App比重为24.7%;日常工具类、电子商务类和生活服务类App数量分别达51.4万、38.8万和31.7万款,分列移动应用规模第二、三、四位,占全部App比重分别为14.0%、10.6%和8.6%;其他社交、教育等10类App占比为42.1%。

移动互联网的发展使用户对于网络的依赖性越来越强,使用手机的时间越来越长,使用频率越来越高。中国互联网络信息中心第45次《中国互联网络发展状况统计报告》显示:截至2020年3月,我国网民的人均每周上网时长为30.8个小时,较2018年底增加3.2个小时。受2020年初新冠肺炎疫情影响,网民上网时长有明显增长。机不离身已经成为人们生活的常态,人们在数字空间的行为甚至比物理空间更加丰富多彩。

3)互联网打破空间局限

信息技术的高速发展让人们足不出户、便知天下事。互联网门户打破了物理空间的限制,移动终端则打破了互联网使用场所的限制,数字空间的无界性大大拓展了营销的空间。

场景转化出现的跨屏行为值得关注。据2018年淘宝发布的《手机淘宝用户行为特征》显示。98.6%的用户在看电视的同时会使用其他终端设备,86.3%的用户在看电视时会使用手机作为电视的跨屏搭配,"电脑+手机"是跨屏最常见的搭配。如何利用数字营销与消费者跨屏互动成为当下越来越重要的课题。

总之,根据2016年科特勒咨询(KMG)的调研数据,81%的企业认为,数字营销是数字化转型的关键,但是68%的企业没有指定系统的数字营销战略,58%的企业认为数字营销没有达到预期效果。传统企业如何更好地应用数字技术和数字媒体,建设数字品牌,提升用户体验,与客户进行更多、更深入的互动,是营销数字化转型的重要内容。

案例:小米的粉丝经济

粉丝经济泛指架构在粉丝和被关注者关系之上的经营性创收行为,是一种通过提升用户黏性并以口碑营销形式获取经济利益与社会效益的商业运作模式。

互联网爆发的时代,是粉丝经济的时代,庞大的"粉丝"人群自然也蕴含着巨大的经济能量,互联网时代的本质就是粉丝经济。战争年代的实力看兵力强弱,互联网时代看粉丝多少。在自媒体时代,每个人都是别人的粉丝,每个人也都希望粉丝如云。粉丝意味着力量,哪怕你只是一个草根,但只要你拥有了巨量粉丝,你也可以很有话语权。

有句话说，没有粉丝的品牌不叫品牌，一句话道出了粉丝的真谛和重要性。苹果、小米等都是粉丝经济的成功案例代表，未来产品要说自己是品牌，就必须要有一批忠实的粉丝，这样才能谈得上是真正的品牌，才能做到一个长久、有价值的品牌。粉丝经济能给个人和品牌带来什么价值？小米创始人雷军曾说小米粉丝经济要用心来做。粉丝经济是小米手机成功的原因之一。

众所周知，小米手机在不到三年的时间里跻身百亿元俱乐部，这个成绩在全球创业公司中是绝无仅有的，成就了一个神话。但是相比 700 多万的手机销售成绩，更为传奇的是小米拥有 500 多万的粉丝——米粉。

在成立两周年的时候小米在北京现场公开发售，仅用了 6 分 5 秒，10 万台小米手机就全部售罄。而在其他地方，米粉们纷纷早早地到门口排队，小米手机预订那天疯狂粉丝挤爆论坛，可见米粉的狂热。

小米的掌门人雷军也坦承，粉丝经济是小米手机成功的要诀之一。小米是通过第一批社会化营销抓住忠实用户。雷军在微博上发起一个活动——“秀一下你的手机编年史。算一算你用过什么手机，多少钱买的，什么时候买的，把图片发到微博”，最后活动非常成功，也大大提高了小米的知名度。

小米手机首次预售时，34 小时内收到了 30 万订单。雷军是想通过微博来吸引粉丝。他们的营销预算基本上都用于微信，微博等进行社会化品牌营销。他一直用海底捞的策略，以“米粉”为核心，真心实意地与“米粉”互动沟通。他在接受采访时曾说：“传统厂商每卖出一台手机，基本算是生意的结束，而小米每卖出一台手机，只是一个生意的开始——先用手机把用户吸引过来好好伺候成‘米粉’，再通过其他途径赚钱，毕竟，粉丝的钱比用户的钱好赚。”所以他都亲自写微博，有 20 人的微博团队来更新消息。此外，他们还组织了 400 个客服人员专门回答网友的疑问。雷军一直被称为中国的乔布斯。他仅用两年时间就修完大学全部功课，是金山软件公司董事长，也是中国大陆著名天使投资人。他的经历为他在业界赢得了良好的声誉和影响力。由于自身的影响力，他赢得了一批粉丝，主要是创业和技术爱好者。这些粉丝甚至愿意做小米的义务宣传员，后来，小米高配置高性价比的口碑就被他们宣传出去了。

小米在 2010 年推出了专为移动终端设计的社交通信工具“米聊”，在这里米粉可以讨论如何刷机。现在的米聊用户已经超过 2 000 万人，而它在刷机发烧友群体里有一定的口碑。这些手机发烧友将有可能成为日后购买小米手机的最大潜在用户。社会化营销让小米手机在不到两年的时间里崛起，并和三星、苹果等高档手机有着相同的知名度。

小米采用论坛微信、微博一体的方式来进行营销。它向微博发力，微博慢慢成为事件营销的主场，为小米赢得新客户，微信则主攻客服这块。截至目前，小米手机官方新浪微博的粉丝超过了 820 万，雷军的粉丝超过 816 万。社会化营销的核心是参与感，我们需要话题和活动来增加参与感。

作为小米主场的微博，一直话题不断，米粉对于小米的反馈也很热烈，这无疑加大了宣传，减少了营销成本。有意思的是小米在全国各地设立了“小米之家”，“小米之家”作为一个基地给用户提供了很大的方便，比如用户可以在这里自取手机，可以售后维修，而且这里还会为米粉举办一些活动,让他们像在聚会娱乐一样,使他们更放松更舒服。

小米手机的核心定位是为发烧友而生。这可以吸引数量庞大的手机发烧友,也可以说是为米粉而生,任何时候都追求顾客的满意度。米粉都评价小米公司厚道,坚持像海底捞一样的心,坚持为用户提供超预期的服务。

小米很注重用户的意见反馈,在小米手机论坛上,用户每周都会更新很多反馈的帖子,而小米的工程师也经常在论坛上发起投票收集用户反馈意见,然后再讨论确定产品最终形态。小米在各种媒介上都零距离贴近客户,雷军团队每天都在做客服工作,他自己也常常亲自解答用户的问题、相比苹果一年更新一次的频率,小米则是一个星期发布一个版本。雷军一直的理念是希望与米粉一起做好的手机。

小米之所以取得今天这个好成绩,其中还有一个原因是把互联网作为销售渠道,颠覆了传统的模式。这不禁让人想问在网上卖手机有什么好处呢?事实证明了不仅节约了巨大的成本,能够实现信息及时反馈,实现按需生产,为生产商节约成本,也为消费者提供了更大的价值。互联网也为小米拓宽销售渠道提供了更大的便利。

案例改编自:壹串通品牌营销策划机构,http://www.one-link.cn/index.php/View/post/707.html

思考题:

①小米的粉丝经济营销模式为什么会成功?

②与传统的由名人代言而生的粉丝经济相比,互联网时代的粉丝经济模式有什么新特点?

9.3.2 主要的数字营销方法

1. 社交媒体营销

社交媒体是以互动为基础,允许个人或组织生产和交换内容,并能够建立、扩大和巩固关系网络的一种网络社会组织形态。简单地说,它就是用户信息分享和社交活动的平台,或者可以定义为基于用户关系的内容生产与交换平台。

2002 年 Friendster.com 的创建开启了 SNS 的第一波热潮。接着,SNS 的概念随着 Myspace、Facebook、人人网、开心网等网站的成熟而逐渐被人熟知。作为社交媒体重要代表之一, SNS 的兴起和风靡可以看作社交媒体的崛起。这一时期的数字营销是依托于社会化媒体的兴起而形成的互动营销,企业和消费者在社交媒体的这一“桥梁”上平等对话,在建立良好的品牌与消费者关系的基础上达到促进销售的目的。

由于社交媒体具有互动性、社交性、即时性等特点,用户不只是被动地接收信息,还可以随心所欲地发表自己的观点,与其他用户或商家互动,社交媒体营销因此得以大显身手。企业通过与消费者互动、拉近了与消费者之间的距离,企业与消费者在双向传播中更深入地了解对方,从而达到理想的营销效果。

1)微博营销

微博,即微博客(micro blog)的简称,是一个基于用户关系的信息分享传播以及获取平台，用户可以通过 Web、无线应用协议（Wireless Application Protocol，Wap）以及各种客户端组建个人社区，单条微博以 200 字为上限，并实现即时分享。从媒介属性上定义，微博是一种通过关注机制分享简短实时信息的广播式的社交网络平台，我们可以从以下几个角度来看微博的定义。

①从关注机制角度看，微博用户之间的关注关系可以是单向的，也可以是双向的。

②微博传递的多为简短内容。

③微博传递的一般都是最新的实时信息。

④微博是基于广播式的一种传播，其传递的内容是公开的信息，任何人都可以浏览。

⑤最后一点也是最重要的一点，微博是典型的社交网络平台，也是到目前为止运用广泛且成熟的社会化媒体之一。

微博营销是基于微博这一新媒体平台的营销，是与微博新媒体特点紧密联系，并与其他媒体有效整合的营销方式。

微博营销除了用户覆盖范围广这一特点外，与其他营销方式相比，还有以下几个特点。

（1）立体化

从产品的角度来说，当今社会不仅产品同质化严重，而且新产品令消费者目不暇接，人们对商品的深入了解往往需要多种途径，在传递产品信息时，谁能做到将信息具象呈现，谁就可能激发消费者的购买欲望，进而使消费者坚定购买信心并采取购买行动；从品牌的角度来说，要提高品牌的“三度”，即知名度、誉度、忠诚度，都离不开对品牌定位、品牌形象、品牌文化等的宣传，渠道的选择更是宣传工作的重中之重。微博营销可以借助先进的多媒体技术手段（如文字、图片、视频等）对产品进行描述，具有视觉上的直观性和冲击力，使消费者能够全面地了解有关产品和品牌的信息，这就是微博营销的立体化特征。

（2）低成本

营销策划中资金预算是非常重要的，与传统的广告相比微博营销不需要繁杂的行政审批程序，也省去了企业支付给广告刊播平台的费用，这样不仅帮助企业节省了推广费用，而且大大节约了人力和时间成本。在微博上，企业可以发布任何与企业相关的文稿、图片、视频或者网站链接，免费进行企业宣传。

（3）便捷性

微博操作简单，信息发布便捷。只需要简单的构思，就可以完成一条信息的发布。这比发布博客要方便得多，毕竟构思一篇好博文要花费很多的时间与精力。

（4）互动性强

“微博营销的互动性首先体现在给消费者提供发言的机会，其次是可以直接为特定的潜在目标消费者量身定制个性化的信息，使得企业的网络营销活动更富有针对性和人情味。”微博具有社交网络的开放性，用户可以对企业微博进行评论、转发等，企业则可以针对特定的潜在消费者进行互动，通过对用户的回复，让用户感受到企业的人情味和趣味性，增强营销效果。

微博营销作为数字时代的一种重要营销形式，逐渐成为企业发行品牌形象塑造、宣传企业产品的重要途径。微博营销具有重要的营销价值，如果企业能发挥其正面的蝴蝶效应，必将在激烈的市场竞争中占一席之地。

2)微信营销

作为现阶段最活跃的即时通信工具,微信凭借多样化的功能和强有力的社交关系链获得了大批企业的青睐。与微博相比,微信有更强的黏性和更精准的目标定位,这让微信成为企业数字营销的又一利器。

微信营销主要表现为基于手机或者平板电脑中的移动客户端进行的区域定位营销,商家通过微信公众平台,结合微信会员卡展示商家微官网、微会员、微推送、微支付、微活动,已经形成一种主流的线上线下微信互动的营销方式。

微信营销是网络创新时代的新型营销方式,因其独特的优势而受到企业的关注,越来越多的企业开始利用微信对企业本身和产品或服务进行营销。微信营销的特点主要有以下几个。

①低廉的营销成本。传统的营销方式(如电视广告、报纸广告、宣传海报等)通常要耗费大量的人力、物力和财力,微信营销是基于微信这个平台进行的,微信的各项功能都可供用户免费使用,使用过程中仅产生少量的流量费。与传统营销方式相比,微信营销的成本极为低廉,几乎接近于零。

②强大的支撑后台。微信依托的是强大的"腾讯帝国",腾讯拥有新闻、游戏、QQ 等多种产品形式,其多年的发展积累了广泛的用户基础。在互联网行业中,用户的使用带来流量,进而流量带来红利,微信与腾讯固有用户关联是微信用户数量如此庞大的一个重要原因。

③精准的营销定位。在微信公众平台中通过一对一的关注和推送,企业不仅可以向粉丝推送相关产品及活动信息,而且可以建立自己的客户数据库,使微信成为有效的客户关系管理平台,通过用户分组和地域控制,针对用户特点,将信息推送至目标用户。此外,在朋友圈信息流广告中,企业可以借助微信后台掌握的标签化用户数据,使目标用户的触达更加精准。

④信息交流的互动性。微信的载体是智能手机,这意味着只要拥有智能手机,无论何时何地企业都可以与客户进行互动,了解客户的需求,进而满足客户的需求。微博营销虽然也可以与粉丝互动,但及时性远远比不上微信营销,而且与微博的开放性不同,微信在进行信息交流时具有私密性,更能够体现社会化媒体的强关系。

⑤信息传播的有效性。我们知道,企业利用微信公众平台向客户推送信息,这能保证客户 100% 接收到企业推送的信息。另外,客户是因为对产品或企业感兴趣而自愿扫描企业二维码或输入账号添加官方微信的,因此,当接收到来自企业官方微信的信息时,他们能有效地关注所接收的信息。

⑥多元化的营销模式。微信营销拥有位置签名、二维码、开放平台、朋友圈信息流广告、微信公众平台、微信小程序、LBS 竞价广告等多种营销模式,这些模式各有特点,企业可以针对不同的营销目的选择不同的模式组合,另外,微信支持多种类型的信息,不仅支持文字、图片的传达,而且可以发送语音信息,这使得企业可以利用做信完成与客户的全方位交流和互动。

3)SNS 营销

社会性网络服务(Social Network Services, SNS):是指帮助人们建立社会性网络的互联网应用服务,如 Facebook、人人网、开心网等。SNS 营销就是利用 SNS 网站的分享和共享功能,在六度空间理论的基础上实现的一种营销。

SNS 营销的载体是 SNS 社交网络平台,其理论依据是六度空间理论,它有广泛的用户群,用户群之间形成了强关系链。可以说,SNS 平台具有自己的特点,基于 SNS 的营销活动也具有独特的优势。其特点包括以下几点。

①传播速度快、范围广。SNS 是由兴趣爱好相同者组建的网络社区,用户之间联系密切,关系黏性大。这种特殊的网际、人际传播方式使社区内的信息传播更有爆发迅速的特点,能够在很短的时间内聚集大批用户的关注;同时,由于社区用户的参与度和分享度都比较高,社区热点事件往往能够借助各种渠道和方式得以大范围传播。因此,SNS 营销借助网络虚拟社区,具有信息传播速度快的特点。

②影响力比较大。SNS 社区的出现为广大网民提供了发表言论的好平台。以共同兴趣爱好为基础组建的社区具有更好的用户黏性。当企业在社区传播产品和品牌信息时,社区内很容易形成对产品或企业评论的较强声音,从而对消费者的消费选择产生较大的影响。现在,社交网络无疑已成为企业进行口碑营销的主要平台。社区中意见领袖的影响力也与日俱增,对传统话语权的冲击开始出现,社区意见领袖对普通网民的影响力日益增强。

③互动性、体验性强。互联网技术的迅速发展使得网民上网时间不断增加,上网习惯更加成熟。主要表现在网民用户更乐意主动获取和分享信息,用户显示出高度的参与性、分享性与互动性。如果 SNS 社区用户发布新的信息,其社区内的朋友一定会立刻收到更新的动态信息。所以说,SNS 最大的特点就是能充分展示人与人之间的互动,这恰恰是一切营销的基础所在。

④营销成本低。SNS 社区的最大特点就是社区参与者都是基于某种兴趣爱好聚集在一起的,社区用户关系有很好的黏性。在此基础上 SNS 信息传播的对象主要是社区用户,扩散方式主要是众口相传,因此与传统广告相比,无须大量的广告投入,可借助用户评价的病毒式扩散获得更大的影响力。

⑤精准营销,真实营销。SNS 网站的精准性完全基于网站用户的真实性,作为真实关系网络延伸的 SNS 网站会员信息的真实度与其他互联网应用形式相比是较高的,同时我们也可以依据用户信息和朋友圈去判断一个用户的真实程度。在广告主看来, SNS 网站最吸引人的一点就是有大量用户真实、详细和准确的资料、SNS 网站可以通过这些注册信息非常详尽地了解每一个用户的基本信息,从用户的使用行为中分析出兴趣、经历、偏好、朋友、购物记录,这为精准营销活动做好了数据积累。利用这些用户人口统计和行为信息,网站可以很轻松地转换为一个广告网络。

总之,对于传统企业而言, SNS 的营销价值就在于其庞大的用户量、极好的用户黏度、良好的互动性以及强大的信息分享和传播功能。SNS 的核心是人际关系,把相同爱好、相同行业的用户群体聚合起来,形成信息共享机制,能有效地激发用户的活跃度和黏性,这就说明用户才是 SNS 整个价值链条的核心。

2. 搜索引擎营销

搜索引擎营销是通过搜索引擎营销网站实施的行为包括提升自然排名、广告付费排名，或者这两种方式的结合，以及其他和搜索引擎相关的行为。更简单地说，是指一系列能使网站在搜索引擎上显著的营销技术，这样能吸引目标受众访问网站。这些技术包括搜索引擎优化（Search Engine Optimization，SEO）和按点击付费（Pay-Per-Click，PPC）。

搜索引擎优化是指通过对网站的标题、结构、内容等要素进行合理的设计，采用一系列技术手段使网页在自然搜索结果中获得较高的排名，方便用户及时有效地获得信息。它不需要向搜索引擎服务商付费，具有较高的可信度。搜索引擎优化有两层含义：第一，对搜索引擎友好，以获得更高的搜索结果排名。研究显示，有 85% 的查询，用户只翻看搜索引擎返回结果的第一个页面。如果没有满意的结果，搜索者会返回搜索框重新输入关键词进行检索。艾瑞咨询的调查结果显示，搜索结果中排在前 10 名的网站占据了 72% 的点击率，排在第 10~20 名的网站拥有 17.9% 的点击率，排在 20 名以后的网站点击率只有 10%，排在第三页以后的访问率几乎为零。第二，对用户友好。网页的界面美观、清晰、简洁，方便用户寻找信息。搜索引擎优化的最终目的是使用户能高效地找到所需信息，用户是搜索引擎优化的最终目标。

按点击付费是指企业购买相关的关键词，当用户输入与关键词相关的搜索请求时，页面的付费结果栏会出现企业放置的网页，按点击付费有固定排名和竞价排名两种形式。固定排名是指当用户搜索关键词时，企业网站出现在页面的固定位置，这种广告费用较高，能够有效地阻击竞争对手，适合大型企金业，但缺乏灵活性。竞价排名是指针对相同的关键词，根据点击率不同对关键词进行排名，付费越高的排名越靠前。竞价排名方便了企业对账户的监控，同时提高了广告效果。竞价排名 1998 年由 Overture 公司提出，随后谷歌也推出了 AdWords 竞价排名广告，2001 年百度将竞价排名引入中国，2004 年，谷歌推出了比 AdWords 更先进的 AdSense 关键词付费广告模式。

搜索引擎营销的优势非常明显，包括以下几个方面。

①精准度高。用户通过搜索引擎进行搜索是自身客观愿望和需要的真实表达，搜索引擎可以根据用户输入的关键词推送广告。随着大数据、云计算和人工智能等技术的发展，搜索引擎服务商不仅可以分析实时关键词，而且可以根据用户过去的搜索请求分析用户的习惯、爱好和需求等，向用户精准推送广告。

②交互性强：用户基于自身需求和愿望进行搜索，是一种主动的、积极的信息寻找，在传统广告中，广告主向大众传递商业信息、消费者只能被动消极地接收信息。

③成本低廉。搜索引擎优化不需要向搜索引擎服务商付广告费就可能在搜索结果中占据较高的排名，进而提高网站的点击率。关键词广告则依据点击量付费，点击费取决于你为关键词设定的价格，费用一般在 0.15~3 元 / 次不等。

④覆盖面广。截至 2020 年 3 月，我国搜索引擎用户规模达 7.50 亿人，较 2018 年底增长 6 883 万人，占网民整体的 83.0%；手机搜索引擎用户规模达 7.45 亿人，较 2018 年底增长 9140 万人，占手机网民的 83.1%。随着技术的不断进步，电脑、智能手机将进一步普及，搜索引擎的使用人数也将进一步增加。

⑤灵活多变。传统营销方式中广告内容很难更改,搜索引擎营销可以根据社会热点、用户搜索习惯和兴趣爱好等及时更改关键词和广告内容,以便快速适应市场变化。

⑥投资回报率高。欧洲 76% 的市场营销人员都相信,在达到业务目标方面搜索引擎营销比网页广告条更有效,另外, 80% 的企业被调查者对搜索引擎营销的投人回报率表示满意,其中有 35% 表示非常满意。

⑦巧用搜索引擎定位。研究显示,不管用户是否点击网站,搜索引擎结果都可以提升品牌知晓度。搜索引擎结果是网络营销的大门,一些新品牌可以采用搜索引擎营销,将自己的品牌与相关品牌放在一起进行市场定位。比如 Lanai 是一家新的酒店,它利用搜索引擎将自己与万豪、希尔顿、四季酒店放在一起,当游客搜索“巴马豪华酒店”时,理所当然地认为 Lanai 是一家很棒的豪华酒店,要不然它不会在搜索结果中排在首页。

⑧提高评价交流和问答平台的可见度。在搜索中,人们除了了解产品的价格、功能及对比品牌外,还有重要的一点是看“其他用户的评价”(占 43.8%)。在对用户行为进行监测后进一步发现,搜索者主要通过“广泛地参与到问答平台、社区和博客中,了解其他经验人士对目标商品或服务的看法和建议,并结合垂直网站提供的报道和对比评测,最终决定购买和交易”。

搜索引擎营销也存在着劣势,例如点击欺诈。竞价排名广告按照点击量付费,无点击不付费。竞争对手为了消耗对方广告的预算、使自己的广告排名靠前,可能会恶意点击。广告代理商也可能为了获取较高的佣金而恶意点击。Newcars. com 公司在搜索引擎中为按点击付费广告支付了大量的钱,但是根据流量追踪统计,这些流量中夹杂着很多来自保加利亚、印度尼西亚和捷克共和国的 IP 地址,按照 Newcars. com 的说法,公司在这些国家根本没有客户,这意味着公司遭遇了点击欺诈。

新技术的发展可以为搜索引擎营销的发展提供更好的环境。比如 2013 年 4 月获得美国媒体分级委员会(MRC)认可的网页广告新技术 Active View,通过该技术,谷歌能够计算广告在屏幕上展示的时间,并依据美国互动广告局推出的标准,将每次广告展示面积达 50% 以上、存续时间在 1 秒以上的“可见”广告视为已经被真人浏览并列入浏览次数统计。

3. 短视频营销

短视频是一种互联网内容传播方式,一般是在互联网上传播的时长在 1 分钟以内的视频内容。随着移动终端的普及和网络的提速,短平快的大流量视频内容逐渐获得各大平台、粉丝和资本的青睐。不同于微电影和直播,短视频制作并没有像微电影一样具有特定的表达形式和团队配置要求,具有生产流程简单、制作门槛低、参与性强等特点,又比直播更具有传播价值。短视频既可以为用户提供一个自我展示的平台,又可以成为企业数字营销的新阵地。

从全球范围看,国际互联网巨头正大力拓展短视频业务。在国内,短视频已经成为各个厂商执行拉式策略、从事广告及消费者促销活动的重要工具。短视频主要有如下几种类型:短纪录片、网红型、草根恶搞型、情景短剧、技能分享型、街头采访型、创意剪辑。

近年来短视频营销发展十分迅猛,短视频营销的价值逐渐被市场认可。

首先,满足眼球快感,提高品牌好感。短视频是一种快餐式的内容,在极短的时间内传达出一个品牌的理念和形象。根据人脑的记忆习惯，广告记忆度与视频长度成反比，即随着视频长度的增加，用户对广告的记忆度将随之下降。短视频 App 将视频时间限制在 10 秒以内，一方面，是因为“七秒定律”，这样短时长的视频影像更容易在受众的脑海中留下印象，相较于文字和图片，短视频全方位刺激用户的感官体验，给用户带来沉浸感。使其对品牌有一个全方位的感知。在注意力稀缺的时代，短视频能够在极短的时间内满足用户的眼球快感，减少阅读压力，在无形之中提高了用户的品牌好感度。另一方面，短视频利于传播和分享，短短几秒或十几秒的视频不会占据用户手机很大的空间，适合用户在社交网络上分享，或者保存在手机里。

其次，实现低成本高效率的营销传播。短视频成本低，制作周期短，较于传统广告，费用较低，给企业试水短视频平台提供了很大的吸引力。短视频如今已经成为一种生活方式的代表它具有天然的娱乐性和碎片化的特点，在社交化时代更有传播力，具有巨大的商业价值。企业通过短视频传播自己的品牌，符合用户的使用习惯，从而达到流量变现的目的。企业还可以通过大数据等技术手段，结合用户的使用偏好和企业的定位，实现精准化推送，制作更加符合目标客户需求的短视频，唤起用户的情感共鸣。

4. 直播营销

直播营销是指在现场随着事件的发生、发展进程同时制作和播出节目的营销方式，该营销活动以直播平台为载体，达到企业获得品牌的提升或是销量的增长的目的。

直播营销是一种营销形式上的重要创新，也是非常能体现出互联网视频特色的板块。对于广告主而言，直播营销有着极大的优势。

①某种意义上，在当下的语境中直播营销就是一场事件营销。除了本身的广告效应，直播内容的新闻效应往往更明显，引爆性也更强。一个事件或者一个话题，相对而言，可以更轻松地进行传播和引起关注。

②能体现出用户群的精准性。在观看直播视频时，用户需要在一个特定的时间共同进入播放页面，但这其实是与互联网视频所倡扬的“随时随地性”，是背道而驰的。但是，这种播出时间上的限制，也能够真正识别出并抓住这批具有忠诚度的精准目标人群。

③能够实现与用户的实时互动。相较传统电视，互联网视频的一大优势就是能够满足用户更为多元的需求。不仅仅是单向的观看，还能一起发弹幕吐槽，喜欢谁就直接献花打赏，甚至还能动用民意的力量改变节目进程。这种互动的真实性和立体性，也只有在直播的时候能够完全展现。

④深入沟通，情感共鸣。在这个碎片化的时代里，在这个去中心化的语境下，人们在日常生活中的交集越来越少，尤其是情感层面的交流越来越浅。直播，这种带有仪式感的内容播出形式，能让一批具有相同志趣的人聚集在一起，聚焦在共同的爱好上，情绪相互感染，达成情感气氛上的高位时刻。如果品牌能在这种氛围下做到恰到好处的推波助澜，其营销效果一定也是四两拨千斤的。

2020 年 7 月 1 日《网络直播营销行为规范》实施，进一步规范了网络直播营销活动，为营造良好市场环境、促进网络直播营销业态健康发展，提供了制度保障。

5. 大数据精准营销

随着互联网技术的不断提高，网络内容不断丰富，消费者生活方式日益数字化，消费者在互联网上留下了大量的数据“足迹”，数字营销进入了一个新的阶段。这一阶段的数字营销与前两个阶段的最显著区别在于，通过对大数据的挖掘，企业可以做到比消费者自己更了解他们。也就是说，基于消费者在门户站、搜索引擎、电商平台等留下的数据，可分析出他们的消费习惯和偏好，企业的营销可以有的放矢，更加精准，在减少无效营销的同时，大大提升消费者体验和营销效果。

人工智能这一新技术引发的“智能革命”也波及了营销行业，基于人工智能的数字营销的显著特征在于它拥有类似于人类的智慧。比如，饿了么推出的语音点餐系统，依托于智能语音设备，通过语音交互的方式实现点餐流程，以最大限度节省点餐时间和人力成本；阿里巴巴开发的人工智能设计师“鲁班”，在“学习”了淘宝和天猫平台上海量的海报作品以后每秒能自动创作 8 000 张海报，然后向不同的用户推送不同的海报，实现“千人千面”。不论是成本控制还是作业效率都显示出惊人的能力，昭示着人工智能巨大的技术潜能以及对现有营销作业链的冲击力。基于人工智能的智慧营销除了更加精准之外，还更加智能化和自动化，这让消费者的体验和使用便利性都得到了巨大的提升。

案例 1：天猫“双十一”的数字化营销

每年的天猫“双十一”都是举世瞩目的盛世、全民的购物狂欢节。从 2009 年“双十一”0.52 亿元的销售额到 2019 年“双十一”的 2 684 亿元，增长了约 5 160 倍（见图 9-6），这其中数字化营销功不可没。例如，阿里通过大数据和人工智能技术把个性化推荐做到了极致。当我们打开天猫 App 时，曾经因为感兴趣查询、浏览过的商品类型一定出现在首页上，让我们忍不住产生点开看看的冲动。当我们和朋友同时打开天猫的首页时，对比一下就会发现我们看到的页面一定是不同的，阿里已经真正做到了“千人千面”。

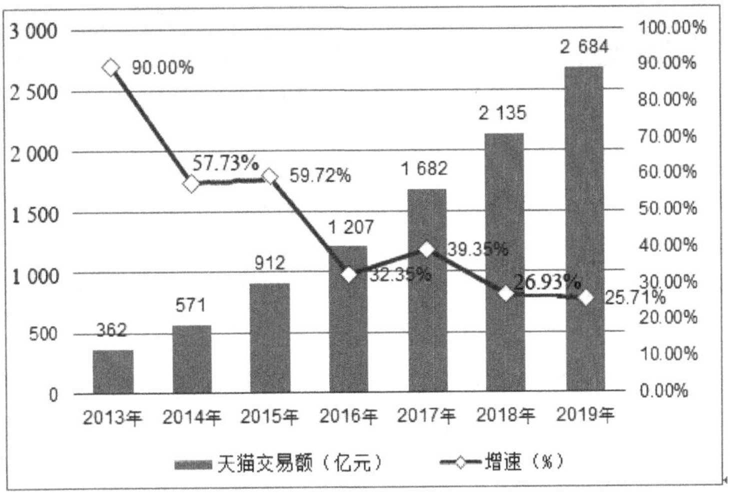

图 9-6　2013—2019 年天猫“双十一”成交额及同比增速

案例 2:传统企业也有堪称经典的数字化营销案例

大家还记得2017年曾经刷爆朋友圈的神广告《1931》吗？它使得百雀羚这个老品牌以年轻人喜闻乐见的方式迅速翻红。“一镜到底”的创意方式、浓浓的20世纪风味、特工做任务的噱头，让这则广告瞬间成为今年“神级”文案之一（见图9-7）。无论是在创意、视觉还是在故事上都堪称完美，博得了吃瓜群众的一致好评。大家纷纷在朋友圈转发，据微信指数统计，仅2017年5月7日这一天的访问量就突破800万，这还不算由此引发的讨论及后续的媒体“发酵”。据媒体事后测算，这堪称数字营销的经典。事实上，百雀羚通过产品升级、文创IP跨界合作、明星代言和粉丝经济，打破了品牌的传统印象，找到与年轻人的沟通方式，建立起百雀羚“东方之美”的品牌形象，将厚重的中国传统文化以新颖的“国潮”方式传递给年轻人，让这个诞生于1931年的老品牌重新焕发了活力。

图9-7 百雀羚的广告《1931》

案例 3:欧莱雅的数字化营销

客户体验绝对是当下以及未来商家竞争的主战场。如何提升客户体验，获得客户的认可，成为数字化时代组织竞争的关键环节。所有的组织都在不遗余力地提升客户体验，其详细地分析组织与客户接触的每一个环节，通过流程优化和应用数字化技术来提升客户的体验。

对有着100多年历史的欧莱雅来说，其电商渠道的销售额增长迅速，但对于电商渠道而言有一个客户体验方面的弱点，就是用户无法真实体验化妆品用在面部的效果。为解决这个问题，提升客户的体验，欧莱雅在2018年3月收购了来自加拿大的美妆数字技术公司ModiFace。通过AR面部追踪算法，加上摄像头对用户面部的细致捕捉，ModiFace能够逼真演绎出不同彩妆在人脸上的变化。ModiFace的技术被欧莱雅应用于“智能试装镜”等产品中，而且欧莱雅还与阿里、京东、腾讯等大型电商达成战略合作，在天猫和京东上都能够做到在线试妆，而且效果非常逼真。

思考题：

比较一下，上述案例中分别使用了哪些数字营销的方法？各自的适用条件、优势和缺点分别是什么？

9.4 数字化供应链管理

9.4.1 数字经济重构传统企业供应链

随着数字技术的创新和互联网整体生态的优化成熟，以BAT为代表的互联网企业不断运用互联网思维创新传统生活消费领域的服务模式，从搜索、社交、游戏、电商，到O2O、P2P等，都成为互联网企业深耕消费级市场、打造互联网消费服务生态系统的重要内容。

数字经济对日常消费和沟通模式的变革重塑，以及由此带来的巨大的价值想象空间，也使人们对其在工业制造、产业协作等企业级应用市场中的发展充满期待。同时，消费级市场竞争的加剧、“互联网+”行动计划的提出，以及企业级用户更强的付费意愿和能力，也加快了互联网企业将眼光从消费领域转向生产领域，运用数字创新思维、技术和模式改造传统产业生态，产业数字化的时代已然到来。

数字经济时代，主要是通过实时感知、移动应用、云端资料和大数据分析等多种技术工具，重构企业组织架构、再造全产业链流程；将互联网开放共享、协作、共赢的理念融入企业的全生命周期中，实现生产、经营、融资等内部各环节以及企业与外部的协同交互；打造开放性的产业生态系统，实现不同产业的融合与协同发展。具体来看，主要体现在以下四个方面，如图9-8所示。

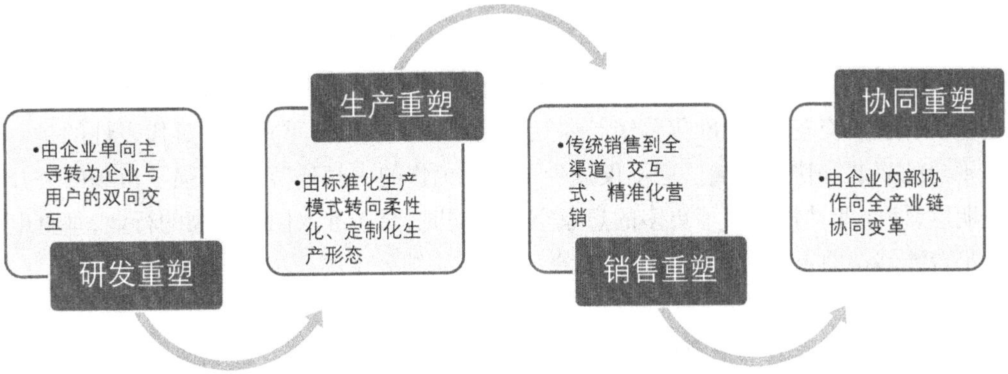

图9-8　产业互联网的四大重塑能力

1. 研发重塑

在传统产业形态中，研发环节是由企业中专业的精英研发团队主导的，与用户基本无关。即使有些企业在研发之前进行了针对用户的市场调研，也常常受制于样本规模、分布、用户参与意愿等因素而难以获得预期的效果，且时间与经济成本也不低。与此不同，数字经济时代下，企业可以直接通过网络渠道平台与用户进行及时、深度、持久的双向交互，从而更加精准快速地把握市场变化和用户痛点，有针对性地调整研发方向和内容；同时，用户直接参与到产品的研发设计中，将为企业带来更多的创新源泉，推动研发的众包式变革。

例如，小米手机在正式上线一年之前，就通过网站公布了基于 Android 系统开发的第三方固件 MIUI，并积极引导网友参与讨论，提出自己的创意，进而根据用户反馈信息不断优化升级研发方案。如此，小米公司不仅满足了用户更高层次的参与感、成就感，还通过用户参与增强了自身的研发能力，获取了大量的用户需求信息，成功培育和聚集起大量粉丝，为后续产品销售奠定了坚实基础。

2. 生产重塑

工业革命和技术的发展，推动了早期的家庭式小作坊生产模式发展为标准化的机器大工业生产模式；同样，互联网和相关技术的发展成熟，以及人们定制化、个性化需求的不断增长，也推动着工业流水线的标准化生产模式转向柔性化、定制化生产形态。当前，借助互联网大数据分析和云计算技术，企业不仅可以更加及时精准地定位用户群体和需求，还能够挖掘出生产环节产生的大量数据信息的深度价值；而物联网等新信息技术的应用，将再造企业的全产业链流程，通过相关应用软件实现生产要素的智能配置、生产流程的动态管理，最终实现定制化柔性生产。

例如，传统家电企业的代表海尔集团，就借助互联网为用户提供个性化的产品定制服务。用户可以自主选择家电的材质、容量、样式、附加功能等诸多内容，这些个性化需求会通过网络平台迅速反馈到生产系统中，进而进行家电的定制。

3. 销售重塑

传统销售模式中，一方面是企业不得不依赖中间渠道商寻找客户，限制了市场和利润的拓展；另一方面则是采购方受制于市场信息的不对称，只能通过流程复杂的招标与资质审核的方式获取需要的产品，增加了交易双方的时间与经济成本。

与此不同，互联网的发展推动了信息的高度透明和快速流动，极大地削弱了信息的不对称性，并通过线上线下的多渠道交互实现供需两端的精准高效对接，从而重构了传统销售形态，实现全渠道、交互式、精准化营销。在互联网对销售领域的重塑中最具代表性的是电子商务平台的兴起和快速发展。这不仅减少了产品销售的中间环节，还增强了市场的公开性与透明度，使企业销售拥有了更多的想象空间。同时，对于准入门槛较高的行业，垂直电子商务平台能够帮助企业实现内部市场细分，从而深耕细分市场，专注行业服务。

4. 协同重塑

产业互联网的发展不仅有助于企业内部协作，还能够从整体产业层面实现不同环节的协同联动，打造更具生命力的全产业生态系统。企业层面，云办公平台、多组织协同管控、BYOD（Bring Your Own Device）式移动办公模式等领域的发展，将进一步增强企业内部的信息沟通与业务协作；产业层面，通过互联网既可以实现电子商务、互联网金融、智能生产、移动办公等分散应用的连接整合，又能够将产业链的不同环节连接起来，实现上下游企业的协同联动，以及产业生态系统的优化完善。

以汽车产业为例。通过产业互联网,线上平台积累的汽车交易信息,不仅能够帮助汽车厂商制订更合理的生产计划,还可以用于指导上游零件商、材料商的研发供应,以及下游洗车店、维修保养店的市场布局;同时,汽车交易中的用户信息也能在金融服务机构设计贷款、保险等金融产品,以及政府对车辆与交通的管理方面发挥重要价值。简单地讲,产业互联网的协同能力将使产业链中每一个环节的信息都能在其他环节中发挥出巨大效用,从而打造出一个协同共生的产业生态系统,实现多方共赢。

9.4.2　企业供应链数字化再造的路径

1. 供应链数字化再造的含义

用数字化理论对供应链的解释就是:供应链就是一种解决连接、检索、交互问题的途径。连接指的就是将企业的各种人、财、物等资源以及企业、供应商、客户等主体,借助系统和流程联系在一起;检索指的就是借助某种技术找到时空分布不均的资源,对其进行优化配置;交互指的就是内外部客户进行的各种交易活动。

对供应链进行数字化再造,指的就是借助数字化技术和逻辑,对传统供应链的各环节进行改造,以实现优化升级;借助企业级别的移动应用布局,实现前、中、后台的有效融合,完成端到端的交互;借助两进位制形成的数字语言,解决企业运营系统的两大痛点,提升企业的运营效能,增强客户体验。

案例:Uber 的供应链数字化再造

在供应链数字化再造方面, Uber 取得了显著成就。在传统的出租车行业中,打车难、服务差、价格贵等都是亟须解决的消费痛点。Uber 为了解决这些问题,借助数字技术对出租车的供应链进行了改造:借助乘客端和司机端两个 App 构建了一个完整的平台运营模式,将供需两端有效地连接在了一起,乘客和司机共享资源;同时,引入随时通信技术、LBS 定位技术和大数据分析技术,对供需两端的数据进行分析,以实现智能化调度,并根据市场特点进行差异化定价。在 Uber 模式下,出租车可以随叫随到,价格也比较合理,提供了较好的客户体验。另外, Uber 还给出租车车主和乘客较高的资金补贴,有效地扩大了应用人群,拓展了市场。最后,为了弘扬契约精神,加强全社会范围内的诚信教育, Uber 还制定了双向评价机制。Uber 的这一模式不仅提升了客户体验,还提升了企业的运营效能。以上海为例, Uber 在上海的管理人员只有 10 个,这 10 个人运营了整个上海市场,其运营效能是显而易见的。

通过 Uber 的成功,我们得出一个结论:供应链的数字化再造能借助物化的劳动力解放活劳动,打破各种束缚事物发展的条件,创造一种全新的商业模式,创造巨大的价值。

除出租车行业的 Uber 之外,保险企业也开始尝试对其供应链进行数字化再造。例如,有的保险企业引入了 OCR 图像识别技术,这是一种借助计算机将图片、照片转化为结构化文本的技术。保险公司借助这一技术,能够简化理赔流程。

例如,客户想要处理医保赔付问题,只需要将医院开具的发票拍照上传,保险系统就能对照片信息进行自动识别，将其转化为结构化文本，之后再进行后续的理赔核算。如此一来，借助 OCR 图像识别技术，医保赔付的三大低效痛点——实物单证交换、键盘信息录入、海量数据处理就都得到了有效解决，缩短了理赔流程，提升了理赔效果，提升了运营效能，改善了客户体验。对于保险企业来说，这是一次成功的供应链数字化尝试。

思考题：

Uber 是如何进行供应链数字化改造的？

2. 供应链数字化再造的方法

对供应链进行数字化再造，是提升企业核心竞争力的关键，其路径和方法主要有三种，如图 9-9 所示。

图 9-9 供应链数字化再造的路径和方法

1）全面变革

全面变革指的就是将原有的供应链组织架构拆分、重组，彻底重构供应链流程。这种方法的优点：全方位、系统化地对供应链进行改革，这种改革较为彻底，并能产生协同效应，能推动战略转型的有效实现。当然，有优点就有缺陷，其缺陷：全面变革涉及的内容较多，包括管理理念的变革、组织架构的变革等，需要投入大量的资源，耗费较长的时间，面对较大的风险，成功率较低。

2）精益化

精益化的供应链数字化再造指的就是在现有的运营体系中，借助精益化工具对供应链的某个环节进行优化和改造。这种方法的优点：改革的范围小，困难小，风险小；在改革的过程中能借助丰富的经验，使得改革容易完成；标准化程度较高，改革模式容易被推广应用。其缺陷：经过这种方法改革之后的供应链，仅能获取边际价值，难以借助新技术实现颠覆性改变。

3）寻找破局点

这种方法指的是在供应链数字化改革的进程中，从战略方向出发，寻求机会点，集中资源和能力从这个点实现突破。使用这种方法进行供应链数字化改革的优点：将资源和力量集中起来，成功率更高；单点突破，运营效能和客户体验都能在短时间内得以显著提升；以单点为据点，能够实现纵深发展，对整个供应链进行数字化再造。其缺陷：对突破点的选择有很高的要求，机会成本较高。

对于企业来说，这三种方法没有好坏之分，要根据具体的环境、条件和能力进行优化选择。

3. 供应链数字化再造的技术和工具

无论选择哪种方法，企业要完成供应链的数字化再造，还要有效利用大数据、商业智能、移动终端、移动应用软件 App 等技术和工具。

1）大数据

大数据通过挖掘海量数据，能获得诸多机会深入、准确地对市场行为进行观察、研究，以突破束缚事情发展的各种条件。以保险业为例,保险业的商业模式本来就是在大数据法则的基础上形成的,借助传统的精算理论,掌握某项风险已有的数据,通过建模找到该风险发生的规律,对未来的风险进行预测,以确定该风险产品的价格。为了获取更加准确的预测结果,保险业积累了大量的数据,在利用大数据方面有天然的优势。

大数据既然这么有用,我们该如何使用它呢?大数据应用的关键环节就是建模,通过概念建模、逻辑建模、物理建模等来获取想要的信息。因此,要想利用大数据获取所需的信息不是一件容易的事情。对于供应链的数字化再造来说,大数据是先驱,也是一个现实挑战。

2)商业智能

将人工智能用于商业领域就是商业智能,是供应链数字化过程中最关键的部分。商业智能的应用场景有很多,如账务系统、交互系统、学习系统等。下面列举两个应用场景对其进行具体说明。

场景一:借助商业智能为销售人员提供客户的具体信息。例如,在销售人员面见客户之前,商业智能系统能将客户的具体信息显示出来,如客户的年龄、客户的家庭构成、客户的联系方式、客户曾经的消费行为、客户最近一次与公司的交互内容等。除了这些基本信息之外,还能告诉销售人员客户的喜好,对销售人员提出下单建议,为销售人员的成功营销提供有效支持。

场景二:将被管理对象的动态信息提供给管理者。例如,管理人员去分部巡查工作,在工作开始之前就可以利用管理系统了解分部最新的运营情况、财务状况、业绩绩效、管理团队成员及人力资源等情况。尽管决策支持应用软件与服务支持软件和销售支持软件有所不同,但其商业智能闭环是一样的。一般来说,商业智能化程度的高低与用户体验的好坏是密切相关的,用户界面越简洁,就代表着商业智能化的程度越高,后台的数据挖掘和逻辑架构也就越复杂。

3)移动终端

来自 iGR 调查报告显示, 2019 年全球移动设备普及率将达到 125%,去年这一数字是 96.4%。GSA 发布的《2019 年 9 月 5G 终端报告》显示,截至 2019 年 9 月 10 日,全球已有 129 款 5G 终端设备发布。在互联网的各个入口中,移动终端已跃居首位,并开始逐渐掌控人们的生活和企业运营。对于供应链数字化再造来说,空有大数据和商业智能是不能实现的,只有借助移动终端解决连接、检索、交互问题,供应链数字化再造才能被真正完成。

具体来说,移动终端具有以下优点:一是移动终端独具的即时性、便捷性、互动性强的特点打破了时空限制,促使交易行为实现智能化;二是移动终端将前、中、后台联系在一起,将 B 端和 C 端连接在一起,使供应链上的信息、资源能够实现高频次的传播,并增强了这种传播的可控性;三是移动终端能够记录下个体行为、交互活动和交易场景,为大数据、商业智能技术的应用提供保障。基于此,移动终端成为供应链数字化再造的最后一环。

4)App

App 是一个智能化的应用程序软件包,与中、后台的数据库相连,负责大数据、商业智能、移动终端的正常运转,负责信息交换、传输和集散,是供应链数字化再造的枢纽。App 分为企业端 App 和客户端 App。企业端 App 有很好的分发能力,渗透性强,且用户数量增长很快。而且，企业端App还能够对数据挖掘技术、LBS定位技术、即时通信技术、OCR技术进行整合，对目标用户的相关数据进行分析，深入了解用户，为深入开发用户打下基础。客户端App能借助手机为用户提供随时随地的服务，为客户带来更好的体验。

企业供应链的数字化再造，其目的是要提升企业的运营效能，增强用户体验。要做到这一点，关键要解决连接、检索、交互这三大问题。这三大问题的解决方法、路径有很多，如全面变革、精益化、寻找破局点等，但无论选择哪种方法，都要综合运用大数据、商业智能、移动终端和App等技术。此外，还要从用户的视角出发，做好人性关怀，满足客户的情怀和期待。

4. 供应链数字化再造的困难

我们通常所说的流程再造，指的是从根本上对企业的运营流程进行重构。这种重构是对企业原有的、根植于企业内部的、能对企业各种经营活动产生直接影响的模式的一种挑战，期望通过这种挑战使企业的成本效能得以有效提升。

相对于这种通常意义上的流程再造来说，企业的供应链数字化再造则更加彻底，企业成本效能的提升也更加明显，实现的难度也更大。具体说来，企业的供应链数字化再造面临着三方面的困难：一是理念和思维方式；二是过度依赖科层制路径；三是能力重建。

第一，理念和思维方式。供应链数字化再造的流程是从上到下、从管理部门到研发部门的。将过去依靠会议、文件传达的管理理念、资源配置方法、经营策略用编程语言表达出来，将其转变成数字化的逻辑和语言，借助移动终端与应用系统去落实、去执行。

第二，科层制路径。供应链数字化再造要打破传统的科层制模式。首先，要去中心化、简化层级结构、消除中介、去行政化；其次，要实时警醒，思考如何创新和改变。

第三，能力重建。供应链数字化再造要在数字化基因的基础上进行能力重建，构建一种新型的能力素质模型。首先要做到专注；其次要以场景为切入点，以用户体验为导向，进化到二进位制，切实解决用户问题。

总之，对于供应链数字化再造来说，企业只能结合理论经验，依据企业的实际状况，勇于承担失败的后果，在摸索中寻找出路。

9.5 企业组织模式变革

9.5.1 数字化企业的组织结构

1. 传统企业组织结构的瓦解

传统的企业组织结构表现为层级结构。这种组织结构有多个管理层次，并有一套复杂的操作程序来决定报告渠道、权利层次、部门特权、工作界定和操作规则。在企业内部，高层、中层、基层管理者组成一个金字塔形状的结构。其中，董事长和总裁位于金字塔顶端，他们的指令通过一级级的管理层，最终传达到执行者；而基层的信息则通过一层一层的筛选，最后达到最高决策者。层级结构的组织形式源于经典管理理论中的“管理幅度”理论。该理论认为，一个管理者由于精力、知识、能力、经验等因素的限制，只能够管理有限的下属。随着下属人数的增加，可能存在的相互人际关系将逐渐复杂，信息量和管理难度也会进一步增加。当下属人数达到一定程度，就超越了管理者所能有效管理的范围。而且越往高层，一个管理者所能有效管理的下属越少。一般情况下，基层管理者能够有效管理的下属不超过 15~20 人，中层管理者能有效管理的下属不超过 10 人，高层管理者能有效管理的下属不超过 7 人。当一个组织的人数确定后，由于有效管理幅度的限制，就必须增加管理层次，管理层次与管理幅度呈反比。在传统管理模式之下，当组织规模扩大，而管理幅度又极其有限，管理层次就会逐步增加。20 世纪 80 年代，在美国通用汽车和 IBM 这样的巨型企业组织中，最高领导层与工人之间有多达 12 级的管理层。

很显然，传统金字塔形状的层级组织结构同工业经济时代高度的专业化分工协作与实现规模经济效益的要求相吻合，适应了工业经济时代信息传递的技术要求和企业高层管理者的要求，给工业时代的企业带来许多优势。但是，在数字技术广泛应用的背景下，企业的外部环境和内部生产方式发生了很大变化，传统企业组织结构的弊端越来越明显。第一，严格的等级管理层次影响了信息传递的速度和效率，而且信息在传递过程中有可能逐渐丢失或被误解；第二，等级组织结构割裂了部门间及职能间的联系、交流与学习，不利于创新、协调与合作，影响企业员工的积极性、主动性和创造性的发挥。因此，这种等级制度造就的是一个结构化的、充斥着互不信任和一种互相贬低的文化组织；第三，由于管理层次较多，业务流程分散割裂导致企业的市场适应能力下降，容易产生“公司内部的官僚主义”，无法提供严酷竞争下所需的灵活性和反应能力，阻碍企业的生存与发展。

2. 数字化企业的组织结构创新

数字技术的创新和推广不仅仅是一种技术手段的应用，而是激进的组织变革的内在原因。尤其是数字化企业的出现，对传统的企业组织结构带来了猛烈的冲击。数字企业要求企业的组织结构必须具有扁平化、虚拟化和柔性化的特点。

1）组织结构扁平化

数字化企业的组织结构逐渐由“金字塔”转向了“扁平型”，通过大量压缩中层机构，使企业内部的信息传递更为直接。而在数字化时代，信息的传递方式是广播式的，瞬间我们就可以让信息到达组织的每一个人，每个人也都有可能成为信息发布的节点，个人的影响力被数字化技术放大。因此，在这个时代，层级式的组织形式反倒增加了信息传递的壁垒，更加合适的组织形式应该是扁平化的——组织的层级少，官僚现象和信息壁垒就会随之减少，这样组织才能够快速响应市场变化。在数字企业内部环境中，数字技术的普及应用使得企业内部的信息交流更为高效，显著减少了传统企业原有不必要的管理层次；而且，电子商务的应用使企业的相关部门都能更直接、有效地与客户接触、沟通，减少了决策与行动之间的延迟，加快对市场和竞争动态变化的反应，使组织的能力变得柔性化，反映更加灵敏；在数字企业的外部环境中，顾客的需求不断个性化，市场需求快速变化，企业的反应速度和灵敏程度在企业运营过程中起到至关重要的作用，必然要求员工的信息能够尽快传输到公司高层领导那里，因此需要通过减少管理层次、压缩职能机构、裁减中层管理人员，以缩短信息传输途径。这种新型组织结构使得基层组织成为一个个具有相对独立性的生产经营决策中心，被赋予更大的职责，大大提高了企业的运作效率，使企业获得了更大的灵活机动性。

2）运作虚拟化

数字企业利用数字技术打破时间和空间的界限，使得企业形成一种类似于无边界的虚拟化。这种虚拟通过企业内部或不同企业之间的要素组合，打破企业之间、产业之间、地域之间和所有制之前的各种界限，便利资源整合，以及利用数字化手段进行信息传输。虚拟化使得企业的运作效率越来越高，优势越来越明显。面对复杂的市场竞争环境，企业要想做出灵活的反应，就要借助计算机技术，构建完整的企业软件管理系统，增强企业组织结构的弹性，让企业面对风云变幻的市场机会时能做出适时而恰当的反应。

3）组织柔性化

组织结构的柔性化是指以一些临时性的，以任务为导向的团队式组织将取代以前一部分固定的、正式的组织结构，其目的是打破传统组织结构的部门界限，使企业能有效地围绕目标与任务合理配置并充分利用各种资源，增强对环境动态变化的适应能力。当前企业柔性化的主要表现形式有两种：一种是团队结构。团队结构以快速结合、重组、解散的优点适应快速多变的企业内部环境，比传统的部门结构或其他形式的稳定性群体更灵活，反映更迅速；另外一种是业务外包。业务外包是指通过委托—代理契约而将企业内部的某项职能或某项任务分包给其他企业或组织来完成，以最大限度地发挥本企业的核心优势，最快地对外界环境做出反应的过程。因此，业务外包是企业增强外部环境应变能力的重要手段之一。

9.5.2 打造敏捷组织

针对组织的敏捷性，麦肯锡于 2017 年 10 月发布的一份研究报告“How to Create an Agile Organization”就给出了明确的定义——快速调整战略、结构、流程、人员和科技以获得产生价值和保护已有价值机会的能力。

敏捷之所以对整个组织都非常重要，是因为数字化时代需要组织能够快速应对外界的变化。现在，我们身处的世界变化太快了，有时候一觉醒来就有新的变化在刷新我们的世界观；这种快速变化，让组织不得不快速地调整，以保持自己的竞争优势。

打造敏捷组织，就必须采用新的管理方法和实践，主要包括以下内容。

1. 敏捷开发产品

这个时代，客户的需求多变，传统的“瀑布式”软件开发方式已经完全不能满足市场的需求，而敏捷开发这种以客户的需求为中心，采用迭代方法持续交付客户价值的开发方法，已经越来越被实践证明是适应数字化时代的开发方法。敏捷开发方法拥抱变化，事实上，不仅客户的需求时刻在变化，就连项目环境也在不停地变化，敏捷开发方法更关注价值，而非约定好的功能实现；敏捷开发主张简约，不论是开发过程的文档还是需要建构的功能，都要把有限的时间和精力花在最有价值的部分；敏捷开发要求快速反馈，从开始采取行动，到获得行动的反馈，二者之间的时间至关紧要，与其他人一起工作时，你的想法可以立刻获得反馈。

2. 建设敏捷团队

如果要快速推出数字化产品，以响应市场的变化，那么敏捷开发方法的应用是必要的，而要让敏捷开发方法发挥最大能力，则必须依赖于敏捷团队的建设。

首先，人与人的信任和协作关系不会因为把他们放在一起就立刻建立，这需要一个过程，而这个过程往往是共同经历了挫折与失败、成功与荣耀之后才形成的。

其次，临时组成的团队，并不会因为把他们放在一起，便就此打通部门间的那堵墙，他们仍然带着因为利益关系而形成的固有思维和价值观，尤其是当他们知道最终还会回到部门去的时候，这就更难让他们之间形成真正的协作。

最后，对于团队成员而言，是在原来工作的基础上增加了新的工作，一旦项目中的工作与本职工作产生冲突，他们会本能地选择倾向于本职工作。

因此，组织要形成若干个专职的敏捷战队，他们是长期合作的一群能力交叉的人，他们可以合力完成数字化产品开发中的绝大部分工作，一个项目结束后，团队不会解散，他们会直接投入到下一个项目中；经过长期的磨合建设起来的敏捷团队，才能让敏捷开发方法发挥真正的效果。

3. 建立统一流程

对于许多传统公司来说，数字化转型的第一步，也是非常重要的一步，就是在整个企业中形成统一的流程。大型公司通常部门壁垒严重，每个部门都有自己的业务流程。在这种情况下，形成对客户或产品的共同理解是非常困难的；没有共同的理解，过程优化甚至数字化转型都是不可能有效的。因此，流程的统一是数字化转型中非常重要的环节。

首先，应当从全局出发构建流程。一个组织的流程之所以混乱，往往是因为梳理流程仅仅从部门和职能的角度出发，而忽略了组织是一个整体。我们必须明白流程存在的根本目的是让组织各个“器官”有效地协调起来，而不仅仅局限在告诉员工该怎么去做工作。

其次，流程需要端到端的思考和构建。所谓“端到端”就是从客户需求端出发，到满足客户需求端去，两端均连接了市场。这是组织梳理流程的关键原则，因为满足市场需求才是组织生存的前提，组织的流程也必须从这个角度进行构建。从这个角度出发和思考，会发现组织的现存流程中隐藏着很多不合理的地方，应加以修正和完善。

再次，流行需要精益和敏捷。许多组织流程烦琐，究其原因，是在用流程推卸责任，而不是为了更好地协作。为了推卸责任，恨不得在流程的每一个环节都加上审批的步骤，以方便追究责任，组织的运营效率和对市场的响应效率会大打折扣。因此，在流程设计之时，就必须采用精益和敏捷的思想，减少不必要的环节，提升组织应对市场响应的速度。

最后，流程需要持续优化。流程如果停留在文件中，那么即便它被制定出来，也很难持续发挥作用；流程必须实现在信息系统中，并且需要持续的优化，时刻响应业务和市场的变化。有生命力的流程不可能一成不变，流程需要组织投入大量的精力来关注它。

4. 建设组织文化

组织文化虽然无影无形，但对组织的影响却非常巨大。组织文化的缺陷很有可能成为阻碍数字化转型的最大障碍，这也是前面所述的各类管理思想和实践能否成功推行的基础。很多时候，组织变革遭遇失败，就是组织文化的问题。而且，当前述的各种管理思想和实践在组织内成功推行之后，它们也需要融入组织的文化中，在组织中变成自然而然的事情。

首先，尊重失败与鼓励创新。对待失败的态度决定了组织创新的速度，一个不允许失败的组织大谈创新是可笑的。组织应该尊重失败，鼓励大家从失败中吸取经验和教训，并支持他们开展新的创新。

其次，开放包容，广开言路。组织愿意去分享经验、技术和能力，并以此来巩固与合作伙伴的合作，或者吸引新的合作伙伴加入，以构建良好的生态圈。鼓励协作，尤其是跨部门、跨职能的协作。鼓励员工表达自己的想法、意见与不满，并积极采纳合理的建议和想法。

再次，以客户为中心，用数据说话。不论是否直接接触客户，组织内的所有人都应该以客户为中心，以提升客户体验为己任。同时，让所有人都习惯于使用数据，用数据发现问题、支持自己的观点和想法，形成“用数据说话”的氛围。

本章小结

企业的数字化转型是指以数字化技术为基础、以数据为核心、以产品 / 服务转型为流程，以优化重构为手段，从而实现企业绩效与竞争力的根本性提升的一系列变革。数字化转型旨在借助数字世界里强大的可连接、可汇聚和可推演的能力来进行产品、业务和商业模式创新，以更低的成本、更高的效率为客户提供更好的服务和体验。

数字经济逐渐渗透至商业世界的每个角落，新的商业模式和颠覆式创新不断涌现，产业边界日益模糊，身在其中的微观个体主动或被动地卷入这场浪潮，只有积极地进行数字化变革才能在竞争中赢得一席之地。

按照数字化程度从高到低划分，可分为五个产业集群：ICT、媒体与金融，面向消费者的行业（娱乐休闲和零售贸易），政府相关行业，资本密集型行业，本地化和碎片化行业（农业、个人服务、建筑等）。

企业进行数字化转型应遵循以下原则：满足用户的消费需求，善用大数据即物联网等技术，全力打造数字化供应链。企业数字化转型的内容包括客户、产品、运营和人力四个维度，业务战略、业务流程、数据、应用和关键基础设施五个层次。

数字营销是指使用大数据技术推广产品和服务的营销传播活动。主要包括社交媒体营销、搜索引擎营销、短视频营销和社会网络营销等方式。

对供应链进行数字化再造，指的是借助数字化技术和逻辑对传统供应链的各环节进行改造，以实现优化升级；借助企业级别的移动应用布局，实现前、中、后台的有效融合，完成端到端的交互；借助两进位制形成的数字语言，解决企业运营系统的两大痛点，提升企业的运营效能，增强客户体验。

数字化企业呈现出组织结构扁平化、运作虚拟化和组织柔性化，应当从开发敏捷的数字化产品、建设敏捷团队、建立统一流程、建设组织文化四个方面打造敏捷组织。

本章课后思考题：

1. 什么是企业数字化转型？请举例说明，企业进行数字化转型的必要性是什么？

2. 企业进行数字化转型有没有行业差异性？哪些行业的数字化程度可能会更高？

3. 企业进行数字化转型应遵循哪些原则？主要在哪些方面进行转型？
4. 什么是数字营销？与传统营销方式相比，数字营销有哪些特点？
5. 请举例说明数字营销的主要方法及各种方法的特点。
6. 如何对企业进行供应链数字化改造？应重点关注哪些问题？
7. 在数字化改造过程中，企业应当如何进行组织模式变革？

第 10 章　数字经济时代的政府治理

本章学习要点：

- 理解政府数字化转型的背景和阶段
- 了解我国政府数字化转型现状
- 掌握智慧政务的含义和重点内容
- 理解数字治理中的重要法律问题

大数据成为提升政府治理能力的新途径。大数据应用能够揭示传统技术方式难以展现的关联关系，推动政府数据开放和共享，促进社会事业数据融合和资源整合，将极大提升政府整体数据分析能力，为有效处理复杂社会问题提供新的手段。建立“用数据说话、用数据决策、用数据管理、用数据创新”的管理机制，实现基于数据的科学决策，将推动政府管理理念和社会治理模式的进步，加快建设与社会主义场经济体制和中国特色社会主义事业发展相适应的法治政府、创新政府、廉洁政府和服务型市政府，逐步实现政府治理能力现代化。

10.1　政府数字化转型的背景和现状

10.1.1　政府数字化转型的背景

1. 数字经济时代对政府治理理念产生的影响

（1）开放的意识

“开放”是大数据时代的最强音。无论是美国提出的“开放政府”战略，还是规模不断扩大的世界“开放联盟”组织，世界各国政府的开放意识都在强化。而开放意识的确立，将使一个国家或政府在数字经济时代处于“被淘汰”的境地。

（2）包容的心态

数字经济时代，国家间的包容性更强，主要表现为打破国家的数据分界线，实现数据世界的一体化。政府利用“社交”方式为公民提供了合法的倾诉平台，可以更近距离地听到公众的声音，政府与公众之间的包容度更强。

（3）科学的态度

数字经济时代，数据的颗粒度在变小，政府所能获得和提供的数据更加原始与真实，政府决策过程在科学技术的支撑下变得高效与可考证化，决策结果中不确定因素所带来的风险大大降低。科学思考成为一种习惯，经验分析不再是主导。

（4）关联的思考

数字经济时代，认识问题、分析问题、思考问题、解决问题，都需要进行“关联”，人的关联、物的关联、人与物的关联、历史时间的关联、地理位置空间的关联、多维度的关联。

（5）深度的分析

数字经济时代，分析是深度的、实时的，大数据分析的是极端个人化的数据，这些个人信息以形态各异的形式分散在不同的时间段、不同的地理位置、不同的网站平台，大数据要做的就是不停地分析，深入挖掘这些看似不相关的数据，找出数据间可能存在的规律。

2. 数字经济对政府治理方式产生的影响

随着政府治理环境的改变，政府治理方式在不断发展创新。大数据被认为是继互联网革命之后的又一次技术革命。技术是政府治理的要素之一，技术变革是政府治理现代化的重要推动力量。对于政府来说，技术变革既可以带来治理手段的创新，也可能推动治理机制的创新，最终变革政府治理方式。

（1）产生政府治理的"倍增"效应

信息技术飞速发展的时代，相继出现了数字化治理、网络化治理，由此"治理"理论的核心理念转变为：通过合作、协商、伙伴关系，确定共同的目标等途径，实现对公共事务的管理，涉及的核心问题就是权力多中心化以及由此引发主体多元化、结构网络化、过程互动化和方式协调化的诉求。因此，将大数据应用到政府治理中将加速政府治理的创新，可以产生"倍增"效应。

（2）"智能化"重新塑造政府治理模式

大数据时代的政府治理方式将以"智能化"重新塑造政府治理模式。在智能时代，人与人之间的合作、任务之间的对接会更精确，要求政府治理实现"智能化"，以降低整个国家和社会的运行成本。首先，通过利用先进的数字技术对大量的政府业务数据和公众行为数据进行分析，实现无序数据向关联化、隐形数据向显性化、静态化向动态化、海量数据向智能化的转化；然后，政府加大数据开放力度，形成新的产业进而创造利润，同时也可以利用数据加强绩效考评，提升政府人员、政府组织和 IT 资产的效率，进而节省政府行政成本，提升政府竞争力；同时，政府加深在网络反腐、舆情监控等公共领域对数据的应用，实现政府决策、政府管理由事后决策转变为事前预警，将数据转化为科学决策，提升政府决策力。如此，经过多次转化，政府把低价值的数据转变为政府治理能力，实现"智能"治理。

10.1.2　政府数字化转型的阶段

数字技术不仅重塑了商业世界，也推动了政府服务和治理的数字化转型：从最早使用 IT 技术辅助政府工作，到大范围、深度 IT 化改造，再到政府前台和后台工作的全面数字化，政府数字化水平不断提高。尽管各国政府数字化转型的路径不尽相同，但我们可以从中发现一些共性经验。一般来说，根据数字化程度不同，政府的数字化转型至少要经历电子政府、一站式政府和数字政府三个阶段。

1. 电子政府

电子政府是指在政府内部采用电子化和自动化技术的基础上，利用现代信息技术和网络技术，建立起网络化的政府信息系统，并利用这个系统为政府机构、社会组织和公民提供方便、高效的政府服务和政务信息。

建设电子政府的过程就是政府部门IT化改造的过程。美国是最早系统使用IT技术建设“电子政府”的国家。1993年,美国提出利用信息和网络技术提高政府服务管理的效率与经济性,开始了“电子政府”建设。2002年,布什总统签署《2002电子政府法案》(以下简称《法案》),从立法角度推动“电子政府”的进一步发展。在《法案》的要求下,美国成立了“电子政府”基金,并设立联邦首席信息官负责管理美国“电子政府”的发展。

2. 一站式政府

发达国家电子政府建设起步较早,在政务电子化实现后,政府改革的焦点逐渐转移到通过融合的办法提供公共服务。一方面,政府机构“碎片化”管理使政府部门内部、部门之间以及政府部门和第三部门之间的合作变得困难,更加需要信息的协同共享;另一方面,民众越来越多地要求更加个性化、可获得的公共服务。这种以“整合”和“协同”为主要特征的发展趋势被称为“一站式政府”“整体政府”或“整合政府”。尤其是20世纪90年代以来,加拿大、澳大利亚和英国等国家逐渐加强了对一站式政府的关注,芬兰、挪威、新西兰、苏格兰、爱尔兰、新加坡等国家也在采用一站式政府的理念改革政府部门。

各国一站式政府建设的重点都落在跨政府部门的协同合作上,都认为一站式政府要跨越政府部门界限,实现协同治理,为民众提供跨部门的无缝式服务。一站式政府提供的服务既包括中央政府和地方政府之间的“上下合作”中央或地方同级政府之间的“水平合作”,也包括同一政府不同部门之间的“左右合作”,以及政府与企业和社会之间的“内外合作”。

3. 数字政府

随着数字技术的快速发展,移动互联网、云计算、大数据、智能手机等颠覆性技术和产品逐渐出现和广泛使用,政府的数字化转型进一步深化。2012年5月,美国白宫发布了第一个数字政府战略——《数字政府:构建一个21世纪平台以更好地服务美国人民》,提出了一个为期12个月的联邦政府数字化转型路线图。该战略是美国政府持续IT化改造的延续,并提出4个假设原则:以信息为中心,建设标准一致的共享平台,以用户需求为中心,确保信息安全和隐私安全。作为数字政府战略的一部分,2012年1月美国发布了《联邦移动政府战略》,提出了在政府范围内建设一个可以向各部门提供移动服务的基础平台,通过移动技术推动跨部门协作,为联邦移动政务制定一个治理架构等目标,将最新数字技术及时引入政府服务中。

总之,从“电子政府”转向“数字政府”,实际上是用IT技术应用解决效率问题,变为以数字技术为驱动解决公民、企业、经济和社会的问题。经济合作与发展组织在2014年发表的《数字政府战略建议》认为,电子政府侧重于对政府现有业务流程的改进,数字政府侧重于创新的设计和供给公共服务,而一站式政府处于二者之间,既是对政府各部门业务流程的总体优化,也是对公共服务提供的创新。政府的数字化转型是政府IT化改造的升级。电子政府关注工作效率和成本导向,而数字政府对服务内容和提供方式、服务创新、管理模式、透明度建设、公众参与、组织调整和促进经济增长等方面提出了新的要求。

10.1.3　我国政府的数字化转型现状

政务服务水平的提升有助于促进互联网经济的发展，政府数字化转型成为提升服务能力、创新治理形态的重要抓手。我国政府的数字化转型有多年政府信息化和电子政务建设的基础。1999 年，“政府上网”工程启动。2002 年，国家信息化领导小组提出电子政务建设指导意见，建设以“信息化”为核心内容的电子政务正式成为国家政策。经过十几年的发展，我国政府部门的内部网络和信息系统建设取得了巨大进展，在线公共服务的种类和规模不断扩大，公共服务和社会治理的数字化水平持续提高，并在 2016 年提出“互联网 + 政府服务”的国家战略。当前，我国的政策环境持续优化，“互联网 + 政务服务”用户广泛，在顶层设计、发展模式、服务理念等方面体现出中国特色。

1. 顶层设计日臻完善，在线政府服务规模不断扩大

2018 年 6 月国务院办公厅关于印发《进一步深化“互联网 + 政务服务”推进政务服务“一网、一门、一次”改革实施方案的通知》，在加快推进政务服务“一网办通”和企业群众办事“只进一扇门”“最多跑一次”方面进行重要部署，借助信息化手段设计了满足人民需求的新思路，通过构建数字政府新模式开创社会治理新途径。

根据 CNNIC 数据，截至 2020 年 3 月，我国在线政务服务用户规模达 6.94 亿人，较 2018 年底增长 76.3%，占整体网民的 76.8%。2019 年以来，全国各地纷纷加快数字政府建设工作，其中浙江、广东、山东等多个省级地方政府陆续出台了与之相关的发展规划和管理办法，进一步明确了数字政府的发展目标和标准体系，为政务数据开放共享提供了依据。截至 2019 年 12 月，我国共有政府网站 14 474 个，主要包括政府门户网站和部门网站。其中，国务院部门及其内设、垂直管理机构共有政府网站 912 个；省级及以下行政单位共有政府网站 13 562 个，分布在我国 31 个省（区、市）和新疆生产建设兵团（见图 10-1）。市级及以下行政单位共有政府网站 11 890 个，占比为 82.1%。各行政级别政府网站数量均呈下降趋势（见图 10-2）。

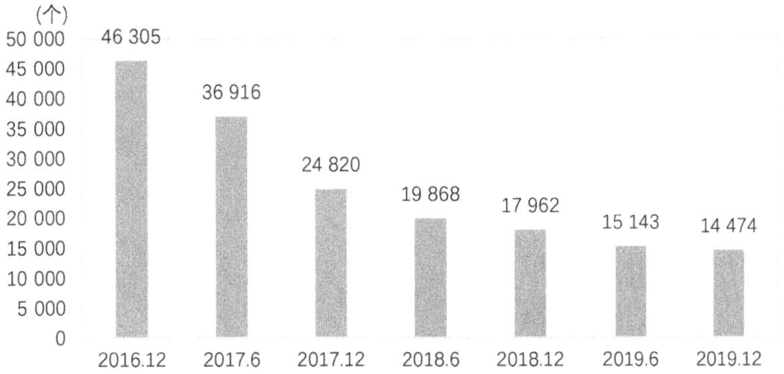

图 10-1　2016—2019 年我国政府网站数量

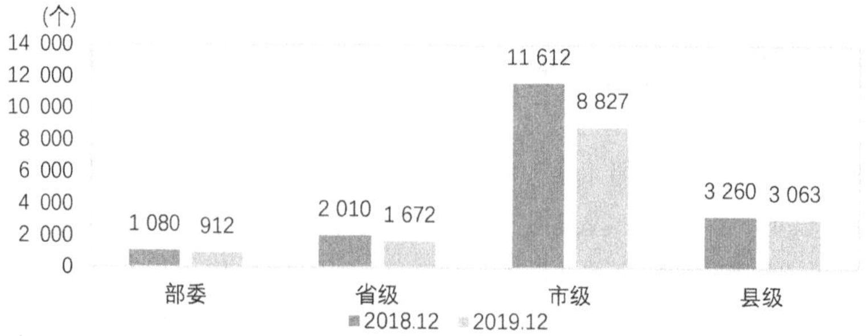

图 10-2 2018—2019 年我国各行政级别政府网站数量

2. 全国一体化政务平台初步建成，政务服务集约化水平显著提升

2019 年，全国 31 个省（区、市）和新疆生产建设兵团、40 余个国务院部门建成政务服务平台。2019 年 11 月，国家政务服务平台整体上线试运行，联通 32 个地区和 46 个国务院部门，对外提供国务院部门 1 142 项和地方政府 358 万项在线服务。截至 2019 年 12 月，32 个省级网上政务服务平台的个人用户注册数量达 2.39 亿人，较 2018 年底增加 7 300 万人；其中，实名注册个人用户达 2.21 亿人，占比为 92.5%，较 2018 年底增加 7 600 万人。平台实现了 8 个方面的创新：第一次建立全国权威身份认证体系、第一次实现全国电子证照目录汇聚和互信互认、第一次实现全国政务服务事项标准化、第一次实现全国政务服务统一评价和投诉建议、第一次解决地方部门平台间用户信息传递问题、第一次构建全国政务服务大数据、第一次实现地方部门政务服务数据共享需求统一受理和服务、第一次实现全国政务服务平台安全一体化管理。

2019 年，为落实《关于加快推进全国一体化在线政务服务平台建设的指导意见》，各地区大力推动政务服务平台从分头建设向统筹建设、从信息孤岛到协同共享的转变。截至 2019 年 12 月，全国 31 个省（区、市）和新疆生产建设兵团中，31 个省级政府构建了覆盖省、市、县三级以上政务服务平台，其中 21 个地区按照规范化、标准化、集约化的建设要求，实现了省、市、县、乡、村服务全覆盖（见图 10-3）。同时，大力推进以高效办成"一件事"为目标的业务流程再造，系统重构部门内部操作流程、跨部门跨层级跨区域协同办事流程，推动实现更深层次、更高水平的"减环节、减时间、减材料、减跑动"，推进政务服务更加便利高效，打造更加优质营商环境，进一步提升企业和群众办事的便捷度、体验度和满意度。

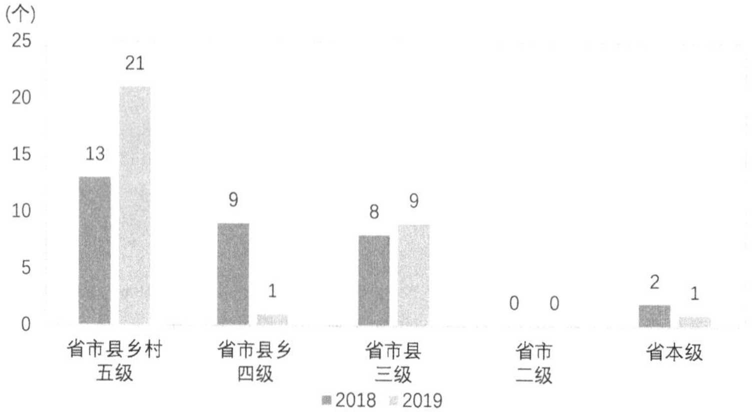

图 10-3 2018—2019 年各省级政务服务平台覆盖层级情况

3. 服务效能提升，标准理念强化

当前，我国的“互联网 + 政务服务”正在逐步从构建基础性平台向服务效能提升转型升级。“互联网 + 政务服务”初始于各级政务服务大厅推动的行政审批改革；政务平台的网络化协同、数据信息的互认共享、业务审查的智能处理使“互联网 + 政务服务”效果显现；必须遵循以人民为中心的发展思想，坚持服务理念，秉承创新发展，坚决破除阻碍“互联网 + 政务服务”发展的体制机制障碍和利益固化藩篱，形成顶层设计更完备、发展环境更优化、协同推进更有力、服务质量更高效、服务供需更均衡的网上政务服务发展新格局，是对“互联网 + 政务服务”发展的更高要求。

2018 年，国家推出《政务服务中心进驻事项服务指南编制规范》等全国政务服务大厅标准规范 3 则、《国家政务服务平台数据交换与共享接口 + 第 1 部分：数据交换要求》等国家政务服务平台系统标准规范 8 则。2019 年，国务院办公厅会同相关部门编制完成国家政务服务事项基本目录，建立了全国依申请类政务服务事项基本目录体系，首次确认全国依申请事项 1 713 个，其中行政许可事项 1 198 个，破解了长期存在的事项底数不清、要素标准不同、更新不及时等同题。目前，全国各地区各层级的 12 476 个实施主体已经基于国家政务服务事项基本目录，编制了责任主体清晰、办理时限明确的实施清单，共包含 373 万个具体的服务事项，办事指南要素信息超过 2 亿条。截至 2019 年 12 月，全国 31 个省（区、市）和新疆生产建设兵团建设的省级政务服务平台按照统一编码统一标准、统一要素的标准化要求，可以提供省本级部门涉及的行政许可、行政给付等 6 类具有依申请特征的 52 973 项政务服务事项，包括办事指南、网上办理、结果查询服务（见图 10-4）。

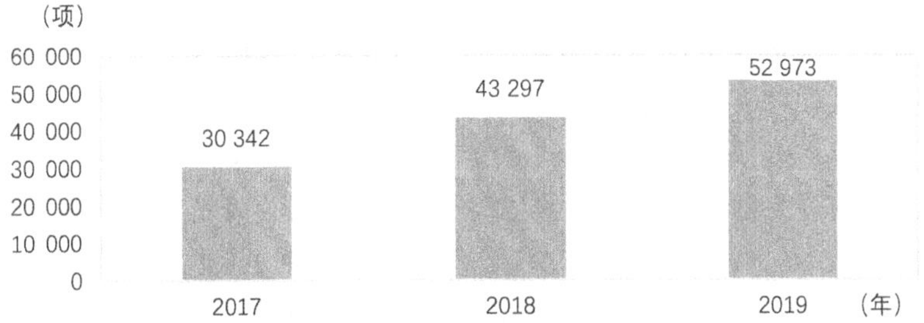

图 10-4　2017—2019 年具备依申请特征的政务服务事项提供数量

4. 地方政府积极进行政务数字化转型

以贵州为例，2014 年开始建设的“云上贵州”平台是国内第一个政府数据资源整合、共享、开放和利用的云平台。贵州省政府规定，除特殊需要外，省级部门不单独购买服务器、交换机、操作系统等软硬件信息设备，不再自建机房，非密系统一律迁入云平台，统一存储数据，统一开放数据。2016 年贵州省、市两级 481 个应用系统嵌入云平台，规划建成法人单位、人口、空间地理、宏观经济四大基础库，建设全省统一的政府数据中心，实现数据的整合共建、无缝共享。基于“云上贵州”平台和大数据技术，贵州建设了“工业云”“智能交通云”“食品安全云”“环保云”等政务平台，增强了政府在经济运行调节、社会治理、市场监管、环境监管等方面的社会治理能力；建设了“电子政务云”“智慧旅游云”“社区云”“民生云”等政务平台，提高了政府服务水平；建设了“数据铁笼”政务平台，实现了网上办公、网上审批和网上执法，权利行使全程电子化，提高了政府透明度。同时，为了实现“进一步网办全省事”的目标，贵州建设了覆盖省、市、县三级政务、事务、商务服务“三务合一”网上办事大厅。

案例：全国一体化政务平台在新冠肺炎疫情防控中发挥有力支撑

一是提供疫情信息服务。国家政务服务平台充分发挥总枢纽作用，通过整合分散在地方部门的资源，统筹建设“疫情防控专区”，上线全国一体化政务服务平台疫情防控专题，并在平台PC端、移动端（App和小程序）同步发布，可提供疫情实时数据、定点医院及发热门诊查询导航、确诊患者同行人员自查等60余项疫情防控服务。各地区政务服务平台挖掘各自优势，创新服务举措，推出各具特色的疫情防控专题。通过发布一体化平台线上办事操作流程，引导办事群众线上查询办事指南、申报政务服务事项、查询办理进度、获取办理结果，便利疫情防控期间企业和群众办理政务服务事项，做到大厅暂停、服务不停，疫情防控不松懈，政务服务“不断档”。

二是推行线上办理。各地区依托全国一体化政务服务平台，充分发挥“全流程、一体化”在线办事服务功能，大力推行政务服务“网上办、掌上办、自助办、预约办、邮寄办”，减少人员跑动和聚集。数据显示，疫情防控期间，全国一体化政务服务平台整体办件量为378万件，其中线上办件133万件，占比为35.2%。分地区来看，15个地区线上办理比例呈现同比增长，14个地区线上办理比例呈现环比增长，22个地区省级行政许可事项网办率超过50%，8个地区省级行政许可事项“不见面审批”事项比例超过25%。

三是协助推进精准防疫。为统筹推进疫情防控和复工复产工作，国家政务服务平台推出“国家平台新冠肺炎防疫健康信息码综合服务”，各地区按照政务服务平台防疫健康信息码服务统一标准，通过对接国家平台“健康码”实现互认共享。数据显示，浙江、广东、河南、四川、上海、北京等近30个省市均推行“健康码”，对本地区人员防疫健康状况进行分级分类管理，供社区、企业、交通卡口等疫情管控人员验码使用，为疫情防控发挥了积极作用。浙江累计发放健康码6 965万个，同时优化境外人员赋码规则，并建立海外侨胞回国健康信息预申报平台。广东省主动与四川、河南、湖南等劳务输出大省对接，全省平均每天亮码超过500万人次，基层防控人员通过“粤康码”采集重点人群健康信息33万余条。

思考题：

全国一体化政务平台在2020年的新冠肺炎疫情防控中发挥了什么样的作用？

10.2 数字经济时代的智慧政务

10.2.1 智慧政务的含义

智慧政务是指政府在治理过程中，以大数据“智能化”技术手段感测、分析、整合社会运行核心的各项关键信息，并通过经济组织、社会组织和公众的参与和协作，对政府决策以及各项社会活动治理做出智能的响应，推动公共管理朝着高效精准、公共服务朝着便捷惠民的方向发展，并促使社会综合效益得以有效提升的一种全新的政务运营模式。它是现代科技理性高度彰显的产物，是将大数据作为政府治理的结果。

智慧政务的核心是在充分占有大数据的前提下实现对大数据的有效应用，来获取知识所必需的工具和技能。正是由于大数据赋予了政府治理者对某事物进行深度挖掘与多维分析的能力，它将推动政府治理由传统的粗放型向精细化转变。

大数据的应用为人类社会带来一场“智慧革命”：“从海量、复杂、实时的大数据中更可以发现知识、提升智能、创造价值”。而在政府治理实践中，智慧政务意味着通过大数据技术的广泛性应用构建一个智能化的公共事务处理平台，在这一平台的支持下，社会稀缺资源能够得到最为合理的配置，复杂的社会公共物品与公共服务需求能够得到最大限度的满足，而且濒临失控的社会秩序也能够以最为合理的方式走向新的和谐局面。

10.2.2　智慧政务的重点内容

数字经济时代，包括普通公众在内的多元主体参与政府治理的必要性更为突出，因为他们都已经成为大数据的重要来源。普通公众可以借助于社交媒体网络即时、便捷地将自己对公共事务的态度或公共服务的需求反映给政府相关部门谋求解决，这些新兴媒体正在日益成为增强政府与民众之间沟通互动的新渠道。除了社会公众外，以公司企业为代表的市场主体也成为政府治理中的重要参与主体。特别是信息产业界中的一些优质企业，它们可以凭借所掌握的现代信息技术特别是大数据处理技术，协助政府管理者实现海量数据中富有价值的信息的挖掘、处理与应用。智慧政务是一种融合信息技术、政府职能和公民参与的动态互动体系，它对其主体的要求是政府在有效履行并积极拓展自身职能的基础上，构建一个有效的“政府—社会—市场”协同治理机制。政府在智慧治理过程中，推动政府数据公开共享，实现政府主导与多元治理主体协同治理格局。

大数据技术的引进与理念的转变想要真正转化为政府治理绩效的改善，关键还在于政府治理体制上的优化，这样才能将相关技术和理念落在实处。政府智慧治理的重点任务有四项，如图 10-5 所示。

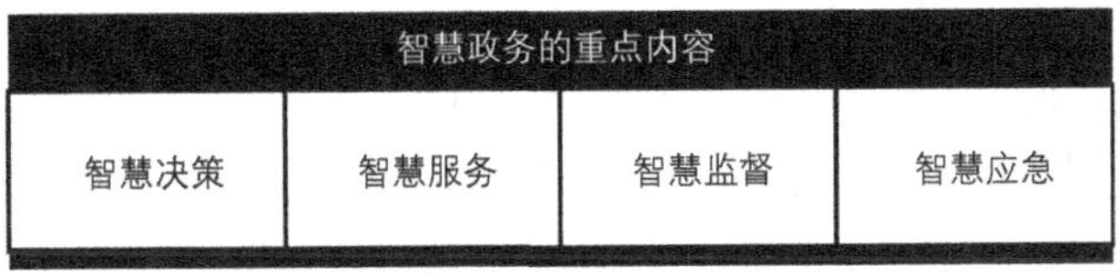

图 10-5　智慧政务的重点内容

1. 智慧决策

大数据时代的决策需要从传统的依靠直觉判断和主观经验的模式，向大数据驱动决策模式转变，实现政府治理的现代化，提高决策科学化水平。数据驱动决策将使政府更高效、开放和负责，更多地在事实基础上做出判断，而不是主观判断或者受利益集团干扰进行决策。基于大数据的智慧决策也开始成为世界各国政府管理现代化发展的一项重要选择。就政府智慧治理能力而言，其核心要素是决策能力建设。

首先，养成数据决策的意识。大数据时代要养成数据决策的意识，注重对数据的采集、分析和预测。政府部门决策层要养成“数据怎么说”的习惯，在立足数据的基础上进行客观分析与判断，这是保证大数据价值得以发挥的重要保障。另外，在决策过程中，要变“拍脑袋决策”为“数据决策”。尤其是在数据分析结果与常识或主观预测不一致时，是以数据分析结果为依据还是以常识、主观预测为依据，这是大数据时代对组织的重大考验。如果仅仅把数据分析作为主观意识的次要辅助，或者仅仅是作为决策者既有决定的支持与粉饰，大数据将失去价值与知识创新的可能性。

其次，建立智慧决策流程。各级政府的科学决策、民主决策、依法决策，要按照“优化决策流程，智能辅助，预测决策”的思路，建立“搜集数据—量化数据—找出相互关系—提出优化方案”的决策流程，以及通过政府部门间的数据信息调用和云技术应用，搜寻数据间的相关性，发现事务之间难以察觉的关联性，以便提高决策工作效率，创造更大的科学决策价值，发现新的决策方案，促使政府决策更具科学性和权威性，政府治理过程更加精细化。

最后，建立信息反馈机制。各级政府要应用大数据跟踪决策的实施，并建立信息反馈机制，根据决策执行情况、环境变化和公众诉求及时调整决策，以达到决策纠偏的目的，以便向社会提供更切合实际的、高效的公共产品和公共服务。

2. 智慧服务

智慧政务的落脚点是智慧服务。智慧服务是一种新形态和高质量创新服务体系，在“以人为本”行政理念指导下，将信息技术与政府职能、组织机构和社会治理实现有效整合，提供优质、便捷、高校的公共产品和公共服务，最终实现从管理本位到服务本位的蜕变。政府在推进智慧服务过程中，智慧政务要以提升政府治理能力现代化为切入点，利用大数据为社会提供更好的服务。

首先，分析识别居民服务热点需求。智慧服务的前提是智慧感知。政府部门应充分利用门户网站、政务微博、搜索引擎等信息技术，与社会民众、社会组织和企业互动，一方面将政府公共服务的内容、程序、要求和范围等公布于众；另一方面对社会公众的意见、建议和诉求进行汇集和整理，以识别居民服务热点需求，并通过对数据的充分挖掘，科学决策并引导服务，提高公共服务产品的前瞻性、针对性和有效性。各级政府借助大数据框架的相关技术，可及时发现在经济社会转型期不同人群的公共服务需求，优化工作力量配置，提升部门工作效率，改进基层政府治理工作，提高公众满意度。

其次，构建智慧服务的基础。智慧服务的基础是构建智慧业务平台，即构建一个能够提供一站式、定制化服务的“整体政府”，为公众提供均等化的公共服务。构建完整的、系统的和多层次的智慧业务平台，进行部门内部与部门之间的智能整合，加强政府部门之间写作，优化政府组织结构与服务流程，并在提供服务的过程中，整合政府各层级、各职能部门所掌握的数据依法对外开放，以此有效简化审批、办证的办事流程，对内共享交换、对外协同服务，提升政府服务水平和能力。

最后，提供智慧评价和智慧监督保障。智慧服务的保障是智慧评价和智慧监督。信息和电子技术不仅提高了公共服务的公开性和透明化，而且使政务评价和监督的客观性、即时性成为可能，社会公众在享受公共服务的同时能够对所享受的服务进行综合评价。政府部门应该进一步完善政务评估指标和监督方式，打造公共服务运行绩效的综合监管平台，实现服务数据、评价数据的即时收集、分析，以提高公共服务的质量和水平。

3. 智慧监管

随着数字经济时代的到来，以大数据为支撑的市场和社会监管方式的创新成为可能，为实现政府的智慧监管奠定基础，从而能够更好地服务经济社会发展。数据监管是政府监管市场和社会的重要工具。各级政府要善于运用大数据提升市场监管和社会监管能力。

（1）运用大数据技术提升政府的市场监管能力

一般来说，智慧监管平台需要构建“三个中心”：一是要建立数据融合中心，需要将政府部门、行业协会、第三方机构以及互联网数据等各方数据进行采集、整理和融合，构建企业、自然人和商品视图，建立监管目标画像，从而减少监管过程中的信息部队称问题；二是在数据融合中心的基础上构建分析应用中心，建立数据分析应用的标准、方法和模型体系及技术支撑依据，以业务为导向围绕分类、分层、定向监管的应用构建风险探测模型，实现对区域、行业和类型风险的检测预警，准确找出高风险监管对象，为精准监管提供支撑；三是要构建业务指挥中心，根据分析应用中心的分析结果，结合业务模式和风险类型，通过“数据大脑”的分析研判，建立指令驱动、半指令驱动和参考驱动的业务指标体系，做出科学决策、快速发出行动指令。

运用打造大数据施政平台加强政府治理，推进工商、税务、质监、安监等部门收集企业数据信息，并通过云计算技术对数据进行研判，实现对市场信息的统一管理，及时发现市场监管漏洞。同时，利用大数据施政平台整合政府有关部门的行政权力，进而通过统一标准，优化、细化和固化施政行为的每一环节和流程，并使它连贯成一个完整轨迹，从而实现网上审批、执法的一体化，做到处处留有痕迹，真正让权力在阳光下运行；实现政府负面清单和责任清单的透明化管理，最大程度压缩诱发贪腐行为的权利寻租空间。

（2）运用大数据技术提升政府的社会监管能力

通过对人口信息数据进行分类，能够有针对性地对基层社会进行有效管理和动态监控。建成集合金融、工商登记、税收缴纳、社保缴费、交通违章等信用信息的统一平台，实现资源共享；建立以公民身份号码为基础的公民统一社会信用代码制度；建立和完善以组织机构代码为基础的法人和其他组织统一社会信用代码制度，建立国家的社会信息体系。

4. 智慧应急

智慧应急所倡导的智慧感知、智慧分析与智慧处置为社会突发公共事件的预防、分析、追踪、处理和决策等方面提供了科学的方法与指导。各级政府在应对各种公共应急事件中，运用大数据技术为应急管理提供更多的治理资源和手段。

首先，建设智慧应急管理系统。智慧应急管理系统就是运用具有智慧特征的先进的技术与持续创新理念实现智慧型的应急管理的一种新的复杂系统。云计算技术、物联网技术、无线网络技术、数据挖掘技术、ICT技术是智慧应急管理系统的关键技术，正是因为这些关键技术才使其具有明显功能优势。

其次，做好智慧应急的情报工作。从应急数据到信息、知识、情报的转换与层递，情报作为面向应急决策层面的主要资源贯穿于智慧应急整个流程之中。因此,强化情报资源在智慧应急中的支持作用至关重要。而应急情报工程化则是应急分析的情报服务新模式,有利于改善复杂多变的应急决策环境。情报工程要重视情报服务的自动化、协同化和集成化。因此,从某种程度上来讲,应急情报工程化是智慧应急的显著特征和重要体现。

再次,提升智慧风险预警能力。通过检测数据增强对小概率现象发生的关联与研究,找到规律,有效减少社会危机发生的不确定性,增强风险预警能力,降低社会危机带来的危害。利用大数据技术增强对经济风险、自然风险发生可能的预见性;有效追踪食品与药品从生产到流通的各个环节,将隐患消除在源头。

最后,要加强关联分析。通过对被召回的物品和相关数据进行关联分析,实现对企业、行业的有效监管;利用世界医疗、技术资源共享增强风险的可控性。此外,政府应急管理发展态势越来越取决于公众的态度,通过对公众所关心的社会热点、微博等社交媒体的分析,较早地发现社会群体事件预兆,进而采取有效的解决策略。

案例:新加坡打造智慧国

新加坡在采用信息技术、发展电子政务和推动智慧城市建设方面表现突出,大数据技术的应用也走在世界前列。为把新加坡打造成为“智慧国”,政府构建“智慧国平台”,建设覆盖全岛的数据收集、连接、储存和分析的基础社会与操作系统,让各个相关政府部门获得系统收集的数据,以制定更及时和合理的公共政策和公共服务。

(一)大数据与公共交通创新

新加坡的公共交通系统非常善于利用大数据技术,电子道路收费系统、早鸟免费乘车计划、巴士等候服务标准、的士预召系统、体温红外线检测与的士排队等候、道路步行适宜度等,都可以看到大数据利用的身影。

(二)大数据与公共健康

新加坡的医疗卫生部门在利用大数据方面不遗余力。目前,新加坡基本实现了医疗病例的数字化和共享平台的建立,医生通过身份证号码就可以跨部门获得就医者的医疗记录和最近的体检结果,从而为快速诊断提供了可能。另外,政府和企业试点居家保健服务或远程护理服务,特别是对高龄人士和行动不便人士的社区辅助,通过远程诊疗和给药,达到减少通勤和医疗成本。

(三)大数据与社区服务整合

为了加强社区服务整合, 2014 年新加坡成立了由多个机构组成的社区事务署。社区事务署协调包括陆交管局、公用事业局、国家环境局、国家公园局、建屋发展局、农粮兽医局和警方在内的多个机构,通过加强跨机构合作,简化公众求助程序,使公众反馈的问题得到更快捷和更有效的解决。

(四)大数据与贫困救济

新加坡政府不断努力建立一套数字信息系统,通过多部门打包援助,使处于不同发展阶段的国民都能够得到不同配套方案的援助。可以说,新加坡建立了贫困救助的“千层糕”,通过多条援助线使不同需要的居民受到全方位的立体救助。

（五）大数据与反腐败

新加坡建立了任人唯贤的文官制度，在政治家和公务员的遴选方面，建立了一套行之有效的制度框架。基于这些数据，政府可以追踪每个人的求学和从政经历，并预测其贪腐概率。政府使用大数据和电子采购系统，可以发现腐败的蛛丝马迹。

案例节选自：马亮：《大数据技术何以创新公共治理?——新加坡智慧国案例研究》，载《电子政务》，2015(5)，1~9 页。

思考题：

你认为，新加坡的智慧政务中有哪些值得我们借鉴的经验?

10.2.3　大数据在政务服务中的应用

大数据在政务服务中的应用如图 10-6 所示。

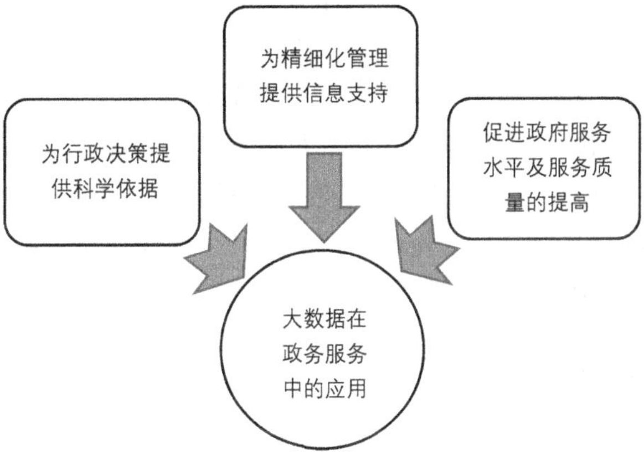

图 10-6　大数据在政务服务中的应用

1. 为行政决策提供科学依据

公共政策的制定是政府行政决策的重要组成部分。总体而言，政府的决策水平、正确程度及具体的落实情况，能够对国家整体的发展趋势、民众的未来造成巨大的影响。只有对事物的发展规律有了正确、全面的理解和认识，才能够提高决策的正确性。政府决策的信息依据来源于政府大数据的采集与获取。因此，大数据就是决策部门认识与掌握事物规律的入手点。通常情况下，政府决策部门会在综合分析相关数据资源的基础上制定最终决策，然而，我们需要明确的一点是，传统模式下获得数据的一般方式是抽样调查或统计分析。按照这种信息采集方式所获得的统计结果具有相当大的片面性，因为我国的经济状况及人口分布状况较为复杂，不同地区、不同领域之间都存在较大差异。因此，按照传统方式获得的统计结果无法从整体上体现出事物的现存状况及发展趋势。相较之下，大数据能够使决策者从更加全面的角度去认识事物，以此做出的趋势预测也更加准确可靠，能够在很大程度上克服传统调查方式的片面性。因此，政府决策部门使用大数据能够提高决策的科学性与准确性。

例如，为了提高决策的准确性，北京市信访矛盾分析研究中心设立了我国第一个综合性研究平台，在处理数据资源的过程中应用数据挖掘技术，并跟踪民众反映的相关意见，不仅提高了决策的准确性，也保障了民众的权利，维护了他们的利益。2010年以来，北京市的信访数量逐年降低。此外，政府部门还通过社会矛盾指数来评估当前的社会总体态势。

2. 为精细化管理提供信息支持

实施社会管理是政府的职能之一。粗放式管理是我国传统模式下的主要管理方式，如今，在社会发展的驱动下，由粗放式管理向精细化管理的过渡已经成为必然趋势。精细化管理指的是将管理责任与任务落实到具体的时间，明确其方向、目标，以及评价标准。具体而言，就是改变传统模式下宽泛、空洞的管理要求，代之以具体、翔实、明确的规划方案、实施步骤，进一步明确其评判标准。在应用大数据的基础上，相关部门拥有了丰富的数据资源，得到了足够的信息支持，并应用于管理过程中，逐步形成标准化流程，加速管理模式由传统粗放模式向现代精细化的过渡。例如，城市管理网格化就是精细化管理的实践。

3. 促进政府服务水平及服务质量的提高

要实践群众路线，首先要掌握当前人民群众所关注的焦点问题及其利益所在，大数据的应用能够为相关部门提供有力的指引。政府部门利用政务大数据，既能够对社会整体的发展情况有所把握，又能充分了解用户的具体需求，并能根据需求共性对当前的社会服务做出完善与调整。另外，政务大数据的应用能够让政府部门掌握群众对政策的意见及建议，了解政策实施带来的总体影响，促进政府服务质量及服务水平的提高，有利于国家的整体发展，在政府与群众之间建立起沟通的桥梁。政府在自身挖掘大数据价值的同时，也要鼓励其他社会组织参与到大数据的应用中来，使政府部门与社会组织协调一致，发挥各自的优势，不断改善社会服务环境，提高人们对社会服务的满意度。

案例：我国政府运用大数据加强市场监管

我国目前政府运用大数据进行市场监管的体系结构（见图10-7）分为“基础、平台、应用”三个层次，拥有政策法规、管理机制等制度保障。基础层包括网络、计算、储备等技术支持。应用层分为两个子分层：①数据库，包括电子证照库、人口综合库、法人综合库、公共信用库等；②平台，包括中国政府网、国家企业信用网、信用中国、全国市场监督管理局等核心、一体化平台网站。应用层包括移动端的App、两微（微博、微信）入口和政务大厅的人工或智能服务窗口。三个层次紧密配合，为大数据的“血液流通”提供良好的客观环境，极大地提升了市场监管效率。

2015—2018年我国政府运用大数据加强市场监管方面颁布了一系列政策，呈现出由单一市场监管到总体政务协调，由纲要规划到具体规定的思路变化。2015—2016年是政府重视大数据监管的元年，相继颁布了《国务院办公厅关于运用大数据加强市场主体服务和监管的若干意见》《促进大数据发展行动纲要》《大数据产业发展规划（2016—2020年）》等纲领性文件。2017年“政务大数据”成为高频词汇，强调要把大数据市场监管放入大数据政务的范畴之中，建立联动监管机制和“一体化”数据信息平台，并颁布了一系列重要的政策文件，如《政务信息系统整合共享实施方案》《政务信息资源目录编制指南（试行）》等。2018年政府密集推进“信用体系”建设，重点关注“公共信息资源”“政府网站”主体，进一步翔实大数据市场监管的核心内容，相继颁布《进一步深化“互联网＋政务服务”推进政务服务“一网、一门、一次”改革实施方案》等规定。

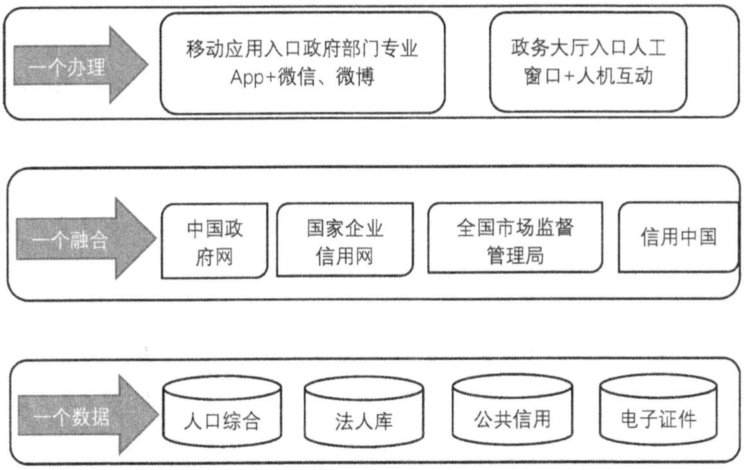

图 10-7　我国政府运用大数据进行市场监管的基本框架

运用大数据进行市场监管取得了一定成效。2018 年我国营商环境从世界第 78 位上升至 46 位，排名上升 32 位，商事改革 + 大数据市场监管初见成效。

大数据背景下，市场监管实行的“双随机、一公开”抽查制度已基本实现。2018 年，全国市场监管部门共抽查企业 153.9 万户次，占企业总数的 5.07%；在金融等重点领域随机抽查企业 5 万次，问题企业占比 27.3%；跨部门联合“双随机”抽查 13.5 万户。

大数据背景下，企业年报和信息公示制取得良好成效。2018 年，我国大数据市场监管系统年报公示率为 91.5%，共归集公示涉企信息 6.29 亿条，多部门联合推进的“多报合一”进度良好。至 11 月底，全国经营异常名录实有市场主体 552.4 万户，严重违法失信企业名单实有 49.7 万户，企业信用大数据对市场主体信用情况披露能力增强。

案例来源：孙宝文，李涛：《中国互联网经济发展报告（2019）》，北京，社会科学文献出版社，2019。

思考题：

我国政府是如何运用大数据加强市场监督的？取得哪些效果？

10.3　数据治理中的若干法律问题

10.3.1　消费者隐私保护

近年来，互联网领域的个人信息泄露事件频频发生。根据《2018 年数据泄露水平指数》数据显示，仅 2018 年上半年，全球就发生了 945 起较大型的数据泄露事件，导致共计 45 亿条数据泄露，与 2017 年相比数量增加了 133%。中国数据隐私泄露事件仍然层出不穷，酒店是最严重的行业之一，华住酒店泄露的用户数据，不仅包括 2.4 亿条，约 662GB 的酒店入住记录,还包括约 1.3 亿条、约 223GB 的入住登记身份信息和约 1.23 亿份,约 53GB 的官网注册资料,包含身份证、内部 ID、电话、消费记录等多个敏感字段。快递行业中,约 10 亿条圆通快递数据在暗网上被兜售,顺丰的 3 亿条数据在暗网上被兜售。知名视频播放网站 A 站(AcFun)遭遇黑客攻击,数据库近千万条用户数据发生泄露;浙江省 1 000 万条学籍数据在暗网被拍卖,泄露数据包括公民身份证号、学籍信息、监护人信息等多项敏感信息。这些案件都表明,当前我国在个人隐私保护和数据治理方面仍存在隐患。我国目前尚没有制定关于保护个人信息的专门立法,现有立法中对个人信息保护的规定分散在各个法律、法规和规章中,缺乏体系。

国际范围内,欧盟通用数据保护条例(General Data Protection Regulation, GDPR)于 2018 年 5 月生效,为欧盟成员国制定了个人数据保护规则。GDPR 是一种基于此前欧盟数据保护规则之上的全面隐私保护制度。它授予个人控制个人数据的新权利,并规定了新的数据保护要求。GDPR 适用于:①所有在欧盟拥有分支机构并需处理欧盟境内个人数据的企业和组织,无论数据的实际处理发生在何处;②欧盟以外向欧盟个人提供商品或服务(支付或免费)或监督欧盟个人行为的实体。这些措施引起了对 GDPR 域外影响的担忧。虽然 GDPR 可直接适用于欧盟成员国一级,但各个国家有责任制定一些国家级规则和政策,并确定对应的执法机构。许多公司和组织正在努力遵守 GDPR,以避免被判处在欧盟市场之外,遭受罚款或其他处罚。

专栏:数据赋权法规成空白

作为互联网经济生活中的一个重要信息来源,数据成为国家基础性的战略资源,并对全球的生产、流通、分配、消费活动以及经济运行机制、社会治理方式产生影响。数据在为人民生活生产服务的同时,也给社会带来新的挑战。不少企业开始利用个人信息谋取商业利益,造成信息泄露、数据交易、数据用等一系列问题,当互联网经济出现道德伦理、公平公正等争端时,市场机制可能无法自发解决,而迫切需要数据保护方面的政策,然而该领域的法律法规依然是空白,这将造成不良后果。

2018 年 1 月 12 日,因 App 存在侵犯用户个人隐私问题,工信部约谈百度、支付宝、今日头条,要求本着充分保障用户知情权和选择权原则,立即整改。同年 6—8 月,顺丰、华住、A 站、圆通等公司相继被曝出信息泄露,部分数据被打包在暗网出售。10 月,华大基因因"数据泄露门"被科技部开出罚单。11 月,中国消费者协会发布《100 款 App 个人信息收集与隐私政策测评报告》,备受社会关注。12 月,陌陌被爆 3 000 万条用户数据在暗网被卖。连续一整年,用户隐私、数据泄露成为焦点话题,伴随的真实风险和危害接连发生。大众对于自身隐私问题的关注正在觉醒,不再是泛泛质疑;监管部门对个人信息的保护愈加重视,约谈整改罚款连续袭来;制度层面,个人信息保护领域的法律法规需要进一步精细化、严格化。这些行业事件和案件的发生反映出企业间围绕数据争夺的不可避免的商业冲突,数据赋权等问题已成为专家学者热议的话题,数据的用户权利属性和商业属性使人们对它的未来充满想象。

10.3.2　网络和信息安全问题

随着数字经济的发展，有关数字安全的威胁也日益增多，高危漏洞数量有增无减，网络攻击愈演愈烈，关键基础设施面临严重威胁，金融领域、能源行业成为重灾区。据互联网监控公司 Arbor Networks 的数据，在 2011—2014 年短短四年间，全球分布式拒绝服务（Distributed Denial of Service，DDoS）攻击量增加了 30 倍以上。根据咨询公司普华永道发布的 2015 年全球网络安全状态调查报告：全球所有行业检测到的网络攻击共有 4 280 万次，比上一年增长 48%[①]。华盛顿战略和国际研究中心 2014 年发布的报告称，每年计算机及网络犯罪活动给世界经济带来了前所未有的网络安全挑战。物联网是兼软件和硬件于一体的，牵涉的零部件和关联部分较多，无法通过简单的升级、修改、置换等方式应对可能的安全威胁，导致保障物联网安全的难度远大于互联网。尤其是许多智能设备的开发商都是小型创业公司，没有提供复杂安全功能的资源或经验。

国家计算机网络应急技术处理协调中心（简称国家互联网应急中心，CNCERT）对网络安全态势的研究表明，威胁我国网络安全的事件数量也在显著增加，网络安全对抗进一步细化和升级，重大安全事件仍然频发，网络攻击技术也越发先进。除了仿冒网站、DDOS 攻击等传统威胁数量在继续增加外，移动智能产品也成为网络犯罪的目标。同时，我国用户对网络安全的投入却远远低于发达国家，这使得我国的网络安全形势更为严峻。截至 2019 年 12 月，CECERT 监测发现我国境内被篡改网站 185 573 个，较 2018 年底（7 049 个）增长较多。国家信息安全漏洞共享平台收集整理信息系统安全漏洞 16 193 个，较 2018 年（14 201 个）增长 14.0%。

专栏：企业违反《个人信息安全规范》的潜在法律责任

2018 年 1 月 11 日，工业和信息化部信息通信管理局针对媒体报道相关手机应用软件存在侵犯用户个人隐私的问题，约谈了北京百度网讯科技有限公司、蚂蚁金服集团公司（支付宝）、北京字节跳动科技有限公司（今日头条）。信息通信管理局指出，对照《网络安全法》《全国人民代表大会常务委员会关于加强网络信息保护的决定》《电信和互联网用户个人信息保护规定》（工业和信息化部令第 24 号）有关规定，三家企业均存在用户个人信息收集使用规则、使用目的告知不充分的情况，要求三家企业本着充分保障用户知情权和选择权的原则立即进行整改。

网络运营者、网络产品或者服务的提供者均可能成为行政处罚的对象，报告提到的上述案例中，工业和信息化部信息通信管理局约谈的三个公司，或都存在因侵害个人信息而受到《网络安全法》第六十四条规定的行政处罚的可能，但各个案例中对于个人信息的侵犯程度明显不同，实际处罚可能涉及的多个问题也有待明晰。例如，根据《网络安全法》的有关规定，国家网信部门、电信主管部门、公安部门和其他有关机关在各自职责范围内负责网络安全保护和监督管理工作，但《网络安全法》第六十四条规定“有关主管部门”可以做出行政处

① Cyersecurity Ventures: 全球网络安全市场报告，2015。

罚，具体由何等级别的哪个行政主体进行处罚，目前尚不明确。又如，侵犯个人信息的程度、危害结果等因素，对于实际处罚结果有何影响，亦尚不明确。针对这种模糊性，企业不能掉以轻心，反之，应当严格遵守个人信息保护的相关规定，避免遭受“有关主管部门”做出的任何行政处罚。

案例节选自：王维众，严静安，杨通梅：《经典案例回顾——窥企业违反〈个人信息安全规范〉的潜在法律责任》，(2018—4—27)，http://www.zhonglun.com/Content/2018/04-27/1424442402.html.

10.3.3 数字贸易中的贸易保护

任何一个国家的数字化政策都可能会产生跨国影响。互联网是一个全球性的网络，任何一个国家的数字经济状况都可能会产生全球性的影响。保护主义政策可能会阻碍数字贸易，破坏对数字经济的信任，并可能导致互联网的碎片化，即所谓的巴尔干化，从而降低整体收益。然而，一些政策制定者认为有必要通过制定保护政策来维护本国利益。尽管保护公民隐私和促进经济增长是各国政府共同的核心目标，但政府在制定数字贸易政策时仍面临着多重挑战。

美国商务部致力于在国内外推广美国的数字贸易政策。2015 年，美国商务部制定了一项数字经济议程，确定了数字经济的四大原则[①]：①在全球范围内互联网的自由开放，因为当数据和服务可以畅通无阻地跨越国界时，互联网最有利于我们的企业和员工；②发展在线信任，因为要促进电子商务蓬勃发展，安全和隐私是必不可少的；③确保员工、家庭和公司介入互联网，因为高速宽带网络对于 21 世纪的经济成功至关重要；④通过制定智能知识产权规则和推进下一代技术促进创新。美国商务部的数字附加计划可以帮助美国企业解决主要市场的监管问题并克服电子商务出口的贸易壁垒[②]。

美国政府还致力于通过识别和挑战外贸壁垒以及贸易谈判来促进美国数字优先政策的实施。与传统贸易壁垒一样，数字贸易壁垒可分为关税或非关税壁垒。关税壁垒通常应用于 ICT 基础设施产品，而歧视性法规或当地内容规则等非关税壁垒可能会阻碍或限制领域的数字贸易。通常，此类措施旨在保护国内生产商和供应商。数据表明，消除境外的数字贸易壁垒可能使美国的年度实际国内生产总值增加 0.1%~0.3%（167 亿 ~414 亿美元），提高美国工资水平 1.4%，并在某些数字密集型行业增加 40 万个就业岗位[③]。

美国和欧盟在数字政策领域的差异影响了数字流量和数字国际贸易。跨大西洋经济联盟是世界上最大的经济体，美国和欧盟之间拥有全球最高的跨境数据流量。2003—2017

① Alan B. Davidson, "The Commerce Department's Digital Economy Agenda,"(2015-11-09), https://www.commerce.gov/news/blog/2015/11/commerce-departments-digital-economy-agenda.

② https://www.export.gov/digital-attache.

③ Digitally Intensive Industries Include Sectors in Communications, Finance, Trade, Other Services, and Manufacturing. U.S. International Trade Commission, Digital Trade in the U.S. and Global Economies, Part 2, Publication No: 4485, Investigation No: 332-540, August 2014, pp. 106-108, https://www.usitc.gov/publications/332/pub4485.pdf.

年，美国 - 欧盟商品和服务贸易总额几乎翻了一番，从 5 940 亿美元增加到 1.2 万亿美元[①]。2017 年，美国向欧盟出口的 ICT 及相关服务金额达到约 1 900 亿美元。双方也是电子商务贸易的重要合作伙伴。

尽管美国和欧盟经济关系密切，但在数据流和数字贸易政策方面存在差异，这些差异已经导致美欧经济和安全关系产生摩擦。为了解决这些差异，2013 年，美国和欧盟开始就一揽子自由贸易协定展开谈判，并一直延续至今。谈判包括一些数字贸易问题，如数字产品的市场准入、知识产权保护和执法、网络安全和监管合作等。2018 年 10 月 16 日，特朗普政府通知国会将根据贸易促进局（TPA）的提议与欧盟进行谈判。美国希望设置广泛的谈判一体，包括数字贸易、货物贸易、服务贸易、农业、政府采购以及知识产权和投资等一系列事项。但是，双方尚未就谈判范围达成一致。

美国和欧盟对信息隐私采取了不同的法律处理方式，这些方式也延伸到数字世界中。经过广泛谈判，欧盟—美国间的隐私盾协议于 2016 年 7 月 12 日生效。该协议为美国和欧盟提供了一个在欧盟和美国之间传输个人数据时应遵守的数据保护要求机制。根据隐私盾协议，美国公司可以自愿对遵守如数据处理义务等要求进行自我认证。根据该协议，美国政府有义务主动监督和强制美国公司执行相关合规条款，在美国国务院设立检查员，并制定具体的监督保障和限制措施。

10.4　数字经济时代的治理创新

和所有的新生事物一样，数字经济在带来无穷正面效应的同时，种种挑战、风险也随之而来。非理性的经济行为损害着数字经济的发展势头，如何处理信息获得者与个人隐私之间的关系，如何确保第三方的利益不受损害，如何防止出现不正当竞争和垄断现象，如何防止企业通过调整数据库的信息或者改变数据的计算方法扭曲评价机制等问题，应当通过法律规则的建立与完善，适时而及时地加以解决。因此，数字经济时代，科技创新、社会变革都离不开制度创新。

2017 年 7 月，美国塔夫茨大学弗莱彻发布的《2017 数字演进指数（DEI）报告》对 60 个国家的“数字经济进步”做了整体评估。报告指出，中国数字经济得以迅速增长的重要原因是决策重视。事实上，中国已经在全球数字经济发展中成为引领者之一。事实表明，中国不仅在科技创新，而且在制度创新上正逐渐走向全球前沿（见表 10-1）。中国主要的制度创新领域包括以下几个方面。

第一，第三方电子支付。中国在第三方电子支付方面的普及程度让一些发达国家自叹弗如。支付宝、微信支付都已经全球通行。截至 2015 年 7 月，共有 269 家第三方电子支付企业拥有支付牌照，各类支付业务的总体交易规模达到 17.9 万亿元。中国的监管部门及时出台创新政策：2016 年 8 月，网联启动筹备；2017 年 3 月 31 日网联启动试运行；2018 年 6 月 30 日，涉及银行账户的网络支付业务全部通过网联平台处理。

第二，分享经济。以“滴滴出行”“摩拜单车”（现美团单车）等为代表的共享交通在中

① CRS in Focus IF10930, U.S. –EU Trade and Investment Ties: Magnitude and Scope, by Shayerah Ilias Akhtar.

国如火如荼，为了及时引导和规范“共享单车”这一新生事物回归分享经济，即充分利用闲置资源并与供给侧结构性改革相匹配，自2016年起，各地政府就出台了与共享单车相关的政策法规。

第三，P2P网贷。2007年，P2P网贷平台在国内首创。一方面，它解决了初创企业融资难的问题，体现了普惠金融的包容性和多样性；另一方面，一些P2P平台骗钱、圈钱，成为“跑路企业”，遭到诟病，成为极大的金融风险隐患。2017年6月29日，央行等17个部门联合印发《关于进一步做好互联网金融风险专项整治清理整顿工作的通知》。12月1日，互联网金融风险专项整治工作领导小组办公室和P2P网贷风险专项整治工作领导小组办公室联合印发了《关于规范整顿“现金贷”业务的通知》，规定未依法取得经营放贷业务资质，任何组织和个人不得经营放贷业务。

第四，数字货币。近几年，以比特币为首的数字货币在国内发展迅速。比特币的价格也出现了多次疯长，并引来大量投机者，存在巨大的风险隐患。中国人民银行等7部委经过缜密的调查研究后，于2017年9月30日中午12：00停止所有比特币交易业务。2017年9月4日，中国人民银行官网发布消息，中国人民银行等7部委发布《关于防范代币发行融资风险的公告》。自公告发布之日起，各类代币发行（ICO）融资活动应当立即停止。有关部门将推进研发更加安全的法定数字货币，相关制度创新也在探索中。

表10-1 中国在数字经济领域的部分制度创新措施

序号	时间	机构	通知/条例/措施
1	2017年9月13日	中国互联网协会	发布《关于防范比特币等所谓“虚拟货币”风险的提示》
2	2017年9月4日	中国人民银行；中央网信办；工业和信息化部工商总局；银监会；证监会；保监会	发布《关于防范代币发行融资风险的公告》
3	2017年5月	工信部	发布我国首个区块链标准《区块链参考架构》
4	2017年2月10日	中国人民银行	央行约谈9家比特币交易平台
5	2017年1月11日	中国人民银行	央行在北京、上海对比特币交易平台开展现场检查
6	2016年1月20日	中国人民银行	中国人民银行数字货币研讨会，进一步明确数字货币战略目标
7	2014年1月15日	国新办	2013年金融统计数据有关情况新闻发布会，中国人民银行调查统计司司长盛松成在回答提问时表示，比特币不具有货币特性
8	2014年1月14日	淘宝网	《淘宝新增比特币虚拟币等禁售规则》
9	2013年12月16日	中国人民银行	约谈支付宝、几大银行、财付通等相关负责人、明确要求银行、支付机构不能给比特币，莱特币等交易网站提供支付与清算服务
10	2013年12月5日	中国人民银行等五部委	《关于防范比特币风险的通知》，比特币不作为货币在市场流通使用
11	2017年9月3日	中国香港	796交易所取得香港海关颁发的经营金钱服务牌照，这是中国首家拿到金钱服务牌照的比特币交易所
12	2015年以来	中国香港证监会	友好监督比特币和区块链初创公司，香港证券会表示，发起人可向证监会申请牌照

本章小结

大数据成为提升政府治理能力的新途径。大数据应用能够揭示传统技术方式难以展现的关联关系，推动政府数据开放和共享，促进社会事业数据融合和资源整合，将极大提升政府整体数据分析能力，为有效处理复杂社会问题提供新的手段。

数字技术不仅重塑了商业世界，也推动了政府服务和治理的数字化转型。一般来说，根据数字化程度不同，政府的数字化转型至少要经历电子政府、一站式政府和数字政府三个阶段。

政务服务水平的提升有助于促进互联网经济的发展，政府数字化转型成为提升服务能力、创新治理形态的重要抓手。经过十几年的发展，我国政府部门的内部网络和信息系统建设取得了巨大进展，在线公共服务的种类和规模不断扩大，公共服务和社会治理的数字化水平持续提高，并在 2016 年提出“互联网 + 政府服务”的国家战略。

智慧政务是指政府在治理过程中，以大数据“智能化”技术手段感测、分析、整合社会运行核心的各项关键信息，并通过经济组织、社会组织和公众的参与和协作，对政府决策以及各项社会活动治理做出智能的响应，推动公共管理朝着高效精准、公共服务朝着便捷惠民的方向发展，并促使社会综合效益得以有效提升的一种全新的政务运营模式。重点内容包括智慧决策、智慧服务、智慧监督和智慧应急。

数字经济的快速发展为数字治理带来一系列法律问题，主要有互联网中消费者的隐私保护问题、网络和信息安全问题，以及数字贸易中的贸易保护问题等。此外，也为数字经济时代的治理创新带来了挑战。

本章课后思考题：

1. 请简述政府数字化转型的必要性。
2. 政府进行数字化转型一般要经过哪几个阶段？
3. 什么是智慧政务？智慧政务包括哪些重点内容？
4. 你认为，如何对网络环境中的消费者隐私进行保护？
5. 如何对网络和信息的安全进行有效保护？

第 11 章　数字经济时代的思维决策

本章学习要点：

- 掌握大数据的特征和类型
- 理解大数据的业务应用及应用价值
- 掌握大数据决策的基本原理和分析方法
- 了解数字化决策的典型应用

人类的发展是认识世界和认识自我的过程。正是基于这种认识的拓展，人类才不断地进步。如果说现代人比古代人高明，那完全是由于自身总体认识的不断丰富。只有不断趋近全面、联系、发展并且动态地看问题，人类才能越来越接近事物的真相。谁比谁睿智，实际上是看谁掌握的信息更全面，并能科学、辩证地应用。大数据的认知与应用就是帮助人们更加全面地看问题。

党的十八届五中全会提出实施国家大数据战略，随后国务院印发《促进大数据发展行动纲要》，大数据战略正式上升为国家战略。“十三五”时期，中国全面推进实施国家大数据战略，加快数字中国建设步伐，大数据在政策、技术、产业、技术等多层面的应用取得显著进展，并逐步形成了以 8 个国家大数据综合试验区为引领，京津冀、长三角、珠三角、中西部地区 4 个集聚区域协同发展的格局。

未来企业间的竞争优势将主要体现在算法迭代速度和计算能力方面。未来企业的竞争优势等于“数据 × 算法 × 算力”。没有数据，竞争力等于 0；没有精准的算法，竞争力等于 0；没有超强的计算能力，竞争力等于 0。

11.1　大数据的特征、类型与发展历程

11.1.1　大数据的特征

大数据（Big Data）实质数据量超过传统数据库软件工具捕获、存储、管理和分析能力的数据集[①]。随着大数据时代的到来，“大数据”已经成为互联网信息技术行业的流行词汇。关于“什么是大数据”这个问题，大家比较认可关于大数据的“4V”说法[②]。大数据的 4 个“V”，或者说是大数据的 4 个特点，包含 4 个层面：数据量大（Volume）、数据类型繁多（Variety）、处理速度快（Velocity）和价值密度低（Value）。

---

① 麦肯锡：《大数据：创新、竞争和生产力的下一个前沿》，2011 年 5 月。

② “4V”说法由 IDC（国际数据公司）最早提出。

1. 数据量大

人类进入信息社会以后，数据以自然方式增长，其产生不以人的意志为转移。从 1986 年开始到 2018 年的 30 多年时间里，全球数据的数量增长 1 000 倍，今后的数据增长速度将更快，我们正生活在一个“数据爆炸”的时代。今天，世界上只有 25% 的设备是联网的，大约 80% 的上网设备是计算机和手机，而在不远的将来，将有更多的用户成为网民，汽车、电视、家用电器、生产机器等各种设备也将接入互联网。随着 web 2.0 和移动互联网的快速发展，人们已经可以随时随地、随心所欲发布包括博客、微博、微信等在内的各种信息。以后，随着物联网的推广和普及，各种传感器和摄像头将遍布我们工作和生活的各个角落，这些设备每时每刻都在自动产生大量数据。

综上所述，人类社会正经历第二次“数据爆炸”（如果把印刷在纸上的文字和图形也看作数据的话，那么人类历史上第一次“数据爆炸”发生在造纸术和印刷术发明的时期）。各种数据产生速度之快，产生数量之大，已经远远超出人类可以控制的范围，“数据爆炸”成为大数据时代的鲜明特征。根据著名咨询机构 IDC（ Internet Data Center ）做出的估测，人类社会产生的数据一直都在以每年 50% 的速度增长，也就是说，每两年就增加一倍，这被称为“大数据摩尔定律”。这意味着，人类在最近两年产生的数据量相当于之前产生的全部数据量之和。预计到 2025 年，全球将总共拥有 175 ZB（ 见表 11-1 ）的数据量，与 2010 年相比，数据量将增长到近 200 倍。

表 11-1　数据存储单位之间的换算关系

单位	换算关系
Byte（ 字节 ）	1 Byte = 8 bit
KB（ Kilobyte，千字节 ）	1 KB = 1 024 Byte
MB（ Megabyte，兆字节 ）	1 MB = 1 024 KB
GB（ Gigabyte，吉字节 ）	1 GB = 1 024 MB
TB（ Trillion byte，太字节 ）	1 TB = 1 024 GB
PB（ Petabyte，拍字节 ）	1 PB = 1 024 TB
EB（ Exabyte，艾字节 ）	1 EB = 1 024 PB
ZB（ Zettabyte，泽字节 ）	1 ZB = 1 024 EB

2. 数据类型繁多

大数据的数据来源众多，科学研究、企业应用和 Web 应用等都在源源不断地生成新的数据。生物大数据、交通大数据、医疗大数据、电信大数据、电力大数据、金融大数据等都呈现出“井喷式”增长，所涉及的数量十分巨大，已经从 TB 级别跃升到 PB 级别。

大数据的数据类型丰富，包括结构化数据和非结构化数据，其中，前者占 10% 左右，主要是指存储在关系数据库中的数据；后者占 90% 左右，种类繁多，主要包括邮件、音频、视频、微信、微博、位置信息、链接信息、手机呼叫信息、网络日志等。

如此类型繁多的异构数据，对数据处理和分析技术提出了新的挑战，也带来了新的机遇。传统数据主要存储在关系数据库中，但是，在类似 web 2.0 等应用领域中，越来越多的数据开始被存储在非关系型数据库（Not Only SQL，NoSQL）中，这就必然要求在集成的过程中进行数据转换，而这种转换的过程是非常复杂和难以管理的。传统的联机分析处理（On-Line Analytical Processing，OLAP）和商务智能工具大都面向结构化数据，而在大数据时代，用户友好的、支持非结构化数据分析的商业软件也将迎来广阔的市场空间。

3. 处理速度快

大数据时代的数据产生速度非常迅速，在 Web 2.0 应用领域，在 1 分钟内，新浪可以产生 2 万条微博，Twitter 可以产生 10 万条推文，苹果可以下载 4.7 万次应用，淘宝可以卖出 6 万件商品，人人网可以发生 30 万次访问，百度可以产生 90 万次搜索查询，Facebook 可以产生 600 万次浏览。大名鼎鼎的大型强子对撞机（LHC），大约每秒产生 6 亿次的碰撞，每秒生成约 700 MB 的数据，有成千上万台计算机分析这些碰撞。

大数据时代的很多应用都需要基于快速生成的数据给出实时分析结果，用于指导生产和生活实践。因此，数据处理和分析的速度通常要达到秒级响应，这一点和传统的数据挖掘技术有着本质的不同，后者通常不要求给出实时分析结果。

为了实现快速分析海量数据的目的，新兴的大数据分析技术通常采用集群处理和独特的内部设计。以谷歌公司 Dreme 为例，它是一种可扩展的、交互式的实时查询系统，用于只读嵌套数据的分析，通过结合多级树状执行过程和列式数据结构，它能做到几秒内完成对万亿张表的聚合查询，系统可以扩展到成千上万的 CPU 上，满足谷歌上万用户操作 PB 级数据的需求，并且可以在 2 到 3 秒内完成 PB 级别数据的查询。

4. 价值密度低

大数据虽然看起来很美，但是价值密度却远远低于传统关系数据库中已经有的那些数据在大数据时代，很多有价值的信息都是分散在海量数据中的。以小区监控视频为例，如果没有意外事件发生，连续不断产生的数据都是没有任何价值的，当发生偷盗等意外情况时，也只有记录了事件过程的那一小段视频是有价镇的。但是，为了能够获得发生偷盗等意外情况时的那一段宝贵的视频，我们不得不投入大量资金购买监控设备、网络设备、存储设备，耗费大量的电能和存储空间，来保存摄像头连续不断传来的监控数据。

如果这个实例还不够典型的话，那么我们可以想象另一个更大的场景。假设一个电子商务网站希望通过微博数据进行有针对性的营销，为了实现这个目的，就必须构建一个能存储和分析新浪微博数据的大数据平台，使之能够根据用户微博内容进行有针对性的商品需求趋势预测。愿景很美好，但是现实代价很大，可能需要耗费几百万元构建整个大数据团队和平台，而最终带来的企业销售利润增加额可能会比投入低许多，从这点来说，大数据的价值密度是较低的。

11.1.2 大数据的类型

按照数据存储形式的不同，大数据包含三种类型：结构化数据、半结构化数据和非结构化数据。

结构化数据也被称为定量数据，是能够用数据或统一的结构加以表示的信息，如数字、符号。例如，企业用的人事系统、财务系统、ERP 系统，这些系统中的数据都是结构化的。在项目中，保存和管理这些数据的一般为关系数据库，当使用结构化查询语言或 SQL 时，计算机程序很容易搜索这些术语。从结构化数据的名称中可以看出，它是高度组织和整齐格式化的数据，是可以放入表格和电子表格中的数据类型。显然，结构化数据具有的明确的关系使得这些数据运用起来十分方便，不过在商业上的可挖掘价值方面就比较差。

半结构化数据是结构化数据的一种形式，它并不符合关系型数据库或其他数据表的形式关联起来的数据模型结构，但包含相关标记，用来分隔语义元素以及对记录和字段进行分层。因此，它也被称为自描述的结构。例如，电子邮件、用 Windows 处理的文字、在网上看到的新闻都是这种类型的数据。

非结构化数据是数据结构不规则或不完整，没有预定义的数据模型，不方便用数据库二维逻辑表来表现的数据。包括所有格式的办公文档、文本、图片、各类报表、图像和音频 / 视频信息，等等。非结构化数据其格式非常多样，标准也是多样性的，而且在技术上非结构化信息比结构化信息更难标准化和理解。所以存储、检索、发布以及利用需要更加智能化的 IT 技术，比如海量存储、智能检索、知识挖掘、内容保护、信息的增值开发利用等。

随着网络技术的发展，特别是 Internet 和 Intranet 技术的飞快发展，使得非结构化数据的数量日趋增大。这时，主要用于管理结构化数据的关系数据库的局限性暴露地越来越明显。因而，数据库技术相应地进入了“后关系数据库时代”，发展进入基于网络应用的非结构化数据库时代。

我国非结构化数据库以北京国信贝斯（iBase）软件有限公司的 iBase 数据库为代表。iBase 数据库是一种面向最终用户的非结构化数据库，在处理非结构化信息、全文信息、多媒体信息和海量信息等领域以及 Internet/Intranet 应用上处于国际先进水平，在非结构化数据的管理和全文检索方面获得突破。它主要有以下几个优点。

① Internet 应用中，存在大量的复杂数据类型，iBase 通过其外部文件数据类型，可以管理各种文档信息、多媒体信息，并且对于各种具有检索意义的文档信息资源，如 HTML、DOC、RTF、TXT 等还提供了强大的全文检索能力。

②它采用子字段、多值字段以及变长字段的机制，允许创建许多不同类型的非结构化的或任意格式的字段，从而突破了关系数据库非常严格的表结构，使得非结构化数据得以存储和管理。

③ iBase 将非结构化和结构化数据都定义为资源，使得非结构数据库的基本元素就是资源本身，而数据库中的资源可以同时包含结构化和非结构化的信息。所以，非结构化数据库能够存储和管理各种各样的非结构化数据，实现了数据库系统数据管理到内容管理的转化。

④ iBase 采用了面向对象的基石，将企业业务数据和商业逻辑紧密结合在一起，特别适合于表达复杂的数据对象和多媒体对象。

⑤ iBase 是适应 Internet 发展的需要而产生的数据库，它基于 Web 是一个广域网的海量数据库的思想，提供一个网上资源管理系统 iBase Web，将网络服务器（Webserver）和数据

库服务器(Database Server)直接集成为一个整体,使数据库系统和数据库技术成为Web的一个重要有机组成部分,突破了数据库仅充当Web体系后台角色的局限,实现数据库和Web的有机无缝组合,从而为在Internet/Intranet上进行信息管理乃至开展电子商务应用开辟了更为广阔的领域。

⑥ iBase全面兼容各种大中小型的数据库,对传统关系数据库,如Oracle、Sybase、SQL-Server、DB2、Informix等提供导入和链接的支持能力。

通过从上面的分析后我们可以预言,随着网络技术和网络应用技术的飞快发展,完全基于Internet应用的非结构化数据库将成为继层次数据库、网状数据库和关系数据库之后的又一重点、热点技术。

11.2 大数据的业务应用及应用价值

11.2.1 大数据的业务应用

当数据体量和类型都得到极大扩展后,数据分析的目标便不仅是探索和研究出所有数据之间的严格逻辑,还包括发现数据之间的强相关性,从而满足对数据价值的主要诉求。例如,人们从20世纪80年代就开始探索通过计算机来实现机器翻译,但进展不尽如人意,而Google在2005年却直接让机器翻译的成绩超过所有当时业界的已有成绩。Google所采用的方法本身并没有新意,而是利用自身的强大数据平台把单词的关联性分析从其他团队还在研究的3个词扩展到了6个词。而更多词之间的强相关分析,使机器翻译能够很好地实现复杂长句的翻译,并且准确率也不错。

大数据时代由于数据越来越多,自然量变会导致质变,人们在面对数据时的思维也要发生变化。在企业的业务运营中,相比于以半结构化数据为基础的商业智能(Business Intelligent, BI),大数据对半结构化数据的处理能力为业务决策带来了更大的空间。以文本为代表的半结构化数据,更加直接地承载了客户的感受、个人喜好、购买倾向、情绪状态等信息。对这些信息的分析,让企业不仅能够更好地为客户推荐商品和改进产品,也可以及时发现客户对服务和产品后的感受,从而有针对性地采取措施以避免客户流失。

电商与零售行业作为大数据应用最早的行业,基于用户的购买历史、搜索信息等多维度数据,最早实现了基于标签的用户画像和用户分群。基于用户画像的不断完善,电商平台利用流式计算可以实现在用户的点击流中精确推荐客户可能购买的商品。由于转化率明显高于传统纸媒、电视广告、广告位等手段,使得广告收入成为电商巨头的重要营收来源。用户画像也在其他行业作为客户关系管理的重要手段广泛应用,例如,通过用户画像实现对个人的信用评级、信贷额度评估等。

汽车在为人们提供出行便利的同时,也成了数据的重要生产者和消费者。随着车的智能化功能越来越丰富,对保险行业而言,车载信息服务收据的价值也越来越大。根据驾驶者的驾驶风格等信息,保险公司可以对风险状况进行更准确的评估,从而可以制定更合理的优惠费率，以防止客户流失并争取新的客户。而且这些信息也可以降低保险公司的理赔概率，从而提升保险公司的营收。

基于 LBS 的导航服务，在为人们出行规划路线的同时还能及时反馈路况信息：一方面可以让驾驶者提前避开拥堵；另一方面也为交通管理部门提供了关键信息。正是地图、导航的成熟，导致了自动驾驶这种人工智能应用的蓬勃兴起。

金融行业对于风险管控的要求远高于其他行业，因此金融行业的门槛与其他行业相比是比较高的。但作为中国第一家互联网银行，微众银行 2017 年的数据显示不良贷款率仅为 0.64%，远低于行业平均水平。微众银行的目标客户是传统金融行业不太关注的中小业主，由于他们的体量很小，因而传统金融行业往往认为他们的风险很高。但借助腾讯的 TD-Bank 大数据平台，微众银行实现了多维度的数据汇集，包括即时通信、SNS、电商交易、虚拟消费、关系链、游戏行为、媒体行为和基础画像等。基于这些丰富数据的分析，微众银行就能够给每一个贷款人快速进行信用评级，从而降低了不良贷款的发放可能性。

大数据与物联网的结合，为企业扩展了更多的数据服务。通过物联网的数据采集与控制途径，大数据平台能够对传感器数据进行分析，从而及时了解设备状态并提前对故障进行预警。这种数据服务使设备的预防性维护更加准确，从而极大地保障了设备的在产率。以航空业为例，通过对飞机各个传感器数据的及时处理，并且在机场地勤支持系统的大力配合下，可以使飞机的地面维护时间缩短，从而为航空公司创造更多的利润。

11.2.2　大数据的应用价值

随着移动互联网的飞速发展，信息的传输日益方便快捷，端到端的需求也日益突出，纵观整个移动互联网领域，数据已被认为是继云计算、物联网之后的又一大颠覆性的技术性革命，毋庸置疑，大数据市场是待挖掘的金矿，其价值不言而喻。可以说谁能掌握和合理运用用户大数据的核心资源，谁就能在接下来的技术变革中进一步发展壮大。

大数据，可以说是史上第一次将各行各业的用户、方案提供商、服务商、运营商以及整个生态链上游厂商，融入一个大的环境中，无论是企业级市场还是消费级市场，抑或政府公共服务，都正或将要与大数据发生千丝万缕的联系。

谈及价值，首先必须要弄清楚其用户到底是谁？有针对企业数据市场的，还有针对终端消费者的，还有针对政府公共服务的。其次要弄清楚大数据核心价值的表现形式、价值的体现过程以及最后呈现的结果。

商业的发展天生就依赖于大量的数据分析来做决策，对于企业用户，更关心的还是决策需求，其实早在 BI 时代这就被推上了日程，经过十余年的探索，如今已形成了数据管理、数据可视化等细分领域，来加强对决策者的影响，达到决策支持的效果。还有企业营销需求，从本质上来说，主要聚焦在针对消费者市场的精准营销。

对于消费者用户，他们对大数据的需求主要体现在信息能按需搜索，并能提供友好、可信的信息推荐，其次是提供高阶服务，例如智能信息的提供、用户体验更快捷等。

还有，大数据也不断被应用到政府日常管理和为民服务中，并成为推动政府政务公开、完善服务、依法行政的重要力量。从户籍制度改革,到不动产登记制度改革,再到征信体系建设等都对数据库建设提出了更高的目标要求,而此时的数据库更是以大数据为基础的,可见,大数据已成为政府改革和转型的技术支撑杠杆。

数据,除了它第一次被使用时提供的价值以外,那些积累下来的数据海洋并不是无用的废物,它还有着无穷无尽的"剩余价值",关于这一点,人们已经有了越来越多的认识。事实上,大数据已经开始并将继续影响我们的生活,其核心价值需要借助于一些具体的应用模式和场景才能得到集中体现。

1. 大数据助企业挖掘市场机会,探寻细分市场

大数据能够帮助企业分析大量数据而进一步挖掘市场机会和细分市场,然后对每个群体量体裁衣般的采取独特的行动。获得好的产品概念和创意,关键在于我们到底如何去搜集消费者相关的信息,如何获得趋势,挖掘出人们头脑中未来会可能消费的产品概念。用创新的方法解构消费者的生活方式,剖析消费者的生活密码,才能让吻合消费者未来生活方式的产品研发不再成为问题,如果你了解了消费者的密码,就知道其潜藏在背后的真正需求。大数据分析是发现新客户群体、确定最优供应商、创新产品、理解销售季节性等问题的最好方法。

在数字革命的背景下,对企业营销者的挑战是从如何找到企业产品需求的人到如何找到这些人在不同时间和空间中的需求;从过去以单一或分散的方式去形成和这群人的沟通信息和沟通方式,到现在如何和这群人即时沟通、即时响应、即时解决他们的需求,同时在产品和消费者的买卖关系以外,建立更深层次的伙伴间的互信、双赢和可信赖的关系。

大数据进行高密度分析,能够明显提升企业数据的准确性和及时性;大数据能够帮助企业分析大量数据而进一步挖掘细分市场的机会,最终能够缩短企业产品研发时间、提升企业在商业模式、产品和服务上的创新力,大幅提升企业的商业决策水平。因此,大数据有利于企业发掘和开拓新的市场机会;有利于企业将各种资源合理利用到目标市场;有利于制定精准的经销策略;有利于调整市场的营销策略,大大降低企业经营的风险。

企业利用用户在互联网上的访问行为偏好为每个用户勾勒出一副"数字剪影",为具有相似特征的用户组提供精确服务满足用户需求,甚至为每个客户量身定制。这一变革将大大缩减企业产品与最终用户的沟通成本。例如:一家航空公司对从未乘过飞机的人很感兴趣(细分标准是顾客的体验)。而从未乘过飞机的人又可以细分为害怕飞机的人,对乘飞机无所谓的人以及对乘飞机持肯定态度的人(细分标准是态度)。在持肯定态度的人中,又包括高收入有能力乘飞机的人(细分标准是收入能力)。于是这家航空公司就把力量集中在开拓那些对乘飞机持肯定态度,只是还没有乘过飞机的高收入群体。通过对这些人进行量身定制、精准营销取得了很好的效果。

2. 大数据提高决策能力

当前,企业管理者还是更多依赖个人经验和直觉做决策,而不是基于数据。在信息有限、获取成本高昂,而且没有被数字化的时代,让身居高位的人做决策是情有可原的,但是大数据时代,就必须要让数据说话。

大数据能够有效地帮助各个行业用户做出更为准确的商业决策,从而实现更大的商业

价值,它从诞生开始就是站在决策的角度出发。虽然不同行业的业务不同,所产生的数据及其所支撑的管理形态也千差万别,但从数据的获取,数据的整合,数据的加工,数据的综合应用,数据的服务和推广,数据处理的生命线流程来分析,所有行业的模式是一致的。

这种基于大数据决策的特点:一是量变到质变,由于数据被广泛挖掘,决策所依据的信息完整性越来越高,有信息的理性决策在迅速扩大,拍脑袋的盲目决策在急剧缩小。二是决策技术含量、知识含量大幅度提高。由于云计算出现,人类没有被海量数据所淹没,能够高效率驾驭海量数据,生产有价值的决策信息。三是大数据决策催生了很多过去难以想象的重大解决方案。如某些药物的疗效和毒副作用,无法通过技术和简单样本验证,需要几十年海量病历数据分析得出结果;做宏观经济计量模型,需要获得所有企业、居民以及政府的决策和行为海量数据,才能得出减税政策最佳方案;反腐倡廉,人类几千年历史都没解决,最近通过微博和人肉搜索,贪官在大数据的海洋中无处可藏,人们看到根治的希望,等等。

如果在不同行业的业务和管理层之间,增加数据资源体系,通过数据资源体系的数据加工,把今天的数据和历史数据对接,把现在的数据和领导和企业机构关心的指标关联起来,把面向业务的数据转换成面向管理的数据,辅助于领导层的决策,真正实现了从数据到知识的转变,这样的数据资源体系是非常适合管理和决策使用的。

在宏观层面,大数据使经济决策部门可以更敏锐地把握经济走向,制定并实施科学的经济政策;而在微观方面,大数据可以提高企业经营决策水平和效率,推动创新,给企业、行业领域带来价值。

3. 大数据创新企业管理模式,挖掘管理潜力

当下,有多少企业还会要求员工像士兵一样无条件服从上级的指示?还在通过大量的中层管理者来承担管理下属和传递信息的职责?还在禁止员工之间谈论薪酬等信息?《华尔街日报》曾有一篇文章就说,NO,这一切已经过时了,严格控制,内部猜测和小道消息无疑更会降低企业效率。一个管理学者曾经将企业内部关系比喻为成本和消耗中心,如果内部都难以协作或者有效降低管理成本和消耗,你又如何指望在今天瞬息万变的市场和竞争环境下生存、创新和发展呢?

当购物、教育、医疗都已经要求在大数据、移动网络支持下的个性化的时代,创新已经成为企业的生命之源,则命令式集中管理、封闭的层级体系和决策体制已变得不合时宜。当个体的人都可以通过佩戴各种传感器,搜集各种来自身体的信号来判断健康状态,那样企业也同样需要配备这样的传感系统,来实时判断其健康状态的变化情况。

今天信息时代机器的性能,更多决定于芯片,大脑的存储和处理能力,程序的有效性。因而管理从注重系统大小、完善和配合,到注重人,或者脑力的运用,信息流程和创造性,以及职工个性满足、创造力的激发。

在企业管理的核心因素中,大数据技术与其高度契合。管理最核心的因素之一是信息搜集与传递,而大数据的内涵和实质在于大数据内部信息的关联、挖掘,由此发现新知识、创造新价值。两者在这一特征上具有高度契合性,甚至可以标称大数据就是企业管理的又一种工具。因为对于任何企业,信息即财富,从企业战略着眼,利用大数据,充分发挥其辅助决策的潜力,可以更好地服务企业发展战略。

大数据时代，数据在各行各业渗透着，并渐渐成为企业的战略资产。数据分析挖掘不仅本身能帮企业降低成本：比如库存或物流，改善产品和决策流程，寻找到并更好地维护客户，还可以通过挖掘业务流程各环节的中间数据和结果数据，发现流程中的瓶颈因素，找到改善流程效率，降低成本的关键点，从而优化流程，提高服务水平。大数据成果在各相关部门传递分享，还可以提高整个管理链条和产业链条的投入回报率。

4. 大数据变革商业模式催生产品和服务的创新

在大数据时代，以利用数据价值为核心，新型商业模式正在不断涌现。能够把握市场机遇、迅速实现大数据商业模式创新的企业，将在 IT 发展史上书写出新的传奇。

大数据让企业能够创造新产品和服务，改善现有产品和服务，以及发明全新的业务模式。回顾 IT 历史，似乎每一轮 IT 概念和技术的变革，都伴随着新商业模式的产生。如个人电脑时代微软凭借操作系统获取了巨大财富，互联网时代谷歌抓住了互联网广告的机遇，移动互联网时代苹果则通过终端产品的销售和应用商店获取了高额利润。

纵观国内，以金融业务模式为例，阿里金融基于海量的客户信用数据和行为数据，建立了网络数据模型和一套信用体系，打破了传统的金融模式，使贷款不再需要抵押品和担保，而仅依赖于数据，使企业能够迅速获得所需要的资金。阿里金融的大数据应用和业务创新，变革了传统的商业模式，对传统银行业带来了挑战。

还有，大数据技术可以有效地帮助企业整合、挖掘、分析其所掌握的庞大数据信息，构建系统化的数据体系，从而完善企业自身的结构和管理机制；同时，伴随消费者个性化需求的增长，大数据在各个领域的应用开始逐步显现，已经开始并正在改变着大多数企业的发展途径及商业模式。如大数据可以完善基于柔性制造技术的个性化定制生产路径，推动制造业企业的升级改造；依托大数据技术可以建立现代物流体系，其效率远超传统物流企业；利用大数据技术可多维度评价企业信用，提高金融业资金使用率，改变传统金融企业的运营模式等。

过去，小企业想把商品卖到国外要经过国内出口商、国外进口商、批发商、商场，最终才能到达用户手中，而现在，通过大数据平台可以直接从工厂送达到用户手中，交易成本只是过去的十分之一。以我们熟悉的网购平台淘宝为例，每天有数以万计的交易在淘宝上进行，与此同时相应的交易时间、商品价格、购买数量会被记录，更重要的是，这些信息可以与买方和卖方的年龄、性别、地址、甚至兴趣爱好等个人特征信息相匹配。运用匹配的数据，淘宝可以进行更优化的店铺排名和用户推荐；商家可以根据以往的销售信息和淘宝指数进行指导产品供应、生产和设计，经营活动成本和收益实现了可视化，大大降低了风险，赚取更多的钱；而与此同时，更多的消费者也能以更优惠的价格买到了更心仪的产品。

5. 大数据让每个人更加有个性

对个体而言，大数据可以为个人提供个性化的医疗服务。比如，我们的身体功能可能会通过手机、移动网络进行监控，一旦有什么感染，或身体有什么不适，我们都可以通过手机得到警示，接着信息会和手机库进行对接或者咨询相关专家，从而获得正确的用药和其他治疗。

过去我们去看病，医生只能对我们的当下身体情况做出判断，而在大数据的帮助下，将来的诊疗可以对一个患者的累计历史数据进行分析，并结合遗传变异、对特定疾病的易感性和对特殊药物的反应等关系，实现个性化的医疗。还可以在患者发生疾病症状前，提供早期的检测和诊断。早期发现和治疗可以显著降低肺癌给卫生系统造成的负担，因为早期的手术费用是后期治疗费用的一半。

还有，在传统的教育模式下，分数就是一切，一个班上几十个人，使用同样的教材，同一个老师上课，课后布置同样的作业。然而，学生是千差万别的，在这个模式下，不可能真正做到“因材施教”。

如一个学生考了 90 分，这个分数仅仅是一个数字，它能代表什么呢？90 分背后是家庭背景、努力程度、学习态度、智力水平等，把它们和 90 分联系在一起，这就成了数据。大数据因其数据来源的广度，有能力去关注每一个个体学生的微观表现：如他在什么时候开始看书，在什么样的讲课方式下效果最好，在什么时候学习什么科目效果最好，在不同类型的题目上停留多久，等等。当然，这些数据对其他个体都没有意义，是高度个性化表现特征的体现。同时，这些数据的产生完全是过程性的：课堂的过程，作业的情况，师生或同学的互动情景……而最有价值的是，这些数据完全是在学生不自知的情况下被观察、收集的，只需要一定的观测技术与设备的辅助，而不影响学生任何的日常学习与生活，因此它的采集也非常的自然、真实。

在大数据的支持下，教育将呈现另外的特征：弹性学制、个性化辅导、社区和家庭学习、每个人的成功……大数据支撑下的教育，就是要根据每一个人的特点，释放每一个人本来就有的学习能力和天分。

此外，《大数据时代》一书作者维克托还建议中国政府要进一步补录数据库。政府以前提供财政补贴，现在可以提供数据库，打造创意服务。在美国就有完全基于政府提供的数据库，如为企业提供机场、高速公路的数据，提供航班可能发生延误的概率，这种服务可以帮助个人、消费者更好地预测行程，这种类型的创新，就得益于公共的大数据。

6. 智慧驱动下的和谐社会

美国作为全球大数据领域的先行者，在运用大数据手段提升社会治理水平、维护社会和谐稳定方面已先行实践并取得显著成效。

近年来，在国内，“智慧城市”建设也在如火如荼地开展。截至去年底，我国的国家智慧城市试点已达 193 个，而公开宣布建设智慧城市的城市超过 400 个。智慧城市的概念包含了智能安防、智能电网、智慧交通、智慧医疗、智慧环保等多领域的应用，而这些都要依托于大数据，可以说大数据是“智慧”的源泉。

在治安领域，大数据已用于信息的监控管理与实时分析、犯罪模式分析与犯罪趋势预测，北京、临沂等市已经开始实践利用大数据技术进行研判分析，打击犯罪。

在交通领域，大数据可通过对公交地铁刷卡、停车收费站、视频摄像头等信息的收集，分析预测出行交通规律，指导公交线路的设计、调整车辆派遣密度，进行车流指挥控制，及时做到梳理拥堵，合理缓解城市交通负担。

在医疗领域，部分省市正在实施病历档案的数字化，配合临床医疗数据与病人体征数据的收集分析，可以用于远程诊疗、医疗研发，甚至可以结合保险数据分析用于商业及公共政策制定，等等。

伴随着智慧城市建设的火热进行，政府大数据应用已进入实质性的建设阶段，有效拉动了大数据的市场需求，带动了当地大数据产业的发展，大数据在各个领域的应用价值已得到初显。

7. 大数据让我们对未来认识更清晰

大数据预测是大数据最核心的应用，它将传统意义的预测拓展到“现测”。大数据预测的优势体现在，它把一个非常困难的预测问题，转化为一个相对简单的描述问题，而这是传统小数据集根本无法企及的。例如，大数据曾被洛杉矶警察局和加利福尼亚大学合作用于预测犯罪的发生；Google 流感趋势利用搜索关键词预测禽流感的散布；麻省理工学院利用手机定位数据和交通数据进行城市规划；气象局通过整理近期的气象情况和卫星云图，更加精确地判断未来的天气状况。因此，从预测的角度看，大数据预测所得出的结果不仅仅是用于处理现实业务的简单、客观的结论，更是能用于帮助政府、企业经营者等做出精准合理的决策。

总之，通过对大数据的深入挖掘，我们将会了解系统的不同机体是如何相互协调运作的，同样也可以通过对它们的了解去控制机体的下一个操作，甚至长远的维护和优化。从这个角度讲，基于网络的大数据可以看作是人类社会的神经中枢，因为有了网络和大数据人类社会才开始灵活起来，而不像以前那么死板。基于大数据，个体之间相互连接有了基础，相互的交互过程得到了简化，各种交易的成本减少很多。厂家等服务提供方可以基于大数据研发出更符合消费者需求的服务，机构内部的管理也更为细致，有了血液和神经系统的社会才真的拥有生命活力。

11.3 大数据决策的基本原理和方法

大数据具有数据量大、数据结构复杂、数据产生速度快、数据价值密度低等特点，这些特点增加了对大数据进行有效分析的难度，大数据分析成为当前探索大数据发展的核心内容，因此，必须掌握大数据分析的基本原理和方法，才能挖掘数据背后的价值信息。

11.3.1 大数据决策的思维特征

随着大数据概念在计算机科学、移动互联网等领域的广泛讨论，以及大数据技术的广泛应用，使得具有强大应用潜力的大数据思维的轮廓逐渐清晰起来，其主要特征表现在以下三个方面。

1. 全样而非抽样

过去，由于数据存储和处理能力的限制，在科学分析中，通常采用抽样的方法，即从全集数据中抽取一部分样本数据，通过对样本数据的分析来推断全集数据的总体特征。通常，样本数据规模要比全集数据小很多，因此，可以在可控的代价内实现数据分析的目的。现在，我们已经迎来大数据时代，大数据技术的核心就是海量数据的存储和处理，分布式文件系统和分布式数据库技术提供了理论上近乎无限的数据存储能力,分布式并行编程框架 MapReduce 提供了强大的海量数据并行处理能力。因此,有了大数据技术的支持,科学分析完全可以直接针对全集数据而不是抽样数据,并且可以在短时间内迅速得到分析结果,速度之快,超乎我们的想象。例如,谷歌公司的 Dremel 可以在 2~3 秒内完成 PB 级别数据的查询。

2. 效率而非精确

过去,我们在科学分析中采用抽样分析方法,就必须追求分析方法的精确性,因为抽样分析只是针对部分样本的分析,其分析结果被应用到全集数据以后,误差会被放大,这就意味着,抽样分析的微小误差被放大到全集数据以后,可能会变成一个很大的误差。因此,为了保证误差被放大到全集数据时仍然处于可以接受的范围,就必要确保抽样分析结果的精确性。正是由于这个原因,传统的数据分析方法往往更加注重提高算法的精确性,其次才是提高算法效率。现在,大数据时代采用全样分析而不是抽样分析,全样分析结果就不存在误差被放大的问题。因此,追求高精确性已经不是其首要目标;相反,大数据时代具有“秒级响应”的特征,要求在几秒内就迅速给出针对海量数据的实时分析结果,否则就会丧失数据的价值,因此,数据分析的效率成为关注的核心。

3. 相关而非因果

过去,数据分析的目的,一方面是解释事物背后的发展机理,比如,一个大型超市在某个地区的连锁店在某个时期内净利润下降很多,这就需要 IT 部门对相关销售数据进行详细分析找出发生问题的原因;另一方面是用于预测未来可能发生的事件,比如,通过实时分析微博数据,当发现人们对雾霾的讨论明显增加时,就可以建议销售部门增加口罩的进货量,因为人们关注雾霾的一个直接结果是,大家会想到购买一个口罩来保护自己的身体健康。不管是哪个目的,其实都反映了一种“因果关系”。但是,在大数据时代,因果关系不再那么重要,人们转而追求“相关性”而非“因果性”。比如,我们去淘宝网购物时,当我们购买了一个汽车防盗锁以后,淘宝网还会自动提示你,与你购买相同物品的其他客户还购买了汽车坐垫,也就是说,淘宝网只会告诉你“购买汽车防盗锁”和“购买汽车坐垫”之间存在相关性,但是并不会告诉你为什么其他客户购买了汽车防盗锁以后还会购买汽车坐垫。

11.3.2　大数据分析的基本原理

1.“数据”核心原理

大数据时代,计算模式也发生了转变,从“流程”核心转变为“数据”核心。例如:IBM 将使用以数据为中心的设计,目的是降低在超级计算机之间进行大量数据交换的必要性。大数据下,云计算找到了破茧重生的机会,在存储和计算上都体现了数据为核心的理念。大数据和云计算的关系:云计算为大数据提供了有力的工具和途径,大数据为云计算提供了很有价值的用武之地。而大数据比云计算更为落地,可有效利用已大量建设的云计算资源,最后加以利用。

科学进步越来越多地由数据来推动,海量数据给数据分析既带来了机遇,也构成了新的挑战。大数据往往是利用众多技术和方法,综合源自多个渠道、不同时间的信息而获得的。

为了应对大数据带来的挑战,我们需要新的统计思路和计算方法。

用数据核心思维方式思考问题,解决问题。以数据为核心,反映了当下IT产业的变革,数据成为人工智能的基础,也成为智能化的基础,数据比流程更重要,数据库、记录数据库,都可开发出深层次信息。云计算机可以从数据库、记录数据库中搜索出你是谁,你需要什么,从而推荐给你需要的信息。

2. 数据价值原理

大数据真正有意思的是数据变得在线了,这个恰恰是互联网的特点。非互联网时期的产品,功能一定是它的价值,今天互联网的产品,数据一定是它的价值。例如,大数据的真正价值在于创造,在于填补无数个还未实现过的空白。有人把数据比喻为蕴藏能量的煤矿,煤炭按照性质有焦煤、无烟煤、肥煤、贫煤等分类,而露天煤矿、深山煤矿的挖掘成本又不一样。与此类似,大数据并不在"大",而在于"有用",价值含量、挖掘成本比数量更为重要。不管大数据的核心价值是不是预测,但是基于大数据形成决策的模式已经为不少的企业带来了盈利和声誉。

数据能告诉我们,每一个客户的消费倾向,他们想要什么,喜欢什么,每个人的需求有哪些区别,哪些又可以被集合到一起来进行分类。大数据是数据数量上的增加,以至于我们能够实现从量变到质变的过程。举例来说,这里有一张照片,照片里的人在骑马,这张照片每一分钟,每一秒都要拍一张,但随着处理速度越来越快,从1分钟一张到1秒钟1张,突然到1秒钟10张后,就产生了电影。当数量的增长实现质变时,就从照片变成了一部电影。

因此,要用数据价值思维方式思考问题,解决问题。信息总量的变化导致了信息形态的变化,量变引发了质变,最先经历信息爆炸的学科,如天文学和基因学,创造出了"大数据"这个概念。如今,这个概念几乎应用到了所有人类致力于发展的领域中。从功能为价值转变为数据为价值,说明数据和大数据的价值在扩大,数据为"王"的时代出现了。数据被解释是信息,信息常识化是知识,所以说数据解释、数据分析能产生价值。

3. 全样本原理

在大数据时代,无论是商家还是信息的搜集者,会比我们自己更知道你可能会想干什么。现在的数据还没有被真正挖掘,如果真正挖掘的话,通过信用卡消费的记录,可以成功预测未来5年内的情况。统计学里头最基本的一个概念就是,全部样本才能找出规律。为什么能够找出行为规律?一个更深层的概念是人和人是一样的,如果是一个人特例出来,可能很有个性,但当人口样本数量足够大时,就会发现其实每个人都是一模一样的。

因此,大数据时代需要用全数据样本思维方式思考问题,解决问题。从抽样中得到的结论总是有水分的,而全部样本中得到的结论水分就很少,大数据越大,真实性也就越大,因为大数据包含了全部的信息。

4. 关注效率原理

关注效率而不是精确度,大数据标志着人类在寻求量化和认识世界的道路上前进了一大步,过去不可计量、存储、分析和共享的很多东西都被数据化了,拥有大量的数据和更多不那么精确的数据为我们理解世界打开了一扇新的大门。大数据能提高生产效率和销售效率,原因是大数据能够让我们知道市场的需要,人的消费需要。大数据让企业的决策更科学，由关注精确度转变为关注效率的提高，大数据分析能提高企业的效率。例如，在互联网大数据时代，企业产品迭代的速度在加快。华为、小米手机制造商半年就推出一代新智能手机。利用互联网、大数据提高企业效率的趋势下，快速就是效率、预测就是效率、预见就是效率、变革就是效率、创新就是效率、应用就是效率。竞争是企业的动力，而效率是企业的生命，效率低与效率高是衡量企业成败的关键。一般来讲，投入与产出比是效率，追求高效率也就是追求高价值。手工、机器、自动机器、智能机器之间效率是不同的，智能机器效率更高，已能代替人的思维劳动。智能机器核心是大数据制动，而大数据制动的速度更快。在快速变化的市场，快速预测、快速决策、快速创新、快速定制、快速生产、快速上市成为企业行动的准则，也就是说，速度就是价值，效率就是价值，而这一切离不开大数据思维。

大数据思维有点像混沌思维，确定与不确定交织在一起，过去那种一元思维结果，已被二元思维结果取代。过去寻求精确度，现在寻求高效率；过去寻求因果性，现在寻求相关性；过去寻找确定性，现在寻找概率性，对不精确的数据结果已能容忍。只要大数据分析指出可能性，就会有相应的结果，从而为企业快速决策、快速动作、抢占先机提高了效率。

5. 关注相关性原理

大数据分析一个最突出的特点，就是从传统的因果分析转向相关分析，传统的因果分析是说我一定要找到一个原因，推出一个结果来。而大数据分析没有必要找到原因，不需要科学的手段来证明这个事件和那个事件之间有一个必然，先后关联发生的一个因果规律。它只需要知道，出现这种迹象的时候，我就按照一般的情况，这个数据统计的高概率显示它会有相应的结果，那么我只要发现这种迹象的时候，我就可以去做一个决策，我该怎么做。这是和以前的分析方式很不一样，老实说，它是一种有点反科学的思维，科学要求实证，要求找到准确的因果关系。

在这个不确定的时代里面，等我们去找到准确的因果关系，再去办事的时候，这个事情早已经不值得办了。所以“大数据”时代的思维有点像回归了工业社会的这种机械思维，机械思维就是说我按那个按钮，一定会出现相应的结果，是这样状态。而农业社会往前推，不需要找到中间非常紧密的、明确的因果关系，而只需要找到相关关系，只需要找到迹象就可以了。社会因此放弃了寻找因果关系的传统偏好，开始挖掘相关关系的好处。

当然转向相关性，不是不要因果关系，因果关系还是基础，科学的基石还是要的。只是在高速信息化的时代，为了得到即时信息，实时预测，在快速的大数据分析技术下，寻找到相关性信息，就可预测用户的行为，为企业快速决策提供提前量。

6. 信息找人原理

互联网和大数据的发展，是一个从人找信息，到信息找人的过程。先是人找信息，人找人，信息找信息，现在是信息找人的这样一个时代。信息找人的时代，就是说一方面我们回到了一种最初的，广播模式是信息找人，我们听收音机，我们看电视，它是信息推给我们的，但是有一个缺陷，不知道我们是谁，后来互联网反其道而行，提供搜索引擎技术，让我知道如何找到我所需要的信息，所以搜索引擎是一个很关键的技术。

用信息找人的思维方式分析问题，解决问题，是交互时代一个转变，也是智能时代的要求。智能机器已不是冷冰冰的机器，而是具有一定智能的机器。信息找人这四个字，预示着大数据时代可以让信息找人，原因是企业懂用户，机器懂用户，你需要什么信息，企业和机器提前知道，而且主动提供你需要的信息。

1.3.3 大数据分析方法

1. 传统数据分析方法

传统数据分析是指用适当的统计方法对收集来的大量第一手资料和第二手资料进行分析，把隐没在一大批看来杂乱无章的数据中的信息集中、萃取和提炼出来，找出所研究对象的内在规律，以求最大化地开发数据资料的功能，发挥数据的作用。大数据分析可以视为对一种特殊数据的分析，因此很多传统的数据分析方法也可用于大数据分析。以下是可用于大数据分析的传统数据分析方法，这些方法源于统计学和计算机科学等多个学科。

（1）聚类分析

聚类分析是划分对象的统计学方法，指把具有某种相似特征的物体或者事物归为一类。聚类分析的目的在于辨别在某些特性上相似（但是预先未知）的事物，并按这些特性将样本划分成若干类（群），使在同一类内的事物具有高度的同质性，而不同类的事物则有高度的异质性。聚类分析是一种没有使用训练数据的无监督式学习。

（2）因子分析

因子分析的基本目的就是用少数几个因子去描述许多指标或因素之间的联系，即将相互比较密切的几个变量归在同一类中，每一类变量就成为一个因子（之所以称其为因子，是因为它是不可观测的，即不是具体的变量），以较少的几个因子反映原数据的大部分信息。

（3）相关分析

相关分析法是测定事物之间相关关系的规律性，并据以进行预测和控制的分析方法。社会经济形象之间存在着大量的相互联系、相互依赖、相互制约的数量关系。这种关系可分为两种类型。一类是函数关系，它反映着现象之间严格的依存关系，也称确定性的依存关系。在这种关系中，对于变量的每一个数值，都有一个或几个确定的值与之对应。另一类为相关关系，在这种关系中，变量之间存在着不确定、不严格的依存关系，对于变量的某个数值，可以有另一变量的若干数值与之相对应，这若干个数值围绕着它们的平均数呈现出有规律的波动。

（4）回归分析

回归分析是研究一个变量与其他若干变量之间相关关系的一种数学工具，它是在一组实验或观测数据的基础上，寻找被随机性掩盖了的变量之间的依存关系。通过回归分析，可以把变量间的复杂的、不确定的关系变得简单化、有规律化。

（5）A/B 测试

A/B 测试也称为水桶测试，通过对比测试群体，确定哪种方案能提高目标变量的技术。大数据可以使大量的测试被执行和分析，保证这个群体有足够的规模来检测控制组和治疗组之间有意义的区别。

(6)数据挖掘

更为深入的数据分析就需要利用到数据挖掘技术,实现一些高级别的数据分析需求。数据挖掘就是从大量的、不完全的、有噪声的、模糊的、随机的数据中提取隐含在其中的、人们事先不知道的、但又是潜在有用的信息和知识的过程。数据挖掘主要用于完成以下 6 种不同任务,同时也对应着不同的分析方法:分类(classification)、估值(estimation)、预测(prediction)、相关性分组或关联规则(affinity grouping or association rules)、聚集(clustering)、描述和可视化(description and visualization)。挖掘方法大致分为:机器学习方法、神经网络方法和数据库方法。机器学习可细分为:归纳学习方法、基于范例学习、遗传算法等。神经网络方法可细分为:前向神经网络、自组织神经网络等。数据库方法主要是多维数据分析或联机分析处理方法,另外还有面向属性的归纳方法。

虽然这些传统的分析方法已经被应用于大数据领域,但是它们在处理规模较大的数据集合时,效率无法达到用户预期,且难以处理复杂的数据,如非结构化数据。因此,出现了许多专门针对大数据的集成、管理及分析的技术和方法。

2. 大数据分析方法

随着大数据时代的到来,如何快速地从这些海量数据中抽取出关键的信息,为企业和个人带来价值,是各界关注的焦点。目前一些大数据具体处理方法主要有以下几点。

①布隆过滤器(Bloom Filter):其实质是一个位数组和一系列 Hash 函数。布隆过滤器的原理是利用位数组存储数据的 Hash 值而不是数据本身,其本质是利用 Hash 函数对数据进行有损压缩存储的位图索引。其优点是具有较高的空间效率和查询速率,缺点是有一定的误识别率和删除困难。布隆过滤器适用于允许低误识别率的大数据场合。

②散列法(Hashing):散列法也叫作 Hash 法,其本质是将数据转化为长度更短的定长的数值或索引值的方法,这种方法的优点是具有快速的读写和查询速度,缺点是难以找到一个良好的 Hash 函数。

③索引:无论是在管理结构化数据的传统关系数据库,还是管理半结构化和非结构化数据的技术,索引都是一个减少磁盘读写开销、提高增删改查速率的有效方法。索引的缺陷在于需要额外的开销存储索引文件,且需要根据数据的更新而动态维护。

④ Trie 树:又称为字典树,是 Hash 树的变种形式,多被用于快速检索,和词频统计。Trle 树的思想是利用字符串的公共前缀,最大限度地减少字符串的比较,提高查询效率。

⑤并行计算:相对于传统的串行计算,并行计算是指同时使用多个计算资源完成运算。其基本思想是将问题进行分解,由若干个独立的处理器完成各自的任务,以达到协同处理的目的。目前,比较典型的并行计算模型有 MPI(Message Passing Interface), MapReduce, Dryad 等。

传统数据分析方法,大多数都是通过对原始数据集进行抽样或者过滤,然后对数据样本进行分析,寻找特征和规律,其最大的特点是通过复杂的算法从有限的样本空间中获取尽可能多的信息。随着计算能力和存储能力的提升,大数据分析方法与传统分析方法的最大区别在于分析的对象是全体数据,而不是数据样本,其最大的特点在于不追求算法的复杂性和精确性,而追求可以高效地对整个数据集的分析。总之,传统数据方法力求通过复杂算法从有限的数据集中获取信息,其更加追求准确性;大数据分析方法则是通过高效的算法、模式,对全体数据进行分析。

11.4 数据化决策的典型应用

11.4.1 企业内部大数据应用

目前,大数据的主要来源和应用都是来自企业内部,商业智能和 OLAP 可以说是大数据应用的前辈。企业内部大数据的应用,可以在多个方面提升企业的生产效率和竞争力。具体而言:市场方面,利用大数据关联分析,更准确地了解消费者的使用行为,挖掘新的商业模式;销售规划方面,通过大量数据的比较,优化商品价格;运营方面,提高运营效率和运营满意度,优化劳动力投入,准确预测人员配置要求,避免产能过剩,降低人员成本;供应链方面,利用大数据进行库存优化、物流优化、供应商协同等工作,可以缓和供需之间的矛盾、控制预算开支,提升服务。

在金融领域,企业内部大数据的应用得到了快速发展。例如,招商银行通过数据分析识别出招行信用卡价值客户经常出现在星巴克、DQ、麦当劳等场所后,通过"多倍积分累计""积分店面兑换"等活动吸引优质客户;通过构建客户流失预警模型,对流失率等级前 20% 的客户发售高收益理财产品予以挽留,使得金卡和金葵花卡客户流失率分别降低了 15 个和 7 个百分点;通过对客户交易记录进行分析,有效识别出潜在的小微企业客户,并利用远程银行和云转介平台实施交叉销售,取得了良好成效。

当然最典型的应用还是在电子商务领域,每天有数以万计的交易在淘宝上进行,与此同时相应的交易时间、商品价格、购买数量会被记录,更重要的是,这些信息可以与买方和卖方的年龄、性别、地址、甚至兴趣爱好等个人特征信息相匹配。淘宝数据魔方是淘宝平台上的大数据应用方案,通过这一服务,商家可以了解淘宝平台上的行业宏观情况、自己品牌的市场状况、消费者行为情况等,并可以据此进行生产、库存决策,而与此同时,更多的消费者也能以更优惠的价格买到更心仪的宝贝。而阿里信用贷款则是阿里巴巴通过掌握的企业交易数据,借助大数据技术自动分析判定是否给予企业贷款,全程不会出现人工干预。据透露,截至目前阿里巴巴已经放贷超 2 000 亿元,坏账率约 0.1% 左右,大大低于商业银行。

11.4.2 物联网大数据应用

物联网不仅是大数据的重要来源,还是大数据应用的主要市场。在物联网中,现实世界中的每个物体都可以是数据的生产者和消费者,由于物体种类繁多,物联网的应用也层出不穷。

在物联网大数据的应用上,物流企业应该有深刻的体会。UPS 快递为了使总部能在车辆出现晚点的时候跟踪到车辆的位置和预防引擎故障,它的货车上装有传感器、无线适配器和 GPS。同时，这些设备也方便了公司监督管理员工并优化行车线路。UPS 为货车定制的最佳行车路径是根据过去的行车经验总结而来的。2011 年，UPS 的驾驶员少跑了近 4 828 万千米的路程。

智慧城市，是一个基于物联网大数据应用的热点研究项目。迈阿密戴德县，就是一个智慧城市的样板。佛罗里达州迈阿密戴德县与 IBM 的智慧城市项目合作，将 35 种关键县政工作和迈阿密市紧密联系起来，帮助政府领导在治理水资源、减少交通拥堵和提升公共安全方面制定决策时获得更好的信息支撑。IBM 使用云计算环境中的深度分析向戴德县提供智能仪表盘应用，帮助县政府各个部门实现协作化和可视化管理。智慧城市应用为戴德县带来多方面的收益，例如戴德县的公园管理部门今年因及时发现和修复跑冒滴漏的水管而节省了 100 万美元的水费。

11.4.3　面向在线社交网络大数据应用

在线社交网络，是一种在信息网络上由社会个体集合及个体之间的连接关系构成的社会性结构。在线社交网络大数据主要来自即时消息、在线社交、微博和共享空间 4 类应用。由于在线社交网络大数据代表了人的各类活动，因此对于此类数据的分析得到了更多关注。在线社交网络大数据分析是从网络结构、群体互动和信息传播 3 个维度，通过基于数学、信息学、社会学、管理学等多个学科的融合理论和方法，为理解人类社会中存在的各种关系提供的一种可计算的分析方法。目前，在线社交网络大数据的应用包括网络舆情分析、网络情报搜集与分析、社会化营销、政府决策支持、在线教育等。

圣克鲁斯警察局是美国警界最早应用大数据进行预测分析的试点，通过分析社交网络，可以发现犯罪趋势和犯罪模式，甚至可以对重点区域的犯罪概率进行预测。

2013 年 4 月，美国计算搜索引擎 wolfram Alpha，通过对 Facebook 中 100 多万美国用户社交数据进行分析，试图研究用户的社会行为规律。根据分析发现，大部分 Facebook 用户在 20 岁出头时开始恋爱，27 岁左右时订婚，30 岁左右结婚，而 30~60 岁之间，婚姻关系变化缓慢。这个研究结果与美国人口普查数据相比，几乎完全一致。

11.4.4　医疗健康大数据应用

医疗健康数据是持续、高增长的复杂数据，蕴涵的信息价值也是丰富多样。对其进行有效的存储、整理、查询和分析，可以开发出其潜在价值。对于医疗大数据的应用，将会深远的影响人类的健康。

例如，安泰保险为了帮助改善代谢综合征的预测，从千名患者中选择 102 个完成试验。在一个独立的实验室工作内，通过患者的一系列代谢综合征的检测试验结果，在连续 3 年内，扫描 600 000 个化验结果和 18 万索赔事件。将最后的结果组成一个高度个性化的治疗方案，以评估患者的危险因素和重点治疗方案。这样，医生可以通过食用他汀类药物及减重 5 磅等建议而减少未来 10 年内 50% 的发病率。或者通过你目前体内高于 20% 的含糖量，而建议你降低体内甘油三酯总量。

西奈山医疗中心(Mount Sinai Medical Center)是美国最大最古老的教学医院,也是重要的医学教育和生物医药研究中心。该医疗中心使用来自大数据创业公司 Ayasdi 的技术分析大肠杆菌的全部基因序列,包括超过 100 万个 DNA 变体,了解为什么菌株会对抗生素产生抗药性。Ayasdi 的技术使用了一种全新的数学研究方法:拓扑数据分析,来了解数据的特征。

微软的 HealthVault,是一个出色的医学大数据的应用,它是 2007 年发布的,目标是希望管理个人及家庭的医疗设备中的个人健康信息。现在已经可以通过移动智能设备录入上传健康信息,而且还可以第三方的机构导入个人病历记录,此外通过提供 SDK 以及开放的接口,支持与第三方应用的集成。

11.4.5 智能电网

智能电网,是指将现代信息技术融入传统能源网络构成新的电网,通过用户的用电习惯等信息,优化电能的生产、供给和消耗,是大数据在电力系统上的应用。智能电网可以解决以下几方面的问题:

1. 电网规划

通过对智能电网中的数据进行分析,可以知道哪些地区的用电负荷和停电频率过高,甚至可以预测哪些线路可能出现故障。这些分析结果,可以有助于电网的升级、改造、维护等工作。例如,美国加州大学洛杉矶分校的研究者就根据大数据理论设计了一款"电力地图",将人口调查信息、电力企业提供的用户实时用电信息和地理、气象等信息全部集合在一起,制作了一款加州地图。该图以街区为单位,展示每个街区在当下时刻的用电量,甚至还可以将这个街区的用电量与该街区居民的平均收入和建筑物类型等相比照,从而得出更为准确的社会各群体的用电习惯信息。这个地图为城市和电网规划提供了直观有效的负荷数预测依据,也可以根据图中显示的停电频率较高、过载较为严重的街区进行电网设施的优先改造。

2. 发电与用电的互动

理想的电网,应该是发电与用电的平衡。但是传统电网的建设是基于发—输—变—配—用的单向思维,无法根据用电量的需求调整发电量,造成电能的冗余浪费。为了实现用电与发电的互动,提高供电效率,研究者开发出了智能的用电设备——智能电表。得克萨斯电力公司(TXU Energy)已经广泛使用智能电表,并取得了巨大的成效。供电公司能每隔 15 分钟就读一次用电数据,而不是过去的一月一次。这不仅仅节省了抄表的人工费用,而且由于能高频率快速采集分析用电数据,供电公司能根据用电高峰和低谷时段制定不同的电价,利用这种价格杠杆来平抑用电高峰和低谷的波动幅度,智能电表和大数据应用让分时动态定价成为可能,而且这对于 TXU Energy 和用户来说是一个双赢变化。

3. 间歇式可再生能源的接入

目前许多新能源也被接入电网,但是风能和太阳能等新能源,其发电能力与气候条件密切相关，具有随机性和间歇性的特点，因此难以直接并入电网。如果通过对电网大数据的分析，则可对这些间歇式新能源进行有效调节，在其产生电能时，根据电网中的数据将其调配给电力紧缺地区，与传统的水火电能进行有效互补。

案例：企业数据应用的四个层级——以人力资源管理为例

在许多组织中，大数据的使用始于人力资源领域，因为公司需要更好地了解员工招聘，绩效和流动性。但是，现在，企业要求在业务运营的每个部分实施大数据，并且正在寻求将分析嵌入到我们所做的每件事中的新方法。

1. 用数据发现问题

某企业有近 200 人的销售队伍，销售人员每天打电话、约客户、拜访客户，从而保证企业能够承接更多的业务，卖出更多的产品和服务。销售人员的活动每天都被统计并上报到总部，以及汇总到企业商业智能平台上，这些数据包括销售人员的电话记录、拜访记录、在客户端打卡记录，以及客户下单记录、客户直接在官网下单的订单记录等。

将这些数据在平台上统计及汇总，能够看到每个销售人员都做了什么、平均每个电话的通话时长是多少、每天和多少个客户通电话、平均与每个客户每个月的通话次数是多少，也包括每个业务员每个月外出拜访客户多少次、平均每次拜访时间是多长、平均每次拜访成交多少销售额、每个销售订单平均需要业务员打多少次电话和拜访多少次才能够成交，从中也能够看到不同业务人员的差异。通过对以上各个指标进行排名，能够看到哪个业务员更勤奋、哪个业务员更高效、哪个业务员业绩更好。通过对历史数据进行对比，还可以看到哪个业务员在快速成长、哪个业务员的业绩止步不前等。

通过数据可以知道过去发生了什么，近 200 个业务员每天都在干什么、干得怎么样、谁干得好、谁干得差。这就是数据应用的第一个层级：用数据指标表征发生了什么，并评价发生的结果，找到问题所在，能够监控业务的进展，监控企业经营和管理活动，让所有的行为都能看得见。

2. 用数据发现规律

此企业中有两名业务分析师，一名是初级业务分析师，一名是高级业务分析师。初级业务分析师负责统计以上指标，并将指标分发给各个相关部门，包括销售部门、人力绩效考核部门等。高级业务分析师要对这些数据进行分析，通过建立实时数据分析模型优化整个销售团队的绩效。

高级业务分析师对这些数据进行分析，主要发现以下几方面规律。

①高频度拜访客户的成交率达到了 70%，而做过一次拜访后的 5 天内不再拜访，那么客户的成交率为 38%。

②每次拜访客户之前一般要与客户通话 4 次以上，而且通话次数越高的客户成交率越高，且客单价比通话次数少的客户高出 20%。

③在企业中，电话通话次数与拜访次数的比例平均是 4.5∶1，对于此数据，业绩好的业务经理平均在 6∶1 以上，业绩差的业务经理的比例在 3.5∶1 以下。

④业绩好的业务经理一般保持同客户 3 天 1 次的沟通频率，其中通过微信沟通平均每

天都有,而业绩差的业务经理平均 7 天与客户沟通一次。

为了确认沟通频率和强度与成交的因果关系,高级业务分析师对 10 个业务经理进行了访谈,采集了更多的数据。通过分析新采集的一手调研数据,高级业务分析师得出以下几个结论。

①业绩好的业务经理更加擅长与客户沟通,而业绩差的业务经理往往不太愿意与客户进行沟通,不主动联络客户,而是到了不得不联系时才与客户通电话。

②业绩差的业务经理不想与客户沟通的原因是他们认为该客户成交意愿不强烈,所以没有与客户通电话的积极性,造成沟通频率较低。

③业绩差的业务经理宁愿拨打更多的客户电话,并在高意向客户中寻找比较容易成交的客户,而不愿意在一个客户上花费更多的时间。

结合数据分析和实际调研结果,高级业务分析师得出如下假设:提高业绩较差的业务经理与客户沟通的频次可以提升他们的业绩,并且通过电话沟通预约见面拜访,适度增加拜访次数也能够提升业绩。

于是高级业务分析师与销售总监做了研讨,决定让业绩较差的业务经理提高与同一个客户的通话频次和拜访频次,以检查是否可以提升这些人的业绩,从而验证高级业务分析师的假设。销售总监同意该提议,于是在周例会上对业绩排名在后 50 位的业务经理提出了要求:每天给客户打一次电话,没有成交之前每 3 天必须去拜访一次客户。

高级业务分析师随时监控数据的变化, 1 个月之后,排名在后 50 位的业务经理该月份的业绩比上个月上升了 20%。排除企业业绩环比增长的 5%,业务经理行为的改变直接带来 15% 的绩效提升。

这就是数据的第二层应用:发现规律,洞察事情为什么发生,找到事物背后的规律,形成企业的管理诀窍。

3. 用数据发现未来

高级业务分析师的分析成果得到检验,也为销售部门带来巨大的收益,得到销售团队的认可,他们经常与高级业务分析师探讨优化销售管理的办法。之后,市场总监也来找高级业务分析师,询问帮助预测电商平台上销量的方法。

此企业在线下通过 200 人的销售队伍进行推广平台,企业的线上业务由市场部门负责,市场部门除经营管理企业的品牌和各种广告投放外,还负责线上平台的推广业务。为了能够提升线上旗舰店的销量,市场部门需要花费大量费用在平台上投放广告,通过竞价排名将自己的平台排在客户搜索页的前面。

高级业务分析师根据该市场部的活动判定,电商平台上的销量一定与两个核心要素有关系:一方面是企业产品在平台上展示给用户的次数;另一方面是营销费用花费后平台推送的广告量。前者可以用旗舰店的自然流量计量,后者可以用投放的营销费用计量。如果能够构建销售量和这两个因素的量化关系,就能够预测未来的销量。要想预测未来的销量,还要预测自然流量的展示量和需要投入的营销费用。

在与市场总监沟通后,该高级业务分析师从市场部门得到了营销费用花费的台账数据,通过企业的数据平台导出了历史上每日的销售量数据,利用电商平台的后台可以找到旗舰店每日在客户面前通过自然流量展示给客户的次数数据，这包含一年多的数据。

于是该高级业务分析师把自然流量做了时间序列分析，得到一个近似估算值，即近期每日的自然流量大约在以每天 1.3% 的速度增加；同时，高级业务分析师把销售量数据同流量数据和销售费用做了二元一次回归分析，得到一个销售量和自然流量与营销推广费用之间的统计关系模型，即 $Y=aX_1+bX_2+C$

当知道 a 和 b 的值之后，就可以预测未来的销售量。该模型通过了历史数据校验，可信度很高，是成立的（在 95% 的置信区间上通过统计分析校验）。

于是，高级业务分析师向市场总监询问下个月每日投放的营销费用，如果有营销费用预算，则基本可以预测未来的销量。但高级业务分析师还是不太确定，所以需要跟踪监控，可以尝试 1 个月，观察预测是否准确。现在的模型是用线性来假设的，随着销量的增长和自然流量的增长不知道是否会影响这个线性，所以只能先尝试进行预测。

市场总监按照高级业务分析师的预测模型估算了销量，前 10 天误差都很小，比较精准，为了取得更好的销售业绩，完成月度目标，市场总监加大了营销费用的投入。当增加幅度不超过 30% 时，原先的预测公式基本精准；但当超过 30% 时，预测值的偏差开始加大。

市场总监又找到高级业务分析师询问原因。高级业务分析师分析数据之后说，可以有更高的销售业绩。高级业务分析师说，一般事物的发展都遵循一个 S 形曲线的规律：刚开始时增速很小，随着规模的扩大，会有一个高速成长阶段，当过了这个阶段就会进入一个缓慢增长的阶段，之前的预测模型是按照线性预测的，在 S 曲线的某个阶段内是可用的，但在提高 30% 的投放费用之后，就进入高速成长阶段。现在如果持续加大投入费用 30% 以上，甚至双倍，就能够快速进入成长的快车道，而且获客成本会大幅度降低，从而提前完成任务目标。

市场总监对此将信将疑，但为了超额完成业绩目标，他大胆冒险，将营销费用连续 N 天双倍投放，在电商平台上近乎“霸屏”了，销售量大幅度提升，生产部门和发货部门打来投诉电话，现在无法及时供货，企业需要扩大生产。

这就是数据应用的第三个层级：通过研究事物发展规律，有把握地预测未来，并找到未来发展的路径，提前做好准备或者采取措施。

4. 用数据发现规范（范式）

高级业务分析师帮助市场部大幅度提升业绩，并由此受到各个业务部门的“爱戴”，市场总监为了提高业绩，又找到了高级业务分析师，询问再度提升业绩的方法。

为了找到方法，高级业务分析师在一个星期内天天跟着企业的高级销售经理跑业务，每天观察高级销售经理是如何工作的，并不断记录各种笔记，将各种销售人员和客户谈话的关键词记录在 Excel 中，把客户的典型问题记录下来。一个星期后，市场总监找到高级业务分析师询问情况，高级业务分析师告之正在研究，市场总监将信将疑，还是任由高级业务分析师继续他的“陪同出差”工作。

一个月后，高级业务分析师找到市场总监，并告诉市场总监，需要规范业务经理的“话术”，且要设定每次出门拜访的“目标”，以及与客户对话的“规范”。市场总监询问这样做的原因。

高级业务分析师回答说，经过一个月的实地数据采集，将业务经理拜访的客户大概分成五大类：第一类是刚刚听说过产品的客户，表示出对产品的兴趣，属于感兴趣客户；第二类是觉得产品不错，想深度了解产品优势和竞争品对比的特点的有意向合作客户；第三类是已经倾向于产品但觉得价格有点高的高意向且准备购买产品的客户；第四类是已经购买产品的客户，业务经理去回访和答谢的客户；第五类是多次购买过产品的客户。

笔者按照这五类客户数量分别做了统计，大致是一个漏斗的形状，而且观摩了优秀业务经理和普通绩效业务经理针对每类客户的不同沟通技巧，发现了其中的差异，所以接下来需要按照“客户体验地图”对客户的成交进程进行分类，然后按照优秀业务经理的做法规范所有人的拜访时机、拜访策略、谈话技巧（话术），并指定每一次拜访的成果目标，除排名在前10位的优秀业务经理外，其他人都必须遵循这个管理规范。

首先要对业务经理进行培训，并且必须通过考核，严格执行。让排名前10位的优秀业务经理做培训师，并做考试的考官，通过后才可以上岗。关于客户的进程情况笔者根据CRM系统中的数据进行分类，并且会为每个客户打上销售进程标签，以供业务员参考。

数据价值应用的四个层次如图11-1所示。

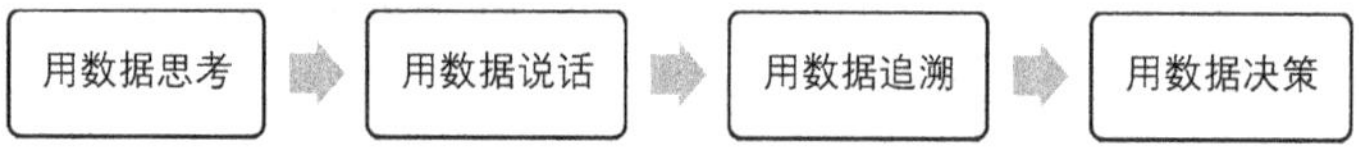

图11-1 数据价值应用的四个层级

市场总监知道高级业务分析师自有他的办法，所以就参照执行，执行一个月后，业务经理的业绩上涨，线下销售的产品库存减少得很快。

这就是数据应用的第四个层级：用数据制定行为规范，全员遵循，以确保更优秀的业绩。

综上可知，数据应用的四个层级具体如下：

第一个层级是描述性分析，通过数据统计汇总“发生了什么”；

第二个层级是诊断性分析，通过数据模型和算法找到事物间的规律，回答“为什么会发生”；

第三个层级是预测性分析，通过逻辑规律进行预测，并回答“将要发生什么”；

第四个层级是规范性分析，回答“应该做什么”（见图11-2）。

图11-3显示了从“数据”（Data）到“信息”（Information），到“知识”（Knowledge），再到“智慧”（Intelligence）的全过程。我们可以从数据中获得信息，从信息中获得知识，从知识中获得智慧。

案例来源：赵兴峰：《数字蝶变：企业数字化转型之道》，北京：电子工业出版社，2019。

思考题：

①企业数据应用的四个层次分别是什么？各自有什么特点？

②你认为，如何实现企业数据应用层次的升级？

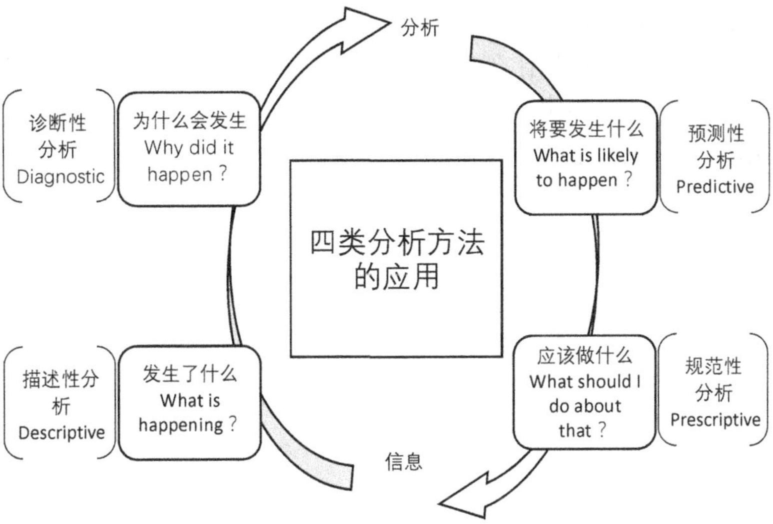

图 11-2　数据价值挖掘的四种类型

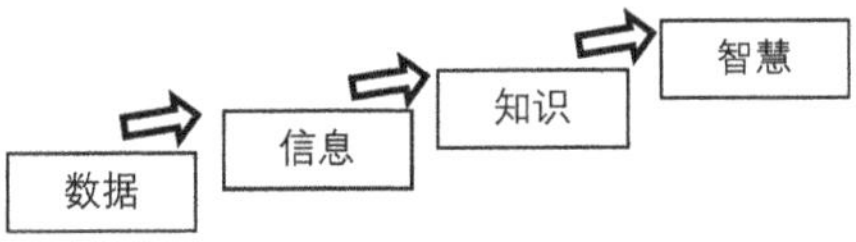

图 11-3 从数据到智慧的迭代升级

本章小结

大数据（Big Data）实质数据量超过传统数据库软件工具捕获、存储、管理和分析能力的数据集。

大数据的 4V 特征：数据量大（Volume）、数据类型繁多（Variety）、处理速度快（Velocity）和价值密度低（Value）。

按照数据存储形式的不同，大数据包含三种类型：结构化数据、半结构化数据和非结构化数据。

当数据体量和类型都得到极大扩展后，数据分析的目标便不仅是探索和研究出所有数据之间的严格逻辑，还包括发现数据之间的强相关性，从而满足对数据价值的主要诉求。

大数据的应用价值包括帮助企业挖掘市场机会、提高决策能力、创新企业管理模式、变革商业模式、让每个人更加有个性、智慧驱动下的和谐社会以及更清晰地认识未来。

大数据分析的基本原理有："数据"核心原理、数据价值原理、全样本原理、关注效率原理、关注相关性原理和信息找人原理。

传统数据方法力求通过复杂算法从有限的数据集中获取信息，其更加追求准确性；大数据分析方法则是通过高效的算法、模式，对全体数据进行分析。

本章课后思考题：

1. 大数据的 4V 特征分别指的是什么？按照存储数据的类型，大数据如何分类？

2. 大数据的应用价值表现在哪几个方面?

3. 大数据分析的基本原理是什么?

4. 与传统数据分析方法相比,大数据分析方法有什么特点?

5. 请举例说明大数据决策的典型应用。

参考文献

[1] 陈剑，黄朔，刘运辉. 从赋能到使能：数字化环境下的企业运营管理 [J]. 管理世界，2020，36（2）：117-128.

[2] 程英. 电子商务与网络经济 [M]. 天津：天津科学技术出版社，2017.

[3] 段立新，凌鸣，张晓宏. 基于大数据的苏州数字经济 [M]. 苏州：苏州大学出版社，2017.

[4] 董晓松. 中国数字经济及其空间关联 [M]. 北京：社会科学文献出版社，2018.

[5] 范渊. 数字经济时代的智慧城市与信息安全 [M]. 北京：电子工业出版社，2019.

[6] 傅家骥. 技术创新学 [M]. 北京：清华大学出版社，1998.

[7] 韩新建. 信息经济学 [M]. 北京：北京图书馆出版社，2000.

[8] 何枭吟. 美国数字经济研究 [D]. 吉林：吉林大学，2005.

[9] 何枭吟. 数字经济与信息经济、网络经济和知识经济的内涵比较 [J]. 时代金融，2011（10）：47.

[10] 姜奇平. 浮现后的数字经济（美国商务部报告）[M]. 北京：中国人民大学出版社，1998.

[11] 江青. 数字中国：大数据与政府管理决策 [M]. 北京：中国人民大学出版社，2018.

[12] 金江军. 数字经济引领高质量发展 [M]. 北京：中信出版社，2019.

[13] 靖继鹏，张向先，李北伟. 信息经济学 [M]. 北京：科学出版社，2007.

[14] 李长江. 关于数字经济内涵的初步探讨 [J]. 电子政务，2017（9）：84-91.

[15] 李艺铭，安晖. 数字经济：新时代 再起航 [M]. 北京：人民邮电出版社，2017.

[16] 柳卸林. 企业技术创新管理 [M]. 北京：科学技术文献出版社，1997.

[17] 卢山. 2018—2019 中国工业互联网发展蓝皮书 [M]. 北京：中信出版社，2019.

[18] 鲁春丛. 迈向数字经济新时代 [J]. 电信科学，2018（7）：1-6.

[19] 马化腾，孟昭莉，闫德利，等. 数字经济：中国创新增长新动能 [M]. 北京：中信出版社，2017.

[20] 戚聿东，蔡呈伟. 数字化企业的性质：经济学解释 [J]. 财经问题研究，2019（5）：121-129.

[21] 孙宝文，李涛. 互联网经济蓝皮书：中国互联网经济发展报告（2019）[M]. 北京：社会科学文献出版社，2019.

[22] 孙世芳，周超男. 2018 数字经济大会报告 [M]. 北京：经济日报出版社，2018.

[23] 田丰，崔昊. 云战略：企业数字化转型行动路线图 [M]. 北京：中信出版社，2018.

[24] 王建伟，张乃侠. 网络经济学 [M]. 北京：高等教育出版社，2004.

[25] 王鹏飞. 网络经济对我国居民消费的促进作用研究 [D]. 北京：中共中央党校，2014.

[26] 王振，惠志斌. 数字经济蓝皮书：全球数字经济竞争力发展报告（2019）[M]. 北京：社会科学文献出版社，2019.

[27] 乌家培. 信息经济学 [M]. 北京：高等教育出版社，2004.

[28] 小松崎清介. 信息化与经济发展 [M]. 北京：社会科学文献出版社，1994.

[29] 新华三大学. 数字化转型之路 [M]. 北京：机械工业出版社，2019.

[30] 徐晨，吴大华，唐兴伦. 数字经济：新经济 新治理 新发展 [M]. 北京：经济日报出版社，2017.

[31] 杨佩卿. 数字经济的价值、发展重点及政策供给 [J]. 西安交通大学学报（社会科学版），2020（2）：57-65，144.

[32] 阳翼. 数字营销 [M].2 版. 北京：中国人民大学出版社，2019.

[33] 姚磊. 2018—2019 中国工业互联网发展蓝皮书 [M]. 北京：中信出版社，2019.

[34] 易高峰. 数字经济与创新管理实务 [M]. 北京：中国经济出版社，2018.

[35] 易高峰，常玉苗，李双玲. 数字经济与创新创业管理实务：跨界融合 [M]. 2 版. 北京：中国经济出版社，2019.

[36] 张洪国. 中国大数据发展水平评估蓝皮书（2019）[M]. 北京：中信出版社，2019.

[37] 张昕蔚. 数字经济条件下的创新模式演化研究 [J]. 经济学家，2019（7）：32-39.

[38] 赵萍. 步入 21 世纪的农业数字化 [M]. 北京：经济科学出版社，2000.

[39] 赵启纯. 电子商务与数字经济 [M]. 天津：天津科学技术出版社，2018.

[40] 赵兴峰. 数字蝶变：企业数字化转型之道 [M]. 北京：电子工业出版社，2019.

[41] 郑夕玉. 互联网时代我国数字经济发展策略研究：基于美国和欧盟发展经验的启示 [J]. 西南金融，2019（12）：53-60.

[42] 中国电子信息产业发展研究院. 2018—2019 年中国工业互联网发展蓝皮书 [M]. 北京：电子工业出版社，2019.

[43] 中国信息通信研究院. 数字经济治理白皮书 [R/OL][2020-05-11]. http://www.caict.cn/kxyj/qwfblbps/201912/po20191226515354707683.pdf.

[44] 朱建良，王廷才，李成，等. 数字经济：中国经济创新增长“新蓝图”[M]. 北京：人民邮电出版社，2017.

[45] 朱晓明. 走向数字经济 [M]. 上海：上海交通大学出版社，2018.

[46] AIZCORBE M，MOYLAN C E，ROBBINS C A. Toward better measurement of innovation and intangibles[J/OL].Survey of Current Business，2009（1）：10-23.[2020-05-30]. https://apps.bea.gov/scb/pdf/2009/01%20January/0109_innovation.pdf.

[47] BRYNJOLFSSON E. The productivity paradox of information technology[J]. Communications of the ACM，1993，36（12）：66-77.

[48] BUCHLEY P，MONTES S，HENRY D，et al. Digital economy 2000[R]. U. S. Department of Commerce，2000.

[49] CASTIGLIONE C. ICT investments and technical efficiency in Italian manufacturing firms：the productivity paradox revisited[R]. Trinity College Dublin，Department of Economics，2008.

[50] BARTON D. Seizing China’s new digital opportunity[R]. McKinsey on Business Technology，2013（12）.

[51] MACHLUP F. The production and distribution of knowledge in the United States[M]. New Jersey:Princeton University Press, 1962.

[52] GOLDFARB A, TUCKER C. Digital economics[J]. Journal of Economic Literature, 2019,57(1):3-43.

[53] EDQUIST H, HENREKSON M. Do R&D and ICT affect total factor productivity growth differently? [J]. Telecommunications Policy, 2017, 41(2): 106-119.

[54] ROHLFS J. A theory of interdependent demand for a communications service[J]. The Bell Journal of Economics and Management Science, 1974(1):16-37.

[55] KIRKMAN G, CORNELIUS P, SACHS J, et al.The global information technology report 2001-2002: Readiness for the Networked World[M]. New York: Oxford University Press, 2002.

[56] MCKINSEY. China's digital transformation: the internet's impact on productivity and growth[R]. McKinsey Global Institute,2014.

[57] MINASIAN J R. The economics of research and development[M]//The rate and direction of inventive activity: Economic and social factors. New Jersey: Princeton University Press, 1962: 93-142.

[58] MOORE F J. The death of competition: leadership and strategy in the age of business ecosystems[M].New York:Harper-Business,1996.

[59] MOORE F J. Predators and prey: a new ecology of competition[J]. Harvard Business Review, 1993,3(71):75-86

[60] SCHUMPETER J A. The theory of economics development: an enquiry into profits, capital,interest and the business cycle[M]. Cambridge,MA:Harvard University Press, 1934.

[61] STRASSMANN P A. The Business value of computers: an executive's guide[M]. New Canaan,CT,Information Economics Press,2010.

[62] TAPSCOTT D. The digital economy: promise and peril in the age of networked intelligence[M]. New York: McGraw-Hill,1996.